Wolfgang Menzel

Geschichte des Französischen Kriegs von 1870 bis 1871

Zweiter Band

Wolfgang Menzel

Geschichte des Französischen Kriegs von 1870 bis 1871
Zweiter Band

ISBN/EAN: 9783337320089

Printed in Europe, USA, Canada, Australia, Japan

Cover: Foto ©ninafisch / pixelio.de

More available books at **www.hansebooks.com**

Geschichte des französischen Kriegs von 1870–71.

Zweiter Band.

Geschichte des französischen Kriegs von 1870–71.

Von

Wolfgang Menzel.

Zweiter Band.

Stuttgart.
Verlag von Adolph Krabbe.
1871.

Inhalt des zweiten Bandes.

Seite

Erstes Buch. **Die Deutschen vor Paris** 1
General Trochu, Gouverneur von Paris S. 1. Ducrot's Wortbruch 5. Wuthausbrüche der Pariser Presse 8. Oktoberversuch des Pöbels, sich des Stadthauses zu bemächtigen 12. Vergebliche Ausfälle aus Paris 18. Kampf bei Bougival 22, bei le Bourget 25. Blutiger Kampf bei Champigny 32. Mangel an Lebensmitteln in Paris 40.

Zweites Buch. **Die Kämpfe an der Loire** 44
Gambetta in Tours S. 44. Marsch v. d. Tanns gegen Orleans 45. Einnahme von Orleans 51. Kampf in Chateaudun 54. Capitulation von Chartres 56. Rückzug v. d. Tanns vor der Uebermacht Aurelles 59. Der Großherzog von Mecklenburg kommt ihm zu Hülfe 65. Vormarsch des Prinzen Friedrich Karl an die Loire und Sieg bei Beaune la Rolande 69. Wiedereinnahme Orleans 80. Gambetta's Lügen und Massenaufgebote 83. Sieg des Großherzog über Chanzy 85, des Prinzen Friedrich Karl über Bourbaki 86. Vertreibung Bourbakis aus Bourges 88.

Drittes Buch. **Das Bombardement von Paris** 91
König Wilhelm in Versailles S. 91. Berathung der neuen deutschen Reichsverfassung 93. Enge Einschließung von Paris 97. Beginn des Bombardements 100. Eroberung des Mont Avron 108. Wuth in den Pariser Clubs 110. Proklamirung des deutschen Kaisers in Versailles 115. Großer, jedoch fruchtloser Ausfall aus Paris 129.

Inhalt.

Seite

Viertes Buch. Niederlage der französischen West- und Nordarmee ... 132
    Die Delegation in Bordeaux S. 132. Gambetta's verzweiflungsvolle Anstrengungen 135. Die Westarmee unter Chanzy unterliegt bei le Mans 144. Die Nordarmee unter Bourbaki bei Amiens 150. Dieselbe Armee unter Faidherbe unterliegt nochmals bei St. Quentin 158.

Fünftes Buch. Niederlage der französischen Ostarmee ... 161
    Garibaldi in den Vogesen S. 161, von Werder bei Pasques geschlagen 162, und bei Nuits 165. Rüstungen in Lyon 167. Bourbaki von Werder bei Montbeliard zurückgeschlagen 177. Manteuffel übernimmt das Commando im Süden 186. Garibaldi in Dijon festgehalten 187. Bourbaki's Flucht und Selbstmordversuch 189. Flucht seines Heeres unter Clinchant über die Schweizer Grenze 191. Belfort capitulirt 198.

Sechstes Buch. Die Capitulation von Paris ... 200
    Noth in Paris S. 200. Trochu gibt das Commando an Vinoy ab 201. Jules Favre unterhandelt eine Capitulation 204. Uebergabe der Forts von Paris an die Deutschen 209. Gambetta's Irrfahrten und Ohnmachten in Bordeaux 215.

Siebentes Buch. Die Nationalversammlung in Bordeaux ... 221
    Gambetta's wirkungsloser Ingrimm S. 222. Seine Beseitigung 239. Zusammentritt der Nationalversammlung 241. Garibaldi's Unpopularität und Abschied 247.

Achtes Buch. Die Friedenspräliminarien ... 253
    Unterhandlungen über den definitiven Frieden S. 253. Abschluß derselben 257. Thiers wird Chef der Executive 264. Uebersiedlung der Nationalversammlung von Bordeaux nach Versailles 285. Kurzer Einmarsch der Deutschen in Paris 290. Rückkehr des Kaiser Wilhelm nach Deutschland 294.

Neuntes Buch. Die rothe Republik in Paris ... 297
    Die rebellische Nationalgarde besetzt den Mont Martre S. 297, und behauptet ihn gegen General Vinoy 305. Das Centralcomité der Nationalgarde wirft sich zu einer unabhängigen Regierung auf 306. Einfluß der internationalen Arbeitervereine in Paris 311. Ohnmacht der Freunde der Ordnung 313. Wahl der regierenden Commune von Paris 318. Kämpfe der Versailler und Pariser an der Brücke von Neuilly 326.

Inhalt. VII

Seite

Zehntes Buch. Der Frankfurter Frieden 337
  Mac Mahon leitet als Obergeneral die Belagerung von Paris S. 337. Wohlfahrtsausschuß der Commune 340. Versuch eines unabhängigen Delegirtencongresses in Bordeaux 345 Zusammenkunft Bismarcks mit Favre in Frankfurt und definitiver Friedensabschluß 352. Ein Blick auf Algerien 363. Rückkehr der Gefangenen nach Frankreich 365. Der Exkaiser in England 368. Benehmen des französischen Volks in diesem Kriege 369.

Elftes Buch. Die Wiederherstelluug des deutschen Kaiserthums . 367
  Welthistorische Bedeutung des Krieges S. 377. Die neue deutsche Reichsverfassung 381. Der Wiedererwerb von Elsaß und Lothringen 385.

Zwölftes Buch. Ende der weltlichen Papstgewalt 392
  Cooperation Roms mit Frankreich im Angriff auf die deutsche Einheit S. 392. Victor Emanuel läßt Rom besetzen 395. Neuer Jesuitenplan 397.

Dreizehntes Buch. Die russische Note und Oesterreich 408
  Der Kaiser von Rußland in Bad Ems S. 403. Die mißlungene Liga der neutralen Mächte 404. Die russische Note und die Conferenz in London 405. Oesterreichs Neutralität 407. Das Ministerium Hohenwart 410. Warme Theilnahme der Deutsch-Oesterreicher für die Siege der Deutschen 412.

Vierzehntes Buch. Verhalten der übrigen neutralen Staaten . . 425
  Englands parteiische Neutralität S. 425. Spaniens Theilnahmlosigkeit 431. Berufung des italienischen Prinzen Amadeo auf den spanischen Thron 432. Belgische Sympathien für Frankreich 434. Die vlamische Westecke 436. Luxemburgs parteiische Neutralität 437. Schweizer Neutralität 438. Störung des deutschen Siegesfests in Zürich 446. Waffensendungen der Vereinigten Staaten nach Frankreich 450. Präsident Grants Wohlwollen für Deutschland 452. Deutsche Siegesfeier in den Vereinigten Staaten 454 und in Australien 456.

Erstes Buch.

Die Deutschen vor Paris.

Wir kehren nach Paris zurück, welches wir bereits ringsum cernirt von den deutschen Heeren verlassen haben.

Hier war General Trochu in gewissem Sinne ebenso Dictator, wie Gambetta in Tours. Er hatte das Commando in der Stadt, alle Bewaffneten standen unter seinem Oberbefehl. Neben ihm konnte die eingesperrte Regierung der nationalen Vertheidigung zunächst nur noch eine geringe Rolle spielen. Jules Favre, Minister des Auswärtigen, hatte nichts mehr zu thun, nachdem er den Waffenstillstand von sich gewiesen hatte. Trochu commandirte noch etwa 60,000 reguläre Truppen und etwa doppelt so viel erst zusammengeraffte Leute, theils Mobilgarden vom Lande, theils Nationalgarden von Paris.

Die Revue, die er am 13. September über 100,000 Mann abhielt, gewährte keinen tröstlichen Anblick. Die Moblots bildeten sich erst allmälig zum Dienst. Die übereilt wieder hergestellte Nationalgarde war noch größtentheils ohne Uniform. Die wohlhabenden Bürger, die zu ihr gehörten, wollten sich lieber ergeben und die reiche Stadt geschont wissen, als einen verzweiflungsvollen Kampf wagen; die ärmere Klasse entehrte ihren Patriotismus durch Habgier. Nur den Bedürftigsten bot man täglichen Sold an. Da verlangte eine ganze Compagnie den Sold und wollte keiner darauf verzichten.

Eine große Menge Häuser in Paris blieben leer, weil die Besitzer geflüchtet waren. Deshalb erging der Befehl, welcher Besitzer nicht binnen vier Tagen zurückkehre, dessen Haus solle als Nationaleigenthum verwendet werden. Rochefort, der den Straßenkampf organisiren sollte, befahl, alle Wohnungen und Läden, die sich im ersten Stocke (zu ebener Erde) befinden, auszuräumen, die Mauern, die von einem Hause zum andern führen, zu durchbrechen, so daß alle Häuser in Verbindung stehen, und Schießscharten nach der Straße hin anzulegen. Die von ihren Bewohnern verlassenen zahlreichen Landhäuser wurden vom Pöbel ausgeleert.

Merkwürdig erscheint, daß, wenn auf der einen Seite tolle Menschen vor Kriegswuth glühten und schäumten und auf der andern Seite die Menschen in bleicher Todesangst flüchteten, in der breiten Mitte an der frivolen Physiognomie sich gar nichts geändert zu haben schien. Ein Pariser Correspondent der Daily News schrieb am 20. September, er staune über die grenzenlose Unbekümmertheit, mit welcher das Pariser Publikum noch am Sonntag seinen beliebten Vergnügungen nachging, im Jardin des plantes, im Park von Monseaux, auf den Quais einherschlenderte, auf den Boulevards zum Trinken und Plaudern niedersaß, hier in Bewunderung vor einem Manne, der die Stimmen aller Vögel nachahmte, dort im Entzücken über die Sprünge einiger Pudel, Männer und Weiber, Buben und Mädchen, kokettirend ꝛc. Derselbe Correspondent bemerkt aber auch, die Straßen von Paris wimmelten von Fahnen als von eben so viel Zeichen der Furcht. Denn nicht nur jeder Fremde, der in Paris wohne, hänge seine Nationalfahne zum Fenster heraus, sondern auch viele geborne Pariser bestimmen geschwind zwei Betten zur Aufnahme von Verwundeten und hängen dann die Fahne mit dem rothen Kreuz aus, überzeugt, daß wenn die deutschen Soldaten Paris erstürmen, sie doch die so beflaggten Häuser schonen werden.

Die hitzigsten Republikaner dachten wirklich daran, aus Paris ein zweites Saragossa zu machen oder prahlten wenigstens damit. Da sollten nicht nur Barrikaden errichtet, sondern auch die Straßen unterminirt, die Häuser durchbrochen und Haus für Haus vertheidigt werden. Man verfertigte unter dem Montmartre einen großen Luftballon, den man bei Nacht aufsteigen lassen und von dem aus man die ganze Umgegend der Stadt und alle Stellungen des Feindes beleuchten wollte. Alles Petroleum in der Stadt wurde von der Regierung confiscirt und es hieß, man wolle damit die einrückenden Deutschen verbrennen. Am 27. September wurde aber ein großer Theil des in Paris vorräthigen Petroleum, vielleicht durch Brandstiftung, ein Raub des Feuers. Es war ein für militärische Zwecke bestimmter Vorrath in der Villette.

In einem Brief aus Longwy vom 1. Oktober, welchen das Echo du Luxembourg veröffentlichte, wurde gerathen, „die Deutschen mit den Mitteln der Chemie zu bekämpfen, und zwar aus Luftballons Fässer voll pikrinsaurem Kali, Nitroglycerin, Dynamit und dergleichen auf die feindliche Armee herabzuwerfen. Dieser Brief hat die ehrenhafte Entrüstung des Commandanten von Longwy, des Maires und der Municipalräthe dieser Stadt erregt, und sie gaben derselben in einem Schreiben an das ‚Echo' für sich und im Namen ihrer Mitbürger Ausdruck. Es heißt in dem Schreiben: ‚Bereit, unsere Stadt und unser Vaterland zu vertheidigen, werden wir im vorkommenden Falle beweisen, daß wir Krieg führen können, ohne die Regeln zu verletzen, welche die Ehre und die Menschlichkeit gebieten.'"

Die Regierung erließ folgende Proklamation: „Französische Republik. Regierung der nationalen Vertheidigung. Man hat das Gerücht verbreitet, daß die Regierung der nationalen Vertheidigung daran denke, die Politik aufzugeben, in Folge deren sie auf den Posten der Ehre und der Gefahr gestellt wurde. Diese Politik ist die, welche sich in folgenden Ausdrücken formulirt: Weber einen

Zoll unseres Territoriums, noch einen Stein unserer Festungen. Die Regierung wird sie bis zum Ende aufrecht erhalten. Gegeben im Hotel de Ville am 20. September 1870. General Trochu. Emanuel Arago. Jules Favre. Gambetta. E. Picard. Rochefort. Jules Simon. Der Kriegsminister, General Le Flô; der Ackerbau- und Handelsminister, Magnin; der Minister der öffentlichen Bauten, Dorian."

Der „Combat", das Organ Felix Pyats, eröffnete eine Subscription, aus deren Ertrag ein Ehrengewehr angefertigt werden sollte, um es dem zu schenken, der den König von Preußen ermorden würde. — Das „Salut public" machte seinen Lesern weiß, daß von der in Sedan gefangenen Armee der größte Theil nachher wieder heldenmüthig entschlüpft sey, und jetzt in Frankreich sich wieder zusammenfinde. „Die Menge der Gefangenen, welche die deutsche Wachsamkeit getäuscht haben, ist ungeheuer. Es ist ein beständiges Durchsickern flüchtiger Helden durch die preußischen Linien hindurch. (Ein klassisch schöner Satz, der des Aufbewahrens werth ist!) Eine gefangene Armee, zumal eine französische, ist schwerer zu bewachen, als eine deutsche Schafheerde. Und was die Soldaten vor Allem unverletzt gerettet haben, ist das Vertrauen in ihre individuelle Ueberlegenheit über die Deutschen."

Die Times berichtete, General Ambert in Paris habe sich um Herstellung der Disciplin bei den Truppen bemüht, und ihnen einmal gesagt, statt immerfort vive la république zu schreien, sollten sie lieber besser exerzieren. Da hätten sie ihn gepackt und gefangen gesetzt und nicht einmal Trochu habe ihn befreien können. Am 24. und 25. September sollen Straßenkämpfe in Paris stattgefunden haben, was die Abstellung der Wahlen zur Folge gehabt habe.

Eine Correspondenz aus Brüssel in der Kölner Zeitung theilte mit, französische Offiziere, die bei Sedan gefangen, aber auf Ehrenwort seyen entlassen worden, hätten ganz ungenirt gesagt, sie dürften dennoch wieder gegen Deutschland dienen. Entweder unter fremden Namen, oder aber unter dem Vorwande, sie seyen als Offiziere des Kaisers gefangen worden, der Kaiser sey abgesetzt, also könnten sie jetzt unbeschadet ihres Ehrenworts der Republik dienen. General Ducrot machte praktischen Gebrauch von der Sophistik der Ehrlosigkeit. Bei Sedan gefangen und auf Ehrenwort entlassen, brach er das Ehrenwort und ging nach Paris, um dort an der Vertheidigung theilzunehmen. Die Folge war, daß ihm verkündigt wurde, er würde, wenn er wieder in Gefangenschaft geriethe, kriegsrechtlich erschossen werden, und daß künftighin verboten wurde, ein Ehrenwort von französischen Offizieren anzunehmen.

General Ducrot wollte nicht zugeben, daß er sein Ehrenwort gebrochen habe, und suchte sich in einem Briefe an Trochu auf eine sehr sophistische Art zu rechtfertigen. Er schrieb nämlich „daß er für seine Person die Capitulation von Sedan nicht angenommen, sondern stets verworfen habe, daß er sich, wie versprochen, am 11. September, Vormittags 10 Uhr, in Pont à Mousson beim preußischen Commandanten gemeldet habe und an sein Ehrenwort von dem Augenblick nicht mehr gebunden gewesen wäre, als der Sicherheitspaß von Sedan nach Pont à Mousson ihm Mittags auf dem Bahnhofe abgenommen und seine Anwesenheit constatirt worden sey." Er war also doch gefangen und mit seinem Ehrenwort verpflichtet worden, sich in Pont à Mousson zu melden, weil auf dieser Station ein preußischer Commandant war. Natürlicherweise hatte man preußischerseits, indem man ihn auf sein Ehrenwort reisen ließ, nicht gemeint, seine Verpflichtung höre in Pont à Mousson auf, und indem er von dort entwich, brach er sein Wort.

Auffallenderweise übernahm es Trochu selbst, ihn zu entschuldigen, vielleicht weil er ihn bei der Vertheidigung von Paris brauchen konnte, oder weil er bei der damaligen Stimmung der Pariser, diesem wegen seines Wortbruchs so hoch gefeierten Mann ebensowenig wehe thun durfte, wie dem unverschämten Flourens. Sein Brief an Ducrot lautete: „Mein lieber General! Ihr Verhalten vor und nach der Capitulation von Sedan fügt einen neuen Zug zu denen der energischen Festigkeit hinzu, welche den Lauf Ihrer Carrière bezeichnet haben. Inmitten einer Zerstörung, welche selbst die am meisten gestählten Seelen erschüttert hatte, wollten Sie keine Beziehung mit dem Feinde haben, welche hätte als Transaktion gedeutet werden können. Sie haben Ihr Ehrenwort gegeben, nach Pont à Mousson zu gehen und sich dort als Gefangener zu melden — nichts weiter. Und dort — nachdem Sie sich offiziell als Gefangener gestellt und somit Ihr Ehrenwort gelöst haben, erdachten und verwirklichten Sie um den Preis der augenscheinlichsten Gefahren eine kühne Flucht, welche nach Ihrem Willen sofort der Vertheidigung von Paris zu Gute kommen sollte. Der Feind weiß, was Ihre Hülfe werth ist, und daher stammt der einstimmige Vorwurf, welchen die öffentliche Meinung in Deutschland gegen Sie richtet. Seyen Sie versichert, daß die preußische Armee, deren loyales Zeugniß ich anzurufen im Begriff stehe, indem ich Ihren Brief dem Könige selber übersende, Ihnen vollkommen Gerechtigkeit zu Theil werden lassen wird. Wir bedurften, um sie Ihnen zu gewähren, nicht erst Ihrer Mittheilungen. Empfangen Sie diese Versicherung, deren Sie am meisten bedürfen, von dem ältesten und Ihnen am meisten zugethanen Waffengefährten. Der Gouverneur von Paris. General Trochu." Jedenfalls, bemerkt die Nordd. A. Z., thut General Trochu wohl daran, Herrn Ducrot schon jetzt der Gnade des Königs zu empfehlen.

Ueber Ducrot's Flucht in Pont à Mousson theilte die deutsche Allg. Zeitung mit: „Von dieser Entweichung, bei welcher nach französischen Blättern ein Bruch des Ehrenworts nicht vorgekommen seyn sollte, erzählt ein Thüringer Kaufmann, welcher sich mit Liebesgaben vor Metz begeben hatte, folgende Einzelheiten, die glaubwürdig erscheinen. General Ducrot ersuchte den Etappen-Commandanten in Pont à Mousson um die Erlaubniß, sich mit zwei andern mitgefangenen französischen Offizieren in einem kleinen, schon bereitstehenden Bauernwagen, welchen der Gewährsmann selbst gesehen hat, nach einem naheliegenden Orte in Privatangelegenheiten begeben zu dürfen. Der Etappen-Commandant weist den General an das Hauptquartier, wo ihm gegen Schein auf Ehrenwort, sich Abends 9 Uhr wieder zu stellen, die Erlaubniß ertheilt und außerdem ein preußischer Offizier zur Begleitung mitgegeben wird. Obgleich nun noch des Nachts Armee-Gensdarmen und Patrouillen aufgeboten worden sind, hat man von dem General und seiner Begleitung keine Spur entdecken können und auch der preußische Offizier war verschwunden." Der Impartial de Loiret erzählt noch, der General habe sich Bauerntracht zu verschaffen gewußt, habe dann einige Ochsen gekauft und den Preußen angeboten; diese hätten den Handel mit Freuden gemacht und ihm für eine neue Lieferung einen Sicherheitspaß ausgestellt, mit dem er glücklich nach Paris gelangt sey.

Auch Victor Hugo that im Oktober wieder einen Posaunenstoß: „Wir sind ein einziger Franzose, ein einziger Pariser, ein einziges Herz. Es gibt nur einen einzigen Bürger, der seyd ihr, der bin ich, der sind wir alle. Wo die Bresche ist, da ist unsere Brust. Heute Widerstand, morgen Erlösung. Wir sind nicht mehr Fleisch, sondern Stein. Ich kenne meinen Namen nicht mehr, ich heiße Vaterland. Wir alle heißen Frankreich, Paris, Mauer!" Die Eitelkeit hat diesen größten aller französischen Poeten verrückt gemacht. Aber auch der fromme Veuillot fing an, heftig gegen die Deutschen zu schreiben und zum Kampfe gegen sie zu ermuntern. Das hing mit dem Compromiß zusammen, den Cremieux zwischen dem katholischen Süden und den Republikanern geschlossen hatte und den auch Bischof Dupanloup von Orleans unterstützte.

Man hoffte in Paris immer auf Entsatz, aber vergeblich. Der alte Thiers hatte sich sehr über die angebliche Uneinnehmbarkeit von Paris getäuscht. Als er nämlich unter Ludwig Philipp auf die Befestigung von Paris antrug, erörterte er: „Wenn es Ihnen gelingt, die Hauptstadt stark zu machen und in Stand zu setzen, einen regelrechten Angriff auszuhalten, so befreien Sie dieselbe in demselben Augenblicke für immer von allen Gefahren einer Belagerung; denn wenn Paris sich vertheidigen kann, wie Metz, Straßburg oder Lille, so wird Paris niemals angegriffen werden.... Wir haben untersucht, ob es möglich wäre, Paris für 60 Tage Lebensmittel für eine Bevölkerung von 1,300,000 Seelen zu verschaffen. Es ist uns bewiesen worden, daß es ausführbar ist. Erlauben Sie mir, Ihnen zuvor einige Worte zu sagen über die Zahlen von 60 Tagen und 1,300,000 Seelen. Niemals wird ein Feind 60 Tage lang vor Paris liegen, denn er selbst und nicht Paris würde ausgehungert werden. Man kann nicht voraussetzen, daß ein einbringender Feind es wagen würde, mit weniger als 200,000 oder 250,000 Mann vor Paris zu erscheinen. Es würde ihm unmöglich seyn, seine Magazine nachzufahren ohne riesige und unmögliche Anstrengungen, ohne mehrere Armeen im Rücken, um die Straßen zu decken. Er müßte von dem Lande selbst leben, wie wir es selbst mehrfach gethan haben; er mußte sich weit ausbreiten, um zu leben, und würde sich durch die Theilung sehr aussetzen. Er würde inzwischen leben, aber das besetzte Gebiet würde bald so ausgezehrt seyn, daß er nicht mehr daraus subsistiren könnte. Nun nehmen Sie 30 Tage einer solchen Lage an, oder 40, oder 50, so gelangen Sie zu physischen Unmöglichkeiten."

So hatte man sich getröstet. Jetzt aber wußte man sich nicht mehr zu helfen und fiel auf die seltsamsten Rettungsmittel. Girardin ließ am 18. Oktober wieder einen Unsinn drucken, nämlich einen offenen Brief an Bismarck, der mit folgenden Worten schloß: „Halten Sie vor Paris ein, wie 1866 vor Wien! Dieser Beweis von Mäßigung wird uns zu allererst veranlassen, Ihnen vorzuschlagen: erstens alle Bollwerke niederzureißen, weil sie die letzten Hindernisse der europäischen Verbrüderung sind; zweitens Frankreichs Eintritt in das Zollvereinsnetz, diesen älteren Freihandelsbruder. Unser Gold bringe Euch Reichthum und die Erinnerung der uns geschlagenen Wunden erbleiche durch gemeinsame Interessen und Bestrebungen. Entehrt nicht das Zeitalter Peels und Cavours, wenn Ihr Eurerseits in der Lage seyd, Euch seinen Größen anzureihen."

So gut meinten es die fanatischen Blätter von Paris aber nicht. Diese dachten an nichts, als an die Vernichtung der Deutschen, die sie schon hundertmal vernichtet haben wollten und die doch merkwürdigerweise immer noch da waren. Der Peuple français gab einen ganzen Catalog von Tödtungsmitteln zum besten. Da ist zuerst die Mitrailleuse Montigny, wirft 481 Kugeln in der Minute (die Mitrailleuse von Meudon warf nur 155). Dann kommt die Mitrailleuse Marklenberg, ein tragbares Geschütz mit 250 Kugeln per Minute. Drittens die Mitrailleuse Durand (noch im Versuchsstadium). Bei ihr wird das Pulver durch Dampf ersetzt und sie kann auf eine Entfernung von 400 Metern 60 Kugeln per Secunde, also 3600 per Minute regnen lassen. Die Bomben Menestrol, vervollkommnete Granaten, von denen jede 1000 Feinde kampfunfähig machen kann. Die Brandbomben des Herrn Gaudin, bestimmt, aus besonderen Ballons geschleudert zu werden. Sie würden die Wirkung haben, die Vorräthe und Fuhrwerke des Feindes zu zerstören. Die Stinkbomben, sie haben die besondere Eigenschaft, mehrere Stunden hindurch in einem hinreichend ausgedehnten Umkreise die Personen zu ersticken, welche nicht getödtet worden sind. (Angenommen von der Commission du génie civil!) Die Satansrakete, welche ein ganzes Armeecorps auf Distanz von 4 und 5 Kilometern in Flammen aufgehen läßt. Das griechische Feuer des Herrn Beaume, Brandgeschosse, welche Alles verbrennen und verzehren, was ihnen in den Wurf kommt, ohne daß es möglich ist, sie zu löschen. Man kann sie auf große Entfernung schleudern. Die Explosionsminen von Dieheim, welche auf gewisse Entfernung ganze Regimenter in die Luft sprengen. Bescheidener sind die unterirdischen Torpedos, welche ihre Geschosse mannshoch in die Höhe werfen und in einigen Minuten Bataillone vernichten.

Im Oktober wurden 18 sächsische Soldaten in ihrem Quartier durch den im Keller gefundenen Wein, den die entflohenen Bewohner zu diesem Zweck zurückgelassen hatten, vergiftet.

In Paris waren Uebermuth und Frivolität noch so wenig ausgestorben, daß sich freche Frauenzimmer zusammenthaten, um ein Amazonencorps zu bilden. Am 8. Oktober forderten sie vom Ministerium, 500 Köpfe stark als bewaffnete Legion organisirt zu werden, um den Ambulanzdienst zu verrichten und den Feind zurückzuwerfen, gleich den ersten Johannitern in Jerusalem, welche die Kranken gepflegt und zugleich gekämpft hatten. Eine Bürgerin kündigte an, welches sichere Mittel sie erfunden habe, um die Preußen zu vernichten. Einen Apparat nämlich, den sie den Finger Gottes nannte. Ein Fingerhut in ein Röhrchen zugespitzt, welches bei der Berührung Blausäure entläßt. Damit brauche sie nur einen Preußen zu berühren und augenblicklich sey er todt. So könne eine einzige Französin unter lauter preußischen Männerleichen allein aufrecht stehen bleiben.

Pöbelhafte Auftritte kamen vor, sagten Augenzeugen, als die bei Chatillon in den Schützengräben gefangenen Bayern, 30 an der Zahl, in Paris herumgeführt wurden. Die ihnen als Bedeckung mitgegebene Nationalgarde vermochte sie nicht zu schützen und so waren sie den gemeinsten Mißhandlungen ausgesetzt. Man zerrte an ihrem Bart- und Haupthaar und bewarf sie stellenweise sogar mit Straßenkoth, ohne daß man etwas zu ihrem wirksamen Schutze hätte thun können.

Die Bildsäule der Stadt Straßburg auf dem Eintrachtsplatze war stets mit Immortellenkränzen geschmückt. Eine Leiter blieb stets an die Statue gelehnt, um den Vorübergehenden zu gestatten, das Haupt der Bildsäule mit Blumen zu schmücken. Allwöchentlich wurden die Kranzspenden von einem Künstler malerisch geordnet.

Häufig fand am Fuße der Statue eine Art Feldgottesdienst statt. Dann erschienen mehrere Priester mit einem Tragaltare und lasen die Messe, und die vorübergehenden Voltairianer entblößten das Haupt und spielten die Andächtigen, weil ihnen auch zu Zeiten Religionsübungen in den Kram passen.

In den ersten Tagen des November sah man an den Straßenecken von Paris Plakate, worin zu lesen war, der Kronprinz von Preußen liege an einer Lungenentzündung schwer darnieder und in München sey eine große Revolution ausgebrochen, das Haus Richard Wagner's demolirt worden.

Die dritte Republik war die Karrikatur der ersten und verzerrte nur deren grimmige Züge in's Lächerliche, während sich beide ähnlich blieben. Die Republik Jules Favre's, Gambetta's und Rochefort's war dem ehemaligen Freunde des letztern, Flourens, zu blau, er wollte sie blutroth haben, und wie einst in der ersten Revolution der Gemeinderath von Paris im Stadthause sich die höchste Gewalt angemaßt und die aus dem Convent hervorgegangene Regierung als zu gemäßigt verdrängt und aus seiner Mitte ersetzt hatte, so wollte Flourens durch dasselbe Mittel die jetzige Regierung verdrängen oder sich in dieselbe eindrängen. Man hatte ihm als einem von früher her beliebten Volksmann das Commando über fünf Bataillone der Nationalgarde von Paris anvertraut. Mit diesen bewaffneten Vorstädtern und seinem sonstigen Anhang im Pöbel machte er vom 6. Oktober an Versuche, sich des Stadthauses zu bemächtigen.

Die Times berichtete: „Kaum war Paris 14 Tage eingeschlossen, als schon die Nationalgarden von Belleville — einem der verrufensten Viertel — durch ihren Befehlshaber, den Bürger Gustave Flourens, anfingen, die Regierung zu kritisiren und durch offene Gewalt zu beeinflussen. Am 1. Oktober begab sich Flourens an der Spitze seiner Bataillone nach dem Stadthause, um Namens der demokratischen Clubs verschiedene Forderungen von der Regie-

rung zu erzwingen, so z. B. die Massenerhebung, den Aufruf an
das republikanische Europa, sofortige Wahl einer Munizipalbehörde,
Entlassung aller ‚verdächtigen Personen' von Vertrauensposten und
eine allgemeine Vertheilung von Tagesrationen an alle Bürger.
Als die Regierung sich platterdings weigerte, solchen Forderungen
Gehör zu schenken, suchte Flourens damit zu drohen, daß er sein
Commando niederlegte; da aber die Regierung sich durch diesen
Schritt nicht bewegen ließ, machte er denselben rückgängig und versuchte sein Heil in einer anderen Kundgebung, zu welcher er — um
sie gewichtiger zu machen — alle Bürger einlud. Sie sollten sich
am 8. Oktober, zwei Uhr Nachmittags, unbewaffnet vor dem Rath-
hause einfinden. Hauptzweck der Demonstration sollte die Erzielung
sofortiger Wahlen für die ‚Commune von Paris' seyn, welch
letztere — so sagte Flourens — die provisorische Regierung nicht
abschaffen, sondern sie zur Executive der legislativen Commune
machen würde. Das hieße also, Flourens hat zu befehlen, und
Favre diese Befehle auszuführen. Denn was ersterer nebst Genossen — Ledru-Rollin, Blanqui und Felix Pyat — sich unter der
zu wählenden Commune eigentlich denkt, geht aus einem Artikel in
‚La Patrie en Danger', dem Organe Blanqui's, deutlich hervor.
Von den Candidaten für diese Körperschaft soll nämlich unter An-
derem gefordert werden, daß sie sich zur Aufrechthaltung der abso-
luten Unabhängigkeit der Commune, zur Befolgung allgemeiner
Instruktionen und zur Rechenschaftsleistung über alle ihre Schritte
an die Wähler, die ihr Mandat jeder Zeit annulliren können, verbindlich machen. Auch sollen die Herren sich verpflichten, für die
folgenden Maßregeln zu stimmen: Classificirung aller Lebensmittel
in der Hauptstadt und deren unentgeltliche Vertheilung in Tagesrationen an alle Bürger; Verantwortlichmachung aller derer, die
unter dem gefallenen Regimente durch rechtswidrige Schritte, Gewalt oder Betrug, zur Herbeiführung der gegenwärtigen Situation
beigetragen haben; Bestrafung aller Personen, welche Paris in der

Stunde der Gefahr verlassen haben; Suspendirung aller handels-rechtlichen und civilen Klagen bis drei Monate nach Friedensschluß; Suspendirung aller Mieth- und Zinsenzahlungen vom 1. Oktober bis zum Ende des Krieges; Abschaffung der Polizeipräfektur und Unterordnung der Polizei unter die Munizipalbehörden, und schließlich Abschaffung aller Monopole und Privilegien. Um dies und Aehnliches zu erzielen, war die Versammlung für den 8. Oktober einberufen worden. Um die angesagte Stunde fanden sich ein paar Tausend Menschen ein, zum großen Theile Nationalgarden, welche mit wenigen Ausnahmen unbewaffnet gekommen waren, während innerhalb des Gittereinschlusses um das Stadthaus eine Abtheilung Mobilgarden mit aufgesteckten Bajonetten in Reih und Glied standen, entschlossenen Blickes und der Dinge harrend, die da kommen sollten. Der Ruf des Pöbels: „Die Bajonette in die Scheide!" blieb unbeachtet, und eben so wenig kehrten sich mehrere Mitglieder der Regierung — unter anderen Rochefort, Arago und Jules Ferry — an das Feldgeschrei der Masse, als diese „La Commune, Vive la Commune!" rief, und auf langen Stöcken Plakate mit den Worten „Les Elections" vor ihren Augen in die Höhe hielt. Plötzlich allgemeines Gemurmel. Die Nationalgarden des Faubourg St. Germain rücken bewaffnet und mit ihren Offizieren an der Spitze, im Schnellschritt voran, und fassen zwischen dem Eisengitter und dem vor diesem versammelten Volkshaufen Posto. Der Volkshaufe naht sich. Einige Bürger halten dem letzterwähnten Bataillon Zettel mit der Inschrift entgegen: „Die Gewehre sind eine Drohung"; mehrere Nationalgarden wenden zum Zeichen der Sympathie mit der Masse ihre Muskete mit dem Kolben nach oben und ein allgemeines „Hurrah"! wird nur durch die zahlreichen Rufe „La Commune! Vive la commune!" unterbrochen. Die Lage ist kritisch; die schweren Thore des Rathhauses werden geschlossen; der Generalmarsch wird geschlagen und fast unmittelbar darauf kommt eine Abtheilung bewaffneter Nationalgarden — meist Arbeiter in Blousen

— herangerückt. Während so einerseits die Volksmasse sich zu einem ungeheuren Umfang vermehrte — große und kleinere Gruppen disputirten über die Billigkeit der erwähnten Forderungen, und anscheinend waren drei Viertel gegen die sofortige Einberufung einer Commune — kamen andere Bataillone Nationalgarden herangerückt und erwiderten das Schreien nach ‚der Commune, der ganzen Commune und Nichts als die Commune!‘ mit ‚Vive la République, Vive la France!‘ Der befehligende Offizier, General Tamisier, suchte die aufgeregte Menge zu beschwichtigen, doch gelang ihm dies selbst dann nur theilweise, als aus weiter Ferne das Rollen des Kanonendonners deutlich vernehmbar wurde, und als drei Mitglieder des Centralen Republikanischen Comité's Zugang in das Stadthaus erhielten. Jules Ferry empfing sie, hörte ‚die Forderung des souverainen Volkes‘ an, und lehnte trocken das Vergnügen einer eingehenden Unterhaltung über das Thema Munizipal-Commune ab, während Keratry den Herren mit Verhaftung drohte. Draußen kommen jetzt von allen Punkten die Nationalgarden herangezogen. Ein Bataillon nach dem anderen, mit fliegenden Fahnen und unter Trommelgewirbel; die Offiziere vorauf, ihre Degen in der Luft schwenkend und mit dem Rufe: ‚A bas la Commune!‘ ‚Pas de Révolution!‘ Dies ermuthigt die Anhänger der Regierung. ‚Vive la République!‘ ‚Vive la France!‘ schallt es von allen Seiten wieder, während die Nationalgarden Angriffscolonnen formiren, nach beiden Seiten deployiren, dann Linien bilden und so den Platz in wenigen Augenblicken von den vielen Tausenden säubern. Die Spielleute treten jetzt in das Centrum und unter Trommelwirbel, untermischt mit dem Rufen der Volksmassen, treten die Mitglieder der Regierung aus den wiederum geöffneten Thoren des Stadthauses hervor. Sie machen die Runde um den Platz, schwenken ihre Hüte und rufen: ‚Vive la République!‘ Den Schluß der Scene bildet dann eine kurze Ermahnung Jules Favre's, und eiliger als es sonst vielleicht geschehen wäre, stob die Versammlung auseinander, da ein heftiger Platzregen sich einstellte. Allmälig zogen dann auch die Nationalgarden ab, doch versammelten sich ihrer trotz des Regens am Abend immer neue Bataillone vor dem Stadthause, um ihr Einverständniß mit der Haltung der Regierung und ihre Mißbilligung des Gebahrens der Nationalgarden von Belleville und der Bürger Ledru-Rollin, Blanqui, Felix Pyat und Flourens zu bethätigen."

Trotz dieses Erfolges durfte Trochu nicht wagen, den frechen Rebellen kriegsrechtlich erschießen zu lassen, denn Flourens wurde durch Rochefort geschützt, der damals einen Brief veröffentlichen ließ, in welchem er diesen Flourens als seinen „treuen und vortrefflichen Freund unter tausend brüderlichen Umarmungen" begrüßte.

Während dieses Treibens im Innern von Paris gab es von Zeit zu Zeit Kämpfe vor der Stadt. General Trochu wollte Paris nur von den Forts und Verschanzungen aus vertheidigen, weil er zu wenig reguläre Truppen zur Hand hatte, um dem Feinde in's offene Feld entgegenzugehen. Als nun aber General Ducrot, in Bauernkleidern geflüchtet, von Sedan ankam, erlaubte ihm Trochu, mit den Truppen Vinoys, vier kleinen Divisionen, hervorzubrechen. Kleines Geplänkel am 17. September bei Brevannes und am 18. bei Bicêtre beschäftigte nur die Vorposten. Erst am 19. machte Ducrot seinen Versuch, auf der schwächsten Seite der Vertheidigung, nämlich auf der Südseite, die Cernirung zu verhindern, und zwischen ihm und dem 5. preußischen Armeecorps entspann sich auf den Höhen von Sceaux bei Chatillon ein Kampf, der wie gewöhnlich mit der Flucht der französischen Truppen endigte. Ein ganzes Regiment Zuaven entfloh sogar, ohne einen Schuß gethan zu haben, stürzte wie verzweifelt in die Straßen von Paris zurück und verbreitete hier eine nicht geringe Panik. Die junge Mobilgarde hielt sich besser. Trochu war sehr entrüstet und traf strenge Maßregeln gegen die Feigen. Ein gefangener französischer Offizier klagte bitter über das Abhandenkommen aller Disciplin unter den französischen Soldaten.

In Folge des Gefechts bei Sceaux näherten sich die Preußen auch dem berühmten Versailles. Hier befanden sich 2000 Mobilgarden, die aber nur 300 Gewehre hatten, gleich zu capituliren bereit waren und nur wünschten, man möge sie nicht entwaffnen, sondern ihnen den Polizeidienst in der Stadt, hauptsächlich zum Schutz der großen Gemäldegallerie überlassen, was ihnen zugestanden wurde.

General Trochu hatte seine liebe Noth mit den alle Disciplin auflösenden Truppen und Mobilgarden. Kaum gelang es ihm, den alten, schon achtzigjährigen verdienten Marschall Vaillant, dessen Ruhm noch von der Zeit des ersten Napoleon herstammte, aus den Händen des Pöbels zu retten, der sich seiner schon bemächtigt hatte und ihn als bekannten Bonapartisten mißhandeln wollte. Man gab ihn sogar für einen preußischen Agenten aus, um das Volk noch mehr gegen ihn aufzureizen. Aber die Nationalgarde, aus guten Bürgern bestehend, rettete ihn und brachte ihn in Trochu's Wohnung. Trochu war nicht zu Hause, Garnier Pagès aber beruhigte die Volksmenge auf den Straßen, bis Trochu zurückkam und den alten Marschall befreite. — In der Stadt hatten sich in verschiedenen Arrondissements eigenmächtig sog. Vertheidigungscomités gebildet, die auf eigene Hand Haussuchungen und sogar Verhaftungen vornahmen. Auch gegen diese mußte Trochu einschreiten.

Der Erfolg von Sceaux war nicht unwichtig. Die von den Forts Issy, Vanvres, Montrouge, Bicètre und Ivry gedeckte Südfront der Pariser Vertheidigung war die schwächste, weil die drei erstgenannten dieser Forts am Fuße des linken Thalrandes der Seine derart gelegen sind, daß sie von dem südlich von Clamart und Chatillon sich bis 500' über den Seinespiegel erhebenden Plateau dominirt sind und in wirksamster Weise unter Feuer genommen werden können. Diesen Nachtheil hinwegzuheben, war von Seiten des Vertheidigers schon vor länger als Monatsfrist am nördlichen Plateaurande bei der Mühle de la Tour der Bau einer starken Verschanzung begonnen und unter Aufwand ganz enormer Kräfte und Mittel bis zum Tage des Erscheinens unserer Truppen vor der Hauptstadt fast vollständig vollendet worden. Schon waren acht Geschütze in dies provisorische Fort eingeführt, und jedenfalls war dasselbe bereits vertheidigungsfähig. Der siegreiche Kampf vom 19. hat dieses wichtige Werk in die Hand unserer Truppen geliefert.

Unter dem Fort Nogent, 29. September, wurde dem Schwäb. Merkur geschrieben: „Seit dem 19. September ist die Stadt Paris vollständig cernirt. Wir sitzen in aller Ruhe unter den Wällen und harren der Dinge, die da kommen sollen. Für uns war das Erste, uns wohnlich in den verlassenen Schlössern und Landhäusern, von denen Paris umgeben ist, einzurichten. Für den Unterhalt mußten weit ausgedehnte Requisitionscommandos und fleißige Fasanenjagden sorgen. Trotzdem ist dies immer die brennende Frage des Tages. Denn die Umgebung von Paris füllt sich immer mehr mit Menschen, während die Wein- und Mehlvorräthe, die der suchende Instinkt unserer Leute in tiefen Verstecken aufgespürt hatte, zu Ende gehen. Die Stimmung der Leute ist die beste, die man sich denken kann; in der ersten württembergischen Brigade z. B. reißen sie sich fast um den Feldwachdienst, und manches verwegene Stückchen ist da schon von Einzelnen in stiller Nacht ausgeführt worden. Keine Frage, die Franzosen üben sich gewaltig im Schießen; wenn auf der Feldwache nur einer die Cigarre anzündet, so pafft's sofort. In Chennevières machen die Kugeln, die an die Wände anschlagen, den Herren des Stabes eine eigene Tafelmusik beim Diner. Zeigt sich einer derselben nur einige Minuten unter dem Saalfenster, so fliegt gleich solch ein Freischützengruß herauf. Dieselbe Munitionsverschwendung treiben sie aber auch mit größerem Geschütz. Sie werfen auf einzelne Reiter Granaten, sie beschießen fleißig die Arbeiter an den aufzuwerfenden Batterien. Der Humor unserer Leute liefert da wieder manches lustige Stückchen. Sie machten kürzlich einen Strohmann, den sie hinter einer Scheinbatterie vorschauen ließen, und da solls eine wahre Lust gewesen seyn, mit welcher Wuth die Franzosen vom Fort aus auf den unschuldigen Strohkanonier schossen. Vorgestern visitirte der König selbst wiederum die Vorposten und wurde von unseren Truppen mit stürmischer Begeisterung begrüßt. In Gournoy, wo ein Theil des fünften württembergischen Infanterie-Regiments liegt, wurde sogar illuminirt, als der König Nachts durchkam; unsere wackeren Fünfer schnitten sich die Laternen selber aus Kürbissen zurecht. Vom gleichen Regiment wurde gestern das ‚Cannstatter Volksfest' in Noisiel abgehalten. Der Gesundheitszustand ist im Ganzen ein trefflicher."

Am 30. September machten die Franzosen wieder einen Ausfall aus Paris und zwar auf verschiedenen Punkten, zwei Divisionen des Corps von Vinoy, angeführt von General Guilhem bei Meudon. Die Franzosen verloren über 1200 Todte und Verwundete und 500 Gefangene. Guilhem wurde verwundet, die Deutschen verloren nur 3—400 Todte und Verwundete. Der Kampf fand um Meudon her statt, wo Prinz Plon-Plon ein schönes Schloß besitzt. Dasselbe war aber von den Franzosen selbst ausgeraubt, scheußlich verwüstet und verunreinigt. In einem Zwinger fand man noch 60 Hunde eingesperrt, die man zu füttern vergessen hatte und die schon angefangen hatten einander selber zu fressen. An demselben Tage machten die Franzosen auch einen Angriff bei Sevres und wurden hier ebenfalls zurückgeschlagen.

„In Bougival, einem etwa 7000 Schritt westlich vom Fort Mont Valérien an der Seine gelegenen Städtchen, welches seit dem 19. September gleichfalls von unseren Truppen occupirt und mit in unsere Vorpostenstellung gezogen wurde, bemerkten am 3. Oktober einige Soldaten des 50sten Regiments in einem der dicht hinter dem Orte aufsteigenden Berge eine Grotte, die sich in einem dunklen

Gang zu verlaufen schien. Ein Offizier und mehrere Soldaten drangen mit Laternen weiter in das Innere des Berges vor und entdeckten ein vollständiges Labyrinth unterirdischer Gänge und Höhlen, in denen man mehr als eine halbe Stunde zu gehen hatte, um sie gänzlich zu durchforschen. Hier hausten aber durchaus keine Füchse oder sonstiges Gethier, sondern Menschen, und zwar nur Frauen und Kinder, welche sich beim Anmarsche der Preußen in dies Asyl zurückgezogen und sich mit vielem Vorrath, auch Betten und Möbeln versehen hatten. Dieselben weigerten sich entschieden, der Aufforderung, doch nach Bougival zurückzukehren, Folge zu leisten, und so ließ man sie dort, nachdem man sich vergewissert hatte, daß ein anderer Ausgang aus dem unterirdischen Labyrinth nicht vorhanden war. — Wenn sie nun auch Unrecht gehabt hatten, sich vor den Preußen zu fürchten, so waren ihre Befürchtungen doch in Bezug auf ihre Landsleute gar nicht so grundlos gewesen, denn am 5. früh eröffnete plötzlich der Mont Valérien sein Feuer und zeigte uns, daß er bis Bougival mit seinen Geschützen langen könne, indem er wohl 50—60 Granaten, theils auf unsere Feldwachen und Replis, theils nach Bougival selbst hineinwarf, Dinger von einer unanständigen Größe, welche mit einem Riesengeräusch dahergesaust kommen. „Zuckerhüte" werden sie von unseren Leuten ihrer Form nach genannt."

In Versailles erhielt mit Bewilligung der Militärbehörde eine Anzahl von Einwohnern Erlaubniß, nach Chartres zu fahren und dort Lebensmittel für die Bevölkerung von Versailles aufzukaufen und einzubringen; die Leute kamen jedoch am 2. Oktober mit leeren Händen zurück; in Chartres hatte man die Bürger von Versailles arretirt, ihnen Geld und Wagen abgenommen und ihnen erst nach langem Verhandeln letztere zurückgegeben, aber nicht erlaubt, Lebensmittel mitzunehmen. Hierauf wurde am 4. Oktober Oberst v. Alvensleben mit einem kleinen Corps nach derselben Richtung entsandt und machte starke Requisitionen. Franctireurs wurden bei

Rambouillet vertrieben, General v. Bredow trieb Requisitionen in Vernon ein.

Immer noch kamen Wuthausbrüche vor. Im Anfang Oktober wurde bei St. Denis ein katholischer Priester verhaftet, der, eine Binde mit dem Kreuz am Arm, heimtückisch einen deutschen Artilleristen erschossen hatte. Auch ein paar Dörfer, aus denen die Einwohner geschossen, mußten in Asche gelegt werden. „In der Nacht vom 7. zum 8. Oktober ist in Ablis eine Escadron des 16. Husaren-Regiments (Rittmeister Ulrich) von Franctireurs, welche in den Häusern versteckt waren, mit Hülfe der Einwohner überfallen und fast gänzlich aus einander gesprengt worden. Rittmeister Ulrich ist schwer verwundet; er sowohl wie die Offiziere der Schwadron sind gerettet worden. Bis jetzt haben sich wieder einige 50 Husaren mit eben so viel Pferden beim Regiment eingefunden. Ablis ist niedergebrannt worden."

Hier noch ein Beispiel von Erbitterung. Der Maire von Pelaiseau, Doktor Morère, 75 Jahre alt, der, als sechs preußische Offiziere im Amtsgebäude die Requisitionen für die Gemeinde festsetzten, in Folge eines Wortwechsels einen Revolver zog und vier der Offiziere verwundete, wurde sofort kriegsgerichtlich behandelt und eine Stunde nach vollbrachter That erschossen.

Am 12. Oktober vertrieb General Senfft-Pilsach die Franzosen aus Breteuil vor Paris. Am 13. schossen die Franzosen muthwillig vom hohen Fort Mont Valérien aus das schöne Schloß St. Cloud in Brand. An demselben Tage machten sie einen sehr energischen Ausfall, um die von den Bayern besetzten Orte Bagneux und Chatillon zu nehmen und dadurch vielleicht einem Entsatzheer, das von Orleans her hätte kommen sollen, den Weg zu eröffnen. Die Bayern wurden zuerst zurückgedrängt und verloren beide Ortschaften, erhielten aber Verstärkung. „Da es den Anschein hatte, als ob die ganze feindliche Bewegung den Zweck habe, sich der Straße nach Orleans zu bemächtigen, warf man

17 Compagnien entgegen. Aber der Feind hielt noch Stand und nur allmälig konnten diese 17 Compagnien ihn wieder herausdrängen. Hier gingen die Offiziere und Unteroffiziere mit einem löblichen Beispiel voran. Ueberall wo die Gefahr am stärksten war, ermunterten sie ihre Leute durch Wort und That. Jedes Haus, jede Straße mußte einzeln genommen werden. Wo die Kugel nicht half, wurde zu Bajonet und Kolben gegriffen. Hier entschied nicht mehr die taktische Ordnung, hier war es ein Ringen, Mann gegen Mann; die körperliche Kraft allein gab den Ausschlag. Dutzendweise lagen die von den Kolben der Bayern erschlagenen Franzosen noch Tags darauf in den Straßen. Endlich nach einem mörderischen Gefechte von drei Stunden war das Dorf wieder in den Händen der Bayern. Um 5 Uhr hatten sie ihre ganze Stellung wieder inne, und der Feind war in vollem Rückzuge auf Montrouge begriffen. Der gesammte Verlust der Bayern beläuft sich auf 331 Mann an Todten, Verwundeten und Vermißten. Der Verlust der Franzosen ist viel bedeutender, kann aber nicht genau angegeben werden, weil die französische Ambulance den ganzen Tag beschäftigt war, die Verwundeten und Todten zurückzuschaffen."

Am 19. Oktober wurde ein neuer Ausfall gegen Chevilly zurückgeschlagen. Einen bedeutend größern machten die Franzosen am 21. Schon früh am Morgen eröffneten die Kanonen des Mont Valérien ein heftiges, jedoch meist unschädliches Feuer gegen Süden. Zu Mittag brach plötzlich General Trochu selbst mit 33 Bataillonen und 15 Feldbatterien zu je 6 Geschützen hervor und richtete den Marsch gegen Bougival, welchen Ort die schlesische Division des General Schmidt besetzt hielt. Diesen Ring in der weiten Kette der Cernirungsarmee hoffte Trochu durchbrechen zu können. Allein gerade diese preußische Division war eine der tapfersten und ruhmreichsten des ganzen Krieges, was schon daraus erhellt, daß sie während des kurzen Krieges nicht weniger als 170 Offiziere und 4000 Mann an Todten und Verwundeten verlor. Auch diesmal wieder erlitten sie große Verluste, indem sie zugleich vom Mont Valérien und von der Feldartillerie, welche sich im Park von Malmaison festgesetzt hatte, mörderisch beschossen wurde. Als sich aber die Franzosen bis auf 80 Schritte Bougival genähert hatten, blieb General Schmidt nicht mehr in der Defensive, sondern befahl den Angriff und wurde in diesem Augenblick durch die in voller Kriegswuth aus St. Germain herbeistürmende Gardelandwehr unterstützt. Und beide, die Schlesier und die Garde, hatten die Ehre, unmittelbar unter den Augen des mit seinem Gefolge anwesenden Königs, eine glänzende Waffenthat auszuführen. „Während die Linie in Schützenschwärmen vorging, brach die Landwehr in dichten Colonnen im Sturmschritt mit dem Bajonet Tambour battant unter donnerndem Hurrahruf hervor. Unaufhaltsam drangen unsere Truppen vor; unter dem stärksten Granatfeuer mit großem Verlust, aber ohne auch nur einen Moment zu zögern, avancirte die Landwehr; der Feind wich überall zurück, aber die Landwehr erreichte ihn dennoch. Da sanken von den Kolbenschlägen dieser ostpreußischen Männer die Franzosen hundertfach zusammen. Hier gab es keinen Pardon; wer sein Leben nicht eilends durch die Flucht rettete, brach unter den wuchtigen Schlägen wie ein Halm zusammen. Mit Freude und Bewunderung sahen die Linientruppen, die mit so großem Muthe und so glänzendem Erfolg bei Weißenburg, Wörth, Beaumont und Sedan gefochten hatten, diese Männer an ihrer Seite fechten. Die beiden Compagnien hatten aber auch verhältnißmäßig sehr bedeutende Verluste; denn sie büßten bei diesem Angriff circa 60 Mann an Todten und Verwundeten ein, unter denen sich auch der Lieutenant von Raven, der Sohn des bei Düppel gefallenen General-Major von Raven befindet. Der Feind verlor bei diesem Rückzuge viele Leute." — Von den Schlesiern erfuhr man: „Als das Gefecht von Bougival anfing, bedeutend zu werden, schickte der Oberst des 46. Regiments mehrere Mann ab, um die Fahne zu holen, die man in Bougival zurückgelassen hatte, weil man anfangs das Gefecht nur für ein kleines Vorpostengefecht gehalten hatte. Die Offizierburschen, welche die Soldaten ankommen sahen, liefen ihnen eiligst entgegen, um sich nach dem Gange des Gefechts zu erkundigen. Als das die Einwohner von Bougival sahen, glaubten sie, unsere Truppen seyen besiegt und die Ankommenden befänden sich bereits auf der Flucht. Sie riefen frohlockend: Ils sont vaincus; il faut les tuer; dann griffen sie zu den Waffen, die sie irgendwo trotz der genauesten Untersuchung verborgen hatten und besetzten das Haus, in dem sich die Fahne befand, und schossen aus diesem und mehreren andern heraus. Allein lange sollte ihnen dieses Vergnügen nicht zu Theil werden; die Soldaten machten kurzen Prozeß, schlugen die Thüren mit den Kolben ein und stachen die darin befindlichen Leute nieder. Auch die andern Häuser wurden von ihnen gereinigt. Jetzt ist nun Befehl gegeben worden, daß alle Einwohner Bougival zu verlassen haben und daß die Häuser, aus denen geschossen wurde, niedergerissen werden."

Man hatte von diesem Ausfall Trochus große Erwartungen gehegt, wie das Benehmen des Volks bewies. Auch die bisher so höflichen und geschmeidigen Einwohner von Versailles waren diesmal sehr aufgeregt und wollten, als die Preußen einen Trupp gefangener Franzosen einbrachten, einen Theil derselben befreien, so daß die Preußen die flache Klinge gebrauchen und mit feuern drohen mußten, um sie zurückzutreiben.

An demselben Tage meldete der bayerische General Hartmann, der mit seinem Corps bei Bagneux und Chatillon stand, es seyen urplötzlich mehrere hundert Weiber und Kinder bei unsern Vorposten in Bagneux erschienen, die sich, aus Paris kommend, gleichsam wie verhungert auf ein Kartoffelfeld stürzten, um die Erdäpfel herauszugraben. Sie seyen nicht fortzutreiben gewesen und riefen: „Schlimmer, als es uns in Paris ging, kann es uns nicht ergehen, selbst wenn man auf uns schießt; wir kämen dadurch nur schneller von dem elenden Leben los, das wir zu führen gezwungen sind!" Es ist selbstverständlich, daß auf die armen Leute nicht geschossen wurde. Sie passirten landeinwärts die bayerischen Linien.

Ein württembergisches Bataillon unter Oberstlieutenant v. Schröder, welches einen Streifzug im Südosten von Paris machte, vereitelte am 21. Oktober einen Ueberfall der Franzosen bei Grandpuit, entwaffnete am 23. die Nationalgarden in Montereau, nahm ihnen eine Mitrailleuse und eine Kanone ab, bestand am 25. einen heftigen Kampf mit dem hauptsächlich auf dem Kirchhof von Nogent verschanzten Feinde und hatte auch noch einen heißen Straßenkampf zu bestehen, da die 2600 Moblots aus der Bretagne, die den Ort besetzt hatten, sich verzweifelt wehrten. Schließlich wurden sie zersprengt und verloren 300 Mann an Todten und Verwundeten und ebensoviel an unverwundet Gefangenen. Man bemerkte auch hier, daß sich die Franzosen in gedecktem Terrain vortrefflich schlagen, nur aber das Drauflosgehen der Deutschen im freien Felde nicht vertragen. Da laufen sie gleich davon.

Man schrieb damals aus den deutschen Lagern vor Paris, unsere Soldaten machten sich ein großes Vergnügen daraus, in dieser weinreichen Gegend, die von den Einwohnern verlassen war, die Weinlese, wie auch die Kartoffelernte zu übernehmen. Ueberhaupt seyen die Deutschen fröhlich und litten keinen Mangel.

Am 29. Oktober erfolgte wieder ein starker Ausfall auf der Ostseite von Paris, um das von den Preußen besetzte Dorf Le Bourget wegzunehmen. Der Angriff war sehr energisch. „Drei Bataillons der Garde hielten den Anprall tapfer aus, mußten aber bis zu dem kleinen Wäldchen (das theils ausgebrannt, theils umgehauen ist) nahe der Chaussee sich langsam, fechtend, vor der Uebermacht zurückziehen. Gegen 11 Uhr wurde ein Theil der Reserve auf dem linken und rechten Flügel herangezogen und General v. Budritzky führte sie selbst vor. Das Gefecht kam zum Stehen, lange schwankte es hin und her. Den Franzosen, die tapfer fochten, gelang es, die Deutschen noch weiter zurückzudrängen, und die

Deutschen fühlten sich offenbar zu schwach, den Feind aus der eingenommenen Position zu vertreiben. Die Moblots zogen die Pelze und Mäntel der Preußen an, nahmen ihre Käppis ab und setzten sich Pickelhauben der Preußen auf den Kopf und marschirten in dieser Maskerade juchheiend nach Paris zurück. Ihr Juchhei fand jedoch bald ein Ende. Denn die Forts hielten sie, als sie Trupps von Soldaten mit Pickelhauben auf Paris losmarschiren sahen, für Preußen und begannen auf sie zu schießen. Das Mißverständniß dauerte nicht lange, die Moblots warfen ihre Verkleidung weg und machten sich davon. Diese kleine Episode war Ursache, daß die Pariser, die von den Wällen aus zuschauten, schon voll Siegesjubel waren und sich nachher kaum darüber trösten konnten, daß sie die Schlacht dennoch verloren. Trochu begriff, daß Le Bourget gegen die deutsche Uebermacht doch nicht zu halten sey, aber General Bellemare, der die Ausfallstruppen befehligte, war einmal im Zuge des Sieges und gab dem Rückzugsbefehl keine Folge, weshalb er nachher abgesetzt wurde.

Der Kampf war sehr hartnäckig und blutig. „Der Feind war in den Häusern verschanzt und richtete von beiden Seiten der Straße ein konzentrisches Feuer auf die Barrikade, welche den Haupteingang zum Dorfe sperrte. Ein Bataillon des Regiments Elisabeth näherte sich mit fliegender Fahne. Ein Schuß schmetterte den Träger zu Boden. Der nächststehende Unteroffizier ergriff das Banner; aber auch er sank, fast im selben Augenblicke, tödtlich getroffen nieder. Da sprang der General v. Budritzki vom Pferde und von den höchsten ihn umgebenden Offizieren begleitet, stürzte er auf den gefährlichsten Punkt zu, ergriff die Fahne und eilte damit vorwärts. Aber nicht einen Zoll freien Grund ließ das tapfere Regiment Elisabeth zwischen sich und seinen Führern und gleichzeitig mit ihnen langten die ersten Reihen des Bataillons an der Barrikade an. Zwei stämmige Burschen, ein Grenadier und ein Pionier-Unteroffizier, hoben den General auf den hohen Wall und gleich darauf flatterte die Fahne auf der erstürmten feindlichen Seite der Barrikade. Dort, an der Spitze seines Regiments, das ihm nachdrängte und zur Seite des Kommandeurs der Division sank tödtlich getroffen der Oberst v. Zaluskowski.... Die winzigen Franzosen waren den Riesen der Garde nicht gewachsen, sobald es zum Handgemenge kam, und verschwanden unter ihren Kolben- und Faustschlägen. Aber nach dem einstimmigen Zeugniß der Unserigen kämpften viele der Feinde, so lange ein Kampf noch möglich war, mit finsterem verzweifeltem Trotze, als die Hoffnung des Sieges oder des Entrinnens längst geschwunden seyn mußte. Die Ueberwundenen ergaben sich endlich, aber nur theilweise, und während einige von ihnen die Gewehre fortwarfen und Pardon! schrieen, feuerten andere noch, als unsere Soldaten ihnen entgegenkamen, um sie gefangen zu nehmen. Viele, darunter mehrere unserer Offiziere, fielen noch auf diese Weise, nachdem sie den Kampf bereits als beendet betrachtet hatten. Angesichts des Schmerzes, den diese schweren Verluste verursachen mußten, handelten unsere Soldaten mit nicht genug zu rühmender, mit kaum glaublicher Gutmüthigkeit. Jeder Franzose, sobald er die Waffen streckte, blieb unbehelligt und wurde zum Gefangenen gemacht, und bald füllten lange Reihen von entwaffneten Voltigeurs de la Garde und Mobilgardisten den Weg von le Bourget nach Gonesse. Vorher schon war ein Theil der Besatzung aus le Bourget geflüchtet und zwar auf dem Wege nach St. Denis, der einzigen noch offenen Straße, die ihm das ununterbrochene Feuern der Forts von Aubervilliers, de l'Est und St. Denis, so wie die bei Courveuve aufgestellten Batterien frei gehalten hatten. Einige von der Batterie Seeger inmitten dieser Colonnen geworfene Granaten beschleunigten diesen Rückzug dermaßen, daß er gleich hinter le Bourget in wilde zügellose Flucht ausartete. Halbwegs stieß der wüste Haufen auf starke französische Truppentheile, die, aus St. Denis kommend, der Besatzung von le Bourget noch zu Hülfe eilen wollten. Aber die

Neuangekommenen konnten die gegen sie anbrängende Masse nicht stemmen, sie wurden mit den Fliehenden fortgerissen und bildeten bald mit ihnen ein verworrenes Menschenknäuel, ein Bild vollständiger Auflösung und ein Schauspiel des Jammers und des Zornes für jeden französischen Patrioten. Vergeblich versuchten die Offiziere die Leute zum Stehen zu bringen. Niemand hörte sie, Niemand gehorchte ihnen. Ein dem Anscheine nach höherer Offizier, der in vollem Galopp herangesprengt kam, verschwand, wahrscheinlich vom Pferde gerissen, sobald er die wogende Menge erreicht hatte. Näher und näher wälzte sie sich den schützenden Wällen von St. Denis, und jetzt war sie dahinter verschwunden, und nur einige Nachzügler, worunter man Offiziere und Verwundete erkannte, blieben auf dem weiten, mit Waffen aller Art besäeten Felde zurück. Auf den Wällen der Forts sah man deutlich Männer in Civil und auch Frauen. Sie waren wohl zur Schlacht wie zum Schauspiel gekommen und konnten die Kunde von dem, was sie gesehen, in Paris verbreiten: Tausende von Franzosen, unter dem schützenden Feuer der Pariser Forts, ohne einen Schuß zu feuern, in wilder, panischer Flucht zurückgetrieben."

Die Franzosen kämpften über 7 Stunden mit einer außerordentlichen Tapferkeit. „Beiderseitig war der Verlust sehr groß; der unsrige beläuft sich, wie bis jetzt bekannt ist, auf 480 Todte und Verwundete, darunter 35 Offiziere und über 200 Vermißte. Von den Franzosen blieben bei 500 Todte und Verwundete. Gefangene machten wir bei 1300 Mann (darunter viele Marinesoldaten) und 33 Offiziere von über 20 verschiedenen Bataillonen." Hier fiel der tapfere Oberst Graf Waldersee, der schon einmal bei Gravelotte schwer verwundet worden war.

Seit dem blutigen Kampfe von Bourget herrschte Ruhe in der Umgebung von Paris. Nur die Forts verschwendeten immer noch ihr Pulver und zielten mit schwerem Geschütz auf einzeln stehende Wachtposten des Feindes, trafen aber nur selten. Man glaubte, es geschähe, um die neuen und ungeübten Artilleristen einzuüben. Warum Trochu die Cernirungsarmee nicht wieder angriff, erklärte man aus zweierlei Gründen. Wenn er die regulären Regimenter, die er noch in Paris hatte und die der Regierung ergeben waren, bei nutzlosen Ausfällen hinopferte, so behielt er nicht Streitkräfte genug übrig, um die rothen Republikaner niederzuhalten, die nur darauf lauerten, sich der Regierungsgewalt zu bemeistern. Andererseits durfte er nicht hoffen, mit seiner Pariser Armee allein die deutschen Cernirungstruppen zu überwältigen, und wartete auf die neuen Volksarmeen, welche Gambetta in den vom Feinde noch unbesetzten Provinzen organisirte und die Paris entsetzen sollten.

Am 19. November sollte ein neuer großer Ausfall aus Paris stattfinden, es war aber nur ein falsches Gerücht. Bald hieß es, die Truppen verlangten ungeduldig zu kämpfen, bald wieder, es sey ein so schlechter Geist unter ihnen, daß Trochu den Kampf nicht wage. Man machte die Bemerkung, die Soldaten seyen sehr häufig total betrunken, eine bei Franzosen sonst ungewöhnliche Erscheinung. Die Disciplin war jedenfalls gelockert, denn Trochu erließ am am 19. November deßfalls einen sehr zürnenden und drohenden Tagesbefehl. Sofern er die Einrichtung traf, keine Familienväter mehr zum Dienst in den aktiven Bataillonen zu nöthigen, scheint unter den Pariser Bürgern die Kampflust nicht groß gewesen zu seyn.

Rochefort grollte der Regierung noch immer, der Regierung, von der er sich getrennt hatte. Blanqui durfte frei die Pariser auf die rothe Republik vorbereiten, durch Reden und Schriften im Styl von 1793. Unter andern wollte er auch auf die Abschaffung der Kirche zurückkommen. Er verlangte: „Alle Kirchen müssen den religiösen Kulten verschlossen und dagegen für die Kornmagazine, die Klubs oder andere revolutionäre Zwecke bestimmt werden. Alle Lazarethe müssen von den Priestern gesäubert werden. Man halte sie fest, bewaffne sie, schicke sie in's Feuer und stelle sie vor die Patrioten an die gefährlichsten Stellen. Wir reserviren ihnen das schönste Tagewerk: mögen sie Märtyrer seyn, sie kommen in den Himmel, dies wird ihr Lohn seyn! Wir, die wir nicht daran glauben, wir verlangen, daß sie vor uns sterben! Sie sollen den Familienvätern als Panzer dienen, dies wird das einzige Mal seyn, daß sie zu etwas gut gewesen sind!"

Trochu wagte diesem Treiben so wenig entgegenzutreten, wie die Regierung, in der Favre sich auffallend still verhielt. Man schrieb damals aus Paris: „Trochu sieht die Situation in verzweifeltem Lichte. Bitter klagt er über den ‚Geist' der Armee, der Mobilen und der Pariser. Dieser extraordinäre Befehlshaber bildet sich ein, er werde seinen Truppen neuen Muth einflößen, indem er umhergeht wie ein Trappist und jedem zuruft: ‚Bruder, wir müssen sterben!' Mag er nun aber weder ein tüchtiger General, noch ein großer Staatsmann seyn, ein Gentleman ist er jedenfalls, und um so mehr wundert es mich, daß er den öffentlichen Verkauf der schmutzigen Karrikaturen der Kaiserin gestattet. Alle die Zeit, während sie auf dem Throne saß, hat diese skandalsüchtige Stadt nichts Skandalöses gegen sie auch nur geflüstert. Jetzt aber, wo sie und ihre Freunde in der Verbannung leben, werden ‚Lebensbeschreibungen der Frau Bonaparte' auf der Straße feilgeboten, die allenthalben anderswo confiscirt würden. Eine Karrikatur zeigt die Kaiserin splitternackt, während Prinz Joinville sie abmalt. In einer anderen, ‚Die spanische Kuh' betitelt, erscheint sie als eine Art weiblichen Centaurs. In einer dritten tanzt sie den Cancan und wirft sich die Röcke über den Kopf, während der König von Preußen auf einem Sopha gegenüber sitzt, Champagner trinkt und ihr zusieht und ihr Mann in einem Käfig an der Wand hängt."

Nach dem Kriegsplan, den Gambetta mit Trochu verabredet hatte, sollten die Süd-, West-, Nord- und Ostarmee von vier Seiten her gegen Paris marschiren und denselben der Entsatz dieser Stadt wesentlich durch einen großen Ausfall erleichtert werden, den Trochu mit seiner ganzen in Paris eingeschlossenen, wohl noch 200,000 Mann starken Armee machen wollte. Obgleich nun die West- und Nord- und Ostarmee bereits von den Deutschen zurückgeschlagen waren, beharrten doch Gambetta und Trochu noch in den letzten Tagen des November auf dem Plane, den Entsatz von Paris wenigstens noch mit der Loirearmee, als der größten, zu versuchen. Trochu bereitete daher alles zu seinem Ausfall vor. Die Amtszeitung der Republik ließ eine Erklärung drucken, in welcher sie die Verantwortung für das neue große Blutvergießen lügenhafter Weise wieder allein auf den König von Preußen, zugleich aber auch auf die neutralen Mächte warf, weil diese nicht für Frankreich intervenirt hätten: „Wir wissen hier noch nicht, ob Europa da draußen sich entschließen wird, Frankreich die Mittel zu gewähren, daß es eine Versammlung einberufe, und zwar unter solchen Bedingungen, welche die Freiheit der Wahl und das Gewicht der Gewählten verbürgen. Mag nunmehr das Gemetzel fortdauern, wenn Europa dies zulassen und die preußische Regierung darauf bestehen will. Was immer jedoch geschehen und kommen mag, Frankreich, welches den Krieg nicht gewollt, welches überhaupt keinen Krieg mehr will, wird aus diesem Gemetzel unverkleinert mit seinem ganzen Gebiete und seiner ganzen Ehre hervorgehen." Ein Aktenstück voll Heuchelei, denn die Regierung der nationalen Vertheidigung selbst war es, welche den ihr angebotenen Waffenstillstand verweigert und die Einberufung einer Nationalversammlung verhindert hatte. Auch General Ducrot, der die ausfallenden Truppen befehligen sollte, erließ einen Aufruf, worin er schwur, nur als Sieger zurückkehren oder sterben zu wollen.

Zum Ausfall waren wenigstens 120,000 Mann bereit, doch konnte sich eine so große Zahl nicht wohl zwischen den Befestigungen der Stadt und der Cernirungsarmee entwickeln. Die zunächst auf der Südseite von Paris ausfielen, um auf dem kürzesten Wege mit der Loirearmee, die schon ihren nahen Anmarsch verkündet hatte, zusammenzutreffen, trugen Proviant für acht Tage bei sich. Man rechnete also wirklich darauf, die Stadt werde entsetzt werden und die Pariser Armee draußen zu freier Action gelangen.

Der große Kampf wurde durch einen gewaltigen Kanonenlärm von den Forts aus angekündigt, am Abend des 28. November, und der Donner der Kanonen dauerte noch in den folgenden Tagen fort, ein ungeheueres Krachen, wovon man selbst in Versailles halb betäubt wurde. Man glaubte, diese außerordentlichen Detonationen sollten von der herannahenden Loirearmee gehört werden und ein Signal für sie seyn. Am 29. brachen die französischen Truppen unter dem Schutz des Fort Mont Valérien bei Bouzonval und Bois Peau hervor und griffen ein schlesisches Corps unter General Tümpling an, wurden aber zurückgeschlagen. Hier wurden tausend Franzosen, meist Moblots gefangen, aber, nachdem man ihnen die Waffen abgenommen hatte „mit einer Empfehlung an das Proviantamt" nach Paris zurückgeschickt. An demselben Tage machte auch General Vinoys einen Ausfall gegen l'Hay, zog sich aber bald zurück. Das waren nur Demonstrationen, um den beabsichtigten Hauptausfall von Süden zu maskiren.

Am 30. November machte Ducrot einen noch größeren Ausfall, der viel Blut kostete, derselbe war gegen die Stellung der Württemberger bei Champigny und Villiers und gegen die benachbarte Stellung der Sachsen bei Brie gerichtet und gegen den ausgezeichneten Punkt in der Mitte, den Mont Mesly, zwischen Seine und Marne. Das Schlachtfeld befand sich noch unter den Kanonen der Pariser Forts und diese, wie auch die französischen Kanonenbote auf der Seine und Marne und sogar gepanzerte Eisenbahnwaggons unterstützten mit ihrem mörderischen Feuer den ungestümen Angriff Ducrots. Diesen aber hielten die Württemberger unter General v. Obernitz in sechsstundenlangem Kampf aus und eine ihrer Reiterschwadronen ritt ein Marinebataillon der Franzosen nieder. Endlich mußten sie doch Champigny aufgeben. Eben so tapfer fochten die Sachsen bei Brie. Im deutschen Kriegsrath wurde nun beschlossen, um jeden Preis die verlorenen Dörfer wieder zu nehmen und die Franzosen in die Stadt zurückzudrängen, denn es kam darauf an, ein Ausbrechen der Pariser Armee und deren etwaige Vereinigung mit der Loirearmee unmöglich zu machen. Am 2. Dezember griffen daher die Württemberger und Sachsen die genannten Dörfer wieder an und schlugen nach achtstündigem heißem Kampfe, zuletzt noch von Pommern unterstützt, die Franzosen wieder zurück. Die Verluste in beiden Schlachttagen waren groß und betrugen bei den Württembergern 61 Offiziere und nahezu 2000 Mann, bei den Sachsen über 1500. Man machte aber über 3000 französische Gefangene. Auffallend war hier wieder die Verschwendung der Geschosse von Seiten der Franzosen. Ein Augenzeuge beobachtete, daß vom Fort Issy aus ununterbrochen mit dem schwersten Geschütz gefeuert wurde, die Granaten aber nur auf ein freies menschenleeres Feld fielen.

Aus den Feldbriefen einiger Württemberger entnehmen wir folgende Schilderungen vom 2. Dezember: „Der Feind wurde unter dichtestem Mitrailleusen- und Granatenregen in das Dorf Champigny zurückgeworfen. Unaufhaltsam, obwohl beinahe aller Offiziere beraubt, drangen unsere braven Soldaten in das Dorf. Jedes Haus, jede Verschanzung mußte im Sturme genommen werden, dieser Straßenkampf in Champigny war furchtbar. Jede Straße war von den Franzosen aufgerissen und verbarrikadirt, aus jeder Oeffnung eines Hauses wurde auf uns gefeuert. Erst Mittags 3 Uhr hatten wir den Feind vollständig aus Champigny geworfen. Gegen 11 Uhr Vormittags griffen zwei Regimenter Preußen ein, welche mit ihrem gewaltigen Hurrah den Ausschlag gaben, es waren dies die Pommer'schen Jäger; sie pommerten tüchtig auf den Feind los. Hinter uns auf der Anhöhe standen die preußischen Batterien, sie feuerten sehr gut und haben viel zum Siege beigetragen. Rechts von uns in Villiers, in unserer Stellung vom 30. November, stand das 1. Regiment mit den Sachsen; auch sie gaben nicht weich und warfen den Feind über Brie und La Plant zurück. Während dies rechts vor sich ging, drangen wir vereint mit dem 2. Jägerbataillon, welches mit uns Champigny stürmte und den Preußen auf Le Plant und Brie vor, so daß der Feind auf der ganzen Linie Champigny-Le-Plant-Villiers zurückgeworfen war. Jetzt sind wieder unsere alten Feldwachen auf dieser Linie eingenommen. Diese beiden Gefechte waren furchtbar. Unsere Verluste sind groß, das 7. Regiment ist zu einem Bataillon geworden, so auch das 1. Regiment. Das 2. Jägerbataillon bildet noch 2 Compagnien. Wir haben beinahe keine Offiziere mehr. Heute noch ist mir unklar, wie es möglich ist, aus einem solchen Kugelregen gesund davon zu kommen. Mein Mantel ist durchlöchert, 2 Gewehre wurden mir in der Hand zerschossen. — Auf dem Mont Mesly, dessen Wiedereinnahme wohl hauptsächlich Verdienst des zweiten Bataillons des 8. württembergischen Infanterieregiments ist, kam es zu einem zwar nur kurzen, aber sehr erbitterten Handgemenge, da unsere Leute in Folge des verrätherischen Schießens einzelner verwundeter und sich verwundet stellender Franzosen durchaus keinen Pardon geben wollten und erbarmungslos jeden Feind niederstießen oder mit dem Kolben niederschlugen. Nur mit Mühe konnten die Offiziere dem Gemetzel ein Ende machen. Die Leute schlugen sich vortrefflich, der Bajonetangriff wurde ohne Commando formirt, aus eigenem Antrieb unternommen; die 5. Compagnie, welche in Reserve stand, schob sich gleichfalls, ohne hiezu befehligt zu seyn, in erster Linie ein. Das Loos der feindlichen Verwundeten ist schrecklich. Da die Franzosen nach Beendigung des Kampfes sofort und stundenlang aus allen Forts und Batterien feuerten, war es unmöglich, dieselben sorgfältig aufzusuchen."

Der König von Preußen hat sofort dem König von Württemberg über die „glänzende Tapferkeit, welche die württembergischen Truppen in der siegreichen Zurückwerfung des Durchbruchsversuchs des Feindes bewiesen haben", telegraphisch seine herzlichsten Glückwünsche ausgesprochen. König Karl dankte auf telegraphischem Wege für diese Begrüßung und fügte bei: „Ich bin stolz darauf, daß es meinen braven Truppen vergönnt war, diesen ernsten Kampf für die gemeinsame gute Sache siegreich durchzuführen. Der Verlust so vieler tapfern Krieger wird allgemein tief und am tiefsten von mir empfunden, aber ich habe den Trost, daß es die große Sache Deutschlands ist, für die sie sich opferten."

In der Nacht auf den 4. Dezember zog Ducrot seine Streitkräfte über die Marne zurück, blieb aber außerhalb der Stadt Paris unter dem Schutz der Forts, da er sich schämen mußte, in die Stadt zurückzukehren, die er nur als Sieger wiederzusehen geschworen hatte. Man erfuhr das Nähere des Plans in Folgendem: „Sollten sich die Geschicke so wenden, daß die vereinigten Armeen der Generale Aurelles de Paladine, Bourbaki und Keratry den gehofften Entsatz Paris nicht zu bringen vermögen und die Lebensmittel in Paris zur Neige zu gehen beginnen, so wird Trochu mit allen seinen Streitkräften durchbrechen (,wird durchbrechen'; ob er kann, danach wird gar nicht gefragt). Paris wird sodann seinem Schicksal überlassen bleiben, aber Frankreich wird eine tüchtige Armee dafür im Felde haben. Gelingt es Trochu, mit den Streitkräften der übrigen Generale sich zu vereinigen, so wird diese Macht im Stande seyn, selbst offensiv gegen die Preußen vorzugehen. Wenn nicht, so bleibt ihm der Rückzug hinter die Linien von Carentan immer gesichert. Was Lyon, Toulon, Marseille, was der ganze Süden, ja selbst Mittelfrankreich an Truppen, Waffen und Materialien liefern kann, kann jene Halbinsel zu jeder Stunde ungehindert aufnehmen. Trochu wird es dadurch gestattet, nach Umständen jederzeit offensiv von da herauszubrechen und im Falle des Mißgeschickes sich wieder auf dieses Reduit zurückzuziehen." ... Carentan ist eine wohlbefestigte Stadt von 3240 Einwohnern und liegt im Departement der Manche, links unweit der Mündung der Daute in das Meer, auf der Halbinsel, über welche die Eisenbahn nach Cherbourg führt, 1½ deutsche

Meilen von dieser Stadt mitten im Sumpf. „Dort," sagt der Correspondent, „basirt auf das Meer, die einzige Straße, die uns von den Preußen nie verlegt werden kann, wird ein letztes Reduit für Trochu und seine heroische Armee geschaffen!"

Man hatte während des Kampfes bemerkt, daß sich die Mobilen für junge Truppen gut genug geschlagen hätten. Diese guten Leute vom Lande waren eben nicht so feig und raffinirt wie die Pariser Kinder. Diese hielten sich immer vom Kampfe fern. Sie spazierten wohl gern innerhalb der Stadt hinter Trommeln und Marketenderinnen her, brauchten aber jeden Vorwand, um nicht außerhalb der Thore kämpfen zu müssen. „Die Marschbataillone der Nationalgarde zeigten selbst bei ziemlich weiter Entfernung vom Kampfplatz eine so unstäte Front, daß man nicht für rathsam hielt, sie vorzuschieben. Nur das Bataillon von Belleville war engagirt und auch dieses hielt nicht Stand. Die Rothen haben einen neuen Grund für dieses Sichvorbeidrücken gefunden. ‚Wir sind', so sagte neulich ein Redner in einem der Clubs, ‚die Kinder von Paris. Paris bedarf unser; können wir es in einem solchen Augenblick verlassen?' Einige dieser Herren sprechen es allerdings als ihre Ansicht aus, daß es am besten wäre, den Preußen den Eintritt zu gestatten und sie dann mit sammt ihrem Könige zu den Lehren des Republikanismus und zu einer allgemeinen europäischen Republik zu belehren. In dem Club, wo diese brüderlichen Gesinnungen ausgesprochen wurden, führte eine Dame den Vorsitz. Wenn Jemand, ihrer Ansicht nach, eine gute Rede gehalten hat, umarmt sie ihn und küßt ihn auf beide Wangen. Da sie keineswegs häßlich ist, dachte ich selbst einmal ernstlich daran, angesichts der in Aussicht stehenden Belohnung ein paar Bemerkungen zu machen und nur meine angeborene Schüchternheit hielt mich schließlich davon ab."

Der Verlust der Franzosen in den letzten Kämpfen von Paris betrug nach der „Independance" an Todten 72 Offiziere und 1008 Mann, an Verwundeten 342 Offiziere und 5022 Mann.

Das Tirailleurbataillon Belleville wurde aufgelöst und in einem Armeebefehl Trochu's scharf getadelt.

Wie früher, kümmerten sich auch diesmal die Franzosen um ihre eigenen Verwundeten nur in geringem Maße. Selbst Blessirte, die gefährliche Verwundungen, z. B. Zerschmetterungen der Knochen, davongetragen hatten, ließen sie hülflos liegen. Dem Personal preußischer Feldlazarethe war es vorbehalten, als am 3. Dezember eine Pause in dem Bombardement aus den französischen Befestigungen eintrat, noch etwa 30 französische Verwundete, die drei Tage und drei Nächte lang unter freiem Himmel gelegen hatten, aufzulesen und in Obhut zu bringen. Ihre Wunden waren sämmtlich ernster Natur und ihr Zustand dadurch erheblich verschlimmert, daß zu der Verletzung eine Erfrierung der Glieder hinzugetreten war. Die Verwundeten waren meistens junge Leute von 17—18 Jahren. Der größere Theil von ihnen kam nach La Queue in ärztliche Behandlung.

Da in denselben Tagen auch die Loirearmee zurückgeschlagen worden war, gab Graf Moltke dem General Trochu am 5. Dezember davon eine schriftliche Nachricht und bot ihm einen Geleitschein an, wenn er etwa einen Offizier absenden wolle, um sich von der Wahrheit zu überzeugen. Trochu antwortete kurz, er halte die Verificirung seiner Nachricht nicht für nöthig. Die Regierung aber erließ eine Bekanntmachung: Die Nachricht ändere nichts an ihren Entschließungen, sie werde den Kampf fortsetzen. Der preußische Offizier, Graf Nostiz, der das Schreiben nach Paris brachte, wurde ausgezeichnet aufgenommen und fand ein splendides Diner, welches darauf berechnet schien, ihn glauben zu machen, daß Paris noch reichlich mit Lebensmitteln versehen sey. Nur ein Regierungsmitglied in Paris, Picard, soll gewünscht haben, man möge den Anlaß benützen, um Friedensunterhandlungen anzuknüpfen.

Die Kölner Zeitung brachte in einem Correspondenzartikel aus Versailles vom 7. Dezember eine indirekte Antwort auf den Trotz der Pariser Regierung. Man frage sich im deutschen Hauptquartier, ob es möglich sey, mit einer Regierung zu unterhandeln, der man jedes Vertrauen absprechen müsse. Die Pariser Regierung habe den Wortbruch der gefangenen französischen Offiziere offen gebilligt, namentlich den in Sedan gefangenen General Ducrot und den in Straßburg gefangenen General Barral, obgleich sie ihr Ehrenwort gebrochen, bei der Vertheidigung wieder verwendet und ihnen wichtige Commandos anvertraut. Sie selbst also würde, wenn man auch einen Vertrag mit ihr einginge, denselben wieder zu brechen für erlaubt halten. Wessen man sich von der Regierung der dritten Republik in Frankreich zu versehen habe, ging auch aus einem Umlaufschreiben Chaudordys hervor, der die auswärtigen Angelegenheiten in Tours besorgte. Es datirte vom 29. November, schob alle Schuld des Krieges auf Preußen und kehrte allen Unrath von Lügen und Verleumdungen, die in französischen Zeitungen das Verhalten der deutschen Truppen in Frankreich als barbarisch und unmenschlich verschrieen, in ein Häufchen zusammen. Schamloser hat noch kein Diplomat die neutralen Mächte anzulügen gewagt.

Am 13. Dezember waren einige Compagnien des 6. Armeecorps auf Vorposten vor Paris eben beim Mittagsmahl, „da zeigten sich in einiger Entfernung 300 Mobilgarden, die in vollem Laufe unseren Stellungen zueilten. Unsere Musketire warfen noch einen sehnsüchtigen Blick auf die Reste des Hammelbratens und griffen rasch zu den Gewehren, als die Mobilgardisten fortwährend mit den Taschentüchern winkten und um Pardon baten. Die ‚pauvres garçons' kamen nun an unsere Vorposten, flehten auf den Knieen um gnädige Aufnahme, indem sie erzählten, daß sie des ewigen Wachtdienstes satt und deshalb heimlich desertirt seyen. Das Werk eines Augenblickes war es, die Mobilgarden zu entwaffnen und sie ohne Gewehre wieder nach Fort Ivry hineinzuschicken, während ein homerisches Gelächter des 6. Corps diese Scene begleitete. Mobil- und Linientruppen sind voll Wuth, daß Trochu sie allein zu dem schwersten Dienste heranzieht, während die Nationalgarde wie Muttersöhnchen verhätschelt und von allem Wachtdienste dispensirt wird. Die Nationalgarde, die zum großen Theil aus unbemittelten Leuten zusammengesetzt ist, predigt ausschließlich den Widerstand bis zum Aeußersten und zwar aus triftigen Gründen. Außer der zu beanspruchenden Ration erhält jetzt jeder Nationalgardist 3 Francs per Tag Löhnung, welche in den Cafés und Butiken gewöhnlich sofort verjubelt werden. Diese Leute haben nie ein so bequemes Leben geführt, wünschen den Kampf ad calendas graecas fortgesetzt, um das Schlaraffenleben weiter fortsetzen zu können. Trochu hat das Militär außerhalb der Stadt consignirt und gibt demselben den letzten Bestand der Lebensmittel, während die große Bevölkerung in Paris ruhig ihrem Schicksal überlassen bleibt."

General Thomas, der die Nationalgarde commandirte und sie trotz aller Mahnungen nicht in's Feuer bringen konnte, tadelte und bedrohte sie in einem strengen Tagesbefehl, was aber nichts half, da Trochu selbst sie geschont wissen wollte. Dieser nämlich hatte immer noch Furcht vor der großen Masse socialistisch gesinnter Arbeiter und vor dem eigentlichen Pöbel in Paris, die unter der Leitung von Flourens und Blanqui in der Hauptstadt selbst wieder eine Revolution zu machen versuchen könnten, was seine Hauptaufgabe, die Vertheidigung von Paris nach außen, sehr erschweren würde. Er hielt es also für das Beste, die über die Nationalgarde so sehr erbitterten regulären Truppen und Mobilgarden außerhalb der Mauern lagern zu lassen und so von den Parisern zu trennen, während er den der Nationalgarde einverleibten Pöbel durch Spendung der Nahrung und einen Lohn von täglich 3 Franken beschwichtigte.

Indem sich die Belagerung von Paris in die Länge zog, erwies sich, daß diese volkreiche Stadt doch besser mit Lebensmitteln versehen worden war, als man anfangs vermuthet hatte. Nur mancherlei nicht absolut unentbehrliche Artikel fingen nach und nach und immer mehr zu fehlen an, aber die Hauptartikel, Brod und Mehl waren sehr reichlich vorhanden, daß man damit bis Mitte

Januar auskommen zu können glaubte. Auch Wein war in großer Menge vorhanden. Am frühesten fehlte die Milch, was den Tod vieler armer Kinder herbeiführte. Im November wurde der Mangel an frischem Fleisch fühlbar, während noch an gesalzenem Fleisch Vorrath war. Man fing an Pferde zu schlachten und die gute Laune der Pariser bewährte sich, indem man sich gewöhnte à cheval zu rufen, wenn man sich zum Pferdefleisch niedersetzte. Man speiste Esel, Hunde, Katzen. Daß auch die wilden Thiere des Jardin des plantes getödtet und verzehrt worden seyen, wie behauptet wurde, ist später widerlegt worden. Dagegen entstand ein förmlicher großer Rattenmarkt und es wurde förmlich Mode, Ratten zu essen, da man fand, daß sie gar nicht übel schmeckten.

Der wachsende Nahrungsmangel verrieth sich übrigens hier, wie früher in Metz, durch die vielen armen Leute, die aus der Stadt herauskamen, um auf den Feldern noch nach vergessenen Kartoffeln zu graben, und die von den deutschen Vorposten aus Mitleid bald unbelästigt blieben, bald auch auf Befehl zurückgewiesen werden mußten. Auch französische Vorposten kamen zuweilen an die Deutschen heran, gaben ihnen die Hand und nahmen dankbar Brod und Cigarren an. General Trochu mußte einen eigenen Befehl dagegen erlassen. Alle Lebensmittel in der Stadt wurden von Tag zu Tage theurer. Die Regierung mußte daher alle noch vorhandenen Vorräthe von Fleisch und Kartoffeln in Beschlag nehmen und kleine Portionen davon an den ärmsten Theil der Bevölkerung vertheilen, um ihm das Leben zu fristen. Gleichwohl schrieb ein Arzt, er werde oft zu Kranken und Sterbenden gerufen, deren Krankheit allein der Hunger sey. Nur die Reichen kamen noch erträglich weg, doch wurde das Leben in Paris immer ungemüthlicher. Im Dezember ging das Gas aus, auch an Oel fehlte es und die unermeßliche Stadt lag die langen Winternächte hindurch in tiefer Finsterniß.

Der Verkehr nach außen wurde fortwährend durch Luftballons

vermittelt. Wo dieselben niederfielen, fanden die deutschen Truppen häufig eine große Menge Briefe, aus denen man die innern Zustände von Paris kennen lernte, und beförderten sie auch so weit thunlich an ihre Adresse. Ein Luftballon flog, vom Westwind getrieben, bis in die Gegend von Nassau. Ein anderer wurde gar bei heftigem Südwestwind in einer Nacht bis nach Norwegen getrieben und fiel auf den Schneegebirgen unfern von Christiania nieder. Einen dritten bemerkte man von einem englischen Leuchtthurm aus von Plymouth und sah, wie er von einem starken Ostwind über das atlantische Meer gejagt wurde. Ein vierter fiel bei Rottenburg an der Tauber nieder. — Die Pariser hatten noch ein anderes Briefverkehrsmittel ersonnen, nämlich in leere Flaschen eingeschlossene Briefe, die man in der Seine schwimmen ließ, sie wurden aber von der deutschen Cernirungsarmee bemerkt und in weiten Netzen aufgefangen.

Die „Défense Nationale" brachte am 19. Dezember einen Leitartikel „Gleichheit vor dem Hunger", worin ein schaubervolles Bild aus dem Innern von Paris entworfen wird: „Gestern durchwanderte ich die volkreichsten Stadttheile von Paris, und, ich muß gestehen, ich war entsetzt, als ich diese langen Reihen dürftig bekleideter Frauen und Kinder zitternd, vom eisigen Wind erstarrt, zusammengepfercht und herumgestoßen, stundenlang bei strömendem Regen Queue machen sah, während der Mann auf den Wällen, mit den Füßen im Koth, Wacht für's Vaterland hält. Wenn diese Unglücklichen noch, zum Lohn für ihre Geduld, Lebensmittel nach Hause brächten für die ganz Kleinen, die unbewußt harren, und für die Alten, welche es mit Murren thun! Aber ach! sie kommen nur mit blauen Händen, weinenden Augen und leerem Magen zurück! Zu Hause kein Feuer, kaum ein Licht: schlimmere Lage als des Bettlers auf dem Lande, der sich die Reiser, welche er auf dem Wege gesammelt, anzündet, um seine freilich schlecht gesalzene Suppe zu kochen. — Man muß das Weinen und Bitten dieser armen

Frauen nur sehen, es ist herzzerreißend! Die Menge vor den öffentlichen Marketenderbuden sieht noch elender aus. Alles in Lumpen. Vom frühen Morgen an warten andere, mit irgend einem Gefäße versehen, auf dem Trottoir lauernd, bis sich eines der ‚wohlthätigen' Restaurants öffnet. Hier steht die Menge nicht gedrängt: man sieht, das Elend hat hier Ordnung zu schaffen gewußt. Drei Monate sind wir nun belagert: zwei Monate führen wir dieses Jammerleben. Das Unglaubliche geschieht; unsere Mägen lernen sich schmiegen und fangen an dem des Straußes ähnlich zu werden; was sich nur zerreiben läßt, dient zur Speise; was nur überhaupt verdaut werden kann, wird Nahrung. In den reichen Quartieren sieht man diese langen Reihen nicht, die Frauen, welche hier warten, sind warm gekleidet, kokett beschuht, plaudern lustig; auch zeigt sich diese Menge nur zu gewissen Stunden und vor bestimmten Kaufläden. Neben allem dem, und wie zum Gegensatz, wie um einen Lichtblick im dunkeln Gemälde anzubringen, haben die Viktualienhändler und Großkrämer hinter ihren Schaufenstern Massen von Eßwaaren aufgehäuft, deren Namen in großen Lettern angeschrieben stehen. ‚Spargel und grüne Erbsen,' ‚bœuf à la mode und Brathuhn' müssen den dürftigen Hausfrauen wohl manchen Seufzer auspressen. Das ist ärger als Tantalus' Qual! Warum diesen Unterschied? Warum hier Noth, dort Ueberfluß? In einer belagerten Stadt haben alle Bürger denselben Anspruch auf Leben; das Geld, als Mittel, sich die Nahrung zu beschaffen, muß verschwinden; wenn die einen nichts haben, muß das gleiche für die andern gelten. Wenn wir gleich sind auf dem Schlachtfeld, im Angesicht des Todes, müssen wir es auch vor dem Hunger seyn."

Damals wurden vier deutsche Offiziere, welche bei Champigny gefangen und von Trochu sehr anständig behandelt worden waren, als sie in Civilkleidern ein Cafféhaus besuchten, hier als Deutsche erkannt und gröblich insultirt. Trochu aber rettete sie, indem er sie unbemerkt auf Ehrenwort zur Cernirungsarmee entließ, wofür ihm vier gefangene französische Offiziere zurückgeschickt wurden. Ein Bataillon Nationalgarden, welches am 16. Dezember die Vorposten beziehen sollte, war so betrunken, daß es abgelöst werden mußte, wie General Thomas schmerzlich an Trochu meldete. Auch General Noël, der im Fort Mont Valérien commandirte, beschwerte sich über die Trunkenheit der Mobilgarden im gedachten Fort. Man darf auch wohl manche unnütze Pulververschwendung der Forts auf Rechnung der Trunkenheit setzen. So wurde in der Mitte des Dezember wieder ein zweites St. Cloud ohne allen Grund zerstört. Man schrieb aus Versailles: In den letzten Tagen ist die mit fürstlichem Luxus eingerichtete Villa Pozzo di Borgo, welche zahlreiche Kunstschätze von hohem Werthe birgt — sie liegt zwischen der Schanze Montretout und dem Park von St. Cloud, auf der Höhe von Paris — die Beute der Granaten geworden. Es hätte der Feder eines Theophile Gautier bedurft, um den Reichthum der Einrichtung dieser Villa zu schildern, welche die Perle der ganzen Gegend war. Nicht weit davon liegt eine bescheidenere Villa, oder eigentlich zwei Villen, welche von einem einzigen Garten umschlossen sind. Sie sind das Besitzthum Gounods, des Componisten der „Margarethe." Das kleinere Haus wurde von ihm, das größere von seiner Schwiegermutter bewohnt. Gounod hatte sich an den Kronprinzen mit der Bitte gewandt, dieses Besitzthum unter seine Obhut nehmen zu wollen. Der Kronprinz erfüllte seine Bitte, soweit es möglich war, durch Anschlag von Plakaten, konnte aber natürlich dem Feuer der feindlichen Forts kein Schweigen gebieten. Hinterbrein erklärte Gounod, er habe keine Bitte gestellt. Man berechnete, vom Beginn der Cernirung an bis zum 15. Dezember seyen aus den Forts von Paris wenigstens 10,000 Granaten geworfen worden, von denen aber nicht mehr als 20 deutsche Soldaten verletzt wurden.

Zweites Buch.

Die Kämpfe an der Loire.

Während der langen Dauer der Einschließung von Paris versuchte Gambetta, der eigentliche Dictator in den Provinzen, durch das schon lange befohlene, aber nur langsam ermöglichte Aufgebot in Masse die bedrängte Hauptstadt zu entsetzen.

Da der frühere Plan, nach welchem der alte Freiheitsheld Garibaldi an der Spitze des französischen Volksheeres zuerst Metz und dann Paris hätte entsetzen sollen, vereitelt worden und Garibaldi überhaupt in Frankreich unpopulär war, concentrirte Gambetta alle Streitkräfte des südlichen Frankreich in einer großen sog. Loirearmee bei Orleans in der Mitte zwischen Tours und Paris, um entweder Paris zu entsetzen oder wenigstens Tours gegen die Deutschen zu schützen. Gleichzeitig sammelte sich eine Westarmee im Lager von Conlin hinter Le Mans und sollte der Loirearmee die Hand reichen, endlich auch eine Nordarmee bei Lille.

Im deutschen Hauptquartier zu Versailles schenkte man diesen Bewegungen in den Provinzen die geeignete Aufmerksamkeit. Man hatte nicht die Absicht, den weiten Südwesten Frankreichs erobern zu wollen, sondern erachtete es für genügend, nur die Verbindungsstraße, die von Deutschland durch Elsaß, Lothringen, die Champagne nach Paris führte, gegen Beunruhigungen zu schützen, und gleichzeitig nach dem Falle Straßburgs von dort aus und während der Cernirung von Paris von hier aus je ein Corps südwärts zu entsenden, um die Feinde, die sich ihnen etwa entgegenstellen würden, rasch aufzurollen.

Die von der Armee des Kronprinzen von Preußen abgezweigte und auch noch von preußischen Truppen unterstützte bayerische Division v. d. Tann, die gegen Orleans in der Richtung von Tours entsendet wurde, hatte zugleich den Zweck, die fruchtreiche Gegend von Orleans in Besitz zu nehmen, welche für die Belagerungsarmee von Paris und ihre Pferde Proviant und Fourage darbot. Nach dem deutschen Armeebericht „ist durch das Vorgehen des bayerischen Corps v. d. Tann (1. bayerische Corps) eine energische Offensive gegen das südliche Frankreich eingeleitet. Preußische Cavallerie-Divisionen, darunter die des Prinzen Albrecht, waren bereits in dem Augenblick, wo die Cernirungskette um Paris sich schloß, abgeschickt worden, um die Distrikte südlich von der Stadt, in der Richtung auf Etampes, Pithiviers und Orleans aufzuklären. Kleinere Besatzungen waren vor diesen preußischen ‚Eclaireurs' scheu zurückgewichen, bei einigen Plänkeleien an den Vorposten, die meistens von Franctireurs ausgegangen, hatten unsere Truppen jedes Mal die Oberhand behalten, obgleich sich herausstellte, daß die Masse der Freiwilligbewaffneten, die hier in zerstreuten Truppen den Guerillakrieg zu organisiren suchte, eine nicht geringe war. Sie vereinte die Freischärler von der Seine mit denen der südlichen Departements. Eine vollständige Invasion des Südens, die sich zunächst auf Orleans, dann auf Tours, den Sitz der provisorischen Regierung, zu richten hatte, sollte erst von der Cavallerie in Gemeinschaft mit den andern Waffengattungen vorgenommen werden. Die Cavallerie-Divisionen waren bei ihren Recognoscirungen bis an den Wald von Orleans vorgedrungen. Auf die Meldung hievon ertheilte der Kronprinz bem General v. d. Tann, der sein Hauptquartier bisher in Lonjumeau gehabt hatte, den Auftrag, mit seinem

Die Kämpfe an der Loire.

Corps auf Orleans zu marschiren. Zur Verstärkung wurde die 22. Division des 11. preußischen Corps beigegeben. General von der Tann stand am 7. Oktober bei Arpajon und ging am 8. über Etréchy nach Etampes.

Wir ergänzen den Bericht aus der Nationalzeitung: „Unbelehrt durch alle früheren Erfahrungen, hatten die Franzosen zunächst wieder die Thorheit begangen, statt in einer compakten Heeresmasse zu marschiren, sich nordwärts von Orleans in drei getrennte Haufen zu theilen, von welchen eine Division unter Führung des Generals Ragnard (der Staats-Anz. schreibt Raioult) die Hauptstraße nach Etampes und Paris einschlug, während eine zweite Abtheilung nach Pithiviers ging und eine dritte, aus 4000 Mobilgarden bestehende links nach Chartres hinaufrückte. Mit dieser letzten Abtheilung bestanden zwei bayerische Bataillone und eine preußische Cavallerie-Division zuerst am 9. Oktober ein kleineres Gefecht und warfen den Feind am folgenden Tage mit großem Verluste über die Eure zurück, während der Verlust an Todten und Verwundeten unsererseits nur 18 Mann betrug. Das Centrum der französischen Südarmee, bestehend aus 10,000 Mann, wovon 2 Regimenter (6 Bataillone) afrikanische Zuaven, der Rest Linientruppen zog sich bei Annäherung des Generals v. d. Tann, der auf der Straße von Arpajon über Etampes mit dem ersten bayerischen Armeecorps und einer Cavalleriedivision heranmarschirte, sofort in südlicher Richtung zurück. Eine Compagnie der Partisans de Gers, welche braune Tuchkittel und eine Art Hederhüte tragen, scheint von dieser Rückzugsbewegung nicht rechtzeitig unterrichtet worden zu seyn. Die armen Teufel wurden in Angerville am 9. Oktober von unserer Cavallerie überrascht und nach kurzem Widerstande auf einem freien Felde sämmtlich theils niedergemacht, theils gefangen genommen. Da sie nicht die Uniform des regulären französischen Militärs trugen, bezeigten unsere Reiter anfangs nicht übel Lust, auch die Gefangenen als Franctireurs zu behandeln. Als dieselben jedoch durch Vorzeigung ihrer

Soldbücher sich als regelrecht enrollirte Soldaten auswiesen, gaben die Offiziere sofort Befehl, ihnen als solchen zu begegnen. Am 10. Oktober gelang es, die Division Ragnard bei Artenay, zwei Stunden von Orleans, unweit des großen Waldes, der sich bis dicht an die letztgenannte Stadt heranzieht, einzuholen und zum Stehen zu bringen. General v. d. Tann ließ sofort zahlreiche Geschütze auffahren, die eine große Verheerung unter den feindlichen Truppen anrichteten. Er befahl seiner Infanterie, das Gefecht anfangs ohne allzu große Hitze zu unterhalten, um der Cavallerie Zeit zu gewähren, den Feind in die Flanken zu fassen. Die beiden Zuaven-Regimenter hielten tapfer Stand; sie kämpften zuletzt großentheils mit Säbel und Bajonet und so wurden diese sechs Bataillone fast ganz aufgerieben. Um so kläglicher schlugen sich die regulären französischen Linienregimenter. Ihre Mannschaften warfen meist sehr bald ihre Waffen weg und baten flehentlich laut heulend um ihr Leben. Mein Gewährsmann versichert, er habe noch nie einen solchen Haufen weggeworfener Waffen auf einem Schlachtfelde liegen sehen. Gleich nach der Schlacht wurden über 1000 Gefangene gezählt, doch wurden bis zum Abend noch weitere 500 Gefangene von der Cavallerie eingebracht. Es klingt fast unglaublich, wenn man erfährt, daß der ganze Verlust auf unserer Seite sich auf einen Offizier und 110 Mann belief.

Interessant für die Kriegsgeschichte ist Folgendes. Die am 20. September unter dem Commando des Hauptmanns Graf Türkheim nach Frankreich abgegangene Kugelspritzenbatterie war zum ersten Male an den Schlachttagen des 10. und 11. Oktober bei Orleans in Aktion; zuerst gegen Infanterie und Cavallerie gebraucht, zeigte sich sofort die schreckliche Wirkung dieser Schießinstrumente, und waren die bei der feindlichen Cavallerie angerichteten Verheerungen wirklich furchtbar, was wohl daher kommen mag, daß diese Waffengattung ein höheres Zielobjekt darbietet, als die Infanterie. Wie es der Zufall wollte, kam diese Kugelspritzenbatterie

Die Kämpfe an der Loire. 47

einmal einer Mitrailleusenbatterie gegenüberzustehen; diese mußte jedoch, nachdem sie einige Male ihre schnurrenden, sausenden Geschosse herübergeschickt hatte, schleunigst wieder abfahren, da sie sowohl an Sicherheit des Treffens als an Schnelligkeit des Feuers weit hinter der bayerischen Batterie zurückblieb; besonders gelobt wird die große Manövrirfähigkeit dieser Geschützgattung, da sie erlaubt, der Infanterie überallhin zu folgen.

Noch eine hübsche Anekdote aus der Kemptner Zeitung. „In einem Hause zu Artenay fanden sich 1000 Beinkleider für die Mobilgarden vor und wurde das Haus, dem Befehle entsprechend, zum Niederbrennen bestimmt. Einer unserer Kameraden fand bei der Nachsuchung in einem Schranke der Gesindestube einen kleinen Papierstreifen, auf welchem mit Bleistift folgende Worte standen. Ich habe sie selbst gelesen:

‚Hier hat gewohnt Auguste Richter aus Leipzig, hat sich aber mit der Herrschaft geflüchtet. Ich bitte meine deutschen Brüder, uns zu behüten vor Feuersbrunst.'

Mögen Sie es glauben, daß diese schlichten Worte uns mit tiefer Rührung erfüllten. Die Bitte, dem Flehen der deutschen Landsmännin zu willfahren, ward leicht gewährt und wir zogen weiter, nicht ohne daß an derselben Stelle ein neuer Zettel mit der entsprechenden Mittheilung hinterlegt wurde."

Nach einem Bericht der Ostseezeitung zeichneten sich im Kampf bei Orleans besonders die Polen in der Fremdenlegion aus. Von 171 derselben kamen nur 21 unverwundet davon. „Von der ganzen Fremdenlegion, welche gegen 1600 Mann zählte, sind nach polnischen Angaben nur 300 Mann unversehrt aus der Schlacht zurückgekehrt. Die Anwerbungen von Freiwilligen für die in Frankreich in der Organisation begriffenen Militärformationen dauern in Galizien noch immer fort und haben in letzter Zeit sogar größere Dimensionen angenommen. Die Angeworbenen, größtentheils junge Edelleute und Handwerker, nehmen ihren Weg über Wien und durch die Schweiz, und die meisten von ihnen suchen das Bosak'sche Corps zu erreichen, um sich in dasselbe einreihen zu lassen. Sie erhalten bei der Anwerbung ein Handgeld von 50 Frcs. und das nöthige Reisegeld."

Bald aber stellte sich heraus, daß man es bei Artenay nur mit der Avantgarde des Feindes zu thun gehabt, und dessen Gros und Reserven am 10. gar nicht in das Gefecht hatten eingreifen können. Die Spitzen der Vorhut des v. d. Tann'schen Corps stießen am 11. früh auf stärkere feindliche Truppenmassen. „Es ergab sich bald, daß der Feind jenseit des Waldes von Orleans, vor der Stadt, hinter Schanzwerken gut gedeckt, den Angriff erwartete. Er beherrschte die Brücke über die Loire und dehnte sich mit seinem rechten Flügel bis Beaume aus. General v. d. Tann war dem Feind schon um 10 Uhr Morgens so nahe gekommen, daß das Gewehrfeuer begann. Die 4. bayerische Brigade und die 22. preußische Division bildeten die äußersten Flügel. Das feindliche Corps, das von dem General La Motte Rouge commandirt wurde, hatte in seinen Schanzen und in den Weinbergen, die sich unmittelbar an die Ebene vor Orleans anschließen, die vortheilhaftesten Stellungen genommen. Es bestand aus 25,000 Mann regulärer Truppen, die aus fast allen französischen Regimentern zusammengesetzt waren. So weit sich bis jetzt überblicken läßt, haben diese Truppen niemals in Paris gestanden, sondern waren als Ersatz oder Reserve beim Beginn des Feldzuges an der Loire zurückgelassen und hier, ganz in der Weise der sogenannten Marschregimenter von Paris, zu größeren Cadres formirt worden. Verstärkt wurden sie durch eine Anzahl päpstlicher Zuaven, die aus dem römischen Dienst in den der Regierung von Tours übergetreten sind, und durch 2 bis 3 Regimenter Mobilgarden, die man, um dieser unzuverlässigen Truppe größere Festigkeit zu geben, so geordnet hatte, daß je 5 oder 6 Mann von ihnen ein Zuave beigezählt war. Diese Loire-Armee führte 40 Geschütze mit. La Motte Rouge ist ein hochbejahrter General, der das größte Vertrauen der Truppen besitzt. Die Franzosen hielten bis Nachmittag 5 Uhr Stand, traten dann aber den Rückzug gegen Orleans an. Da es bereits dunkelte, mußte bei der Verfolgung unsererseits die größte Vorsicht beobachtet werden, zumal unsere Truppen auf dem unebenen Terrain mit großen Schwierigkeiten zu kämpfen hatten. Die Stadt Orleans entschloß sich zur Uebergabe, sowie die ersten Granaten hineingefallen waren. Die bayerischen 12-Pfünder, die schon in Bereitschaft standen, kamen nicht mehr zur Aktion. Der Bahnhof und die Loirebrücke wurden sogleich besetzt, letztere war zwar unterminirt, aus Mangel an Zeit aber vom Feinde nicht zerstört. In Orleans wurde dem Maire die sofortige Beleuchtung der Stadt befohlen. Nachdem dies geschehen, konnten die ersten deutschen Truppen gegen 8 Uhr Abends in die Stadt einziehen. Zur Nacht loderten ihre Biouakfeuer bereits auf dem freien Platze um das Standbild der Jeanne d'Arc. Die Franzosen ließen 2000 Gefangene in unseren Händen zurück, ihre Verluste an Todten und Verwundeten sind noch nicht genau bekannt, aber sehr bedeutend, die unsrigen verhältnißmäßig gering. Die zurückgeworfene Armee, die verfolgt wird, ging auf das jenseitige Loire-Ufer, sie verließ also die Straße gegen Tours, so daß die provisorische Regierung dort sich ohne militärischen Schutz befinden dürfte."

Ein Correspondent der Daily News befand sich während der Schlacht in der Stadt Orleans und erzählt: „Im Verlaufe des Morgens waren einige Verstärkungen in der Stadt angekommen; die Kanonen brüllten draußen in nächster Nähe, und doch blieben diese Truppen den ganzen Morgen in der Stadt. Die Offiziere sagten, sie hätten keine Befehle, und gingen in die Caféhäuser, wo sie spielten oder frühstückten. Die Mannschaften trieben sich in der Stadt umher oder lagen schlafend oder betrunken in den Straßen. Sobald aber die flüchtende Armee herankam, schlossen sich diese Mannschaften dem Strome an. Sie warfen ihre Gewehre weg oder

zerbrachen sie, und die ganze Armee zog durch die Stadt und über
die Loirebrücke. Die Mobilgarden jedoch hielten länger Stand und
besser als die Linie und feuerten noch, als alle regulären Truppen
bereits den Kampfplatz verlassen hatten. Die Fremdenlegion focht
sehr tapfer und ward fast ganz vernichtet, aber am besten von allen
fochten die päpstlichen Zuaven, die den Eingang zur Stadt fest-
hielten. Die Einwohner waren getheilter Ansicht; einige wünschten
die Stadt zu vertheidigen, aber bei Weitem der größere Theil
wünschte keine Vertheidigung. Nichts desto weniger ward eine
Barrikade am Eingange der Vorstadt nach der Seite des Feindes
hin errichtet und diese von den päpstlichen Zuaven, der Fremdenlegion und einigen Nationalgardisten vertheidigt. Dieser Widerstand
veranlaßte die Preußen, Granaten in die Stadt zu werfen. Die
Eisenbahnstation stand bald in Flammen, wie auch einige Häuser
der Hauptstraße, der Rue Bannier. Leute wurden in den Straßen
verwundet durch Granatsplitter wie auch durch Flintenkugeln, die
reichlich über den Weg zischten. Die Stadt war bereits ganz geräumt von den regelmäßigen Truppen, als das Feuern aufhörte.
Alles, was ein Gefährt auftreiben konnte, flüchtete. — Der Berichterstatter kehrte auf Beaugency zurück: Bei der Durchfahrt durch
Meung sahen wir eine Scene, die ich nie vergessen werde. Die
Bauern waren außer sich, theils aus Schrecken, theils aus Wuth.
Frauen rangen die Hände und wurden nach sicheren Plätzen fortgeschickt, während die Männer sich vorbereiteten, gegen den Feind
Stand zu halten oder sich in den Feldern zu zerstreuen und in
einzelnen Trupps auf ihn zu schießen. Es war gar kein Plan gefaßt; Trommeln schlugen Generalmarsch, die Glocken läuteten Sturm;
Alles in der Finsterniß, denn es war spät geworden und der Mond
noch nicht aufgegangen. In Beaugency war die Aufregung nicht
so groß, wie in Meung. Hier trafen wir zusammen mit den Offizieren einer Abtheilung von Mobilgarden, die gerade aus irgend
einem Depot kamen und nicht wußten, wo sie zunächst hin sollten.

Sie waren alle Leute höheren Standes und Besitzes aus den benachbarten Landdistrikten. Es war ein kläglicher Anblick, die Wege des fruchtbarsten und schönsten Theiles von Frankreich durch bewaffnete und aufgeregte Bauern besetzt zu gewahren; die vielen reichen Dörfer dieses wohlhabenden Bezirks in Waffen und in nächster Erwartung zu sehen, geplündert und verwüstet zu werden. Es war genug, um Thränen in die Augen zu locken, wenn man im Mondscheine diese unglücklichen Bauern in Blousen und Holzschuhen mit alten Flinten in der Hand ihre Dörfer bewachen sah, während doch jede Anstrengung ihrerseits nur dazu führen mußte, daß dieselben bis auf den Grund zerstört werden würden."

Die Deutschen verloren in der Schlacht bei Orleans ungefähr 800 Mann an Todten und Verwundeten, die Franzosen aber noch viel mehr und dazu noch 2000 Gefangene. Am 12. Morgens, nach Einnahme der Stadt Orleans, forderte General v. d. Tann von dem Maire der Stadt eine Contribution von 1 Mill. Frcs. in Baarem, die binnen 24 Stunden erlegt werden sollte, willigte jedoch später ein, sich vorläufig mit 600,000 Frcs. zufrieden zu stellen. Monf. Dupanloup schrieb an den König von Preußen und bat um Nachlaß des Restes von 400,000 Frcs. Die Deutschen verlangten ferner 600 Stück Rinder, 300,000 Cigarren und die Auslieferung sämmtlicher in der Stadt befindlichen Pferde. Die Soldaten wurden bei den Einwohnern einquartirt. — In einem anderen Bericht heißt es: Der Munizipalrath ersuchte nun den Bischof, Hrn. Dupanloup, für den die Königin von Preußen eine große Hochachtung hegt, sich beim König Wilhelm zu verwenden. Der Bischof hat auch sofort an den König Wilhelm ein eindringliches Schreiben gerichtet. Monf. Dupanloup ist von den bayerischen Offizieren mit der größten Hochachtung umgeben. Alle kennen seinen europäischen Ruf und sie suchen auch wirklich, ihm alle Zeichen der Bewunderung und Hochschätzung zu geben. Sie wissen, daß er beim Concil mit seinem bedeutenden Talent und seiner großen Rednergabe die Ideen vertheidigt hat, die auch vom deutschen Episkopat getheilt werden, und deshalb haben sie ihm auch ihre Dankbarkeit entgegengebracht. Die Mehrzahl dieser Offiziere ist sehr religiös; sie haben an den Sonntagen sofort Militär-Gottesdienst veranstaltet und in den Kirchen von St. Paterne, von St. Paul und in der Kathedrale mit ihren Soldaten demselben beigewohnt.

Der „Français" jammerte über den Eifer, „womit die Orleanesen sich beeilen, den Requisitionen der Preußen zu entsprechen. Diese verlangen, daß ihnen alle Pferde ausgeliefert werden, und in wenigen Augenblicken bietet der Platz des Martori den Anblick eines wahren Marktplatzes, er wird mit Pferden bedeckt, die Offiziere wählen die schönsten und kräftigsten aus, der Rest wird in die Beauce geführt, um dem Gros der Armee zu dienen. So machen es die Preußen; ihr Verfahren ist eben so einfach, wie wirksam." Die France zieht aus dieser Geschichte die Lehre für die Nachbarstädte, nicht einzuschlafen und zu sprechen: „Vielleicht kommen die Preußen nicht zu uns." Die France berichtet ferner: „Eine Angst, die zu verhehlen kindisch und überflüssig wäre, lastet seit dem 11. Oktober auf der Bevölkerung von Tours. Mit unruhigen Augen folgt man den Bewegungen der preußischen Armee an der Loire; man fragt, was ihr Endziel sey."

Wie die Münchner N. Nachr. melden, hat der Kronprinz von Preußen unmittelbar nach der Einnahme von Orleans den König Ludwig wegen des neuen bayerischen Waffenerfolgs beglückwünscht; der König antwortete hierauf in warmen dankenden Worten und zeichnete den General v. d. Tann mit folgendem Telegramm aus: „Sie haben durch die jüngsten Siege bei Orleans die ruhmreichen Erfolge dieses Feldzugs um eine glänzende Waffenthat vermehrt. Mit bewegtem Herzen spreche Ich Ihnen, Mein lieber General, sowie den Tapfern, die unter Ihnen fochten, Meine volle Anerkennung aus und gedenke mit innigem Beileide Jener, die heldenhaft gefallen."

Die Kämpfe an der Loire.

Dieser Sieg war folgenreich genug. Die republikanische Regierung in Tours hatte ihre Loirearmee zu 150,000 Mann angegeben und nichts Geringeres von ihr gehofft, als den Entsatz von Paris. Nun aber hatte sich gezeigt, daß diese Loirearmee kaum 40,000 Mann zählte und darunter nur drei Regimenter reguläre Reiterei, einige Fußregimenter aus Algerien und von den Westküsten Frankreichs her. Der Rest bestand nur aus unbrauchbaren Mobilgarden und Freischärlern. Diese Armee war aber bei Orleans gänzlich zerschlagen und zerrüttet worden und konnte nicht wohl mehr den Kern einer neuen, größeren und schlagfertigeren Armee bilden.

v. d. Tann entsandte den General Wittich, mit dem sich Reiterei des Prinzen Albrecht vereinigte, westwärts von Orleans aus, um die zu Chateaudun sich sammelnden Mobil-, Nationalgarden und Franctireurs zu zerstreuen. Die Stadt von 7—8000 Einwohnern widerstand am 18. Oktober, durch die Befehle und Zeitungen von Tours fanatisirt, mit seltener Hartnäckigkeit. Auf den drei Kirchthürmen waren Kanonen aufgepflanzt, die eifrig hinunter schossen, jedoch bald zum Schweigen gebracht waren. „Sämmtliche Straßen und Querstraßen waren durch Barrikaden gehemmt. Die Bauart derselben war so, daß an eine Einschießung selbst durch Artillerie nicht gedacht werden konnte; auf der Außenseite (dem Feinde zu) Faschinen, dann eine Sandlage von 3—4 Fuß Dicke, dahinter Feldsteine, und endlich, um den Steinen Festigkeit zu geben, Baumstämme, so geordnet, daß auf den Barrikaden eine vollständige Brustwehr entstand. Es half jedoch, daß die Artillerie auf der Südfront aus 5 Batterien, 30 Geschützen, bis zum Dunkelwerden heftig bombardirte. Die Stadt brannte an verschiedenen Stellen, was den Widerstand des Feindes allmälig schwächer werden ließ. Um 9 Uhr Abends gab General Wittich Befehl, tambour battant die Stadt zu stürmen. Dennoch konnte das Vordringen der Infanterie beim Kampf in den Straßen nur sehr langsam geschehen.

Der Feind vertheidigte sich von Haus zu Haus. Pioniere mußten die Wände einschlagen, um auf diese Weise unseren Tirailleurs Bahn zu machen. In vielen Fällen trieb erst das um sich greifende Feuer den Feind aus den Häusern. Dieser anstrengende Kampf dauerte bis Morgens 3 Uhr, wo unsere Truppen die letzten Häuser einnahmen. Die Theilnahme der Bewohner an dem Kampfe weckte die Wuth der Soldaten, der lange Widerstand steigerte die Erbitterung. Es wurde Befehl gegeben, keinen Pardon zu ertheilen, in Folge dessen Alles niedergehauen wurde. Erst als der Sieg vollständig gesichert, wurde den flehentlich auf den Knien Liegenden, um ihr Leben Bittenden die Gnade der Gefangenschaft gewährt. Wir machten etwa 500 Gefangene. Darunter viele junge Bursche von 16—20 Jahren in Civilkleidern und wohlbewaffnet. Wir verloren an 400 Todte und Verwundete, der Feind, wie man hört, über 800 Todte und Verwundete. An Contribution wurde der Stadt auferlegt 300,000 Frcs., 1000 Ohm Wein, 100,000 Cigarren, 20 Ctr. Kaffee, 100 Ctr. Hafer und sämmtliche in der Stadt befindlichen Pferde und Mehlvorräthe."

Der preußische Staatsanzeiger enthielt einen ausführlichen Bericht über den blutigen Kampf in Chateaudun: „Unsere Blicke trafen auf ein Bild der Vernichtung. Eingestürztes Mauerwerk, verkohlte Balken, herabgefallene Dächer machten die Straßen beinahe unwegsam. Auch die Kirche war durch Granatschüsse fast völlig zerstört, große Felsblöcke und Quadersteine aus den äußeren Wänden ausgerissen, die Ziegel zertrümmert. Eine Granate war in der Uhr geplatzt. Ganze Straßen standen noch in voller Feuersgluth; der große Umfang des Brandes, der die ganze Stadt erfaßt hatte, ein Herbststurm, der an diesem Tage brauste und die Flammen überallhin vertheilte, machten jeden Gedanken an Rettungsversuche unmöglich. Nur mit Mühe konnten die Räumlichkeiten für den Prinzen Albrecht und das Obercommando der Division beschafft werden. Die Pferde mußte man noch am Abend des 19.

aus den Scheunen am Ende der Stadt, in denen sie untergebracht, herausführen, da die Flammen sich bis hieher auszudehnen begannen. Die Offiziere bivouakirten mit den Truppen. Während des nächtlichen Kampfes hatten sich die Franzosen jeder Sorge für ihre Verwundeten entschlagen, was von ihnen niederfiel, war in den Häusern geblieben und hier zum großen Theil verbrannt. Als Commandeur der französischen Besatzung hatte ein Pole, Lipowsky, fungirt." Hier bei Chateaudun wurde der evangelische Feldgeistliche S. während der Schlacht durch den Kopf geschossen und blieb todt liegen. Nach der Schlacht begruben ihn die Soldaten. Als im Dezember wieder deutsche Truppen dahinkamen, wollten sie ihm und den übrigen Gefallenen noch eine Todtenfeier halten, fanden aber seine Leiche von den boshaften Einwohnern ausgegraben und auf's abscheulichste mit Koth bedeckt.

Der Brand von Chateaudun entmuthigte die Feinde, welche Chartres vertheidigen wollten. „Am 21. sammelten sich die preußischen Truppen zum Vormarsch auf Chartres. Da man wußte, daß die Stadt ziemlich stark besetzt war, leitete General v. Wittich die Operationen dadurch ein, daß die gesammte Artillerie, in einem Halbbogen südöstlich von Chartres angelehnt, aufgestellt wurde. Eine bayerische 12pfündige Batterie diente zur Verstärkung. Um die Zeit, wo die Geschütze rangirt, meldete sich bei General v. Wittich ein Geistlicher, der Curé von Morancy, und erbot sich, nach Chartres hineinzugehen, um die Stadtbehörden für die Capitulation günstig zu stimmen. Der General gab seine Zustimmung unter der Bedingung, daß der Präfekt, der Maire und einige Notablen von Chartres sich in Morancy einfinden, und daß als spätester Termin für einen gütlichen Vergleich die Zeit bis 1 Uhr Mittag festgehalten werde. Zum Glück behielt bei den Verhandlungen im Schooß des Munizipalrathes eine ruhige Ueberlegung die Oberhand. Man sah ein, daß das Bombardement von unersetzlichen Verlusten begleitet seyn würde, zumal eine Verschonung der berühmten Kathebrale wegen der hohen Lage des Bauwerkes unmöglich gewesen wäre. Die Vertreter der Stadt fanden sich rechtzeitig in Morancy ein und unterzeichneten um 5 Uhr die Capitulation, die so milde als möglich gefaßt war, da sie einer Hälfte der Besatzung freien Abzug gestattete. 2000 Mobilgarden wurden entwaffnet. Mit klingendem Spiel zogen die preußischen Truppen in Chartres ein und begrüßten den Prinzen Albrecht, der sie sämmtlich vorbeibefiliren ließ, mit enthusiastischem Zuruf. Es war in der Capitulation besonders ausbedungen, daß sämmtliche Geschäftsinhaber von Chartres ihre Läden und Magazine zu öffnen hätten, wogegen der General sein Wort einsetzte, daß die Stadt von jeder gewaltsamen Requisition frei bleiben sollte. Die Straßen waren erleuchtet; die zahlreich versammelten Einwohner hielten sich vollkommen ruhig. Besonders ergreifend war der Moment, als am folgenden Tage die deutschen Krieger in würdevoller Haltung sich in der berühmten Krypta der Kathedrale versammelten und bei Lampenschein alle Theile des großartigen Unterbaues besichtigten."

Das Land um Orleans her war so feindselig aufgeregt, daß v. d. Tann strenge Maßregeln treffen mußte: „Er hat, so wurde gemeldet, zum Besten der aus Frankreich gewaltsam vertriebenen Deutschen bereits eine Kriegscontribution von anderthalb Millionen Francs erhoben, und hat außerdem der Stadt Etampes und einem andern, mir nicht genannten Orte Strafsummen von je 40,000 Frcs. auferlegt, weil die Feldtelegraphendrähte dort von boshafter Hand zerschnitten worden waren. Diese durchgreifende Maßregel hatte den günstigen Erfolg, daß in den betreffenden Ortschaften sofort von den Einwohnern selbst Sicherheitscorps von mehreren hundert Mann organisirt wurden, um die Telegraphenlinien im ganzen Rayon zu überwachen. Auch gegen die Franctireurs wird man ernstlichere Maßregeln als seither in Anwendung bringen. Es hat sich nämlich herausgestellt, daß den Maires der verschiedenen Ortschaften Soldbücher und abgestempelte Enrolirungs-Patente in blanco

in großer Anzahl zugeschickt worden sind, um dieselben unter die
Franctireurs zu vertheilen, damit diese als reguläre Soldaten er=
scheinen. Solcher Betrug kann um so weniger geduldet werden, als
der Unfug des Franctireurswesens immer lästigere Dimensionen
annimmt. — Neulich war auf der Strecke Versailles=Orleans, un=
weit des letzteren Ortes, der Draht durchschnitten. Der bayerische
Divisions=General v. Wrede berief den Maire und die Räthe von
Arpajon, ihnen aufgebend, innerhalb der nächsten 48 Stunden
20,000 Francs aufzubringen, widrigenfalls würde der gesammte
Rath gefangen genommen. Der Rath trat zusammen und begab
sich zu dem General mit der Erklärung, ob er vorläufig 10,000 Frcs.
nehmen wollte. ‚Gewiß, meine Herren‘, erwiederte er, ‚zahlen
Sie vorläufig blos die Hälfte, so nehme ich den halben Rath ge=
fangen.‘ So kam es. Die 20,000 Frcs. waren nicht pünktlich
zusammen und ein Offizier erschien mit einem langen Wagen, um
die Hälfte der Räthe mitzunehmen. ‚Da ich indeß‘, bemerkte der
Bayer, ‚meine Pferde zu schonen und darauf zu sehen habe, daß
die Last nicht zu groß wird, so werde ich mir die sechs dünnsten
und kleinsten der Herren auswählen.‘ Wie gesagt, so gethan.
Arpajons dickeren Räthe hatten nach zwei Tagen den Rest von
10,000 Francs aufgebracht und die Dünnen fuhren mit den Dicken
nach Hause zurück." Man hörte von fünf Dörfern in der Nähe
von Orleans, welche niedergebrannt werden mußten, weil die Bauern
heimtückisch auf die deutschen Truppen geschossen hatten.

Nach der Besetzung von Chartres wandte sich Wittich's Corps
nach Dreux: „Hier befanden sich etwa 2500—3000 Mobilgarden
unter einem äußerst gewaltthätigen Obersten, der sie an blinden Ge=
horsam gewöhnt hatte, aber einen Fall that und den Hals brach,
worauf alle seine Mobilgarden auseinander und heim liefen, so daß
Dreux unbesetzt blieb.

Unterdeß hatte Gambetta mit rastloser Thätigkeit die bei Or=
leans zersprengte Loirearmee durch zahlreiche Zuzüge von noch regu=

lären Truppen, Reiterei und mehr als hundert Geschützen aus Lyon, so wie durch Moblots ergänzt, so daß sie wieder 70—80,000 Mann betrug. Gambetta gab ihr den feurigen Aurelles de Paladine zum Obergeneral. Ihr Plan war, den Heranzug des Prinzen Friedrich Karl von Metz und des Großherzog von Mecklenburg von Paris her, von denen sie eingeschlossen werden sollten, nicht abzuwarten, sondern das kleine, nur 17—18,000 Mann zählende Corps unter v. d. Tann aufzureiben, dann auch das kleine Corps von Wittich in Chartres, und mittelst eines kühnen Flankenmarsches sich mit der Westarmee unter Keratry bei Dreux zu vereinigen und von hier aus das nahe Versailles zu überfallen, während zugleich Trochu von Paris aus einen großen Ausfall machen sollte. Ohne Zweifel eine geniale Combination.

Aber v. d. Tann war schon gewarnt und hatte Befehl, sich von Orleans zurückzuziehen, um sich mit dem von Paris kommenden Großherzog von Mecklenburg zu vereinigen. Auch General Wittich und Prinz Albert wurden von Chartres zurückberufen, um wieder zu v. d. Tann zu stoßen. Der Letztere marschirte nun von Orleans ab, wo er 800 verwundete und kranke Bayern zurücklassen mußte, warnte aber den Magistrat, dieselben gut zu verpflegen, denn er werde bald zurückkommen. Bevor aber noch Wittich zu ihm stoßen konnte, wurde er am 9. November auf seinem Rückzugswege bei Coulmiers von der ganzen französischen Loire-Armee wüthend angegriffen. Sie bestand aus 9 französischen Linienbrigaden, vielen Mobilgarden, 7 Reiter-Regimentern und besaß an Artillerie 120 Feldgeschütze. Es mögen also im Ganzen 70 bis 80,000 Mann gewesen seyn. Man erkannte bald, daß die Führung dieser Truppen eine bessere und umsichtigere sey, als die irgend eines französischen Corps in diesem Kriege.

Die Schlacht war interessant, weil die wenigen Bayern unter v. d. Tann einer vierfach überlegenen Truppenzahl widerstanden. „Der linke Flügel der Bayern unter General Orff, der für einen

Die Kämpfe an der Loire. 59

der tüchtigsten Offiziere der bayerischen Armee gilt, warf den linken Flügel der Loire-Armee in größter Unordnung auf das Centrum zurück. Auf diesem linken Flügel war die französische Kavallerie postirt gewesen, die auf den ersten Anprall der bayerischen Reiterei linksum Kehrt machte und in wilder Flucht hinter die Aufstellung des französischen Centrums retirirte. Auf der andern Seite ging es indeß nicht so gut. Die Bayern, obwohl in so erheblicher Minderzahl, hielten sieben Mal hinter einander Stürme auf ihre Stellung aus und schlugen dieselben sieben Mal nach einander zurück. So dauerte das Gefecht von 7 Uhr Morgens, wo es mit heftiger Kanonade begonnen hatte, bis 5 Uhr Abends. Da ließ v. d. Tann einfach seine Regimenter abschwenken und bewirkte so einen Rückzug nach Toury, ohne vom Feinde im Mindesten behelligt zu werden, ja ohne daß dieser auch nur Fühlung mit ihm behalten hätte. Wie schon früher erwähnt, ist er auch während des ganzen folgenden Tages, dem 10. November, in keiner Weise von der Loire-Armee beunruhigt worden. Preußische Offiziere, die anwesend waren und nun in's Hauptquartier zurückgekehrt sind, können nicht genug von der Bravour der Bayern und der Ordnung erzählen, mit welcher von ihnen die Rückzugsbewegung ausgeführt wurde. Die französischen Depeschen über diesen Kampf lassen auch die Enttäuschung deutlich erkennen, die man bei dem tapferen Widerstande der Bayern empfunden, da man ersichtlich darauf gerechnet, das kleine Häuflein einfach erdrücken zu können. Die französischen Depeschen gestehen selbst einen Verlust von 2000 Mann ein." Der Verlust an Bayern besteht nach authentischen Berichten in 677 Mann und 42 Offizieren an Todten und Verwundeten.

v. d. Tann zog sich nach Toury zurück, wo in der Nacht Wittich und Prinz Albert zu ihm stießen. Sie wurden in den folgenden Tagen nicht mehr angegriffen und blieben stehen, um den Großherzog von Mecklenburg zu erwarten. Mit gewohnter Brutalität fielen die Franzosen, sobald v. d. Tann Orleans verlassen hatte, über die hier zurückgelassenen kranken und verwundeten Bayern her, schleppten alle, die transportabel waren, nach Beaug, ließen ihnen aber die zurückgebliebenen Aerzte nicht, sondern schleppten auch diese gefangen nach der Insel Oleron. Auch sämmtliches Ambulancezeug wurde ihnen weggenommen. Die vier bayerischen Aerzte wurden indeß bald in ihre Heimath wieder entlassen. Ein so unmenschliches Verfahren gegen Kranke und Verwundete war ausdrücklich der Genfer Convention zuwider, welche doch Frankreich mit unterzeichnet hatte. Der Maire und der Commandant der Nationalgarde in Orleans gaben sich übrigens in rühmlicher Weise alle Mühe, die Soldaten und den Pöbel von Mißhandlungen der Bayern zurückzuhalten, was freilich nicht immer gelang.

Die Loirearmee, auf die man in Paris sehnlich wartete, weil sie diese Hauptstadt entsetzen sollte, blieb gleichwohl in der Nähe von Orleans stehen, weil sie sich nicht getraute, da auch Prinz Friedrich Karl von Metz aus gegen sie heranzog, weiter vorzurücken, ehe sie die erwarteten Verstärkungen an sich gezogen hatten. Trotz aller Schwierigkeiten hatte Gambetta mit anerkennenswerther Rührigkeit, wenn auch nicht ein Aufgebot in Masse, wie in der ersten Revolution, doch Ansammlungen von zahlreichen Moblots und Franctireurs zustande gebracht. Und zwar mit vieler Klugheit und sogar durch entgegengesetzte Mittel. Man kann ihm und denen, die ihm am eifrigsten behülflich waren, nur vorwerfen, sie verschwendeten die Mittel, ohne je den Zweck erreichen zu können. Französische Blätter selbst wagten es, damals zu fragen, wodurch Laurier, Gambetta's Agent in London, legitimirt sey, eine Anleihe aufzunehmen und Frankreich mit einer neuen Schuld von 300 Millionen zu belasten? Welche Volksvertretung die Anleihe gebilligt habe und wer die Verwendung controlire? Im nördlichen Frankreich wurde damals ein Aufruf an die Mitglieder der Nationalräthe verbreitet, worin es hieß: „Preußen will nur mit einer Regierung Frieden schließen, welche dazu bevollmächtigt ist und die die

Nation verpflichten kann, und so lange ein solcher Friede nicht zum Abschluß gelangt, werden Preußens Armeen Frankreich nicht verlassen, es sey denn, sie würden daraus vertrieben. Die Regierung der nationalen Vertheidigung kündigt ihrerseits an, daß sie den Wählern nicht eher gestatten werde, ihren Willen in Betreff des Friedens kund zu geben, als bis der Rückzug der feindlichen Truppen vollzogen seyn wird. Da dieser Widerspruch der Anschauungsweise möglicher Weise den Krieg in der unglücklichsten Weise zu verlängern im Stande wäre, so scheint es wünschenwerth, daß die angesehenen Männer, solche z. B., welche die Generalräthe bilden, auf Mittel sinnen, dem Lande die Freiheit seiner Selbstbestimmung zurückzugeben." Der Aufruf schlägt dann vor, eine Constituante oder wenigstens eine Commission zu wählen, welche mit den gehörigen Vollmachten ausgestattet, den Frieden schließen könne. „Es ist sehr wahrscheinlich, daß Herr v. Bismarck, weit entfernt, die Wahlen und die Berathungen der Gewählten zu stören, dieselben begünstigen würde, denn trotz der Erfolge der deutschen Armeen muß es ihm am Herzen liegen, dieselben nach Hause zu schicken, was er doch nur vermag, wenn erst der Friede einmal geschlossen ist. Man muß die Gerechtigkeit selbst höher als den Patriotismus zu stellen wissen und zugestehen, daß Frankreich es war, das, in schlimmer Weise beeinflußt, Preußen den Krieg erklärt hat, und daß es, wäre das Waffenglück ihm günstig genug gewesen, um seine Armeen bis nach Berlin zu führen, deshalb schwerlich den Frieden anders als nach einer Gränzratifikation auf Kosten Deutschlands angenommen haben würde; daß Frankreich es mithin nicht unbillig finden dürfe, wenn Preußen heute dieselbe Forderung stellt, und so lange letzteres sie in vernünftigen Gränzen hält. Nicht diejenigen werden dadurch gedemüthigt werden, welche den Frieden über sich ergehen lassen, sondern jene Unsinnigen vielmehr, welche in ihrem vollen Stolze und unüberlegten Patriotismus den Krieg gebilligt und dazu beigetragen haben, daß er erklärt wurde."

Solche vernünftige Stimmen wurden aber nicht beachtet. Die einmal am Ruder befindlichen Republikaner wollten sich durch keine Constituante absetzen lassen und so lange als möglich die Gewalt und die Kasse in den Händen behalten. Gambetta scheint durch Aurelles, nach dessen kleinem Siege, umgestimmt worden zu seyn, denn er folgte von nun an einem andern Operationsplan. Früher hatte er Garibaldi auf den Schild erhoben und von ihm große Siege erwartet. Jetzt ließ er ihn auf einmal sitzen und zog von Lyon und aus dem Rhonegebiet alle Streitkräfte, besonders Artillerie von Lyon und noch die letzten regulären Regimenter aus Marseille, Toulon und Algier zur Loirearmee herbei. Er würde wohl Garibaldi selber nach Orleans berufen und an die Spitze der Loirearmee, gestellt haben, wenn die französischen Generale und das bigotte Landvolk es gestattet hätten. Er nahm jetzt das System Cremieux an und ließ sich den katholischen Fanatismus gefallen. Da Keratry, der in der Bretagne eine Westarmee sammelte, mit Charette, zu dem sich die Vendéer schaarten, in Haber gerieth, wie denn Republikaner und Ultramontane schwer zu vereinigen waren, eilte Gambetta selbst in das Lager der Westarmee von Conlie und stellte die Eintracht her. Da der Graf von Chambord erst ausdrücklich den Charette ermächtigen mußte, trotz seiner ultramontanen Gesinnung mit den gottlosen Republikanern gemeine Sache zu machen, kam hier ohne Zweifel ein Compromiß zustande, demzufolge rothe und blaue Republikaner, Legitimisten und Papisten sich auf Kriegszeit gegen die Deutschen alliirten.

Dieser Compromiß wurde nicht blos im Lager der Westarmee geschlossen. Das merkwürdige Schreiben des General Trochu von Paris aus an den Papst, worin er demselben den künftigen Schutz Frankreichs verhieß, hing genau damit zusammen. Gambetta selbst scheint erkannt zu haben, daß er vom Fanatismus des katholischen Landvolks in Frankreich mehr Hülfe zu hoffen habe, als von Garibaldi, woraus sich erklärt, daß er denselben fallen ließ. Der Papst blieb nicht taub gegen die Stimme Trochus. Man schrieb damals: „General Trochu hat dem Papste die schriftliche Zusage gethan, daß, sobald Frankreich vom Feinde befreit sey, dasselbe für die weltliche Herrschaft wieder eintreten werde. Dieser Zusage scheint dann vom Vatican ein Wink gefolgt zu seyn, den heiligen Krieg zu predigen. Der Umschwung des oberen Klerus tritt seit acht Tagen immer deutlicher hervor. Trotz Gambetta's Genossenschaft mit Garibaldi tritt ein Prälat nach dem anderen auf, um zum Kampfe zu rufen und seine Seminaristen zu den Waffen zu senden. Erst war es der Bischof von Angers, dann Msgr. Dupanloup von Orleans, jetzt veröffentlicht der Cardinal Erzbischof von Bordeaux, Msgr. Donat, ein Schreiben an den Oberen seines Priesterseminars, worin er denselben auffordert, die Seminaristen ‚dem Elan, den sie so lange zurückgehalten, folgen zu lassen, um Waffen von den Führern zu verlangen, welche die hohe und heilige Mission haben, die Landesbefreiung um jeden Preis zu bewirken.' Diejenigen, welche bereits mit dem heiligen und unvertilgbaren Charakter bekleidet sind, sollen sich den Militärbehörden als Krankenwärter zur Verfügung stellen." Jetzt wäre die Zeit für die Jungfrau von Orleans gekommen, man hörte aber nichts mehr von ihr.

Die französischen Bischöfe mußten allerdings für die Rettung Frankreichs Arm im Arm mit den herrschenden Republikanern etwas leisten, wenn sie wollten, daß die künftige Regierung auch wieder etwas für die Kirche leisten solle. Sie vergaßen aber, daß sie wahrscheinlich für die Kirche mehr gewonnen hätten, wenn sie auf baldigen Frieden hingewirkt und durch verlängerten Widerstand das Unglück Frankreichs nicht noch vergrößert hätten. Der Bischof von Angers befahl den Seminaristen seines Sprengels, in die Legion Charettes oder Catelineaus einzutreten, oder als Krankenpfleger zur Armee zu gehen. Auch Bischof Dupanloup trat dem Compromiß bei, übereilte sich aber, indem er auf den kleinen Sieg Aurelles' zu viele Hoffnungen für Frankreich gründete und insofern schon die sittliche Wiedergeburt, die er in einem früheren Schreiben dem französischen Volke gewünscht hatte, für vorhanden hielt. In einem neuen Schreiben, welches veröffentlicht wurde, pries er den Sieg Aurelles' als den Anfang eines großartigen Umschwungs; „Gottlob! nach Sedan und Metz haben wir doch noch Generale und eine Armee." Nachdem der Bischof die politischen Folgen dieses Sieges erwogen, tapfer auf die Verwüster losgezogen hat, denen Friede angeboten sey, doch kein Friede, der Frankreich verstümmele, fügt er hinzu: „Wenn wir die Welt in Staunen setzten durch eine große Umkehr zu Gott, kund gegeben durch einstimmige und vertrauende Gebete, so werde Gott uns seinerseits die Hand reichen und Wunder thun, um uns zu retten. Es ist vielleicht erlaubt, dieß zu hoffen, denn allenthalben unter uns kommen tröstliche Anzeichen, große Zeichen eines religiösen Geistes vor. Unsere Armee scheint auch davon durchdrungen, ihre tapferen Anführer bekennen es, unsere Soldaten sind in die Tempel zum Gebet gekommen und starben als Christen wie als Helden. Es wäre demnach also die Stunde zu Gottes Hülfe gekommen." Und nun verweist Msgr. Dupanloup auf Attila, der mit seinen Horden auch bis Orleans vorgedrungen, aber in Folge der Gebete des Bischofs durch Gottes Hülfe von Orleans entfernt wurde: „und er entführte seine Barbarenhorden nach den catalaunischen Feldern, wo der letzte Stoß der Vorsehung seiner wartete." Desgleichen befiehlt der Bischof den Geistlichen, zu den Tempeln zu eilen und, wie die Väter auf die Stimme des heiligen Aignan hörten, mit Thränen und Hoffnungen zu beten, damit Frankreich auch jetzt geholfen werde.

Gambetta's neuer Plan war, sämmtliche Volksheere, die sich im Westen, Norden und Osten bildeten, mit der Loirearmee zu einem großen Ganzen zu vereinigen, wodurch allein er stark genug werden könne, um Paris zu entsetzen. Der Oberbefehl blieb dem schon bewährten Aurelles. Von diesem schrieb der „Français": „Vor 18 Monaten zur Disposition gestellt, steht der General in seinem 67. Jahre. Trotz seines vorgerückten Alters von starkem Körper ist er in der ganzen Armee bekannt wegen der Energie seines Charakters, die an Rauhheit streift. Er hat sie in der letzten Zeit durch die Festigkeit bewährt, mit welcher er in den Marschregimentern die erschütterte, ja fast vernichtete Mannszucht wieder herstellte. Mit zwanzig Jahren aus der Militärschule getreten, stieg er schnell zum Stabsoffizier auf; er hat lange das 64. Linienregiment commandirt. Im Jahre 1859 machte er den orientalischen Krieg mit, in welchem er vom Brigade- zum Divisionsgeneral aufrückte und eine der tüchtigsten Divisionen vor Sebastopol befehligte. Nach Frankreich zurückgekehrt, befehligte er mehrere Jahre hindurch die Territorial-Division von Marseille und befand sich dort, als 1859 der Krieg ausbrach: er nahm an demselben nicht unwesentlich Theil, indem er die zahlreichen Convois überwachte, die nach Genua durchgingen. Später commandirte er im Osten, und als er seines Alters wegen zur Reserve übertreten mußte, wurde er zum Großkreuz der Ehrenlegion ernannt. Als der Krieg gegen Preußen ausbrach, stellte er sich sofort der Regierung zur Verfügung. Er wurde nach der Capitulation von Sedan wieder in activen Dienst berufen und nach Marseille geschickt, wo er den vom General d'Exea proklamirten Belagerungszustand so streng aufrecht erhielt, daß die Rothen seine Entfernung durchsetzten, worauf er nach Tours berufen ward, um die Loire-Armee zu organisiren. Die vielen Erschießungen bezeugen seinen „eisernen Arm".

Wir kehren zu v. d. Tann zurück. Der von diesem erwartete Großherzog Friedrich Franz von Mecklenburg-Schwerin traf alsbald bei ihm in Toury ein und übernahm den Oberbefehl, blieb aber nicht auf der Straße zwischen Orleans und Paris stehen, sondern wandte sich westwärts gegen Dreux, um die Vereinigung der Westarmee mit der Loirearmee zu verhindern, von der damals stark die Rede war. Da Dreux nicht weit von Versailles ist, glaubte man sogar, die ganze vereinigte Loire- und Westarmee werde von hier aus das Hauptquartier des Königs von Preußen überfallen und durch einen Handstreich Paris entsetzen wollen. Man täuschte sich. Die Loirearmee verschanzte sich in einer festen Stellung nordwärts Orleans und der Großherzog stieß bei Dreux nur auf Theile der Westarmee. Der Marsch war lustig genug. Die Bayern waren sehr ungern von Orleans abgezogen. „Die Stimmung der Soldaten war nicht sehr freudig, es war das erste Mal, daß ein Rückzug angetreten werden mußte. Unter den Gemeinen konnte man vielfach die Ansicht aussprechen hören, daß es davon käme, daß sie nicht unter preußischer Führung gefochten hätten. Wenn auch der Vorwurf, der darin liegt, ein völlig unbegründeter ist, so ist es doch ein Kennzeichen für die Popularität und das große Vertrauen, dessen sich die preußische Führung bei den bayerischen Soldaten erfreut." Die Bayern schienen sich an ihren unglücklichen Feldzug von 1866 zu erinnern, hatten aber dem trefflichen v. d. Tann schon damals Unrecht gethan. Jetzt rückten sie wieder in voller Kampflust vorwärts. Dreux war von einer großen Menge Mobilgarden unter dem General Fiereck besetzt, die zur Loirearmee stoßen sollten, wurden aber am 17. November nach einem kurzen Kampf zurückgeworfen. Am folgenden Tage widerstand der Feind noch einmal bei Chateauneuf, wurde aber auch hier geschlagen. Am Abend mußte man noch das Dorf Digny dreimal stürmen und zuletzt mit der Kolbe dreinschlagen. Zwei Bataillone Weimaraner bestanden einen heftigen Kampf im Walde bei St. Jean. Als der Großherzog die Wälder vom Feind hatte säubern lassen, wandte er sich wieder südwärts, um die Loirearmee wieder links anzupacken, wenn der Prinz Friedrich Karl sie rechts angreifen würde. Am 21. November stieß General Stephan bei Mont la Don abermals auf den Feind und befahl in langer Front einen Bajonetangriff, den aber die Franzosen nicht abwarteten, sondern eilends davon-

liefen. Zugleich jagte eine mecklenburgische Brigade bei Bretoncelles
den Feind auf dieselbe Weise vor sich her. Der Großherzog nahm
sein Hauptquartier zu Nogent le Retrou.

Die Westarmee, der diese französischen Helden angehörten,
bestand zwar aus zahlreichen, aber ungeübten Mannschaften. Ein
Franzose schrieb der Morningpost aus dem Lager von Conlie (fünf
Stunden nordwestlich von Le Mans) am 26.: „Die Generale scheinen
alle durchaus nichts von den Bewegungen des Feindes zu wissen,
und wir wissen nur, daß unsere Mobilen eine große Vorliebe für
strategische Bewegungen und für's Fortlaufen haben, wenn die
preußischen Bomben in ihrer Nähe niederfallen, ja, ein Offizier von
ihnen soll heute Morgen laut kriegsrechtlichem Urtheile in Tours
erschossen werden, weil er seinen Leuten bei Nogent le Retrou das
wackere Commandowort gegeben hatte: ‚Sauvons nous!' An Disciplin fehlt es unter den Mobilen ganz und gar. Bevor sie sich
des Nachts niederlegen, feuern sie ihre Gewehre oder Revolver ab
und setzen so das ganze Lager in Verwirrung und Aufregung.
Riesige Bivouacfeuer werden angezündet, welche dem Feinde die
Position selbst auf große Entfernungen hin verrathen müssen, und
einige unserer Mobilen schwören, daß sie sich nicht schlagen wollen,
wenn sie kein Feuer haben, an welchem sie sich wärmen können.
Als heute Morgen zu früher Stunde der Generalmarsch geschlagen
wurde, weil wir Büchsenschüsse dicht hinter uns hörten, geriethen
die Mobilen in große Angst. Ihre Gesichter waren blaß und er-
schrocken und alle riefen aus, daß sie umzingelt seyen. Den Offizieren gelang es nicht eher, den Leuten wieder Muth zu machen,
bis die päpstlichen Zuaven sich zu einer Recognoscirung erboten
und mit der Meldung zurückkamen, daß eine Compagnie harmloser
Franctireurs in der Nachbarschaft ihre Schießübungen abhalte.
Gestern sah ich in Le Mans, wie neun Wagen mit Gewehren,
Tornistern, Zelttheilen u. s. w. ankamen, alles Gegenstände, welche
die Mobilen bei Nogent le Retrou weggeworfen hatten. Auch die

Nationalgarden scheinen ein sehr entschlossenes Völkchen zu seyn; sie haben sich jetzt entschlossen, auszurücken und unmittelbar im — Rücken der Mobilen Position zu nehmen und Jedermann niederzuschießen, der seine Pflicht nicht thut."

Unter solchen Umständen war es nicht zu verwundern, daß Keratry Conlie verließ und nach Tours ging, wo er sein Commando über die Westarmee niederlegte, weil er mit solchen Truppen nichts ausrichten könne. Fiereck wurde abgesetzt und an seine Stelle trat Fourés.

Der Hauptschlag mußte gegen die Loirearmee unter Arguelles in der Nähe von Orleans geführt werden, denn hier concentrirte sich der französische Widerstand. Prinz Friedrich Karl, der mit dem größten Theil seiner Armee von Metz nach Paris abmarschirt war, empfing unterwegs den Befehl, sich gegen Orleans zu wenden. Hatte er v. d. Tann nicht mehr unterstützen können, so kam er doch immer noch zur rechten Zeit, um die französische Loirearmee an einem Vormarsch auf Paris zu hindern. Arguelles konnte sich nicht von ihm in den Rücken kommen lassen, wartete ihn also ab. Der Prinz Feldmarschall war am 10. November in Troyes eingerückt. Hier am Thor wollte sich der Pöbel seinen Ulanen widersetzen, die guten Bürger aber waren froh, Preußen in die Stadt zu bekommen, weil sie von den unbeschäftigten Arbeitern eine Plünderung besorgt hatten. Dagegen wurden die ersten Preußen, die nach Sens kamen, ein Postbeamter, zwei Soldaten, welche Wagen mit Hafer führten, noch zwei Civilbeamte und ein Lieutenant, vom Pöbel auf's gröblichste beschimpft und bedroht, und der Maire konnte sie nur vom Tode retten, indem er sie in's Gefängniß brachte. Bald darauf aber erschienen zahlreiche preußische Truppen und Prinz Friedrich Karl selbst. Zur Strafe wurde der Stadt eine Contribution von 80,000 Franks auferlegt. Auch die Stadt Neuilly wurde wegen Widerstand bestraft. Zu Nemours wurde am 12. eine preußische Abtheilung von etwa 60 Mann verrätherisch von den

Einwohnern im Schlaf ermordet und nur 6 Mann konnten sich retten.

Daß Gambetta's Proklamation das Landvolk wirklich aufgereizt hatte, wurde der Armee des Prinzen Friedrich Karl auf ihrem Vormarsch sehr bemerkbar. Ein Augenzeuge schrieb: „Aus jedem Gehöfte bekommen die Cavalleristen Feuer: der einzelne Feldarbeiter wirft bei ihrem Nahen den Spaten hinweg, ergreift seine Flinte, die neben ihm am Boden liegt, und schießt, jedes Haus wird zu einer kleinen Festung, jeder Blaukittel zum Franctireur. Täglich werden solche bei den Generalkommandos eingebracht, denen die kriegsgerichtliche Entscheidung über solche Fälle anheimgegeben ist; vielfach werden mit denselben Priester theils als Urheber, theils als Thäter mit eingebracht. Jeder, der mit einem Gewehr in der Hand betroffen, wird nach der Bekanntmachung des Oberkommandos, die beim Einrücken in einen Landestheil, in Städte und Dörfer an die Ecken angeschlagen wird, zum Tode verurtheilt. Nur durch drakonische Strenge kann dieser meuchlerischen Weise, den Krieg zu führen, begegnet und unseren Truppen Genugthuung verschafft werden."

Der Marsch des Prinzen Friedrich Karl war gegen die Loire-Armee gerichtet, um dieselbe am Entsatz von Paris zu hindern, und sollte ihr in die rechte Flanke fallen, falls sie schon aufgebrochen sey. Sie hatte in der That schon einen Vorstoß gegen Fontainebleau unternommen, um dem Prinzen zu begegnen und, falls sie siegen würde, sogleich gegen Paris zu rücken. Am 23. und 24. November wurden vorgeschobene französische Corps bei Ladon und Mezières zurückgeworfen. Am 28. November trafen die beiden feindlichen Armeen aufeinander. Auf preußischer Seite war nur das 10. Armeecorps auf dem Platz, von einer Division Fußvolk und einer Division Reiterei unterstützt, nur 40,000 Mann. Auch die Loirearmee war nicht vollständig auf dem Platz, jedoch 70,000 Mann stark. Der Zusammenstoß erfolgte bei Beaune la Rolande und nach einem heftigen Kampf wurden die Franzosen trotz ihrer Ueberzahl und trotz der regulären Regimenter, welche sie aus den Seeplätzen und Algier an sich gezogen hatten, doch wieder von den tapfern deutschen Truppen zurückgeschlagen. Sie verloren 1000 Todte, 4000 Verwundete, 1600 Gefangene. Der Verlust der Deutschen betrug 1000 Mann.

In diesem Kampfe zeichneten sich wieder die Bayern unter v. d. Tann höchst rühmlich aus. Die Schlesische Zeitung gab folgende Uebersicht: „Die Loirearmee macht also den Versuch vergebens, das Eurethal zu gewinnen und in demselben nach Versailles zu kommen. In einer Reihe von Gefechten wurde dieses Bemühen vereitelt, und der Feind auf die Loire zurückgeworfen. Nun suchte er aber auf der rechten Flanke durchzudringen und sich des Waldes von Fontainebleau zu bemächtigen, um durch denselben das Marnethal zu gewinnen und so von Osten her auf Paris zu gelangen. Auch dieser Versuch wurde in den blutigen Gefechten bei Beaune la Rolande, bei Les Boys Communs und bei Mezières abgeschlagen. Nachdem es dem Feinde am 28. bei Beaune la Rolande mißlungen war, den linken Flügel unserer Aufstellung zurückzudrängen, hatte er bereits am folgenden Tage einen Rechtsabmarsch angefangen und alle disponiblen Truppen bei Chevilly vereinigt, um mit denselben von dort auf dem Querwege von Chevilly nach Patay zu debouchiren und sich dann nordwärts nach Chartres zu begeben. Das Gefecht am 30. bei Mezières war demnach nur noch ein Scheingefecht gewesen, um uns den Glauben beizubringen, daß er dort noch einmal den Versuch machen wolle, durchzubringen. Aber am 1. standen nur erst die Vortruppen bei Patay; es war daher eine überstürzte Vorwärtsbewegung, da die Nachhaltigkeit fehlte, daß die Franzosen schon am 1. auf Cormainville vorgingen. Als die Nachricht von dem Anmarsch des Feindes bekannt wurde, ließ General v. d. Tann sofort das ganze Corps alarmiren. Die erste Brigade marschirte nach Nonneville, um dem Feind entgegen-

zutreten. Es war Nachmittags 3 Uhr, als man die Spitzen des
Feindes bemerkte, der in bedeutender Anzahl, wohl an 20,000 Mann,
herankam. Es war ein heißer Gefechtstag; aber der Feind wurde
doch auf seinem Vormarsch aufgehalten. Die Absichten des Feindes
lagen jetzt völlig klar vor, er wollte in der linken Flanke eine Umgehung versuchen. Hier standen ihm nur die Bayern und die vierte
Kavallerie-Division gegenüber. So wurde denn für den 2. Dezember
von der Armeeabtheilung des Großherzogs von Mecklenburg ein
Angriff gegen den Feind angeordnet. Der Feind versuchte durchzubrechen und vor allem die Bayern von der 17. Division zu trennen.
Diese Operation, eben so geschickt ausgedacht, als schnell ausgeführt,
war für die Bayern von der größten Gefahr. Deshalb sandte
v. d. Tann sofort die 1. Brigade dem Feinde nach Loigny entgegen,
um diesen Ort zu besetzen und dadurch das Vorgehen der Franzosen
in ihrer linken Flanke unmöglich zu machen. Sie erreichten auch
das Schloß von Loigny, Chateau Goury, an welches ein großer
Park stößt. Dort setzten sie sich fest, während das Dorf bereits
von Franzosen wimmelte, die sich in dichten Schützenschwärmen
und in großen Massen dem Parke und dem Schlosse von Goury
näherten und die Bayern sehr stark bedrängten. Von allen Seiten
rückten die Feinde heran und unterhielten ein furchtbares Infan-
teriefeuer, das noch durch den Granathagel und die Mitrailleusenkugeln verstärkt wurde. Die Bayern hatten starke Verluste,
hunderte sanken hier zu Boden und mit jedem Moment stieg die
Gefahr, daß die ganze Brigade hier entweder aufgerieben oder
gefangen genommen werde. Da nahte die 2. Brigade im Lauf-
schritt nach dem Park heran, um dem Vorbringen des Feindes
einen Halt zu gebieten.

Und es gelingt den zwei Regimentern, glücklich den Park zu
erreichen; sie besetzen die Mauern, die Häuser, den Hof, sie eröffnen
ein furchtbares Feuer und fügen dem Feinde große Verluste zu.
Er wankt einen Moment, zieht sich zurück und sammelt hinter Loigny

seine Truppen; dann nahte er sich auf's Neue, mit neuen Verstärkungen versehen, dem Schlosse von Goury und geht von allen Seiten vor. Diese aufgelösten Schützenschwärme wagen sich immer lecker vor und richten schon durch ihr Schnellfeuer aus weiter Ferne große Verluste an unter den Truppen, die den Park besetzt halten. Eine Viertelstunde nur vermochten die beiden Brigaden vereint den Angriff aufzuhalten; dann aber erlahmte der Widerstand, und wenn keine rechtzeitige Hilfe kam, war der Rest der 1. Division verloren. Nun schickte v. d. Tann die 3. und 4. Brigade, um den Angriff des Feindes zu brechen. Sie stürmten heran, sie kamen glücklich bis an die Gehöfte, es gelang ihnen auch, daraus vorzustoßen. Als sie aber in das offene Terrain hinausgingen, wurden sie von einem furchtbaren Chassepotfeuer empfangen. Die Schützen der Franzosen lagen in einem Graben und auf der Erde und schossen von hier aus auf die anrückenden Brigaden; dabei regnete es einen förmlichen Hagel von Granaten und Mitrailleusenkugeln. Reihenweise stürzten die Soldaten zusammen. Der Angriff war mißlungen, beide Brigaden mußten wieder in ihre Deckungen zurück. Dort ordneten sie sich auf's Neue, während die 2. Brigade herausgezogen wurde, um über Malabrerie in die linke Flanke des Feindes zu marschiren und dadurch die Umgehung zu verhindern. Die 1., 3. und 4. Brigade blieben in dem Park und in den Gehöften, um den Angriff des Feindes auszuhalten, der mit jedem Moment stärker und wuchtiger wurde.

Jetzt sollte noch einmal ein Vorstoß gemacht werden. Der Feind hatte sich ganz um Chateau Goury herumgezogen, die Schützen schwärmten bereits über Loigny hinaus gegen Malabrerie vor; das ganze Terrain außerhalb Loigny war in den Händen des Feindes, die drei Brigaden umgangen, ja fast umzingelt. Die Artillerie war zum großen Theile mit in die Cernirungslinie einbegriffen. Nun wurden alle drei Brigaden gesammelt, sie sollten den eisernen Ring, den der Feind um sie gezogen hatte, zersprengen. Sie drangen

Die Kämpfe an der Loire.

aus den Gehöften stürmend heraus, avancirten einige hundert Schritte, gaben auf die feindlichen Massen, die immer dichter heranbrangen, mehrere Salven ab; aber zu erschüttern vermochten sie die Stellung des Feindes nicht. Vielmehr wurden sie nur zu gut von den weiter reichenden Chassepotkugeln und von dem furchtbaren Artilleriefeuer erreicht. Die Reihen fingen an zu wanken, da stürmte der Feind heran und den Anprall dieser kolossalen Massen konnten die stark decimirten Brigaden nicht aushalten, sie wichen in die Gehöfte und in den Park zurück, von dem Feuer des Feindes verfolgt. Es war eine Situation von der größten Gefahr. Bereits fing die Munition bei einzelnen Regimentern an zu fehlen, die Reihen waren gewaltig gelichtet, einzelne Bataillone hatten fast die Hälfte ihrer Leute verloren und der Feind drang immer in neuen Massen heran. Noch eine halbe Stunde und das Corps v. d. Tann war vernichtet, der größte Theil der Geschütze dem Feinde in die Hände gefallen. Die Ordnung ließ sich nicht mehr aufrecht erhalten, die Mannschaften der einzelnen Regimenter waren durcheinander gerathen, eine gedrückte Stimmung fing sich der Truppen an zu bemächtigen. Da, zu rechter Zeit, es war Mittags um 1 Uhr, hörten die Bayern einen hellen, scharfen Kanonendonner in ihrer linken Flanke, die 17. Division nahte zu ihrer Hülfe, bald sah man die ersten Tirailleurs auf der Ebene auftauchen. Das Aufblitzen ihrer Schüsse war ein Freudensignal für die arg bedrängten Bayern. Nun fassen sie wieder an und suchen den Andrang des Feindes abzuhalten. Aber der merkt den neuen Angriff und läßt etwas ab von dem Park von Chateau Goury und stürzt sich nun auf seinen neuen Gegner, um sich die Vortheile des Tages nicht entreißen zu lassen." Sie wurden ihnen dennoch entrissen, nachdem der 17. Division auch noch die 22. gefolgt war.

Durch diesen Sieg wurde zwar noch nicht die ganze Loirearmee überwältigt, doch erlitt sie eine starke Erschütterung und ihr Plan, nach Paris vorzubringen, war vereitelt. In Paris sah man sehnlich dem Entsatz durch die Loirearmee entgegen und wollte ihr offenbar zu Hülfe kommen, falls sie noch in der Nähe der Hauptstadt mit der Cernirungsarmee zu kämpfen haben würde, denn schon am 29. machte Trochu den ersten großen Ausfall aus Paris, auf der Südseite in der Richtung, von woher die Loirearmee hätte kommen sollen und wiederholte diese Ausfälle auch noch in den folgenden Tagen, ohne daß von der Loirearmee eine Spur zu finden war.

Die Loirearmee, auf welche Gambetta so große Hoffnungen setzte, hatte einen verhältnißmäßig nur kleinen Kern von 6 Infanterie- und 6 Cavallerieregimentern, einigen Ersatzmannschaften aus den Depots und einigen fanatisirten Freicorps, darunter die Polen und die päpstlichen Zuaven. Die große Masse der zu 120,000 Mann berechneten Loirearmee bestand aber aus Moblots und Franctireurs, die höchstens zum kleinen Guerillakriege, aber nicht für Schlachten taugten. Der Timescorrespondent in Tours schilderte die Freicorps: „Da sah man Nordamerikaner und Kanadier, Italiener, Spanier, Araber, Griechen, Brasilianer, Montevideaner u. s. w. Fast alle tragen die kurze Tunica oder die dicke wollene Blouse, schwarz, grün, blau, braun, alles meist dunkelfarbig. Gamaschen von Tuch, Leinwand oder Leder sind allgemein; viele tragen blaue oder rothe Schärpen um den Leib. Am mannigfaltigsten ist die Kopfbedeckung; man sieht Tirolerhüte und Kalabreser mit Kokarden von allen Größen und Farben. Der melodramatische Bandit ist auch stark vertreten, fortwährend wird man an Fra Diavolo, Massaroni und andere Helden, respektive Spitzbuben dieses Kalibers erinnert. Die Südamerikaner haben sich besonders komödienhaft herausstaffirt; ihr Hauptmann ist ein langer junger Mensch, ein Mr. de Friès, den man nach Alexander Dumas' Helden ‚d'Artagnan' getauft hat. Er und seine montevideanischen Kameraden tragen als Ueberwurf den Poncho und sollen es auch wider die Ulanenpferde mit dem Lasso versuchen wollen. Dann ist die Garde von Gers, welche ganz schwarz gekleidet und stumm ist, wie ein Trappist; sie zählte ursprünglich 50 Mann, mehr als die Hälfte hätte indeß vor Orleans schon in's Gras beißen müssen, wenn sich die Bayern der armen Menschen nicht erbarmt hätten. Diese ganze Guerillagesellschaft besteht meistens aus dem niedrigsten Gesindel, doch sind auch andere Stände nicht unvertreten; ein Trupp aus der Dauphiné hat z. B. einen namhaften Kollegen Gambettas, einen Abvokaten, zum Trompeter. Die Bewaffnung ist sehr verschiedenartig: viele haben noch die alte Minisbüchse, doch wird sie, so rasch wie es geht, gegen Remingtons und Chassepots vertauscht; viele führen auch noch Revolver oder Dolche. Die Griechen sind kenntlich an einer dichtanschließenden pelzverbrämten Kappe. Die Freischützen sind meist sehr schlecht gekleidet, doch haben sie gutes Schuhwerk und gute reine Decken. Engländer gibt es wenig unter dem Volke: ein paar verlaufene Abenteurer und Kriegsbummler, sonst nichts." Unter dem Volksheere, das sich bei Le Mans, westlich von Orleans sammelte, fielen die sog. Bären von Bretagne auf, die sich der Winterkälte wegen ganz in Bärenpelze gehüllt hatten. Aus Algier erwartete man noch kabylische und arabische Freiwillige, die zum Theil schon in Lyon angekommen waren. Es hieß zu Tours: „In Algerien wird überall geworben, und auf das Fußvolk sollen die Gums zu Pferde folgen. Gambetta schlägt zwei Fliegen mit Einer Klappe: er befreit Algerien von diesen gefährlichen Elementen und er gewinnt Truppen zur Nationalvertheidigung; da diese Raubhorden vorläufig und hoffentlich für die ganze Dauer des Krieges aber in Frankreich hausen werden, so mag sich das unglückliche Land auf neue Schrecknisse vorbereiten, denn dieser Abhub der maurischen und kabylischen Bevölkerung und diese wilden Gums aus der Wüste kennen im Auslande und unter Giaurs nur ein Interesse: den Raub und die Bestialität. Sie werden als würdige Kameraden der Garibaldi'schen Banden auftreten und dem Kriege einen Stempel der Rohheit aufdrücken, der zur Verwüstung des Landes führen muß." Die arabischen Reiter, die hier mitkämpften, schnitten Todten und Verwundeten die Köpfe ab und nahmen sie als Trophäen mit.

Die zahlreichen Zuzüge zur Loirearmee von Süden und Westen aus erfolgten nicht in der besten Ordnung. Es fehlte an genauen Bestimmungen der Richtung und der Zeit und an Vorkehrungen für den Empfang der Mannschaft. Oft durchkreuzten sie sich oder mußten umkehren, um zum Ziel zu gelangen. Kamen sie dann müde und hungrig unerwartet an, war nicht für sie gesorgt. Der Daily Telegraph schrieb: „Wie müßten Moltke und Bismarck sich freuen, hätten ihre Agenten gesehen und gemeldet, was sich am 22. Nov. in Tours zugetragen. Man wird kaum glauben, daß einige 10,000 Mann, die gestern, größtentheils nach 14stündiger Eisenbahnfahrt von Toulon gekommen waren, des Nachts um 2 Uhr auf dem Boulevard nahe dem Bahnhofe aufmarschirten, und daß sie in Folge einer Unordnung im Kriegsdepartement oder in der Eisenbahnverwaltung theils fünf, theils fünfzehn Stunden in strömendem Regen stehen mußten. Man mag sich vorstellen, in welchem Zustande diese armen Burschen nach dieser schonungslosen Prüfung waren. Sie hatten nichts zu essen außer dem, was einige der benachbarten Bewohner des Boulevards ihnen verabreichten, und das trockene Brod, das sie in ihrem Tornister aufbewahrten. Nach dieser furchtbaren Ausstellung wartete ihrer eine vierstündige Eisenbahnfahrt, und morgen wahrscheinlich werden sie in Le Mans gegen den Feind geführt werden. Und dies geschieht unter den Augen des Kriegs-Ministeriums, welches Gambetta mit der feurigen Zunge und der flammenden Feder beherrscht. Ich sage es mit allem Bedacht, daß eine abscheulichere Verschwendung von Menschenleben und Gesundheit niemals in einer Armee gesehen wurde. Ich sprach mit mehreren der Leute, die an der Thür des Hauses, worin ich wohne, zusammengekauert saßen. Sie waren vollständig durchnäßt und klapperten vor Kälte; mehreren merkte man schon die Symptome

des Fiebers an. Ihre Hauptleute und Subalternoffiziere waren
bei ihnen geblieben: aber kein Stabsoffizier ließ sich sehen. Kurz,
es schien mir, als sey die Welt um Monate zurückgegangen, und
ich war noch einmal Zeuge des heillosen Durcheinanders, der Miß-
verwaltung und Verwirrung, welche unter dem kaiserlichen Regimente
in Saarbrücken, bei Wörth und im Maasthale geherrscht haben.
Aber die Mißleitung der Cavallerie, welche mit diesen Truppen
nach Le Mans abgehen sollte, war noch auffallender. Ein Regiment Dragoner, das vor Tours im Lager gelegen, brach Morgens
um 9 Uhr die Zelte ab und stand um halb 12 Uhr Vormittags
am Bahnhofe bereit. Um 3 Uhr saßen die Soldaten, alle ohne
Mäntel, im stürmenden Regen noch auf den Pferden. Kein Mann
war nach seinem Bestimmungsorte abgegangen."

Und doch ließen sich die französischen Bauern immer wieder
fanatisiren, daß sie auf vereinzelte deutsche Soldaten wenigstens von
hinten schossen. „Unbegreiflich ist die Verblendung, welche die Landbevölkerung noch immer zum Gewehr greifen läßt; ihr Widerstand
ist ohnmächtig, sie fühlen und gestehen es selbst bereits, und dennoch
treibt sie der Fanatismus immer wieder zum Aeußersten. Man
muß die zerknirschten, verzweifelten Mienen der Gefangenen sehen,
wie sie zu Hunderten transportirt werden, während die Weiber
jammernd und händeringend in den Thüren der Dörfer stehen, in
die Kirchen eilen, um für die Rettung der Unglücklichen aus den
Händen der Preußen zu flehen; man muß dieß sehen, um all' das
Elend zu beurtheilen, welches dieser thörichte und fruchtlose National-
widerstand über die Familien bringt. Und dennoch, wer der Gefangenschaft glücklich entkommen, greift wieder zur Flinte, um sich
um so sicherer zu verderben."

Obgleich nun die Loirearmee unmöglich Paris entsetzen konnte,
weil sie, wenn auch zahlreich, doch gar zu schlecht organisirt war,
verkündete doch Gambetta, sie sey unüberwindlich und werde in den
nächsten Tagen Paris entsetzen. Er und Trochu logen sich gegen-

seitig an. Trochu verkündete in Paris, die Loirearmee habe die
Deutschen geschlagen und rücke schon auf Paris heran. Gambetta
verkündete zu Tours im Hofe der Präfektur dem Volke, Trochu
habe in einem glänzenden Ausfall die deutsche Cernirungsarmee
auseinandergejagt und sey mit einer ungeheuern Armee herausge-
brochen, um vereinigt mit der Loirearmee die Deutschen vollends
aus Frankreich zu vertreiben.

Eine Proklamation Gambettas lautete: „Der Genius Frankreichs, einen Augenblick verschleiert, erscheint wieder in seiner Glorie,
Dank den Anstrengungen von ganz Frankreich; der Sieg kommt
uns wieder, und wie um uns die lange Reihe unserer Unglücksfälle
vergessen zu machen, lächelt er uns fast auf allen Punkten. In
der That, unsere Loirearmee hat seit drei Wochen sämmtliche Plane
der Preußen durchkreuzt und alle ihre Angriffe zurückgewiesen. Ihre
Taktik ist unmächtig geworden an der Solidität unserer Truppen,
auf dem rechten Flügel, wie auf dem linken Flügel. Etrepagny ist
den Preußen entrissen, Amiens von ihnen geräumt worden, in Folge
der Schlacht von Paris. Unsere Truppen von Orleans sind tapfer
vorwärts gestürmt, unsere beiden großen Armeen eilen zum Zusammenstoß, die eine wie die andere; in ihren Reihen weiß jeder
Offizier, jeder Soldat, daß er in seinen Händen nichts Geringeres
als das Schicksal des Vaterlandes hält; das allein macht sie un-
besieglich. Wer wird nunmehr noch an dem schließlichen Ausgang
dieses Riesenkampfes zweifeln?" — Zum Ueberfluß begaben sich
Crémieux und Glais-Bizoin zur Loirearmee und hielten Anreden
an die Truppen. Der Letztere rief: „Ich will euch keine Com-
plimente machen, aber das ist gewiß, ihr seyd mehr werth,
als eure Feinde. Ein Franzose wiegt zwei Preußen und drei
Bayern auf."

Die Agenten Gambettas führten auch in andern Städten eine
ähnliche Sprache. So lautete eine Proklamation des Commandanten und Maire von Havre: „Bürger! Die Republik hat be-

schlossen: **Es muß gesiegt werden!** Die Befreiungsstunde hat geschlagen! Der Feind verläßt die ringsum gewonnenen Stellungen. Von uns hängt es ab, seinen Rückzug in Flucht und Untergang zu verwandeln. Havre's Flagge muß, eine der ersten, auf den Mauern des befreiten Paris wehen! Erhebt euch! Schwören wir, nicht zurückzukehren, so lange Frankreich nicht wieder an der Spitze der befreiten Nationen marschirt! Obercommandant Ballier, Unterpräfekt Chamel, Bürgermeister Guillemard."

Wir gehen nun von den Illusionen Gambettas zur Wirklichkeit der Kriegführung über. Der Großherzog von Mecklenburg hatte sich allmälig von Chartres her Orleans genähert, indem er sorgfältig nach allen Seiten rekognosciren ließ, um die Stellung der Loirearmee auszuforschen. Seine Vorhut stieß zwischen Orgeres und Patay auf überlegene feindliche Streitkräfte am 1. Dezember und zog sich zurück. Am folgenden Tage aber entfaltete der Großherzog seine Armee in zwei Flügeln gegen zwei feindliche Armeecorps. Die Schlacht begann bei Bacoches les Hautes und endete mit gänzlicher Niederlage der Franzosen bei Loigny durch die Bayern, bei Poupry, welches gestürmt wurde und bei Artenay durch die andern Truppen des Großherzogs (Hessen und Holsteiner); 11 Geschütze wurden im Feuer genommen und viele hundert Gefangene gemacht. Durch diesen Sieg war die Verbindung des Großherzogs mit dem Prinzen Friedrich Karl hergestellt. Beide zugleich fielen nun über die zerrüttete Loirearmee her. Am 3. Dezember warf der Prinz einen Theil derselben bei Chevilly und Chilleny in den Wald von Orleans zurück, und am 4. besetzten die Truppen unter Mannstein bereits den Bahnhof von Orleans. Am 5. wurde die Stadt selbst ohne Sturm genommen. In diesen glänzenden Kämpfen machten die Deutschen 14,000 Gefangene und eroberten 77 Kanonen und 4 armirte Dampfschiffe auf der Loire. Die Franzosen verloren 3200 Mann. Charette, der hier mitgefochten, wurde schwer verwundet. Von den päpstlichen Zuaven fielen drei Viertheile. Die große Loirearmee floh nach allen Seiten, die meisten Entkommenen wandten sich nach Blois.

Die Stadt Orleans wurde von den Deutschen wieder besetzt und diesmal mußte sich Bischof Dupanloup einen Doppelposten vor seinem Hause gefallen lassen, einen insofern wohl verdienten Hausarrest, als er sich in der letzten Zeit hatte hinreißen lassen, zum Kampf gegen dieselben frommen katholischen Bayern aufzumuntern, die ihn bei ihrem ersten Einrücken in Orleans mit so vieler Zutraulichkeit und Pietät begrüßt hatten. Orleans lag voll von französischen Gefangenen. Ein Augenzeuge schrieb: Ein freilich sehr pittoreskes, aber doch gleichzeitig auch widerliches Bild bietet gegenwärtig das Innere der Cathedrale. Dieselbe beherbergt nämlich seit gestern die Gefangenen, freilich nur einen Theil, denn Alle konnten selbst in diesem gewaltigen Raum kein Unterkommen finden. Die Gefangenen haben, sich der Kälte zu erwehren, zahlreiche Feuer angezündet, und sich dabei der Kirchenstühle als Brennmaterial bedient. Da sitzen sie nun, Zuaven und Turcos, Infanterie und Mobilgarden in malerischen Gruppen um die auflodernden Feuer. Ein dichter Rauch füllt das große Prachtgebäude, daß man keine 20 Schritte weit sehen kann. Schmutz und Koth machen einen Gang durch die Kirche sehr schwer. Selbst der Altar ist nicht rein gehalten. Ekel ergriff mich, als ich das Alles sah. Der Schmutz, den ich mit meinen Augen erblickte, schien mir nur ein Bild des vielen anderen Schmutzes. Die Zahl der Gefangenen stieg bis zum 7. Dezember auf 18,000. Seit drei Tagen, klagten die armen Schelme, hatten sie nichts gegessen; und wenn man sie fragte, ob denn die Verpflegung bei ihren Truppentheilen so schlecht wäre, entwarfen sie ein trauriges Bild ihrer Lage mit der Versicherung, wie froh sie seyen, dem Elende in ihrer Armee entronnen zu seyn. Hier zeigte es sich wieder, daß der Hunger ein sehr schlechter Patriot ist. Um die gefangenen Landsleute zu nähren, dazu mußte die Mairie erst von dem Commandanten aufgefordert werden.

Ein Schweizer Militärarzt schrieb im Berner „Bund" am 30. November, er habe selbst in den Wäldern von Orleans gesehen, wie ein französischer Militärarzt hier mit seinem Revolver deutsche Verwundete blos zu seinem Vergnügen todt schoß und wie das auch von französischen Soldaten nachgeahmt wurde.

Von Aurelles hörte man nichts mehr. Er mußte wissen, daß er nach verlorener Schlacht auch ein verlorener General war, denn der Diktator Gambetta erklärte ja jeden für einen Verräther und todeswürdig, der nicht siege. Die franzosenfreundliche „Pall Mall Gaz." schreibt unter dem 13.: „Die Erklärung dafür, daß General d'Aurelles so plötzlich seinen Einfluß auf seine Truppen verlor, ist darin zu suchen, daß er und sein Stab vor einigen Reliquien in der Kathedrale von Orleans ihre Andacht verrichtet hatten, vor welchen einst die heil. Jungfrau der Jeanne d'Arc erschienen seyn soll. Diese religiöse Manifestation ward von denjenigen Soldaten, die den ‚Siècle' lesen, als eine politische Demonstration und als ein Beweis verrätherischer Absichten gegen die Republik angesehen. Diese Anschauung ward noch dadurch bestärkt, daß eine Nonne weissagte, der jüngere Zweig Bourbon werde sich vor dem älteren beugen, Frankreich werde durch Heinrich V. gerettet werden und nach ihm Ludwig Philipp II. herrschen und seine Taufgelübde in der Kathedrale von Orleans erneuern. Da General d'Aurelles nie gerufen hatte ‚Vive la République', so hielt ihn seine Voltairianische Armee natürlich für einen Verräther, der es sich zur Aufgabe gestellt, sie alle massatriren zu lassen." Aurelles hatte übrigens, ehe er verschwand, das Commando an General Polliers abgegeben und dieser letztere war es, der Orleans mit Zurücklassung der vernagelten Kanonen räumte. Gambetta hatte von Tours aus Aurelles zum tapfern Aushalten aufgefordert und war am 4. selbst herbeigeeilt, begegnete aber bei La Chapelle preußischen Reitern, die auf seinen Eisenbahnzug schossen, und fuhr eilends nach Tours zurück.

Während es so blutig bei Orleans herging und die Franzosen wieder eine so schreckliche Niederlage erlitten, wodurch ihre letzte Hoffnung auf den Entsatz von Paris vereitelt wurde, schwamm die Stadt Marseille in Wonne, denn ein erlogenes Telegramm Gambettas hatte ihr einen großen Sieg bei Paris verkündet und das englische (!) Schiff Revboote brachte 4000 Gewehre. Daher unendlicher Jubel in der Stadt, freiwillige Stadtbeleuchtung, Hafenbeleuchtung, Fackelzug.

Am 6. Dezember erließ Gambetta ein Dekret an alle Präfekten, sie sollten alle Nachrichten von erlittenen Niederlagen „nur kühn dementiren" und doch verlegte er schon am 10. den Sitz der Regierung von Tours weit südlich nach Bordeaux „um die freie Bewegung der Truppen zu sichern". Auch setzte er eine Commission nieder, um das Verhalten Aurelles' in der letzten Schlacht zu untersuchen, und der General meldete sich noch einmal, aber nur, !um seinen Abschied zu verlangen. Gambetta ernannte nun Bourbaki zum Chef der ersten, Chanzy zum Chef der zweiten Armee. Die France machte ihm schwere Vorwürfe, daß er die besten Generale am Siegen hindere, weil sein wahnsinniger Republikanismus jede Disciplin der Truppen zerstöre und nur Mißtrauen gegen die Generale erwecke, und daß er sie dann, wenn sie unmöglich siegen konnten, des Verraths beschuldige und absetze. So habe er es Cambriels, so Keratry gemacht. „Täglich lügt er den Truppen von Siegen, die, wie sie am besten wissen, nicht errungen werden; täglich verfaßt er Erfolge, statt deren Niederlagen sich regelmäßig einstellen, und während so systematisch Treue und Glauben vom Diktator verhöhnt werden, läßt er täglich Soldaten erschießen, welche sich verrathen wähnend und ohne Vertrauen auf ihre Führer Reißaus vor dem Feinde nahmen." Auch wurde ihm die Anleihe vorgeworfen, die er eigenmächtig, ohne die Regierung in Paris zu fragen, in England contrahirte, und nicht minder das Raubsystem seiner Untergebenen. Ueberall stellte er seine Kreaturen als Präfelten an, die dann geschwind das Departement aussaugten. Der Unfug wurde so arg, daß Gambetta am 30. November selber eine Depesche an den Präfekten der Ardennen abgehen lassen mußte, um das Niederschlagen der Dominialwälder zu untersagen. Ein hübsches Pendant zum Niederhauen der Wälder in Oesterreich.

Gerade in den kritischen Tagen, in welchen Gambetta sich selbst zur Loirearmee begab, um sie, nachdem Orleans zum zweitenmal von den Deutschen besetzt war, zwischen hier und Blois noch einmal zum Stehen zu bringen und durch neue Zuzüge verstärkt noch einmal den Sieg herauszufordern, brachte die Gazette de France eine Schilderung der Stimmung im südlichen Frankreich, namentlich der zahlreichen ländlichen Bevölkerung, woraus hervorgeht, daß trotz aller terroristischen Maßregeln Gambettas und trotz der Bravour einzelner vom Nationalstolz oder von republikanischer Begeisterung erfüllter Truppentheile der zahlreichste Bestandtheil der Loirearmee, nämlich die gewaltsam aus ihrer ländlichen Ruhe aufgeschreckten und zu den Fahnen getriebenen Moblots keine Schlachten gewinnen konnten. Jene Zeitung schrieb: „Seit langer Zeit habe ich keine so große Panik bei unserer ländlichen Bevölkerung gefunden, als bei der letzten Massenaushebung. Die Steuern, die für die Equipirung und den dreimonatlichen Sold der mobilisirten Nationalgarde gewaltsam eingetrieben wurden, haben unseren schlechten Humor in Zorn und unsere Bestürzung in Verzweiflung verwandelt. Unsere ‚bons villageois‘, obgleich nicht so schlau wie die der Herren Balzac und Victorien Sardou, sind nicht so naiv, wie es vielleicht der Wunsch des Herrn Gambetta für den Erfolg seiner republikanischen Predigten ist. Ihr Instinkt belehrt sie, daß die Massenaushebung der Familienväter sicherlich nur auf dem Papiere sich vollziehen würde, während die Abgaben mit ungeheurer Härte in Form eines noch viel lästigeren Anlehens eingetrieben werden. An dem Tag, an welchem unsere Mobilen eingekleidet seyn werden, werden wir kein Hemd mehr behalten, sagen die Bauern. Diese außerordentliche Steuer, die wie eine Bombe in unsere miserablen Verhältnisse hineingeplatzt kommt, steht in keiner Proportion mit den Hülfsquellen unserer Communen. Der absolute Futtermangel zwingt uns, die Pferde und das Vieh für ein Drittel des gewöhnlichen Preises zu verkaufen, die Krankheit der Seidenwürmer nimmt täglich zu, das oïdium wird durch das phyloxera ersetzt, wie Louis Bonaparte durch Crémieux. Die gänzliche Abnahme unserer Lebensmittel, der Verfall unserer Landwirthschaft, alles dies hat uns an dem Tage ruinirt, wo Verblendung, Eitelkeit, Unbesonnenheit, Unvorsichtigkeit, Prahlerei und Albernheit sich verbanden, um Frankreich an Deutschland auszuliefern. Wir waren bereits sehr krank, der Krieg hat uns bankerot gemacht und die Republik begräbt das schöne Vaterland. Stellen Sie sich, lieber Freund, die Empfindungen vor, die jetzt in den bäuerlichen Gemeinden herrschen. Nicht vom Himmel, wohl aber von dem ehemaligen Palais des Herrn Pongeard-Dulimbert ist die offizielle Anzeige gefallen, welche einer Bevölkerung von 400 Seelen, unter denen 120 Arme, 40 Dürftige und 80 Nothleidende sind, 4550 Francs Contribution auferlegt, um 10 oder 12 Mobilgarden, die das Vaterland retten sollen, zu equipiren und zu bewaffnen."

Inzwischen rechnete Gambetta auf Zuzüge vom Süden und Westen her, welche die immerhin noch 120,000 Mann starke Loirearmee bis auf 200,000 bringen sollten, und von dieser Uebermacht hoffte er einen guten Gebrauch zu machen, indem er mit ihr den kleinern Theil der auf ihn anrückenden deutschen Heere, nämlich das Corps des Großherzogs von Mecklenburg auf dem rechten Ufer der Loire durch Chanzy erdrücken lassen wollte, während er dem auf dem linken Ufer heranziehenden Prinzen Friedrich Karl nur schwächere Truppen unter Bourbaki entgegenstellte. Jedenfalls hat er sich die Oberleitung vorbehalten, denn er verweilte bis zum 10. Dezember bei der Loirearmee. Im Grunde wiederholte er nur den Versuch, durch eine westliche Flankenstellung sich mit der West-

Armee von Le Mans und aus dem Lager von Conlie in Verbindung zu setzen, um dadurch den Feind vor Tours aufzuhalten, wie es schon vor der ersten Besitznahme Orleans durch die Deutschen versucht, aber durch den Sieg des Großherzogs bei Dreux vereitelt worden war.

Der **Großherzog** wurde also am 7. Dezember bei **Meung** durch eine große Uebermacht angegriffen. Er hatte wie bisher nur die beiden bayrischen Corps, Mecklenburger, Hessen und Hanseaten bei sich, während Chanzy durch einen Theil der Westarmee mächtig verstärkt wurde und ihm weit überlegen war. „Der Glaube, daß man es nur mit Mobilgarden zu thun habe, bestätigte sich nicht. Der Feind entwickelte immer größere Massen, und zwar war es, wie man später erfuhr, ein auf dem Vormarsch begriffenes, noch ganz intaktes Armeecorps, das uns hier zum ersten Mal entgegentrat. Der Kampf zog sich rechts von der Chaussee. Die Unseren drangen anfangs trotz des bedeutenden feindlichen Feuers siegreich vor, sahen sich jedoch bald von einer großen Uebermacht umringt. Die Fahne der Neunziger schwebte mehr als ein Mal in Gefahr, wurde jedoch stets wieder herausgehauen. Beide Regimenter, die Hamburger so gut wie die Mecklenburger, leisteten Unglaubliches; sie wurden von der Artillerie wirksam unterstützt. Zwischen Meung und Langlocheres aufgepflanzt, stand diese ohne zu wanken und zu weichen. Bis auf 500 Schritt kamen die Franzosen heran, die Protzen wurden zerschossen, Pferde wurden getödtet und die Bedienungsmannschaft stark gelichtet, aber bis zum letzten Augenblick that sie ihre Schuldigkeit. Trotz aller Tapferkeit würde es wahrscheinlich schlimm ausgegangen seyn, wenn nicht die Bayern zur rechten Zeit in den Kampf eingegriffen hätten. ‚Wie bei einer Parade‘, sagte mir ein preußischer Ulanenrittmeister, ‚gingen sie vor‘.“ Es gelang am Abend, wenigstens das Feld zu behaupten und sogar 6 Geschütze zu erbeuten und 1500 Gefangene zu machen. Am folgenden Tage wurde der Angriff aber mit verdoppeltem Nachdruck erneuert und wie sehr die Truppen des Großherzogs auch durch anhaltende Märsche seit 14 Tagen und durch Kämpfe ermüdet, auch von geringerer Zahl waren, hielten sie auch diesmal bei Beaugency den ganzen Tag den Angriff aus, warfen den Feind noch am Abend bei Marchenoir zurück und nahmen ihm 11 Kanonen und 3000 Gefangene ab.

Erst am 9. und 10. griff auf dem andern Ufer Prinz Friedrich Karl in den Kampf ein und verschaffte dadurch dem Großherzog Erleichterung. Unaufhaltsam drang der Prinz von Vierzon über La Ferte, St. Aubin und Montlivault vor, ließ das Schloß Chambord durch die Hessen stürmen und zwang Bourbaki zum Rückzug. Gleichzeitig kämpfte auch der Großherzog auf dem rechten Ufer siegreich fort und zwang auch Chanzy zum Rückzug. Am 10. Abends entwich Gambetta, Chanzy wandte sich westwärts, um sich mit der Westarmee zu vereinigen. Die Loirearmee hatte ihre starke Position abermals verloren. Sie ließ nach den viertägigen blutigen Gefechten nicht weniger als 6000 französische Verwundete ohne irgend eine ärztliche Hülfe zurück und überließ sie der großmüthigen Hülfe der deutschen Sieger. Ihr rechter Flügel unter Bourbaki floh in bedeutender Deroute gegen Bourges. Auf dem Bahnhof zu Vierzon drängten sich, wie das Journal von Limousin berichtet, 10,000 Fliehende in solchem Wirrwar zur Eisenbahn, daß neun Soldaten erdrückt wurden. Der linke Flügel der Loirearmee, von Chanzy befehligt, wandte sich von Blois westwärts, um sich in der Richtung von Le Mans mit der noch immer sich sammelnden Westarmee in Verbindung zu setzen. Die Armee des Prinzen Friedrich Karl folgte nun auch, indem sie sich wieder von der des Großherzogs von Mecklenburg trennte, dem fliehenden Feinde in zwei Colonnen in Bourges und nach Tours. Der Großherzog heftete sich dagegen an die Fersen Chanzys und jagte ihn aus Vendome hinaus, am 16. Dezember und am 17. aus Epuisay, wobei er ihm wieder mehrere Kanonen und Gefangene abnahm.

Bei der Verfolgung kam folgender Fall vor: „Der ersten schweren (6pfündigen) Batterie — Garnison Oldenburg — vom Artillerie-Regiment Nr. 10 ist es gelungen, lediglich durch gut gezieltes Artilleriefeuer in einer Entfernung von 3500 Schritten eine der feindlichen Batterien kampfunfähig zu machen. Letztere war im Abrücken begriffen. Zwei Schüsse genügten, um die voranreitende Kavalleriebedeckung zu zersprengen. Ein dritter Schuß traf die Mittelpferde des ersten Geschützes, durch deren Sturz der Weitertransport sämmtlicher Geschütze so lange aufgehalten wurde, daß noch mehrere Schüsse auf dieselben abgegeben werden konnten, in Folge deren der Weitertransport der Batterie unmöglich wurde. Die Mannschaften flüchteten, so gut sie konnten. Der Rest wurde mit den Geschützen durch die als Avantgarde dienende erste Kompagnie des 10. Jäger-Bataillons gefangen genommen." Chanzy's Armee soll auf die Hälfte ihres frühern Bestandes herabgekommen seyn. General von Rheinbaben zersprengte mit seiner Reiterei 2000 Moblots, die von Le Mans kamen.

Der Timescorrespondent schrieb: „Auf unserm Wege nach Oucques trafen wir eine starke Colonne gefangener französischer Linientruppen, deren in Oucques, und zwar ohne jeglichen Kampf, etwa 1700 gefangen genommen worden waren. Alle Franzosen, mit denen ich hier noch gesprochen, stimmen dahin überein, daß diese Leute absichtlich hinter ihren abziehenden Kameraden zurückgeblieben seyen, um sich gefangen nehmen zu lassen, weil der Schmutz stets in ihre Schuhe komme, oder aus andern triftigen Gründen. Sie weigerten sich geradezu, in dem gegenwärtigen ungünstigen Wetter zu kämpfen; darauf erwiderten die patriotischen Bewohner von Oucques, sie wollten sich wenigstens nicht der Schmach aussetzen, diese Feiglinge in ihren Häusern gefangen nehmen zu lassen, und setzten dieselben vor die Thüre, wo sie blieben, bis die Deutschen ihnen die ersehnte Gefangenschaft brachten. Oucques sah bei unserer Ankunft sehr traurig aus. Es war eben von den Franzosen geplündert worden."

General Chanzy kam nach Le Mans und hinter dieser Stadt erwartete ihn im Lager von Conlie die Westarmee, angeblich 50,000 Mann, „von denen jedoch nicht mehr als 20,000 bewaffnet sind. Muthmaßlich liegen in Brest mehrere tausend Büchsen, die aus England geschickt wurden, im Depot, da aber die Behörden dieselben nicht bezahlen können, bleiben sie eben dort liegen."

Unterdeß verfolgten die zwei Colonnen des Prinzen Friedrich Karl den Feind und kamen vor Tours, welches die Franzosen verlassen hatten. Nur ein Haufen Volks wollte Widerstand leisten, die Preußen warfen einige Granaten und die Stadt ergab sich. Die Preußen aber rückten nicht ein. Ebenso jagten sie den General Bourbaki aus Bourges hinaus, ohne jedoch in dieser Richtung weiter vorzugehen. Der Zweck war hier insofern erreicht, als von dieser Seite her kein französisches Entsatzheer Paris noch irgend bedrohen konnte. Weiter nach Süden durfte aber Friedrich Karl nicht gehen, weil er zugleich Chanzy und Bourbaki im Schach halten mußte. Auch hatte es keine Eile, eine Gefahr von Westen her abzuwenden, denn Chanzy's zerrüttete Armee war unfähig, mit der schlecht organisirten Westarmee vereinigt, etwa Paris entsetzen zu können. Dem Daily Telegraph wurde am 20. Dezember aus Le Mans geschrieben: „Die Stadt ist in einem Zustande der größten Verwirrung und ist von den Schaaren der Vertheidiger Frankreichs förmlich überfluthet. Es ist zum Erstaunen, wie unverbesserlich die französischen Behörden sind, wie gänzlich unfähig, einen Fehler herauszufinden, und wenn sie ihn entdeckt, Schritte zur Beseitigung zu thun. Wir haben hier in der Stadt eine Wiederholung derselben Kopflosigkeit, die bereits bei unzähligen Veranlassungen im Laufe dieses Krieges dem französischen Westen Verderben gebracht hat. Fortwährend treffen Regimenter ein, ohne

Die Kämpfe an der Loire. 89

daß man Vorbereitungen zu ihrem Empfange getroffen. Sie finden weder Nahrung, um ihren Hunger zu stillen, noch Betten, um ihre erschöpften Glieder auszuruhen. Oft komme ich in der Nacht mit Soldaten in Berührung, die in Folge der Nachlässigkeit der Behörden ohne Quartier sind. Den Eindruck auf die Truppen kann man sich leicht denken, die man zu gezwungenen Nachtwandlern macht nach langen, anstrengenden Märschen, bei dem jetzigen bitterkalten Wetter, und häufig mit der Zugabe eines leeren Magens. Vieles bei diesen Zuständen ist indeß unvermeidlich, da natürlich zuerst für die Verwundeten Sorge getragen werden muß und fast keine Stunde vergeht, ohne uns eine weitere Anzahl dieser unglücklichen Opfer des Krieges zu bringen. Mit der Eisenbahn allein sind in den letzten 24 Stunden gegen 3000 Verwundete eingetroffen, und zu jeder Stunde kann man Dutzende von ihnen auf Bauernwagen ankommen sehen. Die von früh bis spät die Stadt durchziehenden Abtheilungen der Loirearmee machen einen schmerzlichen Eindruck und erinnern beinahe an den traurigen Rückzug von Moskau. Das Aussehen der Mannschaften, die mir heute begegneten, war jämmerlich; ihre Waffen nutzlos durch den Rost. Viele ohne Stiefel, Manche ganz erschöpft, und die Kavallerie wo möglich in einer noch schlechteren Verfassung als die Infanterie. In vielen Fällen half der Reiter dem Pferde, und nicht das Pferd dem Reiter, vorwärts zu kommen, denn die elenden Thiere, kaum im Stande, zu gehen, mußten durch die Stadt geführt werden. Artillerie war nirgends zu sehen; zwar erblickte ich einige eigenthümliche Feldgeschütze, allein Bedienungsmannschaft war nicht vorhanden. Die einzige Truppe, die in einer erträglichen Verfassung zu seyn schien, war ein Regiment Gensdarmen, und Mannschaft und Pferde sahen gut aus."

Die Bayern unter v. d. Tann hatten die ungeheuersten Anstrengungen gemacht, durften daher nach Orleans umkehren und hier ausruhen. Die Stadt mußte 600,000 Franken Contribution zahlen und als die letzten 10,000 davon noch fehlten, drohte v. d. Tann, wenn sie nicht heute noch gezahlt würden, 50 notable Männer als Geißeln fortzuführen. Da wurden sie bezahlt. — Auch Mecklenburger und Hanseaten, welche schwere Verluste erlitten hatten und von Strapazen erschöpft waren, wurden von einer andern Division abgelöst und durften ruhen.

Drittes Buch.

Das Bombardement von Paris.

Mittlerweile rückte die Katastrophe von Paris immer näher. Wir müssen uns jetzt nach dem königlichen Hauptquartier in Versailles umsehen, wo zugleich über das Schicksal Deutschlands und Frankreichs entschieden wurde.

Der greise Heldenkönig Wilhelm residirte nun schon vier Monate lang im Riesenpalast Ludwigs XIV., in der einen Hand das Schwert gegen Frankreich, in der andern das Scepter gegen Deutschland gerichtet. Hier wo einst jener französische König die Pläne ersonnen und die Befehle ertheilt hatte, welche das entsetzlichste Elend über die Pfalz, die Rhein- und Niederlande verhängten und uns das schöne Elsaß raubten, — hier, wo er die Dragonaden und die Vertreibung aller Reformirten aus Frankreich befahl, — hier, wo einst die drei Cotillons (die Pompadour, Maria Theresia und die russische Elisabeth) den berüchtigten Vertrag geschlossen hatten, der den Staat Friedrichs des Großen hatte vernichten sollen, hier gebot jetzt der Erbe jenes Staates, der deutsche, der protestantische König, um hier die preußische Königskrone mit der deutschen Kaiserkrone zu vertauschen.

Der Punsch brachte ein sinniges Bild aus Versailles: „In einem von der kaiserlichen Krone überragten Sessel, in dessen

Rückenlehne der Adler des Empire gestickt ist, sitzt beim Scheine der nächtlichen Lampe König Wilhelm, vornübergebeugt und versunken in die Betrachtung des Planes von Paris. Im dunklen Hintergrunde des Gemaches erscheinen zwei Schattengestalten, Napoleon I. in düsterer Betrachtung mit verschränkten Armen vor sich hinstarrend und Ludwig XIV., der sich an den finstern Imperator, auf König Wilhelm deutend, mit der Frage wendet: „Ist das das Ende alles Ruhmes?"

Am 18. Oktober wurde von den deutschen Heeren bei Paris der Jahrestag der Schlacht bei Leipzig und der Geburtstag des Kronprinzen von Preußen zugleich gefeiert. Der Staatsanzeiger schrieb: „Unsere Oktoberfeuer leuchten jetzt vor Paris. Sie verkünden, daß eine geschichtliche Katastrophe hereingebrochen ist über das in tiefer Verblendung verharrende französische Volk, welches so oft an dem Frieden Europas gefrevelt und unserem Vaterlande so tiefe Wunden geschlagen hat. Der Jahrestag des großen Sieges vom 18. Oktober 1813, der den furchtbaren Kampf auf Leipzigs Ebenen beschloß, ist der Geburtstag Sr. Königlichen Hoheit des Kronprinzen. Es ist ein bedeutungsvoller und ein hoffnungsreicher Tag auch für Deutschlands innere Geschicke. An den Tagen von Leipzig, die Blücher und York mit den blutigen Lorbeern von Möckern einweihten, da fehlte an Preußens Seite noch mancher deutsche Stamm. Dem Enkel König Friedrich Wilhelms III. ist es jetzt beschieden, in einem glorreichen Feldzuge diese Stämme vereint gegen denselben Feind zu führen. Mit dankerfülltem stolzen Herzen blickt unser Volk am heutigen Festtage auf zu dem Bilde Sr. Königlichen Hoheit. Die Segenswünsche des Landes eilen in die Ferne, dorthin, wo Er an der Seite Seines Königlichen Vaters das glorreiche deutsche Werk als einer der ersten und treuesten Führer vollbringen hilft. Gott füge dessen glückliche Vollendung!" — Die Feier in Versailles war sehr erhebend, mit einer Vertheilung eiserner Kreuze verbunden, glänzendem Diner, Musik, Lebehochs, Springen aller

Fontänen unter einem unermeßlichen Zulauf von Soldaten und Volk. Schließlich die Vereinigung aller Musikcorps zu einem großen Zapfenstreich. Am 23. Oktober dankte der König dem Kronprinzen für seine Heerführung und ernannte ihn zum Feldmarschall.

Zu den Lächerlichkeiten der schrecklichen Zeit gehörte, daß am 21. Oktober zehn Freimaurerlogen in Paris den König und den Kronprinzen von Preußen vorluden, am 29. dieses Monats vor ihrem Gericht zu erscheinen, Rousseaustraße Nr. 35, um sich gegen die Anklage, durch die Ueberschreitung legitimer Vertheidigung den maurerischen Eid gebrochen zu haben, zu vertheidigen.

In demselben Monat wurden im Hauptquartier zu Versailles Vorbereitungen zur Schöpfung einer **neuen deutschen Reichs- oder Bundesverfassung** getroffen. Es handelte sich zunächst um den förmlichen Anschluß der vier süddeutschen Staaten an den norddeutschen Bund, welcher sich nach so großen gemeinschaftlichen Siegen als etwas ganz Natürliches ergab. Es ist hier in den Grenzen der Kriegsgeschichte nicht der Ort, näher auf diese innere Angelegenheit Deutschlands einzugehen; es sey daher nur bemerkt, daß sich je zwei Minister (des Auswärtigen und des Kriegs) der vier gedachten Staaten nach Versailles begaben und mit Graf Bismarck über die deutsche Verfassungsfrage unterhandelten. Auch der sächsische Minister von Friesen, der berühmte von Bennigsen und einige andere Vertrauensmänner aus dem preußischen Parlament wurden beigezogen. Wäre man früher einig geworden, was wegen Bedenklichkeiten Bayerns nicht möglich war, so würde es sich um baldige Einberufung eines nunmehr größer ausgedehnten deutschen Reichstags gehandelt haben und es war sogar schon davon die Rede, denselben in Versailles abzuhalten, da der König und Bismarck mitten im Kriege die Armee nicht wohl hätten verlassen können. Am 3. November fand sich auch der Großherzog von Baden in Versailles ein. Desgleichen Ledochowski, Erzbischof von Posen, in der wichtigen Angelegenheit des künftigen Verhältnisses der katholischen Kirche Deutschlands zum Papste, dessen Stellung neuerdings auf doppelte Weise durch das Dogma der Infallibilität und durch die feindliche Occupation des Kirchenstaats erschüttert worden war.

Am 21. November feierte der König von Preußen zu Versailles den Geburtstag der Kronprinzessin. Der Timescorrespondent schrieb darüber: „Der Saal strahlte von reichen Uniformen. Doch was bedeuten Tressen, Farben, Metall und Band im Vergleich zu den Männern selbst, deren Namen ewig leben werden! Wer wird in hundert Jahren danach fragen, welche Insignien die Gäste des Königs trugen, der da Kaiser seyn kann, wenn er will, der die Glorien Karls des Großen wieder lebendig gemacht, indem er den patriotischen Träumen von Jahrhunderten die wachende Wirklichkeit der Einheit und Kraft gegeben und sein Volk in Waffen in zwei großen Kriegen zu Siegen geführt hat, vor denen die Erfolge der glänzendsten Heerführer verbleichen? Was kümmert's, in welcher Tracht der prinzliche Führer der Heerschaaren erschien, welcher Oesterreich bei Königsgrätz niederwarf, die Legionen des fallenden Kaisers bei Sedan einschloß und die tödtlichen Fallen rings um die Kapitale der Welt legte? Der große Kanzler mag der Nachwelt überliefert werden, wie er im Gothaer Almanach dargestellt ist, im einfachen bürgerlichen Kleid und der schwarzen Binde. Aber wer ihn in der Uniform des 7. Kürassierregiments, das er für alle Zeiten berühmt gemacht hat, daherschreiten sehen, wird meinen, der Krieger-Staatsmann, den das bewaffnete Deutschland in's Feld gebracht hat, um Schlachten zu gewinnen, in denen es eine Welt von Größe, Ruhm und Ehre geerntet, werde am besten in diesem Anzuge dargestellt, in dem er unter den stattlichsten Männern excelsis humeris in der Halle hervorragt. Bismarck! Moltke! Das sind Namen, bei und mit denen man schwören kann. Hirn im Rath, Hirn auf dem Felde. Und rings umher Tapferkeit, Tüchtigkeit, Klugheit, der erprobte Muth der Veteranenführer, die begeisterte Hingebung der patriotischen Soldaten, die jetzt den Rhein an den Ufern der Seine bewachen."

Am 3. Dezember dankte der König in einem Armeebefehl sämmtlichen deutschen Truppen für ihren bisher bewiesenen Heldenmuth und forderte sie zur fernern treuen Ausdauer auf.

Um diese Zeit waren die jüngst in Versailles abgeschlossenen Verträge von den vier süddeutschen Regierungen ratificirt und vom norddeutschen Reichstag in Berlin gutgeheißen worden und hatte der König von Bayern unter Zustimmung aller übrigen Fürsten dem König von Preußen die Kaiserkrone und für den neu geschlossenen Bund den alten ehrwürdigen Namen des deutschen Reichs angetragen. Auch diesem Antrag hatte der norddeutsche Reichstag zugestimmt und eine Deputation von 30 Mitgliedern unter dem Präsidenten Simson nach Versailles gesendet. König Wilhelm empfing dieselbe am 18. Dezember und erklärte, daß er dem Ruf des deutschen Volks und seiner Fürsten Folge leisten werde. Ein nie gesehenes Schauspiel im Palast Ludwigs XIV., eines der vielen Wunder, welches die neuere Zeit hervorgebracht.

Wenige Tage nach dem festlichen Empfang der Reichstagsdeputation sah man zu Versailles ein minder erfreuliches Schauspiel. General Trochu hatte für den 21. Dezember einen neuen stärkern Ausfall seiner Truppen aus Paris vorbereitet, indem er wieder einen Entsatz, diesmal durch die Nordarmee wie früher durch die Loirearmee, erwartete, sich aber diesmal wieder täuschte und wieder von der Cernirungsarmee zurückgeschlagen wurde. In der Nacht vorher aber vom 20. auf den 21. sollte eine Verschwörung in Versailles ausbrechen, „Graf Bismarck ermordet, der König womöglich ermordet werden." So gingen wenigstens die Gerüchte um. Gewiß ist nur Folgendes: „Man soll deutscherseits schon seit einiger Zeit die Anwesenheit legitimationsloser Persönlichkeiten in Versailles bemerkt und der Mairie aufgegeben haben, für die Fortschaffung dieser nicht nach Versailles gehörigen Persönlichkeiten bis zu einem bestimmten Termine Sorge tragen zu wollen. Für alle diejenigen Individuen der gedachten Art, welche man nachher noch in hiesiger Stadt fände, war derselben ein Strafgeld von 100 Franken pro Mann in Aussicht gestellt worden. Gleichzeitig mußte der Feldpolizeidirektor Dr. Stieber bestimmte Nachrichten über das Vorhandenseyn versteckter Schußwaffen erhalten haben, obwohl schon zu verschiedenen Malen die Auslieferung aller Waffen, unter Androhung strenger Strafen im Contraventionsfalle, von der Bürgerschaft verlangt worden war. Er ließ nun eine durchgreifende Haussuchung in Versailles vornehmen. Die preußische Garnison wurde am 21. Nachmittags zwei Uhr auf dem Place d'armes allarmirt, wo sie vom Kommandanten von Voigts-Rhetz und von Feldpolizeidirektor Geheimerrath Dr. Stieber die Ordre erhielten, die Straßen und Plätze der Stadt besetzt zu halten, jede Person nach ihrer Legitimation zu befragen und die Häuser der Stadt der Reihe nach, vom Keller bis zum obersten Stockwerk einer gründlichen Durchsuchung nach Waffen zu unterziehen. Mittlerweile wurden die Thore der Stadt geschlossen und die Artillerie protzte auf dem Place d'armes drei Geschütze ab, deren Mündungen nach den drei parallel laufenden Avenuen de Paris, St. Cloud und Sceaux gerichtet waren. Die Aufregung unter den Einwohnern war eine ungeheure, man sah in den Straßen heulende Weiber, die aus Angst nach ihren Gatten wehklagend verlangten. Während der Durchsuchung der Häuser waren die gewöhnlich um die Nachmittagsstunde belebten Avenuen wie ausgestorben. Der Erfolg der Haussuchung war ein überraschender, indem 160 Gewehre, außerdem Säbel, Pistolen, geladene Terzerole und neue Uniformen vorgefunden wurden. Bei einem Sattler allein entdeckte man 43 Gewehre, bei einem Pfaffen in der Rue royale fanden sich ganz neue Uniformen vor. Einen interessanten Fund machte man bei einer Person, die sich im Laufe des Verhörs als Emissär der französischen Regierung in Bordeaux entpuppte; man belegte bei demselben höchst wichtige Papiere der provisorischen Regierung mit Beschlag. Der Vorsicht halber wird die hiesige Feldpolizei, welche durch eine Kompagnie Jäger verstärkt ist, die Haussuchung wiederholen. Der gestrige Tag hat auf die Bevölkerung von Versailles, die in den letzten Wochen oft die Nachsicht unserer Behörden mit Hohn aufgenommen hat, einen nachhaltigen Eindruck ausgeübt."

Die Einschließung von Paris hatte bereits ein Vierteljahr gedauert, es war also kein Wunder, daß in der Cernirungsarmee, wie auch in ganz Deutschland die lange zurückgehaltene Ungeduld sich doch endlich die Frage erlaubte, warum es denn so lange dauere? Warum man nicht frischweg das moderne Babylon bombardire? Indessen geschah es aus sehr triftigen Gründen nicht. Aus militärischen nicht, weil man sich ein neues großes Blutvergießen, zu dem das Bombardement und der nachfolgende Sturm auf die Riesenstadt führen mußte, ersparen konnte, wenn man wie vor Metz ruhig wartete, bis der Hunger die Stadt zur Uebergabe nöthigen würde. Auch bedurfte man zur wirksamen Beschießung der größten Festung der Welt ein ungeheueres Material von Geschützen und Geschossen des schwersten Kalibers, welches zum Theil erst angefertigt wurde und dessen Transport von Deutschland her sehr schwierig war und nur nach und nach erfolgen konnte. Die Zögerung hatte aber auch einen politischen Grund, wie man hie und da vermuthete. Wenn allerdings der deutsche Kriegsherr wie sein tapferes Heer im Siege großmüthig verfuhr und sich auch großmüthig gegen Paris beweisen wollte, so war das doch keine Sentimentalität und fand seine natürliche Grenze, wenn etwa die Pariser in ihrem Trotz es auf's Aeußerste wollten ankommen lassen.

Die Cernirungsarmee hatte allerdings unter dem nur selten unterbrochenen Feuer der Forts im Herbstregen und nachher bei harter Winterkälte einen schweren Dienst. Die Schlesische Zeitung brachte das Schreiben eines hochgestellten Reiteroffiziers, worin es hieß: „Wenn ich alle Momente der Gefahr zusammenrechne, die

meine exponirtesten Regimenter vor Metz, bei Sedan und auf unseren Streifereien durchlebten, was kommt heraus? Drei Stunden allerhöchstens. Und was ist das gegen die ungemessene Zeit der Gefahr, die manches halbvergessene Infanterie-Bataillon im Laufe der letzten dreizehn Wochen vor Paris erlebt hat. Während der neun Tage, die eines derselben nicht im Vorpostendienst stand, hat es einmal neun, ein andermal sechszehn Stunden in einem nassen Graben gelegen, den es wegen des heftigen Granatfeuers und um für einen unerwarteten Ausfall à portée zu seyn, nicht verlassen durfte. Dann kamen die drei Tage des Vorpostendienstes und während derselben einundzwanzig Stunden des heftigsten Granatfeuers. Die Leute wurden zum großen Theil in die Keller von N. geschickt, die Offiziere standen als Wächter auf den Barrikaden. Das Bataillon hatte wenig Verluste und, so viel ich weiß, hat es noch kein Kreuz erhalten. Aber seine bravsten Kerls, die gelacht hätten, wenn man ihnen gesagt hätte, der Mensch habe Nerven, zitterten zuletzt wie Espenlaub, wenn eine Thür kreischte, ein Stuhl gerückt wurde. Menschenkraft und Manneswille haben auch für den bravsten Mann ihre Grenze. Menschen bleiben wir alle . . ."
Und in einer andern, aus der Feder eines Arztes stammenden Zuschrift heißt es: „Die Belagerung von Paris wird im Laufe der Jahre noch furchtbare Opfer kosten; was die Kugel nimmt, ist ja in allen Kriegen die geringste Zahl. . . . Unter den Gefangenen von Metz ist die Sterblichkeit dreimal so groß, wie unter denen von Sedan; die Leute vor Paris aber leiden wie die Franzosen in Metz. Unsere Corps bei Dijon und Orleans sind wahrhaftig zu beneiden." Die Anstrengungen der deutschen Truppen steigerten sich noch in der lang andauernden und heftigen Kälte des Winters. Doch war ihr Gesundheitszustand während der Kälte befriedigender, als er in der nassen Zeit gewesen war. Die Truppen blieben frisch und munter, voll Siegesfreude, unermüdlich im strengen Dienst und voll begieriger Erwartung, das stolze Babylon endlich zu überwäl-

tigen. Die Franzosen litten noch mehr, denn in Paris nahmen die Lebensmittel immer mehr ab und fehlte es an Heizmaterial. Die noch im offenen Felde stehenden französischen Truppen litten von der Kälte mehr als die Deutschen, weil sie schnell zusammengerafftes Volk, noch nicht abgehärtet, schlecht gekleidet und schlecht verproviantirt waren. Man hörte darüber die bittersten Klagen, aber Trochu in der Stadt und Gambetta in der Provinz wollten die Welt immer noch glauben machen, Alles stünde vortrefflich. Noch am 20. Dezember erklärte die Amtszeitung in Paris, die Regierung der Nationalvertheidigung werde die Invasion bekämpfen, bis dieselbe zurückgeschlagen oder ein ehrenvolles Abkommen getroffen sey. Die Regierung werde von diesem Programm nicht abweichen, auch wenn Paris allein den Widerstand fortsetzen müsse. Indessen traten die Anstrengungen der Provinzen trotz vielen Unglücksfällen täglich mehr hervor. Der Artikel schildert sodann die Lage der Provinzen, gesteht die Bedenklichkeit derselben zu, doch lege eben dieß die Verpflichtung auf, den Kampf fortzusetzen. Paris weist entschieden den Gedanken einer Capitulation zurück. Die Regierung hofft zu siegen.

Damals wurde von der Schweiz aus ein Aufruf an das deutsche Volk im Namen des französischen in deutscher Sprache verbreitet. Derselbe that sehr freundlich mit uns Deutschen und forderte uns zu Vertrauen und zu einem gemeinschaftlichen Kampfe für die Freiheit auf, was im wahren Interesse beider Nationen liege. Wir sollten daher den unsern beiderseitigen Interessen so nachtheiligen dynastischen Krieg so bald als möglich endigen. Sie wollten uns die Kosten ersetzen, auch durch die Schleifung von Straßburg und Metz uns beruhigen, nur sollten wir ihre Grenzen respektiren. Dieser Aufruf hing wohl mit der Demonstration Bebels und Liebknechts zusammen.

Die deutschen Heere in Frankreich ließen sich weder durch die Hartnäckigkeit der Vertheidigung von Paris, noch durch die wiederholten Erhebungen in den Provinzen, noch durch die Kälte des Winters irre machen, noch ihren frohen Muth beugen. Mit Recht schrieb die Schlesische Zeitung: Ein ausgedehnter Festungskrieg von überraschenden Erfolgen wird geführt; gleichzeitig sieht man die Belagerung einer Weltstadt, deren riesige Befestigungen für unüberwindlich gelten und aus welcher kolossale Streitkräfte vergebens um den Durchbruch kämpften; gleichzeitig unendlich großartige strategische Bewegungen unserer Operationsarmeen, welche über ein Drittel von Frankreich umspannen; anstrengende Märsche unter Unbill des Wetters und Entbehrungen aller Art; blutige Schlachten und zahlreiche Gefechte gegen einen Feind, der sich unablässig aus der Bevölkerung rekrutirt und diese selbst möglichst zum Widerstande aufreizt. Diese Aufgaben lösen unsere Armeen in dem jetzigen Abschnitte des Krieges, und beispiellos ist es, daß sie in weiter Ferne genährt und ausgestattet werden von der Heimath aus, daß zu Requisitionen nur in Ausnahmsfällen geschritten wird.

Am heil. Weihnachtsabend gewahrte man in allen deutschen Lagern und Quartieren um Paris her und in den Spitälern die mit Lichtern, Aepfeln und Nüssen besteckten **Weihnachtsbäume**. Bei Baucresson, einem der exponirtesten Orte, hatten Abtheilungen des 5. Corps eine Riesentanne aufgeputzt und mit einer großen Anzahl Lichter versehen, deren Glanz die auf dem Mont Valérien postirten Batterien zu erneuter Kanonade ermunterte.

Nachdem der König in Versailles und das ganze Paris umlagernde deutsche Heer dieses Weihnachtsfest nach deutscher Sitte mit den lichtervollen Weihnachtsbäumen und Bescheerungen wie im tiefsten Frieden gefeiert hatte, ertheilte er endlich den langersehnten Befehl zum **Bombardement von Paris**. Er hatte lange genug die übermüthige Stadt geschont in der Hoffnung, sie werde endlich zur Vernunft kommen, das Unrecht erkennen, mit dem Frankreich den ganzen Krieg begonnen hatte, die Unmöglichkeit erkennen, den deutschen Waffen länger Stand zu halten, und begreifen, daß

Das Bombardement von Paris.

fernerer Widerstand nur die Verluste und das Unglück der Stadt und des Landes vergrößern würde. Da aber alle Geduld nichts gefruchtet hatte, war sie selber und allein Schuld, daß jetzt endlich die Schrecken des Bombardements über sie kommen mußten. Die Zeit der Geduld war nach Moltke's Anordnung benutzt worden, um ungeheuere Mengen des schwersten Geschützes mit einem fast unerschöpflichen Vorrath von Munition vor Paris zu bringen und in zahlreichen Batterien aufzustellen.

Wegen Zerstörung des Eisenbahntunnels bei Nanteuil und der für schwere Lasten noch nicht geeigneten Umwegsbahn war der Transport der schweren Belagerungsgeschütze aufgehalten worden. Doch waren bis zum 20. Oktober deren schon 160 angekommen. „Vor Ende Oktobers trafen weitere 70 ein, so daß am 1. November 230 Geschütze, größtentheils von der neuesten, handlichsten und wirksamsten Qualität, in Villacoublay oder auf dem Wege dahin waren. Es war damals sehr interessant, die Sammlung der verschiedenen Arten Geschütze in Nanteuil zu sehen und nicht minder die sorgfältigst bereitete Munition, namentlich die länglichen und fast eleganten Bomben für die 200-Pfünder gezogenen Mörser, jede in einer eigenen Kiste wie eine Flasche kostbaren alten Weins in Heu verpackt. Wenn der Park von Villacoublay vollständig ist, so wird er an Geschützen und Munition enthalten: fünfzig 50-Pfünder Mörser, jeder mit 500 Schüssen; achtzig 6-Pfünder (Hinterlader) mit 750 Schüssen; hundert und zwanzig 24-Pfünder (Hinterlader) mit 750 Schüssen; zwanzig kurze 24-Pfünder (15 Centimeter-Geschütze) mit 1000 Schüssen; fünfzig alte 25-Pfünder (Vorderlader) mit 500 Schüssen, und sechs gezogene Mörser oder 21 Centimeter-Geschütze, nach der Versicherung der preußischen Artillerieoffiziere die mächtigsten Mörser, welche existiren."

In einem Artikel vom Rhein hieß es, bis zum 14. Januar sollen noch 40 weitere preußische Festungsartilleriecompagnien (zu 204 Mann) bei dem Belagerungsheer eintreffen, das dann mindestens 25,000 Mann Festungsartillerie zählen wird. Gegen 1500 Geschütze verschiedenen Kalibers, Riesenmörser, die bei Straßburg die Probe bestanden, 96- und 48-Pfünder von den Küstenbatterien, 24- und selbst 12-Pfünder werden dann in Stellung gebracht seyn. Ein Vorrath von 750,000 Schußladungen ist theils schon vor Paris, theils auf dem Wege; jedenfalls aber wird die Beschießung nicht beginnen, ehe derselbe zur Hand ist. Sollte derselbe verschossen seyn, ehe die weiße Fahne auf den Wällen erscheint, dann erfordert es mindestens 5 starker Doppelzüge, um den Tagesbedarf an Schießladungen beizuschaffen. Bei Straßburg, wo nur 200 Geschütze arbeiteten, konnten 32 Bahnwagen täglich knapp das Nöthige beifahren.

Nach einer Berechnung der Neuen Freien Presse war der Bestand der deutschen Truppen in Frankreich am Neujahr folgender: Es standen „um Paris" 179,000 Inf., 20,000 Kav., 17,500 Art., 852 Gesch.

An der Loire 68,500 Inf., 15,000 Kav., 7500 Art., 372 Gesch.

Im Norden 35,000 Inf., 3700 Kav., 3500 Art., 180 Gesch.

Im Süden 37,000 Inf., 3600 Kav., 3000 Art., 150 Gesch.

Vor Belfort 9600 Inf., 500 Kav., 300 Art., 18 Gesch.

In ganz Frankreich 412,000 Inf., 47,800 Kav., 34,200 Art., 1680 Geschütze, wobei die Festungs-Artillerie und die technischen Truppen nicht in Anschlag gebracht sind.

Die großen Vorbereitungen zum Bombardement von Paris und der hartnäckige Trotz der Pariser ließen voraussehen, daß wirklich ein Feuermeer auf das moderne Babel fallen würde. Aus der bloßen Voraussetzung nun suchte der Deutschenhaß Kapital zu schlagen. Die irische Universität in Dublin, fanatisch katholisch, warf sich zu einer Art Schutzengel der Cultur, der Wissenschaften und Künste auf, indem sie im Voraus gegen das Bombardement von Paris durch die deutschen Barbaren protestirte, weil diese Weltstadt so unersetzliche Denkmäler der Geschichte und Schätze der Literatur und Kunst enthielt, die dabei zerstört werden könnten. Dove in Göttingen wies den Protest im Namen der deutschen Wissenschaft zurück. Auch die Czechen in Prag legten einen ähnlichen Protest gegen die Deutschen nieder. Iren und Czechen!

Am 27. Dezember begann das erste Bombardement der Preußen auf das erste Fort von Paris, nämlich auf das Vorwerk des Hügels Mont Avron vor dem größern Fort Rosny, nördlich von der Marne bei Neuilly, gegenüber der Stellung der Sachsen. Von hier aus hatten die französischen Geschütze sowohl die Sachsen als die ihnen benachbarten Württemberger lange belästigt. Jetzt wurden sie zum Schweigen gebracht. Der furchtbaren Ueberlegenheit der deutschen Geschütze gelang es, binnen zwei Tagen den Feind von der Höhe von Avron zu vertreiben, so daß sie schon am 29. von den Sachsen besetzt werden konnte.

Im Dresdener Journal erschien der Bericht eines Sachsen: „Am zweiten Weihnachtstage hatte General Vinoy auf dem Plateau des Avron noch eine große Revue abgehalten, wobei die Rufe la paix! la paix! öfter als je früher vernommen wurden. Als dann aber am Morgen des 27. plötzlich jene harmlosen Schützengräben ihre ehernen Stimmen ertönen ließen und Granate über Granate in das gefüllte Baracadenlager des Feindes einschlug, da strömte Alles in wilder Flucht heulend und schreiend auseinander und bis mitten in die Stadt hinein. Die bei dem Betreten des Avron von unseren Leuten gesehenen französischen Todten gaben in ihrer grauenhaften Verstümmelung einen Maßstab für die Wirkung der auf den Avron gerichteten Schüsse. Alles trug den Charakter überstürzter Flucht. So waren, wo die Pferde gestanden hatten, Ketten und Halfter, noch an den Bäumen hängend, zurückgeblieben." —
In der Nummer des Pariser Journal Offiziel vom 28. Dezember erklärte General Trochu selber, daß sich ein panischer Schrecken nicht nur der Besatzung vom Berge Avron, sondern auch aller der Linientruppen und Mobilgarden bemächtigt habe, die in den nahe ge-

legenen Ortschaften kampirten. Vergebens habe er schließlich Nationalgarden aufgestellt, um die Feigen von der Flucht nach Paris abzuhalten; es seyen deren Linien durchbrochen worden und es so unmöglich geworden, die verlorene Position wieder zu besetzen.

Auch in der Stadt verbreitete die Einnahme des Mont Avron und die wilde Flucht seiner Besatzung um so mehr Bestürzung, als die Kälte gerade damals den höchsten Grad erreichte. General Vinoy verlangte, die Truppen sollten in die Stadt zurückgezogen werden, da sie vor den Thoren erfrören, Trochu aber gab es nicht zu, um nicht noch mehr Angst in der Stadt zu verbreiten. In den Straßen aber gab es Tumult. Während die Nationalgardisten, welche Sold bezogen, sich in den Kneipen betranken, hungerten und froren daheim ihre Weiber und Kinder. An mehreren Punkten der Stadt brachen nun Unruhen aus, man suchte Holz, wo man es fand, um sich gegen die grimmige Kälte zu schützen, man schlug die Bäume in den öffentlichen Gärten nieder, in den elyseeischen Feldern, im Tuileriengarten. Die Holzhändler geriethen in große Gefahr und es kostete Mühe, das Volk zu beruhigen. Man warf Trochu vor, daß er der Beschießung nicht durch einen starken Ausfall zuvorgekommen sey. Schon war die Rede davon, Vinoy solle ihn ersetzen. Das Alles am 28. Dezember unter dem ersten Eindruck des Bombardements.

Die Regierung hatte einen schweren Stand, da man ihr mißtraute. Die Einen glaubten, sie werde bald capituliren, und da der Temps, das Organ Ferrys, des Maire von Paris, es auf eine unvernünftige Weise ableugnete, mehrte sich noch das Mißtrauen. Der Temps schrieb: „Die Regierung ist für den Fall einer entscheidenden Niederlage zu dem Entschluß gekommen, entweder abzubanken oder sich in eines der Forts zurückzuziehen, entschlossen, sich nimmermehr der Demüthigung einer Capitulation zu unterziehen." Diese Mittheilung hat nicht allein im Publikum, sondern auch in der gesammten Presse große Erbitterung hervorgerufen, und eines der Blätter sagt: „Ob die Regierung die Capitulation von Paris unterzeichnet oder nicht, sie muß die Verantwortlichkeit tragen, nicht allein als durch Selbstwahl gebildete Regierung der nationalen Vertheidigung, sondern auch weil sie uns in eine Lage gebracht hat, welche mit der allgemeinen Volksstimmung im Widerspruch steht. Die Regierung muß und soll auf ihrem Posten bleiben, und wenn wir sterben, muß diese Regierung mit uns sterben." Ein anderes Blatt geht der Regierung noch schärfer zu Leibe: „Würde die Regierung Paris in der Stunde der größten Gefahr verlassen, so wäre dieß ein Akt unvergleichlicher Feigheit, wahrhaften Verrathes. Auf eigene Faust nahmen sie die Zügel der Regierung an sich und nannten sich eine Regierung für die nationale Vertheidigung. Daß die Mitglieder der Regierung sich in Acht nehmen, alle ihre Bewegungen werden überwacht; das Volk wird ihnen nie gestatten, den Posten zu verlassen, den sie mit solcher Anmaßung usurpirt haben."

Trochu erließ am 30. eine Proklamation, welche die Lage kennzeichnet: „Es werden große Anstrengungen gemacht, um die Einigkeit und das gegenseitige Zutrauen zu brechen, welchem wir es verdanken, daß wir Paris nach einer Belagerung von 100 Tagen aufrecht und widerstandsfähig sehen. Der verzweifelte Feind hat den Deutschen Paris nicht zu Weihnachten liefern können, wie er es versprochen hatte. Er fügt das Bombardement zu den verschiedenen Einschüchterungsversuchen hinzu, durch welche er gesucht hat, die Vertheidigung zu entkräftigen. Man breitet vor der öffentlichen Meinung die Beschwerden des außerordentlichen Winters aus, und schließlich sagt man, die Regierung sey in sich getheilt. Die Armee hat in der That große Verluste erlitten. Sie bedarf der Ruhe, welche der Feind ihr durch das heftige Bombardement nicht zuläßt. Aber die Armee bereitet sich mit Beihülfe der Nationalgarde zur Action vor. Wir Alle werden unsere Pflicht thun. Ich erkläre, es besteht keine Meinungsverschiedenheit in der Regierung, welche eng verbunden ist in der Hoffnung auf Befreiung."

Inzwischen mußte sich Trochu doch gefallen lassen, daß man ihm eine Commission von vier Ministern und vier Generalen beiordnete.

Während das in Paris vorging, dauerte der Kampf vor den Thoren fort. Die Sachsen fanden in den verlassenen Werken von Avron viele französische Todte, die man unbestattet in der Eile des Abzugs zurückgelassen hatte, und erbeutete viele Gewehre und Munitionsvorräthe, während zertrümmerte Geschütze und Lafetten aller Art für die verheerenden Wirkungen des Feuers unserer Kanonen hinreichende Bürgschaft gewährten. Schon am selben Tage, dem 29., hatte man Gelegenheit, die Tragfähigkeit unserer Geschütze weiter zu erproben. Auf der Ostbahn kam ein Eisenbahnzug bis Noisy-le-Sec herangedampft, voran eine der neuen Panzer-Lokomotiven, die auch ihrerseits mit von der Parthie seyn wollte und neben den Forts ein ziemlich heftiges Feuer gegen uns eröffnete. Aber es währte nicht lange, und die gepanzerten Lokomotiven waren gänzlich zum Schweigen gebracht und der von ihr herangebugsirte Zug gewissermaßen zertrümmert.

Die regelmäßige Belagerung nahm ihren Verlauf. Schon am 29. Dezember wurde das Fort Rosny mit furchtbarer Wirkung beschossen. Für bombenfest gehaltene Casematten wurden von Kugeln durchbohrt. Vom 31. Dezember an wurden auch die Forts Nogent und Noisy beschossen, vom 5. Januar an auch die Südforts. Alle Batterien hatten telegraphische Verbindung mit Versailles. Diese Telegraphenstationen waren in bombenfesten Räumen eingerichtet. Als neuer Ausrüstungsgegenstand war diesen Bureaux eine bedeutende Quantität Baumwolle überwiesen, womit die Telegraphisten sich die Ohren bei dem Höllenkonzert verstopfen konnten.

Bei der Belagerung leitete der Artillerie-Commandant Prinz Krafft von Hohenlohe-Ingelfingen die Beschießung und General Kamete die Ingenieurangriffe. Die Oberleitung aber lag in den sichern Händen Moltkes. Man schrieb der Wiener Presse: „Wie

nicht zu bezweifeln ist, will unsere deutsche Artillerie vom ersten
Augenblick ab wirksam auftreten und nicht anders operiren, als
nachdem sie im Stande ist, die gesammte Aktion klar übersehen zu
können. Nichts verachtet die Moltke'sche Kriegführung mehr,
als die bloße Effekthascherei. In Schrecken setzen konnten wir den
Feind längst, aber darauf kommts nicht an. Er soll mit dem Eintritt der Operation gewahren, daß er sich in einer Lage befindet,
die ihn zur vollsten Resignation zwingt. Gegenüber der Granaten-
verschwendung Trochu's, die an's Fabelhafte gränzt, ist Moltke der
Nothwendigkeit strengster Oekonomie sich bewußt, die so weit geht,
daß selbst die Potsdamer Oberrechnungskammer ihre Freude daran
haben muß. Rasche, wirksame Stöße, die den Erfolg außer Zweifel setzen, nichts weiter, das ist oberstes Prinzip, und damit sie
möglich waren, ist auf der ganzen 16meiligen Linie mit einer Be-
hutsamkeit bis in's kleinste Detail hinein vorgearbeitet worden, die,
was sehr in's Gewicht fällt, der angreifenden Armee das Gefühl der
Sicherheit, der Ueberlegenheit verleiht. Keine Ueberstürzung, keine
Renommage, kein Haschen nach Effekt, kein einziger Schuß in's
Blaue hinein, sondern nach reiflichster Ueberlegung den forcirtesten
Angriff, der dem Gegner keine Wahl läßt."

Da es sich um die Belagerung der größten Festung der Welt
handelte, hatten sich Offiziere von den mit Preußen befreundeten
Mächten im deutschen Lager eingefunden, um dem großartigen
Schauspiel anzuwohnen. Man schrieb: Es weilen 8—10 russische
Offiziere verschiedener Grade, dann auch mehrere englische im Hauptquartiere, während österreichische, italienische und belgische daselbst
nicht anwesend sind. Eigenthümliche Gäste waren aber 9 japanische
Offiziere, zum Theil sehr hohen Ranges, die der Kaiser von Japan
eigens nach dem preußischen Heere gesandt hatte, um dort militärische
Studien zu machen, und die daselbst sehr gut aufgenommen worden sind.

Das Feuer der Belagerer wurde aus den Forts nur wenig

erwidert, jedoch lebhaft von den Stadtmauern von Paris aus. Innerhalb der Stadt flüchteten sich die Bewohner der bereits von Bomben getroffenen Stadttheile in die mehr entfernten und ließen sich in den Häusern nieder, welche schon vor der Belagerung von ihren reichen Eigenthümern waren verlassen worden. Man sah einige Brände in der Stadt, man hörte von Männern, Frauen und Kindern, die durch Granatensplitter getödtet oder verwundet worden seyen. Allein das Bombardement nahm nur allmälig zu und man erkannte deutlich, daß der Stadt die äußersten Schrecken des Feuers noch erspart blieben, offenbar um ihre Gebäude zu schonen, wenn es möglich wäre, daß Trochu und die Regierung noch zur rechten Zeit zu dem vernünftigen Entschluß einer Capitulation gebracht werden könnten. Erst wenn der französische Trotz durchaus nicht zu beugen wäre, sollte er gebrochen werden.

Paris trotzte aber immer noch. Nicht als ob nicht alle Vernünftigen eingesehen hätten, jeder längere Widerstand sey vergeblich und könne nur das Unglück der Stadt vergrößern, waren alle Gemäßigten und wohl auch Trochu selbst durch den doppelten Einfluß, den Gambetta und seine Organe einer- und die Clubs der rothen Republikaner andererseits auf die zaghafte Menge übten, eingeschüchtert. Das Siècle, ein Organ Gambettas, glaubte den Donner der deutschen Kanonen durch seine Posaunentöne übertäuben zu können. Es schrieb am 9. Januar: „Endlich! Der Würfel ist geworfen! Paris ergreift die Offensive, und eine scharfe Offensive. Mit den halben Ausfällen à la Bazaine ist es aus; die große Periode der entscheidenden Schlußaction beginnt. Man hat berathen und abgestimmt und unter der Pression des Volkes haben alle Chefs sich einig gefunden, und im Publikum hat Jedermann geschworen, einen Ruhmesantheil an dem Unternehmen zu erringen. Bewunderungswürdige Bevölkerung! Ha! wir haben nie an ihr gezweifelt, wir! Und wenn nun das Vaterland gerettet ist, so wird das Vaterland den Cultus der Tapferen, die gefallen, einrichten. Dies ist der dritte Sieg, den die öffentliche Meinung feiert, wir sagen nicht, über Trochu's Plan, denn der ist beseitigt, sondern über jene Fraction der Regierung, die mit mehr oder weniger Ehrlichkeit vor den Schwierigkeiten eines Ausfalles zurückschrak, und deren Plan, wäre er befolgt worden, direkt zur Capitulation und Schande geführt hätte. Dieser Sieg ist der dritte, doch er kann noch nicht der letzte seyn. Die öffentliche Meinung fordert noch andere Genugthuungen gebieterisch." Und nun verlangte das Siècle, „daß die Offiziere des Generalstabes und selbst Generale, deren Namen man nennt und welche gesagt haben, jeder Widerstand sey unmöglich, nichts könne die Preußen hindern, einzurücken, und ihre Ankunft wäre in gewisser Beziehung sogar wünschenswerth, entfernt werden, denn mit solcher Stimmung ermuthigt man kein Volk und treibt man keine Bataillone zum Sturm." Sobann entwickelte das Organ Gambettas, daß es Zeit sey, „die Einführung des Civilelements in der Leitung der militärischen Operationen durchzusetzen und diese Revolution, die in der Provinz schon durchgesetzt sey, auch in Paris zu bewirken; in dem Momente, wo man die Nationalgarde, wie im Kriegsrathe am 30. Dezember beschlossen, zur Action heranziehe, hätten auch ihre Anführer ein Recht, im Kriegsrathe zu sitzen". Endlich verlangte die öffentliche Meinung, daß die Vollmachten Trochus gedämpft werden, „die Last, die er sich aufgeladen, sey zu schwer, und es werde nöthig, daß sie ihm etwas leichter gemacht werde". Das Siècle resumirt schließlich seine Forderungen so: „1) Herstellung der Disciplin in der Armee; 2) Einführung des Civilelements in der Leitung der militärischen Operationen; 3) Ernennung eines obersten Chefs für die Ausfallarmee."

Es war aber gar niemand da, der dieser Ordre gehorcht, den Oberbefehl in andere Hände als Trochu's gelegt hätte. Der ganze Schwindel hatte nur den Zweck, daß Gambetta in der Provinz sein System fortsetzen könne, auch wenn Paris gefallen seyn würde. Man klagte Trochu blos deshalb an, weil ihn Gambetta zum

Voraus zum Sündenbock ausersehen hatte, um den Fall von Paris ihm zur Last zu legen, wie er den von Metz dem Marschall Bazaine zur Last gelegt hatte. Wenn Paris fiel, so sollte Frankreich glauben, es sey wieder nur durch Verrath geschehen, die Tapferkeit und der Ruhm der Nation aber bleibe davon unangetastet.

In den Clubs von Paris wurde zwar unaufhörlich in der Manier des Siècle auf Trochu geschimpft, aber keine Revolution mehr gegen ihn gemacht. Die rothen Republikaner beschäftigten sich nur mit den unnützesten Reden. Anstatt sich zu einem Ausfall anzubieten, oder denselben kühn auf eigene Faust zu machen, blieben sie ruhig sitzen und heckten nur phantastische Pläne aus Der eine wollte das griechische Feuer wieder einführen, um die Deutschen zu verbrennen, der andere wollte eine neue, dreimal platzende Bombe erfinden. Einer verlangte, man solle die Reichen, die noch etwas zu essen hätten, plündern, überhaupt das Eigenthum aufheben und alles zu Gemeingut machen. Sogar mit Abschaffung des Goldes und Silbers glaubte man sich beschäftigen zu sollen, während der Feind vor den Thoren stand. Endlich erinnerte ein Redner, man müsse doch von dem Geschwätz zu Thaten übergehen, also den großen Ausfall machen und sofern Trochu zu feig oder zu sehr Verräther sey, um auszufallen, solle man ihn sammt der ganzen bisherigen Regierung absetzen und die höchste Gewalt in die Hände der Commune von Paris legen. Falls aber die Männer dazu nicht Muth genug hätten, würden es die Weiber thun. Ja, ja! schrien die im Saal anwesenden Weiber, wir alle ziehen voran. Allgemein schrie man vive la commune! und doch zogen keine Weiber aus, wurde die Regierung nicht gestürzt und ließ auch der Ausfall auf sich warten. Diese lächerliche Scene trug sich in dem am meisten besuchten Club Ferry zu.

In einem andern Club wollte Einer eine Legion des Schweigens errichten, welche mit Dolchen und Revolvern hinter den Truppen hergehen und jeden der flöhe, gleich tödten sollte. Ein Anderer hielt es äußerst nothwendig, Polen herzustellen, während die deutschen Bomben in die Stadt schlugen. Doch wagte ein gewisser Morel zu sagen, daß Paris durch die Fehler der Regierung „in eine beinahe verzweifelte Lage gekommen sey; Gambetta's Fehler seyen zu bekannt, als daß sie hier noch verurtheilt zu werden brauchten; er habe Mazzini's und Garibaldi's Hülfe angenommen, doch die der Orleans abgelehnt und so das Heil der Republik dem Heile Frankreichs vorangestellt; er habe den von den Neutralen angebotenen Waffenstillstand abgelehnt und die Nationalversammlung verhindert, welche Frieden schließen oder zur Fortsetzung des Krieges alle lebensfähigen Kräfte des Landes aufrufen konnte; er habe dem Volke von Paris nie entschlossen die Wahrheit einzugestehen gewagt und Illusionen genährt, die zu Enttäuschungen führen mußten, ja in diesem Augenblicke selbst wage die Regierung nicht, mit der Sprache herauszurücken und in die Zukunft zu blicken, aus Furcht, die mit Täuschungen genährten nervösen Empfindlichkeiten zu verletzen. Wenn Friedrich Karl die muthigen, doch späten Anstrengungen Chanzys, Bourbakis vernichte, Paris falle ... (Heftige Einsprache, Tumult, Rufe: Paris fällt nicht!) Wenn das Glück der Waffen uns fortwährend im Stiche läßt, was soll dann geschehen, was beschlossen werden? Denn endlich gehen unsere Lebensmittel mit jedem Tag mehr zu Ende und jede belagerte Stadt wird schließlich unfehlbar einmal eine eroberte Stadt. Nun, hat man Preußen gefragt, was denn seine Bedingungen sind? Nein, man hat es nicht ein einzigesmal gewagt, man wagt es immer noch nicht, aus Furcht, einem anonymen Mitgliede der Regierung zu mißfallen, das auszuschließen man den Muth haben sollte und das sich nennt: die Meinung von Paris! Im Jahre 1866 war Oesterreich auch besiegt und obwohl seine Lage ungleich weniger schlimm war als die Frankreichs, obgleich der Feind noch seine Hauptstadt nicht belagerte, fand sich doch ein muthiger Bürger, welcher den König von Preußen in Nikolsburg aufsuchte, um ihn zu fragen, unter welchen Bedingungen er sich auf Unterhandlungen einlassen wolle... Neuer Tumult, heftige Einreden, ein Bürger stürmt auf die Tribüne, um den Gefühlen der Entrüstung, die sein Herz bewegen, Luft zu machen, aber die Bänke werden leer und die Versammlung eilt unter lebhafter Aufregung zum Saale hinaus."

Im Club Reine Blanche wurde den Deutschen, trotz des Bombardements, noch eine erkünstelte Geringschätzung bezeugt und keck behauptet, mit so großen Streitmassen, als sie noch in Paris vorhanden seyen, müsse man die Deutschen schlagen. Nur Trochu und die Regierung seyen schuld, daß es nicht geschehe. „Wenn sie aber, rief Einer, fortfahren, uns von den Preußen bombardiren zu lassen, werden wir sie im Stadthause bombardiren!" Andere stritten, ob Trochu nur ein Schwachkopf oder ein Verräther sey. Sogar Edgar Quinet, der früher manches Gute schrieb und auch Deutschland kennt, ließ sich (wie der alte Guizot und sogar Bischof Dupanloup), durch den Racengeist verführen, unerachtet alles Unrecht auf Frankreichs Seite war, doch den Zorn gegen die Deutschen zu theilen. Er prahlte damals im Siècle: „Das Bombardement, was beweist es? Die Noth, in der sich unsere Feinde befinden, die Mißgeschicke zu vermeiden, die ihnen drohen. Sie können nichts mehr hoffen, denn unsere Massen wachsen hinter ihrem Rücken. Sie fühlen, daß die Zeit für uns arbeitet. Ihre Berechnung ergibt sich als falsch, sie hoffen nicht mehr, daß sie noch Zeit haben, uns Hungers sterben zu lassen. Ja, die Schale der Waage senkt sich auf unserer Seite. Denken Sie Sich die erste Niederlage bei dieser Entfernung vom Rheine inmitten unserer Schneemassen!... Der Rächer wird sich überall finden, überall, überall!"

Er konnte wohl auf ein paar verwilderte Francs-tireurs als Rächer zählen, aber auf weiter nichts. Bei Chalons z. B. hatten einige solche Edle, von einem katholischen Pfarrer und Lehrer geführt, einige bayrische Marketender überfallen, beraubt und mit den Frauen Unfug getrieben. Der Pfarrer entwischte, der Lehrer aber wurde noch nebst andern am 22. Januar kriegsrechtlich erschossen.

Das französische Volk wurde, da die Marseillaise sich schon durch zu vielen Gebrauch abgenutzt hatte, durch ein neues Kriegslied erhitzt, welches an ihre Stelle trat und überall gesungen wurde und welches sich hinlänglich durch den Refrain: Vive la guerre, piff, paff! charakterisirt.

Am 13. wagten die Anhänger der Pariser Commune wieder einen kleinen Aufstand, der aber bald unterdrückt wurde. Inzwischen schoben die Deutschen ihre Batterien immer näher an die Stadt heran und ihre ferntreffenden Geschosse beherrschten schon das ganze linke Seineufer. Der eiserne Ring zog sich immer enger um die Stadt zusammen. In der Nacht vom 12. zum 13. wurde ein kleiner Ausfall der Franzosen vom Mont Valérien aus zurückgewiesen.

Sehr unnützer Weise protestirte Trochu gegen das Bombardement, durch welches die Genfer Convention verletzt werde, als ob die Deutschen sich recht eigentlich die Lazarethe in Paris zur Zielscheibe gewählt hätten. Graf Moltke wies diese Insinuation zurück, die deutsche Artillerie könne nicht immer, besonders bei dem anhaltenden Nebel, ihr Ziel genau berechnen; wenn man wieder klarer sehe, werde soviel als möglich gegen Spitäler Schonung geübt werden. Eben so anmaßlich war ein Schreiben der noch in Paris weilenden Diplomaten der neutralen Mächte an Bismarck, worin sie von ihm freien Abzug aller ihrer respektiven Landsleute aus Paris verlangten. Er antwortete am 17., daß ihnen und ihrem Personal schon längst der freie Abzug gewährt worden sey, was aber ihre sehr zahlreichen Landsleute betreffe, so müssen sich diese bis zur Capitulation von Paris gedulden. „Daß die peinlichen und von uns lebhaft beklagten Vorfälle in einer Stadt wie Paris in größerem Maßstabe als in anderen Festungen mit einer Belagerung verbunden seyn müssen, hätte von der Befestigung oder von hartnäckiger Vertheidigung derselben abhalten sollen. Aber keiner Nation kann gestattet werden, ihre Nachbarn mit Krieg zu überziehen und im Laufe desselben ihre Hauptfestung durch Bezugnahme auf die dort wohnenden unbewaffneten und neutralen Einwohner und auf die vorhandenen Hospitäler schützen zu wollen, in deren Mitte die bewaffneten Heere nach jedem Angriffe ihre Deckung suchen und sich zu neuen Angriffen rüsten können."

Unterdeß erlebte Versailles wieder höchst interessante, auf diesem Terrain höchst eigenthümlich und welthistorisch wichtige Ereignisse.

Am Neujahr hielt der König eine Anrede an die Offiziere, worin er dem Heere für seinen bisherigen Heldenmuth dankte und es zur treuen Ausdauer aufforderte. Beim Festmahl sprach der König: „Ich erhebe mein Glas, um das neue Jahr zu begrüßen. Auf das vergangene blicken wir mit Dank, auf das beginnende mit Hoffnungen. Der Dank gebührt dem Heere, das von Sieg zu Sieg gezogen. Mein Dank aber den anwesenden deutschen Fürsten, die theils Führer diesem Heere gewesen sind, theils sich ihm angeschlossen hatten. Die Hoffnungen richten sich auf die Krönung des Werkes: einen ehrenvollen Frieden." Der Großherzog von Baden antwortete ihm im Namen der deutschen Fürsten voll Wärme und Ehrerbietung. Dem „siegreichen König" wurden laute Hochs dargebracht. Auf die Adressen des Herrn- und Abgeordnetenhauses antwortete der König und dankte für deren Patriotismus, vergaß aber nicht hinzuzufügen, daß das große Ziel nur habe erreicht werden können im Entwicklungsgange der preußischen Monarchie, in welcher der nationale Gedanke schon frühe gelebt, in welcher nicht für preußischen Particularismus, sondern für das Gesammtwohl und die Ehre Deutschlands vorgearbeitet worden sey.

Die preußische Provinzialcorrespondenz schrieb: Wie wir auf die glorreichsten Jahre Friedrichs des Großen, wie wir auf die

Das Bombardement von Paris.

Jahre 1813 und 1815 mit erhebenden Gefühlen zurückschauen, ebenso, ja freudiger noch wird die späte Nachwelt des Jahres 1870 gedenken, als des Jahres deutscher Wiedergeburt zu neuer, einiger Kraft, zu nie gekannter Macht und Größe. Am Schlusse dieses gewaltigen Jahres wird sich die ernste Betrachtung überall auf die schweren, aber glorreichen Kämpfe, zugleich auf die großen, bereits gewonnenen Ergebnisse und auf den endlichen vollen Siegespreis richten, den wir mit Gottes Hülfe zu erringen hoffen. Der Abschluß des deutschen Einigungswerkes, die feierliche Verkündigung des Kaiserreichs, sowie der demnächstige Abschluß des Kriegswerks werden weiteren Anlaß geben, den Verlauf und die Früchte des Jahres 1870 zu überschauen. Am bevorstehenden Neujahr aber gemahnt es uns, einen Rückblick nicht blos auf das letzte Jahr, sondern auf das jüngste Jahrzehnt zu werfen. In der Nacht vom 1. zum 2. Januar werden es zehn Jahre, daß unserem König die Krone seiner Väter zufiel.

Am 18. Januar war der Tag, an welchem vor 170 Jahren sich der erste König von Preußen, zu Königsberg die Krone auf's Haupt gesetzt hat. An diesem Tage beschloß auch König Wilhelm sich zum deutschen Kaiser ausrufen zu lassen, ohne noch länger auf die Zustimmung der bayrischen Kammer zu warten. Es gab eine großartige Feier. Von der Zinne des Schlosses wehte die preußische Königsflagge. Der Spiegelsaal bot einen prachtvollen Anblick dar; am äußersten Ende war ein Altar erbaut, zu dessen beiden Seiten zwei Musikchöre und Detachements von Bayern und Preußen Platz genommen hatten. Rechts vom Altar stand das Offizierscorps, welches in der gegen 1800 Köpfe zählenden hohen Versammlung allein ein Contingent von 1400 Mann gestellt hatte; links hatten sich die mit dem eisernen Kreuz dekorirten Mannschaften postirt, welche in feldmäßigem Anzuge erschienen waren. Imposant nahmen sich die Fahnen der verschiedenen Regimenter des 5. Corps, bez. der 5. Kavalleriedivision aus, die im Hintergrund aufgestellt waren, namentlich erregte die in der Schlacht von Weissenburg durchschossene Fahne des 7. Regiments großes Interesse. „Punkt 12 Uhr, als die Versailler Kirchenglocken noch nicht ausgeschlagen hatten, verließ der König die Präfektur und fuhr im einfachen Wagen an der Seite eines Generaladjutanten, unter dem Vorritt von einem Oberstallmeister und zwei Jockeys und umrauscht von dem Jubel fast aller Soldaten der Garnison von Versailles, die freiwillig beim Ausmünden der Avenue de Paris auf die große Place d'armes Spalier bildeten, ohne sonderlich parademäßig geschmückt zu seyn, dem nahen Residenzschlosse zu, empfangen von einem tausendstimmigen, immer wiederkehrenden Hoch und dem prächtigen ‚Fahnengruß' der Militärmusik. Einige Züge Ulanen, Dragoner und Husaren in allen bunten Farben eskortirten den königlichen Wagen. Während der König grüßend an der Front der salutirenden Ehrengarde unter den Klängen des ‚Heil dir im Siegeskranz' auf und ab ging, zog es mein Auge unwillkürlich zu dem broncenen Reiterstandbilde Ludwigs XIV. hin, dessen Stufen hoch hinauf von preußischen Soldaten umstanden waren, und zu der riesigen weißen Marmorstatue des Marschalls Turenne, des tapferen Feldherrn jener fluchwürdigen Eroberungskriege des vierzehnten Ludwig im Westen von Deutschland, die nach Schillers Wort: ‚Das ist der Fluch der bösen That, daß sie, fortzeugend, Böses muß gebären!' — auch den heutigen schweren Krieg geboren haben. Und der broncene Ludwig und sein Feldherr Turenne und Finanzminister Colbert, sowie die übrigen Marmorbilder schauten so starr und traumhaft auf das deutsche Siegesgepränge nieder, als könnten sie das Alles gar nicht begreifen: dieses bunte, fröhliche, kriegerische, deutsche Leben zwischen diesen Ruhmesbildern Frankreichs und vor dem stolzesten und glänzendsten aller Königsschlösser, das an seinen beiden Flügeln in großen goldenen Buchstaben die hochmüthige Inschrift zeigt: ‚A toutes les gloires de la France!'

Ja, der vierzehnte Ludwig mit dem stolzen Wort auf den Lippen und in allen Thaten: L'état c'est moi! sah aus, als grübelte er nach über das alte Wort jenes venetianischen Dogen, der nach Versailles befohlen war, dem großen Könige von Frankreich seine Huldigungen darzubringen, und der den Muth hatte, dem Könige, als dieser ihm die Wunder von Versailles gezeigt hatte und ihn fragte, was von Allem ihn am meisten in Erstaunen setze, zu antworten: ‚Sire, ich bin am meisten über das Wunder erstaunt, mich hier zu sehen!' Der broncene Ludwig durfte sich auch wohl wundern, sich in dieser Stunde hier zu sehen, in der Preußens König sich von dem glänzenden Residenzschlosse Ludwigs XIV. aus, auf dem soeben die schwarz-weiße Preußenfahne der großen rothseidenen, mit dem eisernen Kreuze geschmückten und vielen Königskronen und schwarzen Adlern besäeten Hohenzollern-Fahne Platz machte, zum mächtigen deutschen Kaiser proklamiren wollte! Ich aber mußte an das prophetische Wort des großen Churfürsten denken, das er vor 192 Jahren, als er in St. Germain jenen unglücklichen Frieden schließen mußte, der dem deutschen Lande so theure Glieder kostete, dem übermüthigen Eroberer Ludwig XIV. in demselben St. Germain (1679) in Schmerz und Gram zurief: ‚Aus unseren Gebeinen wird ein Rächer erstehen!' — denn dieser Rächer aus dem Hohenzollern-Geschlechte betrat soeben als Sieger das Götzenschloß des Gewalthabers, der seinem Ahnen einst so bitter wehe gethan hatte.

Ich stand auf der Estrade in einer breiten marmornen Säulennische und sah hinein in die von todtem Gold und Spiegelglas und Marmor und Gemälden und lebenden bunten Uniformen, Ordenssternen und Ordensbändern strotzende Galerie Ludwigs XIV. Sie ist 220 Fuß lang und 34 Fuß breit und nimmt die ganze Gartenfront des Mittelbaues ein. Achtzehn große Fensterbogen eröffnen einen reizvollen Blick auf die Wundergärten von Versailles. Jedem Fenster gegenüber ist ein gleichgroßer Spiegel im goldenen

Bogenrahmen angebracht, durch hellbraune, weißgeränderte Marmorpfeiler, überreich mit vergoldeten kriegerischen Emblemen geschmückt, getheilt. Die Deckengemälde von Lebrun zeigen uns den eitlen Ludwig XIV. immer wieder als Gott in Allonge-Perrücke und als Krieger und Sieger. Große Goldbuchstaben geben dazu die Erklärung: ‚Le Roi gouverne par lui-même' (1661). Während die Götter des Olymp den siegreichen Ludwig huldigend beglückwünschen, trauern geknechtet, bemüthig ringsumher die Figuren von Deutschland, Spanien und Holland, und große Goldbuchstaben spotten prahlend: ‚L'ancien orgueil des puissances voisines de la France' (der alte Hochmuth der Nachbarmächte von Frankreich ist zu Schanden geworden). Und unter dieser prahlerischen französischen Eitelkeit steht ein bescheidener preußischer Altar mit zwei brennenden goldenen Kandelabern und davor ein preußischer Geistlicher in seinem schmucklosen, schwarzen Ornat. Ihm gegenüber haben der König, der Kronprinz, Prinz Karl und Adalbert von Preußen, die Großherzoge von Baden und Weimar, Prinz Otto von Bayern, des Königs Ludwig Bruder und Abgesandter, Prinz Wilhelm von Württemberg, der bereinstige Thronfolger, die thüringischen Fürsten, die Erbgroßherzoge von Mecklenburg-Schwerin, Strelitz und Weimar, der Prinz Leopold von Hohenzollern, die vorgeschobene Ursache dieses Krieges, der einst vielgenannte Herzog Friedrich von Augustenburg in bayrischer Generalsuniform und sonstige fürstliche Gäste der beiden Hauptquartiere Platz genommen. Der Bundeskanzler stand in der Nähe des Königs. Rechts und links vom Altar, auf derselben Front des Saales, standen die Truppen, welche die Fahnen nach Versailles begleitet hatten. Die Fahnen selbst, von den Fahnenträgern gehalten, hatten ihren Platz auf einer Estrade an der schmalen Ostseite des Festraumes. Es waren 5 Fahnen des Gardecorps und zwar eine des 1. Garderegiments und 4 von 4 Gardelandwehr-Regimentern, die letzteren begleitet von 12 Fahnen-Unteroffizieren der 12 Bataillone.

Ein militärisches „Helme ab zum Gebet!" und die Predigt des Hofpredigers Rogge aus Potsdam über den gerade auf diese Feier so passenden 21. Psalm folgte: „... Du überschüttest ihn mit gold'nem Segen, du setzest ihm die Krone auf, du setzest ihn zum Segen ewiglich, denn der König hofft auf den Herrn, sie gedachten dir Uebles zu thun und machten Anschläge, die sie nicht konnten ausführen...." Der Inhalt der Predigt liegt in diesen Worten. Der Geistliche wies nur noch darauf hin, wie Preußen heute vor 170 Jahren aus den kleinsten Anfängen sich zur Königsmacht aufgeschwungen und im Laufe der Jahre und Jahrhunderte immer stärker und blühender im Innern und nach Außen gewachsen sey bis zu dieser großen Stunde, die alle deutschen Stämme nach langer Zersplitterung wieder unter den Schirm und Schutz der deutschen Kaiserkrone, zum erstenmal auf dem Haupte eines Hohenzollern, sammle. Er wies auf das gotteslästerliche Wort Ludwigs XIV. hin, das dort oben in goldenen Buchstaben an der Decke des Saales funkle: „Der König regiert durch sich selbst!" — und wie dies Wort und die französische Hoffart so tief zu Schanden geworden. Im Gebet rief er den Segen des Himmels herab auf das neue deutsche Reich und den neuen deutschen Kaiser. Mit einem brausenden: „Nun danket Alle Gott!" schloß die kirchliche Feier. Der König erhob sich und schritt, gefolgt von allen Prinzen und Fürsten und dem Grafen Bismarck, durch die Galerie gerade auf die Estrade zu, wo die Fahnenträger und ich standen. Am Rande der Estrade stand der greise, fast 74jährige König, zu seiner Rechten der Kronprinz, links der Bundeskanzler; die Fürsten traten hinter den König. Mit bewegter Stimme sagte der König, wie ihm die deutsche Kaiserkrone von allen deutschen Fürsten und freien Reichsstädten und den Vertretern des norddeutschen Bundes angetragen worden sey und daß er sie annehme und in diesem Sinne heute eine Proklamation an das ganze deutsche Volk erlasse, die der Bundeskanzler jetzt verlesen werde. Den Wortlaut der königlichen Kaiserrede und der Proklamation hat der Telegraph bereits in alle Welt hinaus gemeldet. Nach dem Verlesen der Proklamation durch den Bundeskanzler trat der Großherzog von Baden vor und rief mit lauter Stimme: ‚Es lebe hoch König Wilhelm, der deutsche Kaiser!' Unter dem langen Jubelrufe der großen Versammlung ward manches Auge naß und dem greisen König-Kaiser stürzten die hellen Thränen aus den Augen. Man sah, wie die stattliche Gestalt erschüttert war vor Rührung. Der Kronprinz von Preußen huldigte dem Kaiser zuerst durch Handkuß — aber der Vater schloß ihn in die Arme und küßte ihn wieder und immer wieder unter glücklichen Thränen. Auch seinen Bruder Karl und seinen Vetter, Admiral Adalbert, seinen Schwager, den Großherzog von Weimar, seinen Schwiegersohn, den Großherzog von Baden, schloß der König in die Arme; die älteren Fürsten brachten ihren huldigenden Glückwunsch durch Handschütteln, die jungen Prinzen durch Handkuß dar. Die ganze übrige Versammlung huldigte dem Kaiser durch Vortreten und tiefe Verbeugung, die der Kaiser durch freundliches Kopfneigen erwiderte. Graf Bismarck war einer der letzten, der so seinem Herrn huldigte. Eine Rangordnung bei dieser sehr ermüdenden langen Ceremonie fand nicht statt. Zum Schlusse gingen der Kaiser und der Kronprinz an den Fahnen vorbei und sprachen mit den Unteroffizieren. Eine alte, zerschossene Fahne von 1813, deren Schaft nothdürftig wieder zusammengebunden war, erregte besonderes Interesse.

Als der Kaiser das Königsschloß der Ludwige verließ, sank die Hohenzollern-Fahne nieder und die neue deutsche Kaiserfahne rauschte in die Höhe. Und während der ganzen seltenen deutschen Kaiserfeier donnerten die deutschen Kanonen gegen Frankreichs Hauptstadt — hinein in den Jubel der Soldaten in Versailles.... Ja, es ist eine wunderbare Zeit!"

Wachenhusen schrieb: „Ich habe mir den historischen Akt tief und unvergeßlich in's Herz geschrieben, als ich nach Beendigung

der Feier im Schloßhofe stand, umgeben von all den steinernen Helden Frankreichs, deren gezückte Schwerter nicht lebendig wurden, da sie die preußische Königsflagge auf dem Schlosse von Versailles rauschen hörten, auf demselben Schlosse, in welchem doch toutes les gloires de la Franco verewigt sind; diese steinernen Helden, die mit ihren theatralischen Mienen anhören mußten, wie wir uns von der neuen Siegesnachricht erzählten, die unsere Truppen in den Vogesen gestern Abend zur Vorfeier des großen Tages dem Kaiser von Deutschland zu Füßen gelegt hatten! Und da saß der gußeiserne Ludwig auf seinem hohen Roß, mit seinem großen Federhut, Ludwig XIV., der die ganze Niederlage Frank=
reichs hier in Versailles mit ansehen muß, mit dem wir eigent=
lich noch den Krieg weiter führen, wie Raumer gesagt haben soll, und mit dem wir eben unsere Rechnung zu schließen im Begriff sind."

Die ganze Cernirungsarmee nahm freudig Theil. Auf der Südseite der Stadt war an einem ungefähr 50 Fuß hohen Tannen=
baum eine große schwarz=weiß=rothe Flagge aufgezogen, Major von Perglas stand in der Mitte und hielt folgende Ansprache: „Sol=
daten! Württemberger, Preußen, Bayern! Heute ist der Tag, an welchem das deutsche Reich erstanden. Unser geliebter Feldherr ist Kaiser dieses Reiches; das, was das deutsche Volk schon lange er=
sehnt, ist durch die heißen und blutigen Kämpfe, und durch die Vereinigung der Verbündeten heute erfüllt. Hoch lebe das deutsche Reich! Hoch Wilhelm der Siegreiche! Hoch, hoch, hoch!" Die Kapellen zweier Regimenter begleiteten diese Rede mit der Na=
tionalhymne und es folgte hierauf: Eine feste Burg ist unser Gott! — Die Flagge ist so aufgestellt, daß sie von der Stadt Paris, wie von den meisten Forts gesehen werden kann und wird einen eigenthümlichen Eindruck auf die Herren machen.

Am gleichen Tage erklärte König Wilhelm I. in einer Proklamation „an das deutsche Volk", daß er die deutsche Kaiserkrone annehme, mit folgenden Worten: „Wir Wilhelm, von Gottes Gnaden König von Preußen, nachdem die deutschen Fürsten und freien Städte den einmüthigen Ruf an uns gerichtet haben, mit Herstellung des deutschen Reichs die seit mehr denn 60 Jahren ruhende deutsche Kaiserwürde zu erneuern und zu übernehmen, und nachdem in der Verfassung des deutschen Bundes die entsprechenden Bestimmungen vorgesehen sind, bekunden hiermit, daß wir es als eine Pflicht gegen das gemeinsame Vaterland betrachtet haben, diesem Rufe der verbündeten deutschen Fürsten und Städte Folge zu leisten und die deutsche Kaiserwürde anzunehmen. Demgemäß werden wir und unsere Nachfolger an der Krone Preußen fortan den kaiserlichen Titel in allen unsern Beziehungen und Angelegenheiten des deutschen Reiches führen, und hoffen zu Gott, daß es der deutschen Nation gegeben seyn werde, unter dem Wahrzeichen ihrer alten Herrlichkeit, das Vaterland einer segensreichen Zukunft entgegenzuführen. Wir übernehmen die kaiserliche Würde in dem Bewußtseyn der Pflicht, in deutscher Treue die Rechte des Reichs und seiner Glieder zu schützen, den Frieden zu wahren, die Unabhängigkeit Deutschlands, gestützt auf die geeinte Kraft seines Volks, zu vertheidigen. Wir nehmen sie an, in der Hoffnung, daß dem deutschen Volke vergönnt seyn wird, den Lohn seiner heißen und opfermüthigen Kämpfe in dauerndem Frieden und innerhalb der Gränzen zu genießen, welche dem Vaterlande die seit Jahrhunderten entbehrte Sicherung gegen erneute Angriffe Frankreichs gewähren. Uns aber und unsern Nachfolgern an der Kaiserkrone wolle Gott verleihen, allzeit Mehrer des deutschen Reichs zu seyn, nicht an kriegerischen Eroberungen, sondern an den Gütern und Gaben des Friedens auf dem Gebiete nationaler Wohlfahrt, Freiheit und Gesittung."

Deputationen aller Regimenter des deutschen Heeres huldigten dem neuen Kaiser zu Versailles an demselben Tage und zugleich ließ der Kaiser dem preußischen Landtage zu Berlin die Proklamation mittheilen, die von beiden Häusern mit Jubel begrüßt wurde.

Von diesem Tage an traten die Namen Kaiser und Reich wieder in Kraft. Unter veränderten Umständen war das neue deutsche Erbreich doch wieder nach alter Weise durch Wahl der Reichsgenossen begründet worden, und das neue Kaisergeschlecht hatte zu seiner Wurzel sein Verdienst um das Reich. Man konnte die Aenderung der Dinge nicht schöner bezeichnen, als mit den Worten des Propheten Haggai: Es soll die Herrlichkeit dieses letzten Hauses größer werden, denn des ersten gewesen ist, spricht der Herr Zebaoth, und Ich will Frieden geben an diesem Ort, spricht der Herr Zebaoth. *)

Die bayrische Kammer allein war mit ihrer Zustimmung zu Kaiser und Reich noch zurückgeblieben. Sehr mit Recht schrieb man von Berlin: Die Courtoisie, mit welcher der König die Stimmen aller Vertreter der Nation gewahrt hatte, mußte ihre Gränze an der Frage finden, ob nicht die Geduld des deutschen Volkes durch jenes lange Zögern Bayerns erschöpft werde. Man durfte sich namentlich nicht der Nothwendigkeit aussetzen, daß bei der etwaigen Ablehnung der Verträge in München durch Neuwahl und Erwartung einer weniger klerikalen Mehrheit die formelle Verkündigung des Kaiserreiches für Wochen und Monate hinausgeschoben werden könnte. Der Würde des Aktes hätte das wenig entsprochen. Jetzt

---

*) In Schwaben pflegt man in der Neujahrsnacht die Bibel aufzuschlagen und unbesehen mit dem rechten Daumen auf die erste beste Stelle zu drücken. Man nennt das „Loosen" und thut es im eigenen oder im Namen einer andern Person. Aus dem so gefundenen Spruch aber sucht man eine Prophezeiung für den Betreffenden herauszufinden. In der Neujahrsnacht 1871 wurde in einer Familie in Stuttgart für den deutschen Kaiser geloost und die Loosung fiel auf jene schöne Stelle des Propheten, Kap. 2. V. 10. Es wurde dem neuen Kaiser bekannt gemacht, den es sehr erfreute.

werden die Herren in München, die noch heute den Schluß ihrer Debatte mit großer Mehrheit abgelehnt haben, mit einiger Ueberraschung erkennen, daß Deutschland ihnen zwar noch immer die Thür großmüthig offen hält, noch länger aber auf sie zu warten nicht gesonnen ist. —

Blicken wir nun wieder zurück auf das gleichzeitige Bombardement der Versailles so nahen Hauptstadt Paris, in welcher mit der Verzweiflung zugleich der Galgenhumor culminirte.

Zum Beweise, wie die Frivolität den Parisern zur andern Natur geworden ist, daß sie derselben auch unter den Schrecken des Krieges nicht entsagen können, möge folgende Notiz dienen, die noch kurz vor der Capitulation niedergeschrieben wurde: „Der Trocadero (gegenüber dem Marsfeld) ist jetzt des Abends der fashionable Sammelplatz für die Cocottes geworden. Dort sieht man die Linie der preußischen Batterien und das Aufblitzen der Kanonen, hört das Zischen der Bomben, und in affektirter Furcht schmiegen die Cocottes sich an ihre Beschützer an." — Ein gewisser Victor de Laprade, Mitglied der Akademie française, schrieb ein Gedicht à Guillaume, welches damals in der ganzen Stadt verbreitet wurde und worin er den neuen deutschen Kaiser einen Banditen nannte und eine Charlotte Corday herbeiwünschte, um ihn gleich dem Marat zu erdolchen.

> Um so durch gleichen Stoß zu sühnen gleiche Schande,
> Daß Demagog und Fürst umschlinge gleiche Bande! ...
> Und seh' ich Dich dereinst so unter'm Messer enden,
> Klatsch', Christ ich und Poet, Beifall mit beiden Händen.

Ollivier, der geistig ganz herab gekommen zu seyn scheint, schrieb an den Kaiser Wilhelm, dieser selbst habe, indem er Napoleon III. beleidigte, den Krieg verschuldet und da er (Ollivier) an Gott glaube und Gott Frankreich beschütze, so werde Frankreich zuletzt doch triumphiren. Graf Bismarck antwortete ihm: „Der König hat Ihren Brief nicht erhalten, aber ich glaube Ihnen antworten zu können, daß, da Sie an Gott glauben, Ihr ganzes Leben nicht hinreicht, ihn auf den Knieen um Verzeihung für das Unheil zu bitten, das Sie Ihrem Lande zugefügt haben."

Nur ein dichter Nebel hielt einigemal die Beschießung auf. Seit dem 5. Januar wurden zugleich die Forts auf der Nord- und auf der Ostseite von Paris beschossen, welche das Feuer nur schwach erwiderten, nachdem sie früher so ungeheuer viel Kugeln unnütz verschwendet hatten. Man las in den Daily News: Das Feuer der Forts hat beträchtlich abgenommen unter der regelmäßigen stetigen Wirkung der deutschen Sprenggeschosse. Immer wieder auf's Neue räumten die französischen Matrosen die Trümmer demontirter Geschütze ab, fuhren neue Reservestücke auf und trugen die verwundeten Kameraden in die schützenden Wölbungen der Kasematten, und immer wieder auf's Neue schlugen die Granaten ein und richteten Verwirrung an. Man hat bezüglich des französischen Feuers die Bemerkung gemacht, daß 400 Granaten in das offene Feld fielen, wo sie nicht den geringsten Schaden anrichteten. Bei den Batterien schlagen nur einige wenige ein. Zum Theil erklärt man sich diese Erscheinung durch die Schwierigkeit, aufwärts gegen eine unbestimmte Linie von Rauch und Erdaufwürfen am Gipfel eines Hügels Ziel zu nehmen, theilweise auch durch den Mangel an gründlich ausgebildeten Artilleristen in den französischen Werken. Außerdem waren die französischen Forts den deutschen Ingenieuroffizieren seit Monaten bekannt und wurden von ihnen mit Muse studirt, während die deutschen Batterien sich den Ingenieuren des Feindes als etwas Neues und Unbekanntes enthüllten. Als in der Nacht vom 4. auf 5. Jan. die maskirenden Bäume fielen, da stellte es sich heraus, daß die Batterien so placirt waren, daß sie den Forts so lästig als nur irgend möglich fallen konnten. Soviel steht überhaupt fest, die Ueberlegenheit des deutschen Feuers über das französische sowohl hinsichtlich der Genauigkeit als der mörderischen Wirkung ist erwiesen. Die französischen Geschosse brechen beim Krepiren in weniger Stücke als die deutschen, und es findet somit eine Verschwendung an Kraft statt. Dann auch arbeiten die Geschütze der Belagerten meist aus Schießscharten oder Einschnitten hervor, während die Deutschen hinter der Brustwehr gedeckt stehen, so daß nur oben die Mündung hervorragt. Schlägt eine Granate in eine Schießscharte ein, so ist das dort stehende Geschütz in den meisten Fällen zum Schweigen gebracht, während die Franzosen wenig Nutzen von ihrer Munitionsverschwendung haben, wofern es ihnen nicht gelingt, die Stahl= oder Broncemündung zu treffen, welches ihr einziges Zielobjekt ist.

Die sichern Geschosse der Deutschen steckten zuerst die Kasernen des Forts Montrouge, dann die des Forts Issy in Brand. In die Stadt selbst hinein zu schießen, wurde schon am 5. versucht und hatte so guten Erfolg, daß die Kugeln schon bis zur Avenue Breteuil, nahe am Hotel der Invaliden reichten. „Granaten schlugen bis in die Mitte des südlichen Stadttheiles von Paris, in den Garten des Luxembourg, ein, eine enorme Schußdistanz von über 9000 Schritt, mithin fast eine volle deutsche Meile, wie dies auch von der preußischen Artillerie hinsichtlich der neu construirten gezogenen Riesenmörser, welche sich schon vor Straßburg glänzend bewährt haben, garantirt worden war. Am 8., so wird aus Paris berichtet, fielen unaufhörlich Granaten auf die westlich vom Garten des Luxembourg gelegene Vorstadt St. Germain, das vornehme Stadtviertel, und in der Nacht zum 10. gegen 2000 Granaten meist in die dem Pantheon zunächst gelegene Straße, also östlich vom Luxembourger Garten, so daß daher dieser ganze Stadttheil fast in seiner vollen Breite unsicher gemacht wird. Die Granaten fallen fortdauernd in den Faubourg St. Germain. Ein Geschoß platzte in der Rue St. Jaques, als die Menge die dortige Kirche verließ."

Vom 11. Januar an wurde das Feuer aus noch mehr und

der Stadt näher geschobenen Batterien eröffnet. „Daß unsere Geschütze den feindlichen bei Weitem überlegen sind, zeigt sich sowohl an den kolossalen Zerstörungen, welche dieselben an den Forts schon angerichtet haben — die ursprünglich so glatten Brustwehren sehen bereits aus wie algerische Gebirgslandschaften, — als auch an der Guerre d'embuscade, welche die Herren Franzosen bereits auch in diesen Artilleriekampf einzuführen beginnen: sie ziehen ihre Geschütze nämlich aus den Scharten zurück und verhalten sich Stunden lang ganz ruhig; dann ziehen sie dieselben plötzlich wieder vor, geben mehrere kurze Salven und verschwinden eben so schnell, wie sie erschienen sind. Schlaf ist hier in der Nacht unmöglich, so lange sich die Nerven an das unaufhörliche Geknalle noch nicht gewöhnt haben; was aber unsere Offiziere und Mannschaften vom Festungs-Artillerieregiment in Ausübung ihres anstrengenden und gefahrvollen Berufs jetzt durchzumachen haben, ist schwer zu beschreiben. Solch eine 24stündige Arbeit in der Batterie, auf welche zwei bis drei Tage nomineller ‚Ruhe' folgen, ist das Non plus ultra der Leistungsfähigkeit selbst einer kräftigen Natur: der Knall des eigenen Geschützes, die genaue Beobachtung der Einschlagsstelle des Geschosses, der Donner, das Sausen und Zischen der von allen Seiten heranfliegenden Bomben und Granaten, die Besonnenheit und Geistesgegenwart, welche bei jedem Unfall nöthig ist, die das Geschütz oder die Bedienungsmannschaft, oder beide betrifft, der Kampf gegen die Schrecknisse eines überwältigenden Feuers, wie gegen den Mark und Bein durchdringenden Frost, das alles bildet eine Häufung der Aufgaben für die moralische und physische Widerstandskraft, die sich als eine echt deutsche Kraftprobe bezeichnen läßt. Die täglichen Verluste an Verwundeten und Todten sind zwar nicht so bedeutend, sie summiren sich aber von Tag zu Tag."

Indem nun die schweren Kugeln der Deutschen bereits das ganze linke Seineufer trafen, täglich und nächtlich Feuersbrünste ausbrachen, nach und nach täglich eine Menge Häuser mehr oder weniger zerstört und viele Bewohner jedes Alters und Geschlechts getödtet und verwundet wurden, vermehrte auch noch der steigende Hunger das Elend der Stadt. Zwar reichten die Vorräthe noch immer für die Wohlhabenden und für die Bewaffneten aus, aber die ärmeren Klassen entbehrten immer mehr gesunder und hinreichender Nahrung. Man nahm zu Surrogaten aller Art Zuflucht. Man tödtete wie früher schon alle Ratten, so jetzt auch alle Sperlinge. Man schrieb aus Paris: Die Zahl der Pferde, welche täglich in Paris geschlachtet werden, beträgt nur 650. Der Omnibus-Gesellschaft, die bisher 7—8000 Pferde hatte, hat man einstweilen 4000 für ihren Dienst gelassen. Von Privatleuten haben nur noch die Aerzte das Recht, Pferde zu besitzen. — Die beiden Elephanten des Jardin des Plantes wurden bekanntlich für 30,000 Franken verkauft; der Hippopotamus wurde zu 80,000 Franken ausgeboten. Bis zum 3. Januar hatte sich aber noch kein Käufer gefunden. Ein großer Theil der Restaurants hat jetzt geschlossen; sie haben nichts mehr zuzubereiten. Potel und Chabot et Chevet bieten noch Geflügel und Hasen aus, aber zu enormen Preisen.

 Man begriff nicht, warum Trochu sich mit dem kleinen nächtlichen Ausfall vom 13. Januar begnügt hatte. Gambetta's Organe prahlten in den Provinzen, Paris zähle eine halbe Million Bewaffneter, die einen großen Ausfall machen, die Deutschen zurückschlagen und sich mit einer der großen Entsatzarmeen im Westen, Norden oder Osten vereinigen würde. Zu gleicher Zeit prahlten Gambetta's Organe in Paris selbst, die Hauptstadt werde in den nächsten Tagen erst durch Aurelles, dann durch Chanzy, dann durch Bourbaki, dann durch Faidherbe entsetzt werden und Trochu schien seinen großen Ausfall immer nur aus dem Grunde zu verzögern, weil er die nahe Ankunft des Entsatzheeres abwarten wollte, um mit desto sicherem Erfolge ausfallen zu können. Es kam aber kein Entsatz. Als nun am 18. Januar den Parisern ganz unerwartet die große Huldigungsfeier des neuen deutschen Kaisers

in Verſailles erfolgte, geriethen ſie in fieberhafte Wuth und Trochu
konnte nicht länger dem ungeſtümen Geſchrei nach einem großen
Ausfall widerſtehen. Die Regierung der nationalen Vertheidigung
erließ bereits am folgenden Tage eine Proklamation ganz im Style
Gambettas, um den Muth der Truppen und des Volks anzufeuern.
Sie lautete: Bürger! Der Feind tödtet unſere Frauen und Kinder;
er bombardirt uns Tag und Nacht; er bedeckt mit Bomben unſere
Hoſpitäler. Der Ruf: Zu den Waffen! iſt aus der Bruſt Aller
hervorgegangen. Die unter uns, welche ihr Leben auf dem Schlachtfeld preis geben können, werden gegen den Feind marſchiren; die,
welche bleiben, eiferſüchtig, ſich dem Heroismus ihrer Brüder würdig
zu zeigen, werden nöthigenfalls die härteſten Opfer als ein anderes
Mittel nicht ſcheuen, ſich dem Vaterland hinzugeben. Leiden und
ſterben, wenn es ſeyn muß; — aber ſiegen. Es lebe die Republik!

Neunzig Bataillone oder nahezu 100,000 Mann brachen am
19. Januar aus Paris hervor, Linientruppen, Mobilgarden und
mobiliſirte Nationalgarden, die Linie voran und zwar auf der ganzen Süd- und Südweſtſeite der Stadt, ſo daß ſich das Schlachtfeld auf Sevres, Meudon, Garches, St. Cloud, Bougival, Mal-
maiſon, Vaucreſſon ꝛc. erſtreckte. Es wurde ein zweimeiliges Terrain nothwendig, um den Kampfplatz beſtreiten zu können. Der
mit dieſen koloſſalen Streitkräften unternommene Ausfall war gegen
das 5. Corps gerichtet, von dem hauptſächlich die 9. Diviſion ſtark
engagirt war. Die Franzoſen drangen mit vielem Elan vor und
es ſchien wirklich, als ſeyen ſie ſich bewußt, auf dieſen letzten und
größten Ausfall komme Alles an. Man wollte ſogar wiſſen, es
ſeyen 150,000 Mann ausgezogen. Aber ihr Anſtürmen ſcheiterte
an der gewohnten Feſtigkeit der Deutſchen und an der Zuſammen-
hangloſigkeit der franzöſiſchen Angriffskolonnen ſelbſt. Unter General Vinoy nahmen ſie zwar die Schanze von Montretout und
behaupteten ſie eine zeitlang, wurden aber nicht rechtzeitig durch
Ducrot unterſtützt, der mit der andern großen Angriffskolonne in

die Schlacht eingreifen sollte. Der Grund war nach der Kreuzzeitung folgender: General Ducrot, der den rechten Flügel, also den gegen Malmaison gerichteten Angriff kommandirte, hatte seiner Truppe den Befehl gegeben, um 7 Uhr früh auf dem Platze zu seyn. Die beiden Divisionen Berthaub und Surbielle erschienen aber erst um halb 1 Uhr und zwar, weil sie wegen der Barrikaden nicht hatten aus der Stadt gelangen können! Die Offiziere des Generalstabes hatten sich begnügt, den Truppen dieser beiden Divisionen die Straßen vorzuschreiben, durch welche sie bis zum Sammelplatz marschiren sollten, es aber nicht der Mühe werth gehalten, sich von der Gangbarkeit dieser Straßen zu überzeugen. Nun hatte die Barrikadenkommission, unter der sublimen Leitung des Herrn Rochefort, die Straßenzugänge nach jener Seite hin kunstgerecht barrikadirt, so daß die Truppen entweder einzeln durch enge Durchlässe kriechen, oder über die improvisirten Hindernisse hinwegklettern mußten. Ducrot soll auch so außer sich über diese nicht zu entschuldigende Verzögerung gewesen seyn, daß er im Park von Longboyau offenbar den Tod gesucht und sich den preußischen Kugeln entgegengestellt habe. Rochefort selbst wurde verwundet. Vinoy's Truppen, zu lange nicht unterstützt, hatten schon den Muth verloren.

Am Abend flüchtete Alles wieder hinter die Mauern der Hauptstadt zurück und diese letzte große Anstrengung der Pariser war wieder eine vergebliche. Man schrieb aus Versailles: „Die Verluste der Franzosen vom 19. sind so schrecklich, daß der französische General Noël selbst die Anzahl der Todten und Verwundeten auf 6000 Mann angibt. Noch gestern sah ich auf den Höhen von Garches und der Montretoutschanze die Leichname der Franzosen hoch aufgethürmt unbeerdigt daliegen. Offiziere, Pariser Bürger, ja Frauen kamen bis an unsere Vorposten, um die Leichen der mobilen Nationalgarden nach Paris hineinzuschaffen, während man sich um die todten und verwundeten Linientruppen wenig kümmert und dieselben ruhig uns zurückläßt. Unsere Artillerie ist es vornehmlich gewesen, welche zum Erfolg des Tages beigetragen und den Sieg über die feindliche Artillerie wieder errungen hat; die französische Infanterie hat sich im Allgemeinen tapfer geschlagen. Den rechten Flügel kommandirte General Ducrot, den linken General Vinoy, während Trochu vom Observatorium aus die ganze Schlacht dirigirte. In diesem blutigen Kampfe verloren die Deutschen 39 Offiziere und 616 Mann. Der Verlust der Franzosen erwies sich schließlich höher, als er anfangs geschätzt worden war, bis auf 9000 Mann. Am folgenden Tage wurden in St. Cloud noch 10 französische Offiziere mit 330 Mann gefangen genommen, die zurückgeblieben waren und ganz naiv verlangten, in die Kapitulation von Paris eingeschlossen zu werden."

Eine solche war nun noch nicht erfolgt, konnte jedoch nach dem abermals mißlungenen Ausfall nicht lange mehr auf sich warten lassen. Schon unmittelbar nach dem Kampf ließ Trochu durch seinen Adjutanten Herison um einen zweitägigen Waffenstillstand bitten, um die Todten beerdigen zu können, und damals schon hieß es, er habe auch schon wegen der Kapitulationsbedingungen sondiren sollen.

Während des Kampfs waren die preußischen Truppen von Versailles vor Paris marschirt und die Einwohner von Versailles bildeten sich ein, sie würden nicht wiederkommen, sondern getödtet oder gefangen werden. Sie erschracken daher, als plötzlich von der andern Seite her Bayern einrückten. Der Schrecken wich aber bald dem Erstaunen über den bayrischen Durst. „Die bayrische Brigade, hieß es, hat uns alles Bier ausgetrunken; die Wirthe schlugen die Hände über dem Kopf zusammen."

Viertes Buch.

Niederlage der französischen West- und Nordarmee.

Die Niederlagen der Loirearmee hatten die **Flucht der Delegation von Tours nach Bordeaux** zur Folge. Dieselbe zog ab mit allen ihren Bureaus, Kassen, mit dem diplomatischen Corps und mit ihren Zeitungen und Pressen. Aber wer etwas zu verlieren hatte, flüchtete mit. Zahlreiche Familien aus der Touraine suchten sich in lächerlichem Schrecken vor den Deutschen, als wären es Menschenfresser, nach dem Süden zu retten. Am übelsten waren die überaus zahlreichen Verwundeten dran, die im harten Winter nach dem Süden transportirt wurden, weil die Lazarethe in Tours keinen Platz mehr für sie hatten. Man schrieb aus Bordeaux: „Es ist ein schrecklicher Anblick, diese mit den Opfern des Krieges angefüllten Bahnzüge hier eintreffen zu sehen. Zu 600 oder 800 schleppen sie sich aus den Waggons, die Einen bleich vor Fieber, die Anderen den Arm in der Binde, das Bein mit Bandagen umwickelt oder den Kopf verbunden." Man rechnete, daß von den Schlachten an der Loire nicht weniger als 12,000 verwundete Franzosen fortgeschafft wurden; 600 kamen in Bayonne an und andere füllten das schöne Schloß der Kaiserin Eugenie in Biarritz, noch andere brachte man nach Pau.

Ihnen entgegen kamen immer noch neue Colonnen von frisch

zusammen getriebenen Moblots, denn Gambetta fuhr unablässig fort, das friedliche Landvolk aus seiner Ruhe aufzuhetzen und durch seine republikanische Gensdarmerie wie Schafe zur Schlachtbank schleppen zu lassen. Man las rührende Schilderungen von thränenreichen Abschieden der Eltern und Angehörigen auf allen Bahnhöfen. Ein Engländer, welcher fast zwanzig Jahre in Bordeaux etablirt ist, schrieb damals: „Die Engländer sind gewiß das Volk, welches sich am leichtesten betrügen läßt — wir haben hier laut aufgelacht, als wir zuerst in den großen Londoner Blättern die Schilderungen der rauhen Römertugend des neuen republikanischen Frankreichs lasen, und Paris-Karthago ist fast noch irriger und fabelhafter. Wißt Ihr, was die neuen republikanischen Heere wie Heerden von Schlachtvieh zusammentreibt? Wißt Ihr, was Paris vertheidigt? Furcht, heißt die blasse Canaille! Furcht vor Gambetta, Furcht vor den Rothen, die nach ihm kommen, Furcht vor dem Pöbel, Furcht vor dem Nachbar, der Dich dem Pöbel denuncirt! Ich weiß, daß mir das zu Hause Niemand glauben wird; es ist aber darum doch wahr, daß hier das Unglaubliche geschieht, lediglich, weil sich immer Einer vor dem Anderen fürchtet. Es ist ein harter Bann, aber ein Bann, den das erste laute Wort bricht, und dieses Wort kann in der nächsten Minute gesprochen werden."

In der That hatte Gambetta den Bogen überspannt und die Hoffnungen, die er noch in Tours gehegt, fingen in Bordeaux an, tief zu sinken. Die Stadt Bordeaux, der Gambetta's Blätter immer vorgelogen hatten, die Deutschen seyen geschlagen und auf dem Rückwege, war auf die vielen Flüchtlinge, die jetzt ankamen, nicht gefaßt gewesen. Sogar die fremden Diplomaten konnten in der ersten Zeit kein Unterkommen finden. „Für Minister- und Gesandtenhotels werden ganz fabelhafte Preise gefordert. Ein Privatmann bot sein Haus für 28,000 Francs monatlich an. Als Lord Lyons, der englische Botschafter, noch spät Abends eintraf, konnte er kein Zimmer mehr im Hotel de Paris finden; er mußte sich bequemen, in einem der Säle des Hotels auf einer improvisirten eisernen Bettstelle die Nacht zuzubringen. Ritter Nigra, der italienische Gesandte, schlief in einem Lehnstuhl. Metternich lief umher, um eine Wohnung zu suchen, und Djemil-Pascha klopfte lange vergebens an, ohne daß ihm aufgethan wurde. Heute richtet man sich so gut es geht ein, doch ist noch kein Bureau gebildet, weil überall die passenden Tische fehlen. Von den Ministern ist Gambetta allein nicht mitgekommen; er scheint seine flüchtigen Collegen necken zu wollen, indem er ihnen Bulletins über Bulletins schickt, welche die feste Haltung des Generals Chanzy in den Himmel heben. Die Uebersiedelung der Regierung ist von einem kleinen ominösen Unglück begleitet gewesen. Die Municipalität hatte kürzlich eine Anzahl werthvoller Bilder nach einem Saal in der Mairie schaffen lassen, wo man sie besser als in dem Museum gegen Feuer gesichert glaubte; aber in der Nacht am 9. Dezember kam durch Schornsteinbrand dort Feuer aus und nur ein Theil der Bilder konnte gerettet werden; mehrere schöne Gemälde von Eugen Delacroix, Horace Vernet, Dreux ꝛc. wurden von den Flammen vernichtet."

Der Rückzug von Tours, schrieb man aus Bordeaux, wird überall an der Loire als ein Unglück betrachtet, die Panik steigt; Bordeaux ist der Zufluchtsort für ganz Westfrankreich geworden; die Verwaltung des Landes ist in einer unsäglichen Verwirrung, der Präfekt von Bordeaux erließ am 15. Dezember eine Proklamation, worin er „gegen einige Geriebene" donnert, welche „die Verwirrung der Herzen" benutzen, „um sie zu feigem Kleinmuthe zu treiben"; die Bewohner der edlen Gironde sollen sich beruhigen: „Die Regierung der Republik hat seit drei Monaten Wunder verrichtet, die nur die Republik thun konnte." Der Berichterstatter des Journal de Genève, dem wir diese Einzelheiten entnehmen, fügt hinzu, diese Proklamation solle offenbar eine Verwarnung gegen die „Politiker" seyn, „die in den Versammlungen des Grandtheatre die These der constituirenden Versammlung und des Abschlusses des Friedens befürworten." — Dieser Präfekt, gänzlich Gambetta's Werkzeug, terrorisirte die Stadt und hinderte jede Friedensdemonstration. Viele Abgeordnete des vormaligen gesetzgebenden Körpers eilten nach Bordeaux, um im Verein mit Thiers, Grevy und Girardin für die endliche Einberufung einer Constituante zu wirken, aber Gambetta litt es nicht, wollte seine Dictatur behaupten und schwur immer noch, Frankreich sey unbesiegbar.

Eine Flugschrift la vraie situation, die im Dezember erschien, erklärte sich eifrig für die Berufung einer Nationalvertretung und schlug vor, sofern Deputirtenwahlen mitten im Kriege schwierig vorzunehmen seyen, solle man die Generalräthe einberufen und dieselben als eine Nationalversammlung legitimiren. Kaum aber war dieser Vorschlag gemacht, als die Delegation in Bordeaux augenblicklich sämmtliche Generalräthe und Arrondissementsräthe in Frankreich entließ und durch Departementalcommissionen ersetzte. Denn die dermaligen Regenten fürchteten, die Generalräthe würden, wenn sie zusammenträten, eine neue Regierung einsetzen und die monarchische Form der republikanischen vorziehen. Sie aber wollten sich nicht so bei Seite setzen lassen und wandten vor, die Generalräthe müßten abgesetzt werden, weil sie noch unter dem Kaiserreich erwählt worden seyen.

Ohne Zweifel hat Gambetta in der fortgesetzten Vertheidigung der Republik seinen höchsten Ruhm gesucht, und wenn auch diesmal die Republik nicht haltbar seyn sollte, doch für eine künftige Republik vorgearbeitet. „Gambetta, ließ sich damals eine Stimme vernehmen, Gambetta und die Seinen wünschen, der Republik den Kredit zu verschaffen, daß sie bis auf's äußerste gekämpft und erst nachgegeben habe, nachdem sie aus ihrer letzten Feste vertrieben und in's Meer hinausgestoßen worden sey. Sie sind überzeugt, daß die Regierung, welche gebildet wird, um Frieden zu schließen, die Ausführung dieser erniedrigenden und unpopulären Aufgabe nicht lange überleben wird. Und dann — so raisonniren sie — wenn dann das Land vom Feinde gesäubert ist, wer anders sollte da an's Staatsruder berufen werden, als die Männer, welche lieber bis auf's äußerste kämpften, als eine Festung oder einen Fuß breit Landes aufzugeben? So rechnen diese Herren, deshalb führen sie den Krieg fort und ignoriren in ihren Proklamationen und Rundschreiben jede Möglichkeit, Frieden zu schließen. Gleichzeitig mit ihrem Ringen gegen den Feind machen sie dann Propaganda für ihre republikanischen Grundsätze, und gleichviel, wie bonapartistisch oder orleanistisch eine Stadt oder ein Bezirk seyn mag, es werden alle möglichen Mittel angewandt, um wenigstens den Schein zu wahren, daß die Regierung überall, wo sie nur hinkomme, bei der Mehrheit des Volkes mit ihren Grundsätzen und ihren Ideen Anklang finde."

Daraus erklärt sich auch, warum Gambetta in Lyon immer noch die rothe Fahne wehen ließ und sie nicht wegzureißen befahl, obgleich man es nach der grauenhaften Ermordung Arnauds dringend von ihm forderte. Er wollte die zahlreichen Anhänger der rothen Republik im Ausland schonen und auf seiner Seite behalten. Die „France" machte ihm darüber die bittersten Vorwürfe. „Sie beschwört den Dictator, endlich dem Unfuge zu steuern und in Lyon Ordnung zu stiften; allein bis jetzt paßt es ihm besser in den Kram, diese Fahne als Honig für die europäischen rothen Schmeißfliegen zu schonen, und wenn er dem allgemeinen Unwillen demnächst nachgibt, so wird er nicht verfehlen, dem Vater Garibaldi und seinen Jüngern sein Bedauern über die Bornirtheit der Franzosen auszusprechen. Uebrigens setzt der Dictator jetzt eine neue Adressenfluth in Bewegung. Bordeaux geht dabei voran; Stichwort ist der Satz: ‚Frankreich kann nicht anders als durch die Republik gerettet werden, durch sehr beträchtliche Opfer und durch außerordentliche Mittel, welche die Bürger auf den Altar des Vaterlandes zu legen haben; Frankreich hat unermeßliche Hülfsquellen, es ist Pflicht der Regierung, dieselben flüssig zu machen.' Der

Niederlage der französischen West- und Nordarmee. 137

Dictator braucht Geld, die Gemeinderäthe müssen ihn jetzt darum in hochtönenden Adressen bitten, es zu nehmen."

Die Auflösung der Generalräthe fand in mehreren Departements (Maine und Loire) einen lebhaften Widerspruch. Auch Thiers gerieth mit Gambetta in Streit. Indessen behauptete der Dictator seine usurpirte Gewalt, verkündete trotz aller Niederlagen immerfort Siege. Im Dezember ließ Gambetta in vielen tausenden von Exemplaren eine Depesche aus Paris unter dem Volk verbreiten, worin die Vertreibung der Deutschen vor Paris folgendermaßen verkündet wurde: „160,000 Preußen getödtet oder verwundet, 6000 Mann in der Marne ertrunken, 270 Kanonen genommen, 180 vernagelt, 67,000 Gefangene. Bourbaki getödtet. Bismarck verwundet und mit seinem Generalstabe zu Gefangenen gemacht. Ganze preußische Armee auf dem Rückzuge gegen Osten. Wilhelm in Metz. Vinoy und Ducrot verfolgen die fliehende preußische Armee und machen viele Gefangene. Trochu marschirt auf die Normandie zu, seine Vorposten sind in Mantes, Briant steht mit 70,000 Mann zwischen Havre und Rouen." Im Beginn des neuen Jahres verkündeten französische Zeitungen, die bayrische Kammer habe durchgesetzt, daß alle Bayern aus Frankreich zurückberufen würden, die Preußen seyen dadurch außerordentlich geschwächt worden und Frankreich müsse siegen, da die Deutschen unter sich selbst so uneins seyen. In gleicher Weise wurde die Opposition Liebknechts und Bebels in Berlin von der französischen Presse ausgebeutet.

Man rechnete, die Loirearmee habe in ihren sechstägigen Kämpfen fast 20,000 Mann an Todten, Verwundeten und Gefangenen verloren. Nichts bestoweniger verkündete Gambetta auch diesmal, er habe gesiegt. Kaum war der angebliche Sieg der Loirearmee am 9. November über v. d. Tann erfochten, so war in den Lyoner Zeitungen zu lesen: „Jetzt, — nach dem so glänzenden Siege bei Orleans über das bayrische 1. Armeecorps, kann der Frieden nur noch in Berlin diktirt, und selbst Gambetta müßte abgesetzt werden,

wenn er nun nicht das linke Rheinufer verlangte." — Dagegen
klagte der François auf's schmerzlichste über Gambetta's Lügensystem.
Das Kaiserthum habe gelogen und die Wahrheit verschwiegen, die
Republik mache es noch ärger. Wenn es wahr sey, daß die Hof-
generale Frankreich in's Verderben gestürzt hätten, so sey das doch
kein Grund für die Strategen „der Clubs und Kneipen" ihnen nach-
zuahmen und es noch ärger zu machen.

Das erste Dekret, welches das Kriegsministerium aus Bordeaux
erließ, als die von Tours geflüchtete Regierung dort ankam, lautete:
In Zukunft wird jede der Armeen der Republik mit einem Gens-
darmerie-Regiment zu Pferde versehen werden, welches unter dem
ausschließlichen Commando seines Obersten stehen wird. Dieser
Oberst correspondirt direkt mit dem Minister, von welchem er ab-
hängig ist. Ein Kriegsgericht in Permanenz wird im Rücken einer
jeden Armee errichtet und von dem Obersten des Gensdarmerie-
Regiments befehligt. — Das bedeutete so viel, als die Guillotine
hinter der Armee herführen, um die Generale zu köpfen, wenn sie
nicht siegten, wie in der ersten Revolution. Zugleich wurde eine
Kommission niedergesetzt, um die Uebergabe von Straßburg und
Metz zu untersuchen und Uhrich und Bazaine in Anklagestand zu
versetzen. General Sol, Commandant von Tours, welcher bei Annäherung der siegreichen deutschen Truppen diese Stadt, die bereits
von der Regierung verlassen war, mit seinen Leuten ebenfalls verlassen zu müssen glaubte, wurde deshalb sogleich abgesetzt. Ebenso
General Morandy, „wegen Unfähigkeit". Mehrere Blätter fingen
über Gambetta zu klagen an: „Statt des Erfolges, den man im
Namen der Dictatur versprach, ist der Mißerfolg (revers) eingetreten, und das erste Schauspiel, das wir erleben, ist der Versuch
der Regierung, alle Verantwortlichkeit, die sie vor Kurzem noch auf
ihre eigenen Schultern nahm, von sich abzuwälzen und das ganze
Gewicht derselben dem Befehlshaber des besiegten Heeres zur Last
zu legen." Die France, die von Paris nach Tours übersiedelt

Niederlage der französischen West- und Nordarmee.

war und der Regierung auch wieder nach Bordeaux folgte, setzte dem Dictator am schärfsten zu, daher man sich wundern muß, daß er es duldete. Sie erklärte, eine Dictatur lasse man sich überhaupt nur in der äußersten Noth gefallen, dann müsse sie aber auch helfen. Und was habe Gambetta geholfen? Seit er regiere, werde eine Schlacht nach der andern verloren, falle eine Festung nach der andern in die Gewalt des Feindes und müsse die Regierung selbst aus einer Stadt in die andere flüchten.

Man schrieb damals aus Brüssel, als Gambetta von der Loirearmee weggegangen sey, „habe er einen Anfall von Geisteskrankheit gehabt. Er gesticulirte, schrie, lief hin und her, gab die absurdesten Befehle, und verlangte Aufklärungen über die einfachsten Dinge. Sein Anblick machte einen peinlichen Eindruck auf die Anwesenden. Cremieux und Glais-Bizoin waren in der größten Bestürzung und fanden kein Wort zur Beruhigung ihres Collegen. Im Hintergrunde des Salons bemerkte man den Admiral Fourichon mit Thränen in den Augen." Zum Verwundern wäre es nicht, wenn Gambetta den Verstand verlöre bei dem Gedanken an die ungeheure Verantwortlichkeit, die auf ihm lastet und an die Aussichtslosigkeit seiner Anstrengungen und der Vergeblichkeit seines Lügensystems.

Wenn er nur das Volk fanatisiren konnte, war diesem Gambetta jedes Mittel gleich. Auf der einen Seite bediente er sich Garibaldis, der die Kirchen in Frankreich plünderte, auf der andern der bigotten Vendeer, Charettes, Cathelineau, Kellers und der immer wieder auftauchenden Jungfrau von Orleans. Aber er durfte es wagen, denn seine Parteigänger fielen ganz ungenirt in denselben Widerspruch. „Während auf der einen Seite Argwohn und Verdächtigung die Gemüther in Frankreich erfüllen, geben gerade, wie aus Lyon geschrieben wird, die Extremsten, die enragirten Socialisten mit der blutrothen Cocarde, sich dem kindlichen Glauben an eine zweite Jeanne d'Arc hin, die in der That nicht nur eine Mythe ist. Catherine Panis, eine Magd aus dem Dorfe Saint-Laurent (Ain-Departement) hat wirklich erklärt, von der Mutter Gottes den Auftrag erhalten zu haben, Frankreich von seinen Feinden zu befreien. Mit einem Degen in der einen und einem Rosenkranz in der anderen Hand erschien ihr die heilige Jungfrau und befahl ihr nach Paris und Orleans zu gehen, um dort den Befehlshabern den Willen des Himmels zu verkündigen. Gegen das Ende des Oktober hat sie diese Reise gemacht, fast ohne Geld und ohne jede Begleitung, und dennoch ist sie erst nach Paris und dann nach Orleans hineingelangt, ohne von den Preußen behelligt zu werden. Die Herren der Regierungen sollen erst sehr ungläubig in Betreff ihrer Mission gewesen seyn, worauf Catherine ruhig hinwegging, um in der Kirche zu beten. Dieses Gebet wirkte; Trochu ließ sie zu sich rufen und sandte sie, nachdem er ihre Botschaft gehört hatte, nach Orleans. Der Pfarrer von Saint-Laurent, der das alles schriftlich bestätigte, fügt hinzu, daß der Gouverneur sich nach dem Namen und Wohnort der neuen Jeanne d'Arc erkundigt habe, um sich bei ihr Rath erholen zu können, und die Arbeiter in Lyon wissen, daß Trochu auf Catherinen's Antrieb in Notre-Dame de Fourvieres eine Messe für den Triumph der französischen Waffen habe lesen lassen."

Diese fromme Jungfrau fand eine Concurrentin. Anfangs Dezember schwärmten die französischen Blätter wieder von einer zweiten Jungfrau, die in den Vogesen eine Freischaar commandirte, aber keine Heilige, sondern ein abenteuerlicher, weiblicher Wildfang war.

Sogar der alte Cremieux, von dem man glaubte, er billige die Uebertreibungen Gambettas nicht, ließ sich doch noch in Bordeaux verleiten, am 26. Dezember bei einer Musterung der Nationalgarde derselben zu erklären, dieselbe sey fest entschlossen jeden Reactionsversuch zu unterdrücken, denn die Republik allein könne Frankreich retten. Er unterstützte also Gambetta's Schreckenssystem. Alle

Anhänger dieses Systems verdoppelten ihren Eifer. Der Präfekt des Departements Cote d'Or, Luce-Villiard, befahl allen Unterpräfekten und Maires, den Volkskrieg zu organisiren, aber in der Art, daß sie sich nicht nutzlos in undisciplinirten Haufen dem überlegenen Feind entgegen stürzen sollten, sondern lauernd in Hinterhalten. In jeder Gemeinde sollten einige entschlossene Männer jeden Morgen ausrücken und von einem sichern Orte aus, ohne eigene Gefahr auf die Preußen schießen. Ihnen sollen Prämien ertheilt werden. Auch soll jeder feige, jeder, der dem Feind Lebensmittel liefert, denuncirt und bestraft werden. Denselben Terrorismus übte zu Toulouse mit diktatorischer Gewalt ein gewisser Duportal, der die Pressen aller sog. reaktionären Zeitungen, d. h. aller die sich gegen den Terrorismus auflehnten, zertrümmern ließ. — Später fand man auch die Beweise, daß Gambetta ein „schwarzes Cabinet" eingerichtet hatte, worin er alle Briefe, die auf die Post gegeben worden waren, aufbrach und lesen ließ, wie unter der kaiserlichen Regierung. Er war also nicht befugt, seiner Republik größere Freiheit nachzurühmen.

Gegen ein so ungeheuerliches, so lange anhaltendes und systematisches Lügensystem, wie es Gambetta trieb, trat endlich einer seiner ehemaligen Parteigenossen selbst, der Republikaner Laufrey in einem Leitartikel unter dem Titel „Die Dictatur der Unfähigkeit" auf. Laufrey hatte die Geschichte des ersten Kaiserreichs geschrieben und darin vom republikanischen Standpunkt aus dem Kaiserthum alles denkbare Böse nachgesagt. Jetzt aber zürnte er: Eine Republik wie die gegenwärtige unter der Regierung Gambettas, sey noch eine viel schlimmere und verächtlichere, als die kaiserliche. „Sollen wir, fuhr er fort, etwa warten, bis Alles verloren gegangen ist, ehe wir anerkennen, daß wir den größten Mißgriff thaten, als wir diesem Advokaten die Leitung des Krieges anvertrauten? Ist die Erfahrung nicht schon vollständig genug? Wir hatten drei Monate Frist, um eine solide Armee zu organisiren:

die Elemente fehlten nicht, sie wollten nur disciplinirt seyn. Aber man zog es vor, enorme Quantitäten Menschen zusammen zu bringen, die nicht bewaffnet, ausgerüstet und ernährt werden konnten. Alles brachte man außer Schick und Ordnung, ohne darum die alte administrative und militärische Routine abzuthun. Man vernichtete das Vertrauen der Soldaten durch die unmotivirte Absetzung ihrer Führer. Aus Journalisten dritten Ranges machte man Armee-Chefs, unsere Finanzen überlieferte man finanzwirthschaftlichen Abenteurern; die wichtigsten Aemter vertraute man politischen Zigeunern an, die von Morgen bis Abend Pakte mit dem Tod schlossen, in Wahrheit aber nur einen Pakt mit ihrer Gage geschlossen haben. Jedermann wird die Richtigkeit dieses Gemäldes zugeben. Und das Schlimmste haben wir noch vergessen. Niemals hat man dem Lande die Wahrheit über seine eigene Lage gesagt. Die wichtigsten Nachrichten erhielten wir immer erst durch die fremden Blätter. Erst von ihnen erfuhr man den Fall Touls, Verduns, Schlettstadts, Neubreisachs, Amiens', Thionvilles, Rouens 2c. Europa wußte schon drei Tage lang die traurige Kapitulation von Metz, als man uns noch von glücklichen Ausfällen Bazaines vorschwatzte. Man erzählte uns von Ausfällen aus Paris, die nie anderswo, als auf dem Papiere existirt haben; man ließ Truppen auf geographischen Punkten figuriren, wo es nie welche gegeben hat."

Mittlerweile kam die große Winterkälte und die Waffen ruhten einige Zeit. Der Großherzog von Mecklenburg und Prinz Albrecht konnten sich sogar auf einige Tage nach Versailles begeben, während Prinz Friedrich Karl die Loire hütete. Auf dem Kriegsschauplatz an der Loire war schreckliche Noth eingetreten. Man las im preußischen Staatsanzeiger: An den Hauptstraßen, wie z. B. zwischen Artenay und Orleans, liegen in Folge dessen die Dinge schon seit 2—3 Wochen so, daß die deutschen Militärbehörden die Verpflegung der zurückgebliebenen Einwohner haben übernehmen müssen, da dieselben ohne solche Unterstützung der bittersten Hungersnoth preisgegeben seyn würden. Aehnliche Erscheinungen wiederholen sich in den Bezirken zwischen Chataubun und Vendôme, bez. Tours. Am 31. Dezember schrieb man aus Bordeaux, viele Bauern weigerten sich die Steuern zu bezahlen, weil die Ausrüstungen so viel gekostet haben und aller Verkehr stocke. Die armen Bauern befanden sich in der übelsten Klemme. Gambetta befahl ihnen den Volkskrieg, sie sollten überall auf die Deutschen schießen, jedes Dorf, jedes Haus vertheidigen. Tod wurde ihnen gedroht, wenn sie den Deutschen Lebensmittel gäben. Wenn aber Franctireurs aus ihren Häusern schossen, wurden diese von den Deutschen nach Kriegsrecht in Brand gesteckt. Wie sollten die Bauern sich helfen? Die Moblots wurden wie das Vieh zusammengetrieben und gleichsam in den Kampf gepeitscht, wenn sie sich durch die erlogene Nachricht von Siegen nicht aufreizen ließen. Wenn sie dann in der Schlacht davon liefen, so lobte Gambetta hinterbrein ihre Tapferkeit und gab nur den Generalen die Schuld der Niederlage.

Ich kann mich der Vermuthung nicht enthalten, Gambetta habe mephistophelisch mit dem französischen Volke gespielt. In seinen verlogenen Siegesnachrichten, wie in seinen grausamen Befehlen tritt ein Sarkasmus hervor, der fast die Schadenfreude eines Shylock verräth. Helle Schadenfreude blitzt aus dem Verfahren des jüdischen Advokaten mit den französischen Generalen hervor. Erst bestrahlt er sie mit Gnade und rühmt sie mit Uebertreibung, dann wirft er sie verächtlich weg, schilt sie feige und klagt sie als Verräther an. Keratry dankt ab, weil er die sog. Westarmee für kampfunfähig erkennen muß und weil er sich nicht von Gambetta befehlen lassen will, er müsse auch mit solchen Truppen siegen. Gambetta aber lacht den Erzürnten aus und macht öffentlich großes Rühmen von der Stärke und trefflichen Haltung der Westarmee. Er jagt die guten Generale von der Armee weg, stellt sie vor Gericht, überhäuft sie mit Schande und macht dann Journalisten, welche nie Pulver gerochen haben, wie Lissargaray und Perrin zu Divisionsgeneralen.

Niederlage folgt auf Niederlage, er läßt in seinen Berichten Sieg auf Sieg folgen. Erst rühmt er Tours und schreibt dann von Bordeaux aus: „Der Sitz der Regierung konnte in keiner geeigneteren Stadt aufgeschlagen werden, als in der Hauptstadt der Gironde. In Tours war sie dem entnervenden Einflusse einer Bevölkerung ausgesetzt, deren Schlaffheit traditionell ist. (!) Hier, inmitten der thätigen Bevölkerungen, wird die Regierung gestärkt. Es ist die Sache der freien Regierungen, sich immer durch die öffentliche Meinung beseelen zu lassen." In dieser Manier schien er darauf auszugehen, alle Begriffe zu verwirren und sich nur persönlich an dieser allgemeinen Confusion zu ergötzen. Daneben hatte er durch seinen Sekretär, ohne Zustimmung der Regierung in Paris, in London 300 Millionen aufnehmen lassen, legte aber über deren Verwendung niemals Rechnung ab.

Gambetta begab sich wieder zu Chanzy. Das Lager von Conlie, das viel von sich reden gemacht hatte, wurde aufgegeben, angeblich wegen Versumpfung, obgleich es damals hart gefroren war. Chanzy hatte so viel als möglich Moblots zusammengebracht, um noch einmal einen Kampf mit dem Prinzen Friedrich Karl aufzunehmen. Dieser hatte bisher bei Orleans Stellung genommen, um Bourbaki zu beobachten, der sich nach Nevers zurückgezogen hatte, und um zugleich Chanzy im Auge zu behalten. Als indeß Bourbaki sich ostwärts wandte, um Garibaldi zu unterstützen und General Werder, der diesem entgegenstand, unterdeß durch das Corps von Zastrow, welches Mezières eingenommen hatte, von der einen und durch das Corps von Treskow von der andern Seite unterstützt wurde, brauchte Friedrich Karl keine Rücksicht mehr auf Bourbaki zu nehmen und ging in Verbindung mit dem aus Paris zurückgekehrten Großherzog von Mecklenburg direkt auf Chanzy los. Der erste Zusammenstoß erfolgte am 6. Januar im Westen und Nordwesten von Vendome, bei Azay. Die Franzosen wurden zurückgeworfen. Ebenso am 7. bei Sargs und Nogent le Retrou. In diesen ersten Gefechten machten die Deutschen 1100 Gefangene. Aber die Verfolgung dauerte immerfort und am 9. und 10. wurden wieder 2000 Gefangene gemacht. Nach einem weiteren Kampf am 11. bei Lombron und La Chapelle wurde am 12. Le Mans eingenommen und mußte 4 Millionen Franks Contribution zahlen, weil Bürger in der Stadt auf die deutschen Truppen geschossen hatten. Die Flüchtigen stopften sich am Thor, es gab ein entsetzliches Gedränge. Der fliehende Feind war so in Deroute, daß die Zahl der Gefangenen, die er zurückließ, in allen diesen Gefechten zusammen genommen 26,000 Mann betrug. Seine Artillerie war wohl nicht zahlreich, denn man nahm ihm nur 19 Geschütze ab, aber eine große Menge Munition und Vorräthe. Viele der letztern erbeutete man auch noch in dem verlassenen Lager von Conlie.

Chanzy selbst gestand sein Unglück ein. In einem Tagesbefehl redete er seine Truppen an: „Nach glücklichen Kämpfen kam plötzlich eine schmähliche Schwäche, eine unerklärliche Panik über euch, welche ein theilweises Verlassen wichtiger Positionen herbeiführte, und die Sicherheit der Armee gefährdete. Ein energischer Versuch, dies wieder gut zu machen, wurde nicht gemacht, trotz sofortiger Ertheilung der nöthigen Befehle. So mußten wir Le Mans aufgeben." Die Moblots waren so entmuthigt, daß folgender Fall vorkam, den die Times erzählt. Zwei preußische Dragoner stießen nach dem Kampf auf 30 Moblots und sollten sich ergeben, thaten es aber nicht. „Wenn wir mit euch gehen," sagten sie, „so müssen wir eure Entbehrungen und schlechte Lage theilen; kommt ihr aber mit uns, so werdet ihr an unserem Comfort Theil nehmen und zugleich den Gefahren und Mühseligkeiten des Krieges entgehen." Diese Begründung erschien den Mobilen unwiderstehlich und die beiden Dragoner kamen zu ihrem Regimente zurückgeritten, hinter sich die 30 Mobilen, die ihnen gleich Schafen folgten. Gewöhnlich sagt der Moblot, er sey ungern in den Krieg gegangen und beklagt sich bitter über die Regierung, die ihn so seiner Familie entrissen und welche nun beängstigt über sein Schicksal sey. »Ah, vous êtes heureux, vous avez votre Moltke, mais nous autres nous sommes trahis.«

Aus der Schlacht von Le Mans erzählt ein Augenzeuge einem französischen Blatt, dem Courrier de la Gironde, folgende Episode: „Die französische Armee hatte bei Yvré l'Evêque furchtbare, von einem dreifachen Kranz von Geschützen besetzte Stellungen inne. Aber plötzlich, von einem unbegreiflichen Schwindel ergriffen, flohen unsere Truppen nach allen Richtungen und warfen ihre Säcke, Flinten, ja selbst ihre Revolver fort. Die Wege waren buchstäblich damit bedeckt. Auf dem Bahnhof von Le Mans waren menschenfreundliche Personen beschäftigt, in einem letzten Eisenbahnzug die am Tage vorher herangeführten Verwundeten unterzubringen. Die Unglücklichen wurden, so gut es ging, in Viehtransportwagen auf Stroh gebettet und sie sollten eben abgehen, als die ersten Ausreißer eintrafen, denen bald viele andere folgten. Da ereignete sich eine scheußliche Scene. Die Flüchtigen stürzten sich in die Wagen, packten die Verwundeten beim Kopf, an den Füßen, an den Armen und warfen sie unbarmherzig auf's Trottoir, um sich ihrer Plätze zu bemächtigen. Bei ihrer Menge war an keinen Widerstand zu denken. In jedem Wagen schichtete sich eine enorme Menge dieser Ausreißer auf; Einer stieg auf den Andern; an allen Ecken im Innern klammerten sie sich an, bis der Wagen voll gepfropft war. So ging der letzte Zug, der Le Mans verließ, ab. Bei der eilfertigen Flucht hatten sich auch viele Soldaten, obgleich sie nicht schwimmen konnten, in die Huisne geworfen und fanden in dem Fluß ihren Tod. Die Offiziere machten übermenschliche Anstrengungen, die Aufgelösten zum Stillstand zu bringen. Aber Bitten, Drohungen, Alles war vergebens. Ich sah einen verwundeten Offizier, der, nachdem er alles mögliche versucht hatte, die Leute anzuhielten, in seiner Wuth und Verzweiflung seinen Revolver den Flüchtigen vor die Brust hielt und sie niederschoß."

Die Anstrengungen der Truppen waren durch das Terrain und durch die Jahreszeit vermehrt. Die Verfolgung des Feindes ging der sog. Perche entlang, einem Landstrich zwischen Vendome und Le Mans. Das ganze Land ist hier wellenförmig, mit Alleen durchzogen, jeder kleine Grundbesitz mit Hecken umgeben. Die Höfe liegen zerstreut. Durch dieses Gewirr nun mußten die Truppen erst bei großer Kälte im tiefen Schnee, dann wieder bei Thauwetter in Wasser und Schmutz und bei neuem Frost auf Glatteis marschiren. Die Verfolger und die Flüchtigen litten gleich sehr. Die Erstern waren aber kräftiger und besser gekleidet. Von den Letztern wurden lächerliche Dinge erzählt. Daily News erfuhr, was sich schon vor dem Kampf bei Le Mans zugetragen habe. „Grade als sie in's Gefecht gehen sollten, fingen 15,000 Bretagner zu weinen und zu heulen an und brüllten nach Priestern, um zu beichten. Kurz, wie die Beichte auf dem Schlachtfelde ist, so war der Verzug, welcher dadurch entstand, daß man ihr Verlangen bewilligte, doch groß genug, um schädlich zu werden, aber das Elend war, daß, anstatt daß ihr Muth durch die Beichte gefestigt worden wäre, sie gar keine Lust zum Fechten hatten und die Ersten waren, die davon liefen."

Als die Jammerbotschaft Chanzy's nach Paris gelangte und seine Depesche dem Minister des Auswärtigen Jules Favre durch Chaudordy überschickt wurde, las Favre die Anfangsworte: Un grand malheur, las gar nicht weiter und schickte sie an Trochu, dieser aber schickte sie zurück, weil sie chiffrirt war und der Schlüssel dazu nur im auswärtigen Amt zu finden war. Auch Gambetta erhielt die Jammerbotschaft, posaunte Chanzy's Niederlage aber noch am 28. Januar in einem Telegramm folgendermaßen aus: „General Chanzy erhält große Verstärkungen von allen Seiten, die Stellungen der Armee sind gut, die Armee ist solid; die Nachrichten aus dem

Often bezeugen die Disciplin und Festigkeit von Bourbaki's Armee. Seine Dispositionen in Folge der Gefechte bei Belfort beseitigen jede Gefahr für den linken französischen Flügel" u. s. w. Auch rief Gambetta jetzt schon die Alterklasse von 1871 zu den Waffen und berechnete diesen Zuwachs der Armee kühn zu 350,000 Mann. Charette, welcher bei Orleans verwundet und gefangen, aber wieder entwischt war, sollte ein großes Commando erhalten. Während man in Paris immer prahlte, Gambetta's stets neu geschaffene Heere würden bald die Hauptstadt entsetzen, ließ Gambetta diese Hoffnung durch lügenhafte Berichte unterstützen. Eins seiner Pariser Organe, der Gaulois, schrieb damals: „Wir sind derart mit guten Nachrichten gesättigt, daß es fast unglaublich scheint, und doch müssen wir uns vor der Evidenz beugen. Wir werden also befreit werden. Frankreich ist überall siegreich, und bald werden wir uns wiedersehen, nachdem wir alle Barbaren aus Frankreich verjagt haben. Es ist kein Zweifel mehr vorhanden; welch' immenses Glück!"

Der Prinz von Joinville hatte sich schon seit einigen Wochen bei der unglücklichen Westarmee eingefunden und ihr seine Dienste angeboten, war aber nicht zugelassen worden. Jetzt ließ ihn Gambetta verhaften, Thiers aber intervenirte und bestimmte Gambetta, den Prinzen freizulassen, d. h. ihn von zwei Gensdarmen begleitet, nach St. Malo, um dort nach England eingeschifft zu werden, bringen zu lassen. Der Prinz von Joinville soll sich sehr scharf ausgedrückt und u. A. gesagt haben: „Ich erwartete keine solche Behandlung Seitens des Herrn Gambetta. Ich erinnere mich der Zeit, und es ist nicht lange her, wo er bei uns in Claremont dinirte. Wie die Würden die Sitten ändern! Sagen Sie ihm, daß ich ihn bald in England erwarte." Man glaubte, Gambetta habe gefürchtet, die Marinesoldaten und Matrosen, die den eigentlichen Kern der West-Armee bildeten, würden zu ihrem ehemaligen Admiral abfallen, denn das war Joinville gewesen und hatte sich bei ihnen beliebt gemacht. Auch sein Bruder, der Herzog von Aumale, war zur

Westarmee gegangen, verließ sie jedoch bald wieder. Ihr Neffe, der Herzog von Chartres (Bruder des Grafen von Paris), der schon 1859 bei der piemontesischen Armee in Italien mitgefochten, kam auch hierher und blieb. „Gambetta schickte einen Emissär an ihn, um ihn aufzufordern, die Armee und Frankreich zu verlassen, widrigenfalls man ihn verhaften werde. Der Herzog weigerte sich aber, der Aufforderung Folge zu leisten; er erklärte, er sey Franzose und habe das Recht und die Pflicht, in der französischen Armee mitzukämpfen. Der Emissär Gambettas wollte nun zur Verhaftung schreiten. Die Sache wurde ruchbar, die Soldaten murrten und der Emissär wagte nicht, Hand an den Prinzen zu legen, der nun noch immer bei der Armee des Generals Chanzy ist."

Die französische Nordarmee, welche sich unter General Bourbaki in Lille und Amiens gesammelt hatte, war stärker als die Westarmee, und es zogen ihr viele nicht nur französische Soldaten, die in Belgien internirt waren, sondern auch belgische Soldaten und vorzugsweise Unteroffiziere zu, die ein hohes Handgeld verführt hatte. Auch war diese Armee reichlich mit aus England eingeschmuggelten Gewehren versehen. Anfangs war Bourbaki (von griechischer Abkunft, aber 1816 in Paris geboren) als bekannter Anhänger des Kaisers in Arras, Amiens und Lille schlecht empfangen worden, doch setzte Gambetta durch, daß er das Commando behielt. Er sollte nun gegen Paris marschiren, um in der letzten Woche des November den Entsatzversuch der Loirearmee zu unterstützen und die deutsche Cernirungsarmee von Norden her anzugreifen, während die Loirearmee sie von Süden fassen und das bewaffnete Paris einen mächtigen Ausfall machen sollte.

Aber man hatte im preußischen Hauptquartier vorgesorgt, ihn zur rechten Zeit aufzuhalten, und die nächste Umgebung von Paris auf der Nordseite war längst vom Feinde gesäubert. Schon am 4. Oktober hatte man die Franzosen aus Breteuil verjagt, am 8. einen Streifzug nach St. Quentin unternommen. Am 16. Oktober eroberten die Preußen nach kurzer Belagerung Soissons mit 128 Geschützen, einer Kriegskasse und reichen Vorräthen und machten 99 Offiziere und 4633 Mann zu Gefangenen. Am folgenden Tage rückten sie nach kurzem Gefecht in Montbidier ein. Eine preußische Grenadiercompagnie entführte durch Ueberfall bei Nacht 40 französische Locomotiven aus Sevron. Dagegen ließ sich eine Abtheilung mecklenburgischer Dragoner bei Launois am 26. Oktober nächtlich überfallen, von Franctireurs, die sich „Eber der Ardennen" nannten, wie man einst einen berüchtigten Ritter jener Gegend genannt hatte. Indessen richteten diese Helden nicht viel aus, denn als General von Manteuffel mit seinem Armeecorps heranrückte, fiel Schlag auf Schlag auf die Nordarmee. Am 20. November wurde ihr Vortrab bei La Fere geschlagen, am 21. St. Quentin besetzt, am 24. unterlagen die Franzosen wieder in Gefechten bei Roye und Mezières. Am 26. ergab sich die kleine Festung La Fere mit 2000 Mann und 70 Geschützen. Am 27. kam es zur Hauptschlacht bei Moreuil, in welcher Bourbaki nach einem zehnstündigen blutigen Kampf in die Flucht geschlagen, ein französisches Marinebataillon von preußischen Husaren gänzlich niedergeritten und 700 Franzosen gefangen wurden. Die Nordarmee war so zerrüttet, daß sie in wilder Flucht davon lief, ohne sich noch einmal in Amiens festzusetzen, durch welches sie passiren mußte. Diese schöne Stadt capitulirte schon am folgenden Tage. General Göben besetzte sie ohne Widerstand, 11 Offiziere, 400 Mann ergaben sich mit 30 Geschützen. Der Präfekt war entflohen, der Maire hatte den Kopf verloren. Die Arbeiter machten einen schwachen Versuch, Barrikaden zu errichten, ohne Erfolg. Panik herrschte überall. Nur die Knaben sammelten sich am Bahnhof, lasen die Gewehre auf, welche die französischen Soldaten haufenweise auf der Flucht weggeworfen hatten, und schossen damit nach der großen Uhr des Bahnhofs. Dieser Unfug kostete dreien von ihnen das Leben, die aus Unvorsichtigkeit erschossen wurden. Endlich kamen preußische Ulanen und hinter ihnen die Truppen des General Göben, welche rasch die Ordnung herstellten. Man schätzte den Gesammtverlust der Franzosen in diesen Kämpfen zu 5000, den der Deutschen zu 1400 Mann. Die Franzosen ließen ihre Todten und Verwundeten liegen. „Die wohlhabenden Bürger von Amiens, schrieb ein Augenzeuge, kümmerten sich nicht im mindesten um die Soldaten, welche zu ihrer Vertheidigung ihr Blut vergossen haben. Man überließ das der englischen internationalen Gesellschaft, und erst seit ganz Kurzem fangen die Leute der Stadt an, etwas für ihre Hunderte von Verwundeten zu thun, deren täglich ganze Nester voll entdeckt werden."

Der General von Manteuffel verfolgte den Sieg von Amiens und rückte in der Richtung von Rouen gegen die Meeresküste vor. Die Zerrüttung der französischen Nordarmee war so vollständig, daß sie sich nicht wieder sammeln konnte, um ihm einen ernstlichen Widerstand zu leisten. Am 4. Dezember hatten seine Truppen nur noch einen kleinen Kampf zu bestehen, wobei sie 400 Mann mit 10 Offizieren gefangen nahmen. Schon am 6. wurde Rouen, die Hauptstadt der Normandie, von General v. Göben besetzt. Sie zählt 100,000 Einwohner. „In militärischer Beziehung wird die Reorganisation der geschlagenen Nordarmee durch die Besetzung der Hauptstadt jener Distrikte nahezu unmöglich, die weitere Aufbietung geordneter Streitkräfte in diesen Gegenden unausführbar gemacht. Strategisch fällt in Rouen der fast wichtigste Punkt des Nordens in die Hand der Deutschen, der Knotenpunkt zweier Bahnen, die zur See — nach le Havre und Dieppe — und einer, die nach dem Innern, nach Paris, führen, so daß durch die Besetzung dieses Vorortes der Normandie die weitere Zufuhr von Hülfsmitteln zur Fortsetzung des Krieges von der See aus von dieser Seite wohl als zur Zeit vereitelt anzusehen seyn dürfte; endlich ist auch die Seine-Schifffahrt vorläufig als unterbrochen zu betrachten." Am 9. Dezember befand sich auch schon der wichtige Seeplatz Dieppe in der Gewalt der Deutschen. Man hörte zwar, nachdem Bourbaki nach Tours gegangen, habe General Faidherbe das Commando der Nordarmee übernommen, aber weder von ihm, noch von dieser Armee war etwas wahrzunehmen.

In beiden Städten waltete eine friedliche Gesinnung vor und sie leisteten keine Gegenwehr. Die Bewohner von Rouen lieferten willig alle ihre Waffen ab, „Klingen und Schießgewehre aus jedem Jahrhundert werden abgeliefert, Handkarren voll phantastischer Theaterwaffen, Kisten voll Pistolen und Revolver, Gewehre jeder Construktion." In Dieppe brachten die Einwohner ebenfalls alle ihre Waffen zusammen und retteten sie auf ein Schiff im Hafen, wie auch viele Werthgegenstände und dachten an keine Vertheidigung. In den Straßen sah man Flaggen von allen Nationen, welche die Häuser schützen sollten. Besonders viele Engländer glaubten dadurch von Einquartierung frei zu werden. Die preußischen Truppen zogen ganz ruhig ein, thaten niemand etwas zu Leide, quartierten sich aber bei den Engländern so gut wie bei den Franzosen ein und marschirten bald wieder ab.

Französische Blätter logen, die Preußen hätten in Rouen 15 Millionen Contribution gefordert. Sie nahmen gar kein Geld, sondern nur, was sie bringend nöthig hatten, 20,000 Paar Stiefeln, 80,000 Decken, Pferde und Proviant. Sämmtliche französische Truppen flohen aus Rouen nach Havre. Von hier wurde am 8. Dezember (nach der Weserzeitung) geschrieben: „Die ganze Armee, welche auf so schimpfliche Weise vorigen Sonntag bei Rouen floh, ist hier in einem Zustande angekommen, der nicht zu beschreiben ist. Die Affaire bei Rouen war über alle Begriffe unwürdig. Panik ist ein zu milder Ausdruck, um den Zustand der Truppen zu beschreiben, und dabei ist es doch Thatsache, daß von zehn der Leute neun nicht einmal die Preußen zu Gesicht bekommen haben. Sie warteten nicht einmal, bis diese ihnen nahe kamen. Jemand verbreitete das Gerücht, sie seyen umzingelt, worauf die ganze Armee von 30,000 Mann wie eine Schaar Kaninchen Reißaus nahm.

Die Schweizer Ambulance war mit den Truppen, und sobald das pêle-mêle anhub, machten sie sich gleich allen Uebrigen auf und davon. Die Flucht, denn Rückzug kann es nicht genannt werden, von Rouen hierher muß wahrhaft entsetzlich gewesen seyn. Die armen Teufel mußten zu Fuß laufend den Weg von dort bis Honfleur machen, eine Entfernung von beinahe 70 englischen Meilen, ohne irgend welche Nahrung und bei schneidendem Frost und Schnee. Viele müssen unterwegs umgekommen seyn. Die, welche ankamen, waren mehr todt als lebend, konnten kaum stehen, ihre Füße waren bei Einzelnen eine Masse von offenen, eiternden Wunden. Auf dem ganzen Wege hierher wurden die verschiedensten Gerüchte vom Nahen der ewigen drei Ulanen laut und erhöhten ihre Qualen. Von Honfleur wurden sie in Kähnen und Dampfern hier herüber gebracht, eine vollkommen demoralisirte Bande von Truppen, die vor Schrecken allein vernichtet war. Man sagt, daß wenn die Preußen ihnen nachgesetzt hätten, sie die ganzen 40,000 Mann hätten gefangen nehmen können. Hier schwören alle Obrigkeiten bei Allem was heilig ist, daß sie die Stadt bis auf den letzten Mann vertheidigen wollen, aber trotz ihrer 60,000 Mann und all ihrem Prahlen fürchte ich sehr, daß wenn die Deutschen kommen, der Zusammensturz alles Widerstandes noch schlimmer seyn wird als in Rouen. Alle die Bauern aus der Umgegend kommen in Schaaren in die Stadt, die Boulevards sind der Aufenthalt von Kühen, Schafen und Schweinen, sowie auch Wagen voll Möbeln, mit ihren unglücklichen Eigenthümern oben auf. Die Angst und Verzweiflung ist deutlich auf ihren Gesichtern zu lesen."

Havre sollte energisch vertheidigt werden. Zu den freilich sehr entmuthigten Truppen von Rouen stießen 1200 Seesoldaten von Cherbourg und wurden noch 10,000 von Brest erwartet. Die Panik in Havre war so groß, daß General Brian, der mit 4000 Mann von hier nach Cherbourg rücken sollte, allein dahin abgehen mußte. Gambetta erließ einen donnernden Befehl, die Truppen abgehen zu lassen, aber die ganze Bevölkerung von Havre stand auf unter Commandant Mouchez, mußte, um nicht vom Pöbel ermordet zu werden, schwören, daß er keine Truppen aus der Stadt lassen würde. Um den so geängstigten Einwohnern, die sich entsetzlich vor den Preußen fürchteten, wieder ein wenig Muth zu machen, verbreitete man Gambetta'sche Lügen, Trochu habe in einem großen Ausfall aus Paris glänzend gesiegt, das Hauptquartier in Versailles eingeschlossen, 50,000 Gefangene gemacht, Prinz Friedrich Karl sey gefallen, Trochu rücke mit 100,000 Mann nach Nantes, 60,000 Mann unter General Vinoy würden in wenig Tagen nach Havre kommen, um die Stadt zu sichern.

In den letzten Tagen des Jahres wurden auf Befehl des preußischen General v. Göben auf der Seine, um den französischen Kanonenboten die Fahrt zu sperren, sechs englische Kohlenschiffe versenkt. Die englische Presse erhob darüber einen sehr übereilten Lärmen, bis sich herausstellte, daß der preußische General genau nach den Regeln des Kriegsrechts verfahren war. Daher wurde aus London geschrieben: Der unliebsame Zwischenfall mit den auf der Seine versenkten sechs englischen Kohlenschiffen, denen neuerdings ein siebentes zugesellt wurde, wird sich, wie ich mit Bestimmtheit erfahre, auf das befriedigendste lösen, nachdem aus den Aussagen der hier eingetroffenen Mannschaften und den Erhebungen auf deutscher Seite klar hervorgeht, daß weder eine Beleidigung der englischen Flagge, noch ein gegen Feindesgut üblicher Requisitionsmodus Statt fand, sondern daß den Schiffseigenthümern der von ihnen angesetzte volle Werth ihrer Fahrzeuge bescheinigt und angewiesen wurde. Daß die Anweisung pünktlich eingelöst werde, wird Sache der deutschen Bundesregierung seyn, und was die nebenläufig erlittenen Unannehmlichkeiten besagter Schiffseigenthümer betrifft, werden sie diese tragen müssen, wie mancher andere, der absichtlich oder zufällig in den Bereich kriegerischer Operationen gelangt ist.

Niederlage der französischen West- und Nordarmee.

Da von England aus den Franzosen auch ein unterseeisches Kabel zu Hülfe geschickt werden sollte, um damit die schnellste Verbindung von den Häfen Dünkirchen, Cherbourg und Brest mit Bordeaux herzustellen, legte der preußische Gesandte Graf Bernstorff in London Protest ein und die englische Regierung hielt das Kabel auf der Themse zurück.

Manteuffel dachte nicht daran, sich vor Havre aufzuhalten, denn nachdem er der Nordarmee solche Schläge versetzt hatte, daß sie zum Entsatz von Paris unfähig geworden, blieb es nur noch seine Aufgabe, theils sich nicht allzuweit von Paris zu entfernen, theils sich gegen die französische Westarmee zu bewegen, wenn diese sich etwa Paris nähern wollte. Die zerrüttete französische Nordarmee bekam, da Bourbaki zur Loirearmee abgegangen war, den General Faidherbe zum Führer. Derselbe hatte sich früher als Gouverneur von Senegambien einen guten Ruf erworben. Den Truppen desselben gelangen nun im Rücken Manteuffels einige Ueberfälle auf zurückgebliebene schwache deutsche Truppentheile (auf ein sächsisches Detachement von 150 Mann in Etrepagny, die Wiedereinnahme des kleinen Schlosses Ham, wo sich nur eine preußische Eisenbahnabtheilung nebst Bedeckungsmannschaft, im Ganzen 75 Mann befanden), die Wiederbesetzung von St. Quentin und die Wiederbelagerung von La Fere, nur auf wenige Tage.

Um die verzagte Bevölkerung der Normandie in's Feuer zu bringen, wandte Gambetta wieder seinen Terrorismus an. So machte er in der Stadt Abbeville, unfern von Amiens, einen fanatischen Handelscommis Namens Plancassagne zum Oberstlieutenant und unumschränkten Commandanten und derselbe setzte gleich unter dem Namen eines Kriegsgerichtshofs ein Revolutionstribunal nieder, welches „alle Spione" augenblicklich zum Tode verurtheilen sollte. Und um zu zeigen, daß es ihm Ernst sey, ließ er noch an demselben Tage einen angeblichen Spion hinrichten.

Indessen wandte sich Manteuffel, um dem Umfuge zu steuern,

wieder nach Amiens, schlug unfern davon bei L'Halu die Franzosen wieder in einem größern Gefecht auf's Haupt, am 23. Dezember, und in der Verfolgung am 25. noch einmal bei Albert. General Faidherbe verlor 1000 Gefangene. So wurde von preußischer Seite auch hier die Aufgabe gelöst, jede sich in der Provinz bildende Ersatzarmee zu zersprengen, ehe sie Paris erreichen konnte. Doch marschirten unterdeß die in Cherbourg gesammelten französischen Truppen von dort ab, um Gambetta's Centralisirungsbefehlen gehorchend, die Westarmee zu verstärken. Faidherbe zog sich unter den Schutz der Festungen im Norden zurück. Es gab noch kleine Gefechte. Am 31. Dezember machten fünf Bataillone einen Vorstoß gegen Rouen, warfen die Franzosen zurück und stürmten das Schloß Robert le Diable, wobei sie etwa 100 Gefangene machten. Am 3. Januar 1871 schlug eine preußische Division den überlegenen Feind noch einmal nordwärts von Albert bis Bapeaume mit großem eigenen Verlust und machten viele Gefangene. General Faidherbe zog sich auf Arras und Douay zurück, behauptete aber öffentlich in einem Tagesbefehl, er habe gesiegt und gehe nur zurück, um Munition und Proviant zu ergänzen. Mit derselben Ausrede hatte sich Bazaine siegreich nach Metz zurückgezogen. Gleichzeitig überfiel General Bentheim am 3. Januar die Franzosen in Moulinaux Lalont auf dem linken Ufer der Seine und machte viele Gefangene. Die Zahl der Gefangenen, die in diesen Gefechten gemacht wurden, schlug man im Ganzen zu 4000 an, nach andern sollen es gar 10,000 gewesen seyn. Ein Tagesbefehl des General Farre im Namen des Obergenerals befahl, die vielen flüchtigen Mobilen zu verhaften und durch Gensdarmerie nach Dünkirchen zu bringen.

Inzwischen fielen auch mehrere kleine Festungen des nördlichen Frankreich an der belgischen Grenze. Am 6. Januar wurde Rocroy durch einen Handstreich genommen. Die Preußen hatten unbemerkt Kanonen vor die Festung gebracht und beim Einschlagen der ersten

Bombe liefen die erschrockenen Mobilen davon. Nun folgte Schuß auf Schuß, die Stadt brannte und das Feuer kam dem Pulverthurm so nahe, daß die schwache Besatzung schnell capitulirte. Sie zählte etwa nur 300 Mann. Am 10. Januar nahm man auch Peronne und machte hier 3000 Gefangene. Sofern der Krieg sich so nahe an die Grenze zog, über welche die französische Nordarmee vielleicht hinübergedrängt werden konnte, stellte die belgische Regierung alsbald 60,000 Mann an der Grenze auf.

Mittlerweile wurde General v. Manteuffel zum Obercommando der Ostarmee abberufen und an seiner Stelle erhielt der tapfere General v. Göben den Oberbefehl über die bisher von Jenem commandirte deutsche Nordarmee.

Obgleich immer geschlagen, griff doch Faidherbe immer von neuem an. Das wäre ihm kaum möglich gewesen, wenn er nicht von den nahen Seeplätzen aus durch angeblich 12,000 Matrosen und Seesoldaten unter Marineoffizieren verstärkt worden wäre. Die Moblots hätten nichts ausrichten können. Wie im Westen, so hielten sie auch hier im Norden den Deutschen nicht Stand. Der Maire von Bapeaume ließ nach dem Abzug der französischen Truppen in der Nähe der Stadt noch eine große Menge Waffen aufsammeln, welche sie weggeworfen hatten. Faidherbe erwies sich also immerhin als ein kühner General, wenn er mit so rohen Haufen und verhältnißmäßig nur wenigen Kerntruppen doch immer wieder die Offensive ergriff. Vielleicht machte ihm der Abgang Manteuffels Muth. Er rückte wieder gegen Amiens vor, seine Moblots aber ermüdeten auf dem angestrengten Marsche, durch die vom Thauwetter aufgeweichten Felder. Da Faidherbe die Stellung Göbens zwischen Peronne und Amiens zu stark fand, wich er nach St. Quentin aus, wurde aber am 18. Januar von Göben's Vorhut schon gepackt und am 19. nach einem siebenstündigen heftigen Kampfe in wilde Flucht geschlagen, St. Quentin erstürmt. Die preußische Reiterei verfolgte die Fliehenden und die Zahl der Gefangenen stieg an diesem Tage wieder auf 9000 unverwundete und 2000 verwundete, zum Beweise, wie sehr das Massenaufgebot der Moblots das Kämpfen satt hatte. Sie kamen zu Cambray im traurigsten Zustande an, viele barfuß und in Lumpen. Man hatte ihnen Schuhwerk mit Sohlen von Pappendeckel geliefert, worüber später noch eine Untersuchung geführt und der Schuldige, der Schuhfabrikant Caspar, zur Verantwortung gezogen wurde.

Ein Augenzeuge schrieb: Der ganze Weg war mit Soldaten, besonders mit Mobilen und Mobilisirten, bedeckt. Ein dichter, fetter Schmutz bedeckte denselben; einer jener feinen, eiskalten Regen fiel ohne Aufhören. Tausende von jungen Leuten schleppten sich mühsam fort. Keiner sprach mehr ein Wort. Sie hatten nicht die Kraft dazu. Von Zeit zu Zeit erhoben sie den Kopf und warfen einen verzweifelten Blick auf die Stadt. Unter ihnen kein Offizier, keine Stimme, die sie ermuthigt hätte. Von Zeit zu Zeit sah man einige, unfähig noch länger zu marschiren, zu Boden sinken und sich in den Schmutz niederlegen. Viele derselben waren der Art mit Schmutz bedeckt, daß sie jede menschliche Form verloren hatten. Die einen waren barfuß, andere in Holzschuhen, andere trugen einen Holzschuh und einen ledernen Schuh. Die Klagen über die Schuhe sind allgemein; es sind Schuhe aus Pappendeckel — so heißt es — die man uns gegeben, nach fünf Tagen zerfallen sie in Stücke.

Man sagte von Gambetta, er brächte jedem Heere Unglück, zu dem er käme, und das war wirklich bisher immer der Fall gewesen. Doch glaubte er, allgegenwärtig seyn zu müssen, um überall die Besiegten zu trösten und ihnen neuen Muth zu machen. Es scheint gleich unbegreiflich, daß er nach so vielen Erfahrungen immer noch auf Sieg hoffte, und daß das Volk sich immer von neuem von ihm aufwiegeln ließ. Doch erklärt sich das Eine daraus, daß er vielleicht nur mephistophelischen Hohn mit den armen Franzosen trieb, und das Andere aus der Dummheit der Massen, die sich von

ihm imponiren und auch wider Willen in den sichern Tod treiben
ließen. Chanzy rief ihn nach seiner schrecklichen Niederlage bei Le
Mans zu sich und er kam auch, um aller Welt zu verkünden,
Chanzy habe gesiegt. Dann eilte er zu der Nordarmee und
machte es hier ebenso. Faidherbe mußte in einem Tagesbefehl
die treffliche Haltung seiner Truppen rühmen, nachdem sie eben
barfuß, in Lumpen und verhungert nach Cambray und Lille geflohen waren.

Gambetta hielt zu Lille eine Rede voll Ruhmredigkeit und
Zuversicht: „Die Republik hat sich mit der Sache des Vaterlandes
vollständig solidarisch gemacht. Wenn sie unterliegen würde, so
würde es nicht an Reactionären fehlen, um die Verantwortlichkeit
zu tadeln, welche sie auf sich genommen. Man muß also das Land
retten. Man muß auch die unglückliche Bevölkerung retten, die
ihr Vertrauen in sie gesetzt. Erinnern wir uns daran, daß 15,000
Elsäßer ihre überfallenen Provinzen verlassen haben, um sich nach
Lyon zu begeben und sich den Landesvertheidigern anzuschließen;
wir können sie nicht verlassen, denn sie sind die Repräsentanten
derer, welche die Beute des Feindes geblieben sind. Heute würde
der Friede die Verstümmelung des Vaterlandes seyn. Es steht
Niemandem zu, einen einzigen Zoll des französischen Territoriums
abzutreten. Wegen des Glückes unserer überfallenen Bevölkerungen,
wegen der Ehre derer, die bis jetzt dem Einfalle entgangen sind,
können wir kein Stück Erde, keine Fraction der Bevölkerung abtreten. Frankreich ist der Vertheidigung bis auf den letzten Mann
verfallen, sonst ist es auf immer vernichtet. Während 20 Jahren
hat Bonaparte unsere Armeen vorbereitet; er hat für dieses gottlose Werk mehr als 20 Milliarden vergeudet, und doch verschwanden er und seine Armeen nach 14tägigem Kampfe. Seit vier Monaten steht fast das sich selbst überlassene Frankreich vor formidablen
Armeen, ohne eine Milliarde verausgabt zu haben, und sein Widerstand hat die ganze Nation entzündet, — der Feind ist besiegt.

Denn Deutschland entvölkert sich. Seine ganze Bevölkerung ist unter den Waffen. Bei ihnen ist der Gedanke abgestorben, der Handel ist null, der Ruin ist überall. (Wie plump gelogen!) Bei uns ist das Leben der Gesellschaft nur behindert, aber es ist nicht abgestorben, und wenn wir, stark durch unser Recht und unser Gewissen, widerstehen, so kann Alles gerettet werden. Wenn die Preußen in drei Monaten noch auf unseren Territorien sind, so sind sie verloren. Durch alle möglichen Opfer müssen wir sie dort festhalten, um sie sicherer zu verderben."

Am 17. Januar begannen die Preußen das Bombardement der Festung Longwy, deren Commandant, Oberst Massaroly eine Noblesse zeigte, wie sie in diesem Kriege bei französischen Offizieren nur selten vorkam. Er lieferte nämlich 51 gefangene Preußen auf die loyalste Weise aus, wofür man ihm eine gleiche Zahl französische Gefangene zurückzugeben versprach. Uebrigens wurde Longwy nach einer neuntägigen Beschießung von General Krenski am 25. Januar zur Capitulation gezwungen. Man fand hier 200 Geschütze und machte 9000 Gefangene. An demselben Tage wurden zwei belgische Soldaten auf belgischem Gebiet bei Tournay von französischen Franctireurs erschossen, was die Belgier sehr erzürnte.

Im Anfang des Januar waren in Brest wieder 120,000 Gewehre aus England zur Bewaffnung neuer französischer Aushebungen angelangt. Man bemerkte aber bei den Moblots sowohl im Norden als im Westen, keine Lust, statt der auf der Flucht weggeworfenen Gewehre wieder neue in die Hand zu nehmen. Trotz aller Prahlereien und des Beifalls, den ihm ein republikanischer Pöbelhaufe schenkte, konnte Gambetta in Lille die verzagte Bevölkerung nicht mehr aufrichten und entfernte sich nach Calais, um an andern Punkten an der Nordküste Frankreichs noch Streitmassen aufzutreiben. Indessen setzte er noch eine große Hoffnung auf die Vereinigung Bourbakis mit Garibaldi im Osten Frankreichs.

Fünftes Buch.

Niederlage der französischen Ostarmee.

Noch weniger wie die Nordarmee vermochte die Ostarmee, die auch Armee der Vogesen genannt wurde, unter Garibaldi auszurichten. Ihm gegenüber stand die badische Division unter General Werder, die wir in Dijon verlassen haben. Sie war bis zu diesem Punkte vorgerückt, um die Verbindung mit Paris und zugleich mit dem Prinzen Friedrich Karl zu erhalten, durfte sich aber nicht weiter westwärts entfernen, damit nicht etwa Garibaldi's Schaaren zum Oberrhein durchbrechen könnten. Daß die Franzosen wirklich dahin trachteten, wurde oft wiederholt. Aber Straßburg fiel, Schlettstadt und Neubreisach fielen und kein Entsatz zeigte sich, hier so wenig, wie vor Metz. Garibaldi war als Italiener den französischen Generalen, als fanatischer Feind des Papstes dem katholischen Landvolk in Frankreich zuwider.

Erst spät im November wagte Garibaldi nach Dijon gegen Werder vorzugehen, der unterdeß die erübrigten Belagerungstruppen von Schlettstadt und Neubreisach an sich gezogen hatte. Auf dem Vormarsch gelang es seinem Sohne Ricciotti am 23. November in Chatillon 800 preußische Landwehrmänner bei Nacht im Schlafe zu überfallen. Sie selbst waren durch ihre Unvorsichtigkeit an ihrem Unglück schuld, denn sie hätten sich vor den verrätherischen Einwohnern besser vorsehen können. Mehr als hundert von ihnen, darunter zwei Obersten und zwei Majore wurden in den Betten oder halb angekleidet auf der Straße getödtet, 11 Offiziere und 167 Mann gefangen. Die Uebrigen retteten sich. Drei Tage später hoffte der alte Garibaldi das Hauptquartier des General Werder in Dijon eben so glücklich zu überraschen, wurde aber bei Pasques unfern von Dijon derb empfangen. Es war schon Nacht, aber die Badener waren wachsam. Die Karlsruher Zeitung berichtet: „In der Dunkelheit gab Garibaldi Befehl zum Ueberfall unserer Stellung bei Talant mit allen Kräften. Augenscheinlich hoffte er auf diese Weise, in der Nacht noch in die Stadt zu gelangen, dort ähnlich wie in Chatillon einen Straßenkampf zu organisiren und uns so zu belogiren. In geschlossenen Massen brach somit der Gegner um ³/₄ 7 Uhr vor. Diesem Anpralle ausweichend, repliirten sich unsere äußersten Posten und Feldwachen auf das Gros. Unter dem grell aufflackernden Licht des Schnellfeuers sah man nun die Elite Garibaldi's in ihren bei dieser Beleuchtung unheimlich rothen Uniformen avanciren. Allein nur kurz war die Ueberraschung. Schon hatte das unmittelbar bei Daix stehende Bataillon Ungar vom 3. Regiment die Gefahr erkannt. Den Helden von Etival war das Commando ‚vorwärts' noch frisch im Gedächtniß; dem Feinde mit Hurrah entgegen, aufmarschiren, die Vorposten in sich aufnehmen, und einen glühenden Kugelregen dem Angreifer entgegensenden, war das Ergebniß weniger Minuten. Zwei zähe Gegner standen einander gegenüber; jeder aufblitzende Schuß beleuchtete ein kampfbegieriges, trotziges Gesicht; hüben und drüben galt es Stehen oder Fallen — kein Weichen. Dort aufregende italienische und französische Rufe, hier das ruhige deutsche Commandowort; dort der alt gewordene, kriegsgewohnte Condottiere, hier der junge deutsche Soldat, seiner Kraft durch eine Kette von Siegen sich selbst bewußt. Dreimal rückten die Garibaldianer, Arm an Arm, und unter dem Singen der Marseillaise mit anerkennenswerther Bravour vor, erst auf

50 Schritte gaben sodann die Unseren ihr Feuer auf Commando ihrer Offiziere ab — es war vernichtend. Dieses Nachtgefecht war ein Prüfstein für die Disciplin unserer Soldaten; sie haben die Probe wacker bestanden. Nach dem dritten Angriff, etwa um ½8 Uhr, löste der Feind sich endlich in wilder Flucht auf, das Feld mit Todten und Verwundeten bedeckt lassend. Unser Verlust belief sich auf 43 Mann und 5 Offiziere." Aus Unmuth über seine Niederlage kam der alte Garibaldi nicht wieder, nur sein Sohn Menotti deckte am Morgen noch durch ein kleines Gefecht die Flucht der Uebrigen.

Bipponi, ein italienischer Journalist im Lager Garibaldis, schrieb: In den Gefechten in der Nähe von Dijon seyen die französischen Mobilgarden von einer panischen Furcht befallen worden und in der feigsten Art davon gelaufen. Um ihrer Flucht Einhalt zu thun, stieg Garibaldi von seinem Wagen und fing an, die Marseillaise zu singen, aber es half ihm nichts, der Rückzug mußte angetreten werden. Signor Pobio schreibt aus Autun, die Mobilgarde sey bei den ersten Schüssen der Deutschen in einem unbeschreiblichen Schrecken davongelaufen, und als die Garibaldianer sie zurückhalten wollten, schossen sie ihre Musketen auf dieselben ab und brauchten ihre Bajonette gegen ihre italienischen Kameraden. Das sey aber noch nicht Alles gewesen. Der arme Menotti Garibaldi sey von ihnen beschimpft und von seinem Pferde gerissen und auf den Erdboden geworfen worden; einige hätten selbst mit ihren Gewehren auf ihn gezielt. Er sey wie durch ein Wunder, durch das Einschreiten seines Stabes gerettet worden, der ihn den Händen dieser Schurken entrissen habe.

Werder ließ den Feind bis nach Autun verfolgen, aber nicht weiter, denn er mußte seine Truppen beisammen halten. Keller griff Autun am 1. Dezember an, fand aber die Stadt zu fest und zog sich wieder zurück. Auf dem Rückweg bei Chateauneuf war ihm in einem Waldthale ein Hinterhalt gelegt, die Badener aber nahmen die Höhen mit Sturm und schlugen den Feind in wilde

Flucht, „eine der brillantesten Leistungen unserer Truppen in diesem Feldzuge."

Nach dem Bericht eines badischen Offiziers in der Weserzeitung schlugen sich die fanatisirten Fremden in Garibaldi's Heer besser als die Franzosen. „Unsere badischen Truppen haben ihr Theil geschafft. Hunderte von Garibaldianern, Spaniern, Polen, Nizzarden und Franzosen lagen mit eingeschlagenen Schädeln auf dem Schlachtfelde." Dagegen schrieb der Italiener Bipponi in der Florentiner Riforma: „Die Tetes der Colonnen stürzen unverzagt auf die dunkeln Massen der Stadt, ein furchtbares Gewehrfeuer empfängt sie. Sie marschiren dennoch vorwärts. Aber die Mobilgarde kann im Kugelregen nicht stehen. Die Feiglinge werfen sich in die Gräben oder fliehen wie erschreckte Schafe. Garibaldi, immer erhaben, versucht es die Flüchtlinge aufzuhalten und steigt aus dem Wagen, der von Offizieren gezogen wird, da die Pferde nach einem zwölfstündigen Trott auf dem Schlachtfelde nicht mehr aushalten wollten. Er stimmt die Marseillaise an und tausend Stimmen fallen begeistert ein. Aber Flucht der Feiglinge nöthigt gebieterisch zur Retirade, wie schmerzlich uns dieselbe auch fallen mochte, obgleich wir nicht vom Feinde belästigt wurden, der 24,000 Mann stark, von einer solchen Furcht beherrscht zu seyn schien, daß er es nicht wagte, aus seinen festen Stellungen herauszutreten. (!) Wir gewannen die Straße von Lantenay, indem wir der Mobilgarde fluchten, die von unfähigen und feigen Offizieren schlecht geführt, dem Feuer nicht widerstand und uns so die Affaire des Tages nicht so ruhmvoll zu Ende führen ließ, wie sie begonnen hatte. Menotti zeigte sich des Namens werth, den er trägt, und das ist meines Erachtens das schönste Lob, das man einem Soldaten ertheilen kann. Ricciotti, Canzio, Tironi, Gariazzo und fast alle unsere italienischen Soldaten und Offiziere hielten sich überaus tapfer. Aber lieber Himmel., was vermögen auch wenige Offiziere mit dem bischen Manuschaft an der Spitze der eingeschüchterten Landleute.

Nach 16stündigem Marsch und Kampf kamen wir ausgehungert und müde nach Lantenay, wohin wir auch unsere Verwundeten mitgeschleppt hatten. Die Mannschaft war über und über mit Koth bedeckt, kaum mehr zu erkennen. Und mit diesen Truppen, in diesem erbarmungswürdigen Zustande hatten wir um 10 Uhr Morgens einen neuen Kampf mit dem Feinde zu bestehen, der uns frisch und in dichten Massen mit einer zahlreichen Artillerie zu umgehen suchte. Vergeblich suchen wir nach unserer Feldbatterie; der feige französische Offizier, der sie commandirte, hatte sich in dunkler Nacht damit auf der Straße von Soberman aus dem Staube gemacht und diesem Beispiele wurde von ganzen Bataillonen der Mobilgarden pünktlich nachgeahmt. Vergeblich suchten wir diese zurückzuhalten und wieder zu sammeln; sie machen unser Bemühen zu Schanden, indem sie auf uns schießen. Menotti wirft sich mit dem Reste der Legion Ravelli, die aus Freischützen bestand und immer ihre Schuldigkeit that, auf das Dorf Pasques. Aber der Kampf ist ungleich und er muß sich auf dem mit Leichen besäeten Wege zurückziehen. Der Befehl zum Rückzug ist gegeben. Der General war der letzte, der das Schlachtfeld verließ. Die italienische Legion und die Freischützen des Ricciotti, die früher beim Kampfe immer die ersten waren, sind nun die letzten beim Rückzug." In diesem Bericht verräth sich etwas zu stark die italienische Eitelkeit. Werder verblieb, nachdem er Garibaldi's Truppen zurückgeworfen hatte, in Dijon und wurde durch die Division Schmeling, die sich im obern Elsaß gebildet hatte, verstärkt. Zwei Brigaden dieser Division warfen die Vorhut des Feindes unter Cremer am 18. Dezember bei Nuits nach einem fünfstündigen heftigen Kampf und verfolgten ihn am andern Tage. Der badische Bericht lautete: „Bravour unserer Truppen ausgezeichnet, diesseitiger Verlust leider bedeutend; 13 Offiziere todt, 29 verwundet, darunter General Glümer. Prinz Wilhelm leicht, etwa 700 Mann todt und verwundet. Der Feind verlor viele Offiziere, über 1000 Mann,

16 Offiziere, 700 unverwundete Gefangene, großes Gewehrmunitionsdepot, 4 Lafetten, 3 Munitionswagen, zahlreiche Waffen erbeutet." Glümer war von der Tapferkeit der Truppen so entzückt, daß er in seinem Tagsbefehl sagte: Ich fühle mich jetzt doppelt glücklich, an ihre Spitze gestellt zu seyn.

Die Besiegten bildeten den Vortrab der Hauptarmee Garibaldis. Dieser, dem man anfangs so viel zugetraut hatte, wurde merkwürdig vernachlässigt, denn die meisten Truppen, die sich von Süden her in Lyon sammelten, mußten auf Gambetta's Befehl zur Loirearmee stoßen und diese verstärken. Die Commune von Lyon beschwerte sich hierüber in einer Adresse an die Regierung: Wenn das Rhone-Departement, außer seinem Contingent für die regelmäßige Armee und die Mobilgarde, 10,000 Freiwillige geliefert, zwei Marschlegionen mobilisirt und die Mobilisation von vier anderen organisirt; wenn Lyon 12 Millionen für Waffen, Vorräthe und Festungswerke verausgabt hat, hat es dann nicht das Recht, zu fragen, für welchen Theil der Rest von Frankreich zur Nationalvertheidigung beitragen wird? Diese großen Contingente, diese enormen Summen, wir haben sie mit Entschlossenheit votirt und sind bereit, uns noch schwerere Opfer aufzuerlegen. Aber wofür? — Nun folgt eine bittere Klage darüber, daß an andern Orten überall im Süden viel zu wenig für die Nationalvertheidigung geschehe und das eigentliche Massenaufgebot gar nicht zustande komme. Und daran seyen die von der Regierung angestellten Beamten schuld, die bloße Stellenjäger und unfähig seyen. Gambetta erlasse Proklamationen und Dekrete in Menge, aber damit sey es nicht gethan, die Beamten der Republik müßten tüchtiger seyn. — In Lyon selbst machten sich die Rothen den Abmarsch der Truppen nach dem Kriegsschauplatz zu nutze und wollten ihre rothe Fahne an Stelle der Tricolore aufpflanzen. Es kam zu blutigen Auftritten und sie mißhandelten einen Marineoffizier, der ihre Fahne herunterriß. Inzwischen wurde an der Befestigung Lyons fortgefahren und nach der Niederlage der Loirearmee begab sich Gambetta selbst auf kurze Zeit nach Lyon, um hier einen neuen Widerstand zu concentriren, wenn er im Westen Frankreichs gänzlich mißlinge, oder um andernfalls neue Verstärkungen von hier nach dem Westen zu dirigiren.

Ueber Lyon kamen auch meist die polnischen, czechischen, neugriechischen und rumänischen Abenteurer, theils von der Schweiz, theils vom mittelländischen Meere her. Hier organisirte sich die polnische Legion unter Dombrowski, an welche der Staatsprokurator Andrieux eine pomphafte Rede hielt: „Wenn die Barbaren vom heiligen Boden Frankreichs vertrieben sind, dann werden wir den unterdrückten Nationen, die sich heute um das Banner Frankreichs schaaren, die Hand reichen und ihnen zur Wiedererlangung ihrer Freiheit behilflich seyn. Vor Allem heißen wir Euch, Polen, in unserem Lande willkommen! Euer uns längst befreundetes Nationalbanner erhebt sich ruhmvoll neben dem unsrigen, und nie kann und wird Frankreich vergessen, daß es an Polen eine Blutschuld abzuzahlen hat." Im Dezember bildete Valentineaud, Herausgeber eines demokratischen Blatts, eine kleine Schaar von Rumänen und führte sie zu Garibaldi. Damals kamen auch zwanzig neue arabische Reiter aus Algerien in Lyon an. Gambetta hatte sie bestellt und es sollten ihnen noch viel mehr nachfolgen, denn er hoffte, doppelt dabei zu gewinnen, wenn er sie im Kampf gegen die Deutschen brauchte und zugleich Algerien von diesem gefährlichen Element säuberte. Sie waren in kleine Schaaren oder Gums eingetheilt. Man schrieb von ihnen in der Independance Algerienne: Ihr nächster Zweck wäre, die Ulanen zu vernichten oder wenigstens durch einiges Kopfabschneiden einzuschüchtern. In zwei oder drei Gruppen, denen man einige deutsch redende Offiziere und Unteroffiziere beigebe, werden sie sich in das Herzogthum Baden werfen, wo sie zur Aufgabe haben, den Deutschen das Uebel, das sie uns anthun, zurückzugeben, d. h. alle Dörfer zu verbrennen und alle Wälder anzuzünden; eine Kleinigkeit jetzt, wo das trockene Laub den

Boden bedeckt. Der Schwarzwald wird in Brand gesetzt werden und Nachts das Rheinthal erleuchten; darnach werden die Gums ihn umgehen und nach Württemberg kommen, wo sie Alles verwüsten. Der Ruin der mit Preußen verbündeten Länder wird sicherlich deren Abfall herbeiführen. Die Gums tragen nichts als Patronen bei sich. Ueberall finden sie Lebensmittel; sie verbrennen die Städte und Dörfer erst dann, wenn sie sich auf einige Tage mit dem Nothwendigen versehen haben. Fort mit dem Erbarmen! Fort mit den Gefühlen der Menschlichkeit! Keine Gnade für die modernen Vandalen, welche an Ruchlosigkeit die Hunnen und alle Barbaren des Mittelalters übertreffen, die die Wälder Germaniens seit 1400 Jahren über uns ausgespieen haben. Nur ein Einfall in Deutschland kann die Aufhebung der Belagerung von Paris rasch herbeiführen. Man träumte also immer noch von einer Diversion im Rücken der deutschen Armee.

Als die Nachricht von der Niederlage bei Nuits in Lyon anlangte, wagten die Rothen wieder eine Demonstration. Es bildete sich ein Revolutionscomité, welches eine Anzahl schwarzgekleideter Frauen mit einer rothen Fahne zu Arnaud, dem Commandanten der Nationalgarde schickte und von ihm verlangte, die Nationalgarde solle gegen den Feind marschiren und voran die Pfaffen und Aristokraten. Als er sich weigerte, packten ihn die Weiber und rissen ihn fort, während bewaffneter Pöbel ihn zu erschießen drohte. Er zog einen Revolver und erhielt darauf einen Bajonetstich in die Stirne; er erwiderte den Stoß mit zwei Schüssen, die in die Luft gingen. Jetzt hieß es: „Er hat auf das Volk geschossen; erschießt ihn." Dieses Urtheil wurde von den Meuterern standrechtlich vollzogen, obgleich nicht 30 Schritte weit Linienmilitär einkasernirt und Nationalgarde postirt war. Arnaud hatte noch das Unglück, schlecht getroffen zu werden, so daß ihm ein 16jähriger Gamin den Gnadenstoß gab. Gambetta war in Lyon anwesend und ging mit bei dem Begräbniß des armen Arnaud, traf aber keine Maßregeln gegen die Rothen, um Bürgerkrieg in der Stadt zu vermeiden. Nur auf die Mörder wurde gefahndet. Arnaud's Frau wurde vor Schrecken wahnsinnig, die Stadt Lyon aber adoptirte seine drei Kinder. Gambetta benutzte den ganzen Vorfall, um auszusprengen, jene schwarz gekleideten Weiber und Mörder seyen von den Preußen bezahlt gewesen, um das Verbrechen zu begehen.

Garibaldi kam nicht vorwärts. Die Truppen von Lyon waren zur Loirearmee abgezogen. Trotz aller seiner Prahlerei waren seine Freischaaren unfähig, einen Sieg zu erfechten. Die Franzosen wollten unter dem Italiener nicht dienen und die Italiener selbst waren nicht einig. Ein Oberst Frappolli nahm förmlich Partei gegen ihn und bildete eine italienische Legion auf eigene Faust. Die Mehrheit seiner Landsleute konnte ihm nicht verzeihen, daß er die schöne Gelegenheit versäumt habe, Nizza und Savoyen von Frankreich loszureißen. Der Hochmuth, mit dem die Franzosen auf Garibaldi herabsahen, mußte begreiflicherweise den italienischen Nationalstolz prooociren und die Nizzaner ärgerten sich bitterlich, von dem berühmten Garibaldi, von dem sie so viel gehofft hatten, um der undankbaren Franzosen willen verlassen worden zu seyn. Man schrieb damals: Die Bewegung in der Grafschaft Nizza, welche den Zweck hat, sich von Frankreich loszusagen und sich Italien wieder anzuschließen, dauert fort. Mehrere Comités bestehen. Dieselben stehen mit italienischen, namentlich Genueser Comités in Verbindung und verhindern den Abgang der mobilisirten Nationalgarde zur Armee. Die Nationalgarde folgt auch dem Gebot derselben und weigert sich, Nizza zu verlassen.

Nach Gambetta's Plane sollte nun Bourbaki, der mit seinem Theil der bisherigen Loirearmee, dem Prinzen Friedrich Karl bis nach Nevers ausgewichen war, ostwärts vorgehen, mit der unter General Bresolles in Lyon gesammelten Armee und mit Garibaldi's Truppen sich vereinigen, um Belfort zu entsetzen, die schwachen Corps von Werder in Dijon und Treskow vor Belfort überwältigen und die Verbindungslinie der deutschen Heere durchbrechen, der deutschen Cernirungsarmee vor Paris in den Rücken fallen. Gambetta ließ aussprengen, die französische Ostarmee sey bis zur Stärke von 300,000 Mann angewachsen. Im Schweizer ‚Bund' wurde sie nur halb so hoch geschätzt. Immerhin aber hätten Werder und Treskow ihrer Uebermacht erliegen müssen, wenn ihnen nicht schleunigst Verstärkungen nachgeschickt worden wären, und zwar das Corps von Zastrow, welches Mezières erobert hatte, nebst andern beträchtlichen Truppentheilen. Auch sollte General Manteuffel seine siegreiche Armee im Norden Frankreichs dem General Göben überlassen und schnell das Commando im Süden der Vogesen übernehmen. Welche Hoffnungen Gambetta hegte, geht aus folgender Mahnung hervor: „Möge die Armee von Lyon, möge die Südarmee, statt unthätig zu bleiben, also Ordre erhalten, sich nach den Vogesen zu wenden. Kaum auf diesem Punkte angelangt, würde man die Preußen besorgt werden und schnell die Normandie, die Beauce, die Picardie und alle jene reichen Provinzen aufgeben sehen, welche jetzt von ihnen ausgesaugt werden, und sie werden sich zurück nach dem Osten wenden. Sobald aber dieser gezwungene Rückzug erfolgte, würde General Trochu die preußischen Linien durchbrechen und Paris wäre beblokirt. Im Osten liegt die Rettung und nicht in den Vertheidigungsmitteln, welche am äußersten Ende organisirt werden, wo Cherbourg liegt. Frankreich muß aus dieser Defensive heraustreten, die seinem Temperamente und Charakter so wenig gemäß ist; es verlasse sich auf die Geschicklichkeit seiner Generale, auf die Hingebung Aller, kurz, es wage die letzte Anstrengung, welche Corneille ‚eine schöne Verzweiflung' nennt."

Die Generale Werder und Treskow operirten mit bewundernswürdiger Geschicklichkeit und Ausdauer gegenüber der französischen Uebermacht, ehe noch die Verstärkungen bei ihnen anlangen konnten. So wie man Gewißheit erhielt, daß Bourbaki ostwärts marschire, vereinigte sich einerseits, jenseits der Loire, Prinz Friedrich

Karl augenblicklich mit dem Großherzog von Mecklenburg, um über
Chanzy bei Le Mans herzufallen, während andererseits Werder
rechtzeitig Dijon verließ, um zu Treskow zu stoßen. Er zog sich
am 28. Dezember von Dijon nach Besoul zurück. Die Deutschen
hatten sich in Dijon wohlbefunden. Im Progres du Saone las
man: "Die Preußen hatten bei ihrem Einzug in die Stadt (30. Okt.)
die Summe von 500,000 Franken zur Garantie für die getreue
Ausführung des Uebereinkommens in Betreff der Uebergabe der
Stadt verlangt. Davon wurden der Stadt 200,000 Franken auf
die bringliche Vorstellung des Maires zurückgegeben, welcher eine
lebhafte Schilderung des Elendes der Arbeiterklasse gemacht hatte.
Diese Summe verwendete man zur Errichtung von Gemeindeholz-
plätzen. Der Rest von 300,000 Franken wurde von der preußischen Verwaltung in dem Augenblick zurückerstattet, als sie die
Stadt verließ, wie man sagt, mit einem Schreiben des Generals
v. Werder, worin der Patriotismus der Bevölkerung von Dijon
anerkannt und höchlich gelobt wird."

Kaum war Werder aus Dijon abgezogen, als Garibaldi, der
bisher immer geschlagen worden war, sich beeilte, einen lächerlichen
Triumpheinzug in der verlassenen Stadt zu halten. Seine Avantgarde bildete eine Schaar von Amazonen. Man schrieb von ihnen:
Lauter Offizierinnen, möglichst warm gekleidet und bunt herausge-
putzt; einige allerdings durch das Genfer Kreuz bedeckt, aber die
Mehrzahl entschlossen zu siegen oder zu fallen, oder beides. Auch
die männlichen Garibaldianer liebten übrigens, sich elegant heraus-
zuputzen und erregten dadurch den Neid der Moblots der Saone
und Loire, die in ihren zerlumpten Sommerkleidern ein wahres
Bild des Jammers sind.

In diesen Tagen wurde auch Treskow vor Belfort vom Feinde
belästigt. Nachdem er schon mehrere Ausfälle aus Belfort siegreich zurückgeschlagen hatte, wurde er am 1. Januar von dem sog.
Corps der Rächer aus Lyon angegriffen, schlug sie aber bei Croix

mit blutigen Köpfen zurück. Zweihundert von ihnen flohen über die nahe Schweizer Grenze, wo man sie entwaffnete. Diese „Rächer" hatten gar nicht gefochten, sondern waren blos davon gelaufen, weil, wie es hieß, ihr Chef, der Pole Malisky mit der Kasse der Freischaaren flüchtig geworden war. Am 7. Januar wurden die Franzosen abermals bei Danjoutin, südlich von Belfort, geschlagen und verloren 700 Gefangene. Am 8. schlug Oberst Dannenberg die Garibaldianer nochmals bei Montbard.

Unterdeß kam Bourbaki mit beträchtlichen Streitkräften von Westen her und sollte, mit Garibaldi vereinigt, große Dinge ausrichten. Wie es scheint, hatte es Gambetta nicht mehr auf einen direkten Entsatz von Paris durch die Ostarmee abgesehen, hoffte aber, diese Armee werde den deutschen Armeen, die vor Paris und in den Provinzen operirten, eine furchtbare Diversion im Rücken machen, wo möglich an den Oberrhein vordringen und in ganz Deutschland Schrecken verbreiten. Man las damals in Gambetta's Amtsblatt: „Wenn Bourbaki bei Besoul durchdringt, so entsetzt er Belfort und kann dann nach Paris oder über die Baseler Rheinbrücke nach Süddeutschland sich wenden, denn wir haben nicht mehr die Verpflichtung, die Neutralität von Belgien oder der Schweiz zu achten, seitdem Europa gestattete, daß Preußen diejenige von Luxemburg verletze." Oeffentliche Blätter, auch in Deutschland behaupteten: „Bourbaki schmeichelte sich und den Franzosen mit der Hoffnung, er werde nach der Entsetzung von Belfort mit großer Macht in Baden und Württemberg einfallen und so den Krieg nach Deutschland hinüberspielen. Die Hunderttausende französischer Gefangener in Deutschland scheinen um diesen Plan gewußt und sich gleichfalls auf's Losschlagen bereitet zu haben, denn gleichzeitig gährte es in Ludwigsburg und andern Orten unter ihnen, so daß strenge Maßregeln nothwendig wurden. Wäre es den Franzosen geglückt, hätten sie auch nur einigen Erfolg gehabt, so war unsere Lage eine bedrohliche." — Auch im Schweizer Handelscourier wurde frecher

Niederlage der französischen Ostarmee. 173

Weise verlangt, die Schweizer sollten mit 100,000 Mann in Deutschland einfallen, die französischen Gefangenen befreien und mit Bourbaki cooperiren. Die Weserzeitung schrieb diesen Artikel dem berühmten Freischärler Ochsenbein zu, der im Sonderbundskriege die Schweizer tyrannisirte und von dem es hieß, er wolle jetzt General in der französischen Armee werden.

General Werder hatte sich vor der Uebermacht Bourbakis von Dijon bereits nach Vesoul zurückgezogen. Bourbaki folgte ihm dahin, machte aber nur einen Scheinangriff, um ihn zu täuschen und auf die Seite zu drängen, während er selbst schnell Belfort entsetzen wollte. Werder aber merkte das zur rechten Zeit und kam ihm in Eilmärschen zuvor. Ueber die nun beginnenden höchst interessanten Märsche und Kämpfe mitten im Winter in den verschneiten Vogesen enthielten die Hamburger Nachrichten folgenden nähern Bericht: „Am 31. Dezember war die Concentrirung des ganzen Corps um Vesoul vollendet, auch das aus den preußischen Truppen des Corps bestehende Detachement v. b. Golz stieß wieder zu uns, nachdem dasselbe vorläufig die Cernirung von Langres aufgegeben hatte. Die Truppen dieses Detachements durften sich nicht geringerer Anstrengungen rühmen, als die Badener, sie hatten auch mehrere Tage hinter einander 6 bis 7 Meilen per Tag gemacht, die Tornister mußten wegen dieser gewaltigen Anforderungen an die Marschfähigkeit gefahren werden. In Vesoul wurde unseren Truppen nach den furchtbaren Gewaltmärschen die wohlverdiente Ruhe leider nicht zu Theil. Der Feind regte sich auf allen Seiten, seine Nähe erforderte den anstrengendsten Vorposten- und Recognoscirungsdienst. Da verging vom 1. zum 4. Januar kein Tag, kaum eine Nacht, wo nicht der dumpfe Ton der Alarmtrommel durch die Straßen der Stadt rasselte. Von Dijon und Besançon her waren drei feindliche Corps gegen uns im Anmarsche, nämlich das 18. und 20. unter Bourbaki in Verbindung mit dem neu organisirten und verstärkten Corps des Generals Cremer. In Folge des Anbringens dieser uns weit überlegenen Streitkräfte, die wohl 80,000 bis 90,000 Mann betragen mochten, concentrirte sich das 14. Corps noch enger wie bisher um Vesoul und nahm am Morgen des 6., in Erwartung einer größeren Schlacht, eine günstige Defensivstellung ein, deren Centrum das stark verbarrikadirte Vesoul bildete. Der Feind hatte andere Absichten, er unterließ den fast ersehnten Angriff auf unsere Stellung, der uns vielleicht, wenn er siegreich zurückgewiesen wurde, Luft und Ruhe verschafft hätte. Am 7. und 8. schien es, als wolle sich der Feind von Port-sur-Saône auf Gray zurückziehen. Am 8. Abends wurden daher die Dispositionen ausgegeben, auf dem gedachten Wege zu folgen. In der Nacht vom 8. zum 9. ergaben indessen stärkere Recognoscirungen nach dem Oignon zu, daß der Feind seine wahren Absichten geschickt maskirt habe und seine Hauptmassen auf Belfort dirigire. Wir wären fast in eine böse Falle gerathen. Mitten in der Nacht wurden die gegebenen Dispositionen geändert, das ganze Corps erhielt seine Marschrichtung auf Belfort. Das Gros marschirte auf der großen Straße nach Lure. Um dasselbe gegen einen Angriff in der Flanke zu schützen, wurde die bereits zwischen Lure und Belfort stehende 4. Reservedivision des Generals v. Schmeling und das gegen den Oignon auf Vorposten gestellte Detachement v. d. Goltz gegen Viller Sexel und Esprels vorgeschoben, um dort den Andrang der Franzosen möglichst lange aufzuhalten und die Brücken über den Oignon zu vertheidigen. Gegen Mittag griffen die feindlichen Massen von Viller Sexel her mit großer Heftigkeit an. Die Division v. Schmeling hielt indessen gegenüber dem starken Feuer der feindlichen Artillerie und der Mitrailleusen wacker Stand. Das zu dieser Division gehörige 25. Regiment verbiß sich sogar so sehr, daß es in einem blutigen Nachtgefechte, obwohl dies nicht zur Aufgabe der Division gehörte, den stark verbarrikadirten Ort Viller Sexel stürmte. Dabei fielen 400 Gefangene und drei Mobilgardenadler in unsere Hände. Einen schweren Stand hatte das Detachement v. d. Goltz, welches lange Zeit den Anprall eines feindlichen Corps aufhielt und sich dann fechtend langsam zurückzog. Das pommerische Füsilierregiment Nr. 34 beklagt besonders herbe Verluste aus den Kämpfen dieses Tages. Im Ganzen mögen unsere Truppen etwa 500 Mann an Todten und Verwundeten verloren haben. Die Franzosen werden sicherlich keine weniger empfindlichen Verluste gehabt haben. Die Rheinländer vom 25. Regiment, welche hier zum ersten Male im Feuer standen, sollen bei dem nächtlichen Sturm von Viller Sexel böse mit Kolben und Bajonet gewirthschaftet und wenig Pardon gegeben haben. Am nächsten Morgen entwickelte der Feind gegen unsere Stellung bei Viller Sexel so kolossale Truppenmassen, daß befürchtet werden mußte, er werde unsere schwachen überflügeln und erdrücken. Der genannte Ort wurde daher freiwillig aufgegeben, die 4. Reservedivision und das Detachement v. d. Goltz zogen sich auf Lure zurück, wo die badische Division bereits eingetroffen war. Leider mußte ein großer Theil der Verwundeten in Viller Sexel zurückgelassen werden, da genügende Wagen zum Transport der Verwundeten nicht vorhanden waren. Bourbaki wagte den Rückzug unserer Truppen nicht zu beunruhigen. Was unsere Soldaten in jener Zeit bei der erbarmungslosen Kälte, welche zwischen 10 bis 15 Grad schwankte, gelitten haben, läßt sich gar nicht beschreiben. Uebrigens ging dieser Rückzug trotz aller Strapazen und Entbehrungen mit der größten Ordnung vor sich, man sah nicht einen einzigen Marodeur und Nachzügler. In den nächsten Tagen bis zum 12. Januar zog sich das Corps weiter in die Vogesen hinein nach Belfort zurück, nahm rings um diese Festung seine Stellungen in einem gewaltigen Halbkreise ein, um hier festen Fußes den Anprall der dreifach stärkeren feindlichen Heerschaaren zu erwarten. Jeder einzelne Soldat wußte, worauf es ankam. Jeder wußte, daß Belfort entsetzt, die deutschen Gauen von den Horden des Feindes ernstlich bedroht waren, wenn es Bourbaki gelang, an irgend einem Punkte den Wall zu durchbrechen, welchen das 14. Corps um Belfort gezogen hatte. Vom Obercommando wurden, der Situation entsprechend, die gemessensten Befehle gegeben, daß jede Truppenabtheilung bis zum letzten Manne in ihrer Stellung ausharren müsse. Der Feind zog immer noch Verstärkungen von Besançon heran und ließ uns einige Tage Zeit, unsere Stellungen von Montbeliard zwischen Montbeliard und Hericourt mit leichten Befestigungen zu versehen. Das feste Schloß von Montbeliard wurde außerdem mit schwerem Geschütz armirt. Am 15. und 16. Januar stürmten die vier Corps der Franzosen ununterbrochen vom frühen Morgen bis zum späten Abend gegen unsere Positionen von Delle bis Hericourt an. Unserer starken Artillerie, welche sich in vortrefflichen Aufstellungen befand, wurde vorzüglich die Aufgabe zu Theil, diese Angriffe zurückzuweisen und den Franzmännern zu zeigen, wie unbezwinglich deutsche Truppen in einer guten Defensivstellung sind. Es entwickelte sich da eine Kanonade, wie sie wohl selten gehört worden ist. Das waren nicht mehr einzelne Kanonenschüsse, das waren großartige Salven von massenhaften Kanonen. Dem Ohr machte sich diese Kanonade als ein einziges, unaufhörliches Donnern und Brüllen bemerkbar, welches erst mit dem Untergang der Sonne allmälig aufhörte. Die Franzosen entwickelten gleichfalls eine zahlreiche, gute Artillerie, sie brachten auch viele Mitrailleusen-Batterien in das Feuer, vermochten aber gegen unsere Artillerie in ihren dominirenden Stellungen nicht aufzukommen. Wo die französische Infanterie sich zeigte und naive Versuche machte, eine oder die andere unserer Batterien zu stürmen, ging sie ihrem sicheren Verderben entgegen. Die angreifenden feindlichen Regimenter wurden von unseren Granaten und Kartätschen geradezu zermalmt. In dieser Weise gelang es uns, während der zwei Tage alle unsere Positionen glänzend zu behaupten. Für uns war und blieb der Kampf hauptsächlich ein Artilleriekampf, die Infanterie, welche hinter den Batterien in geschützten Stellungen lag, kam nur an wenigen Punkten zur Verwendung, litt aber schwer durch die entsetzliche Kälte. Demgemäß haben wir auch nur geringe Verluste zu beklagen, sie mögen sich für jeden Schlachttag auf einige Hundert Mann belaufen. Dagegen muß der Feind enorme Verluste gehabt haben, da seine Schaaren in zahlreichen Fällen tollkühn genug gegen unsere Batterien und gegen die in gedeckten Stellungen liegende Infanterie anstürmten. Dazu konnten die feindlichen Verwundeten, weil sie in unserer Feuerlinie lagen, zum größten Theile nicht fortgeschafft werden. Viele dieser Unglücklichen werden bei der furchtbaren Kälte erfroren seyn. Gestern und heute schwieg die feindliche Artillerie. Die Franzosen arbeiteten nur noch mit ihren leichten Mitrailleusen-Batterien auf den Bergen umher, richteten damit indessen absolut Nichts aus. Hier und da machte auch die feindliche Infanterie noch einen Vorstoß, sie bemächtigte sich sogar in der Nacht vom 17. zum 18. Januar durch Ueberraschung eines Theiles des Fleckens Hericourt, wurde aber sofort wieder von den Badensern mit Kolben und Bajonet hinausgejagt. Recognoscirungen von unserer Seite ergaben, daß sich die feindliche Hauptmacht im vollen Abzuge auf Besançon befand. Die schwachen Vorstöße am 17. und 18. sollten nur dazu dienen, den Rückzug zu maskiren und uns von zu eiliger Verfolgung abzuhalten. Das 14. Corps darf stolz darauf seyn, daß es diese Gefahr allein, nur auf seine eigenen schwachen Kräfte angewiesen, beschworen hat. Jeder unserer Soldaten hat vierzehn Tage lang mindestens drei Franzosen in Schach gehalten; wir hatten, wie wir jetzt wissen, mit vier Corps und außerdem mit den Schaaren Garibaldis, mindestens mit einer Armee von 100 bis 120,000 Mann zu thun. Unser verehrter Führer, der General v. Werder, hat allen seinen Untergebenen als Muster der Ausdauer und Unverzagtheit vorangeleuchtet. Seine Majestät der König hat diese Heldenthaten bereits anerkannt, indem er unserem Chef das Eichenlaub zum Orden pour le mérite verliehen, dabei seinen königlichen Dank durch Telegramm mit den Worten ausgesprochen hat: „Sie und Ihr Corps haben sich um das Vaterland wohl verdient gemacht." Heute bricht ein Theil der Truppen bereits zur Verfolgung des Feindes auf. Leider werden wir der Armee von Bourbaki nicht viel anhaben können, da die schützenden Mauern von Besançon nahe sind, da ferner dem Feinde dort die Eisenbahn behufs weiteren Rückzuges zur Disposition steht. Wie ich noch höre, hat leider ein feindliches Streifcorps ein württembergisches Bataillon in St. Loup überfallen und demselben empfindliche Verluste beigebracht.

General August von Werber, dessen Leistungen in den letzten Tagen mit Recht den bedeutendsten des jetzigen Krieges zugezählt werden, ist im Jahre 1808 geboren, 1825 in das Regiment der Gardes du Corps, 1826 als Seconde-Lieutenant in das erste Garderegiment, zu Fuß, eingetreten. Nachdem er 1842 zum Premier-Lieutenant avancirt war, hat er 1842/43 mit den Russen den Feldzug im Kaukasus mitgemacht und ist bei Gelegenheit eines Festungsbaues am Kesar verwundet worden. Er ward sodann als Hauptmann in den großen Generalstab und nachher zum Generalstab des 1. Armeecorps versetzt. 1863 ist Werber General-Major, 1866 General-Lieutenant geworden. Im Kriege gegen Oesterreich commandirte er die 3. Infanteriedivision bei Gitschin und Königgrätz und erhielt den Orden pour le mérite."

General Werber verlor in diesen ewig denkwürdigen Kämpfen gegen eine große Uebermacht 1200 Mann an Todten und Verwundeten. Es kam ihm zu statten, daß er eine sehr feste Position gewählt und eine überlegene Artillerie hatte, sonst würde ihn Bourbaki's Uebermacht erdrückt haben. Auch war er dem Feinde, der sich gern zwischen ihn und Treskow geworfen hätte, geschickt zuvorgekommen. Als nun Bourbaki, wie er selbst in seiner Depesche eingestand, nach dreitägigem heftigen Kampf Belfort nicht zu entsetzen vermochte, zog er sich zurück. Von deutscher Seite hatte die Brigade Keller die schwerste Aufgabe, wenn auch mit großem Verluft zu löſen gehabt. „Wir dürfen ſie nicht durchlaſſen, nicht um die Welt" war der allgemeine Ruf in den Reihen der tapfern Soldaten. — Im Schloß Montbeliard hielten ſich zwei Kompagnien oſtpreußiſche Landwehr und 6 Kanonen, die zum Theil von Badenern bedient wurden, unter dem unerſchrockenen Artillerielieutenant Sauer gegen einen furchtbaren Angriff der Franzoſen, an dem auch die Bürger der Stadt theilnahmen, mit bewundernswürdigem Heldenmuth. Die feſte Stellung bei dieſem unſerm alten Mümpelgard erwies ſich ſtrategiſch als ſo wichtig, daß ſich Stimmen erhoben, welche die Wiedervereinigung der alten württembergiſchen Grafſchaft mit dem deutſchen Reiche dringend bevorworteten.

Nach dem Bericht franzöſiſcher Augenzeugen wurde die Metzelei bei Hericourt dadurch herbeigeführt, daß Cremer und Breſſolles, welche dem Feinde in die Flanken fallen oder ihn im Rücken angreifen ſollten, wegen der durch Hunger, Kälte und Ermüdung erfolgten Langſamkeit ihrer Corps nicht rechtzeitig eintreffen konnten, um den Frontangriff Bourbakis zu unterſtützen. Werder benutzte dieſen Umſtand ſo trefflich, daß er gegen Bourbaki alle ſeine Streitkräfte concentrirte und dieſen „wörtlich zermalmte und förmlich durch ſein convergirendes Feuer zerhackte." Die Franzoſen wurden ſchlecht gekleidet, ohne Schuhe, ohne Nahrung als etwas Schiffszwieback, manche mit elenden alten Musketen bewaffnet, als ſchlecht organiſirte Menſchenheerden, von denen manche nur Piken, Stöcke, Senſen u. ſ. w. hatten, in dieſes mörderiſche Feuer geführt. Das war der Segen der Gambetta'ſchen Maſſenaufgebote. Indeß Bourbaki wollte, nachdem er drei Mal zurückgeſchlagen, den vierten Sturm, doch da riefen ihm die Mobilen zu: „Geben Sie uns erſt Brod, Schuhe und gute Waffen, wo nicht, ſo gehen Sie zum Teufel!" ... Während aber Bourbaki dieſe Schlächterei betrieb, erhielt er von Gambetta den Gnadenſtoß, indem der Dictator ihn mit Vorwürfen überhäufte, daß er nicht ſchnell genug mit dieſen Preußen fertig werde. „Zugleich erfuhr Bourbaki, daß Garibaldi, der für die

Sicherheit der Operationsbasis wachen sollte für die Bahnen von Belfort nach Lyon, in dummer Sorglosigkeit diese beiden Communicationslinien durch das Gros von Manteuffel's Armee durchschneiden ließ, indem dieses ohne Schwertstreich am 21. Januar in Dole einrückte, während eine ihrer Brigaden den alten Freischärlerführer wie ein Kind durch Pulverknallen um Dijon amusirte. So begann der Rückzug von Hericourt; die Franzosen waren zwischen zwei Feuern und der ganzen Communication durch die Dummheit des Condottiere beraubt." Dole war das Centrum der um jeden Preis zu behauptenden Eisenbahnen, wie das Hauptobjekt von Manteuffels Marsche. „Aber am Tage vor dem Scheinangriffe auf Dijon war am 19. Gray schon von den Preußen besetzt und folglich Garibaldi's Hauptquartier bereits von der Eisenbahn von Belfort abgeschnitten; am 20. erfolgte darauf die simulirte Demonstration auf Dijon, der Ueberfall auf Dole, wo 5000 Preußen die armen Teufel von Husaren, Mobilen, Zuaven und Rekruten, welche allein zur Bedeckung des wichtigen Punktes zurückgelassen worden, beim Essen aus einander jagten. In der folgenden Nacht wurde Mouchard nebst anderen Punkten der beiden Bahnen der Franche-Comté von preußischen Corps besetzt, so daß bald 40,000 Mann in der Strecke Dole, Gray und Salins concentrirt waren und nun unsere 120,000 armen Soldaten der Ostarmee in den verschiedenen Thälern des Jura blokirt wurden, wie Bazaine's Truppen in Metz. Und während diese Katastrophe 20 Wegstunden von Dijon in Folge der Stumpfsinnigkeit Garibaldis vor sich ging, fuhren die Generale der Universal-Republik am 20. und 21., am 22. und 23. fort, Siege zu feiern über die Scheingefechte, womit Manteuffel ihnen blauen Dunst vormachte." Der Berichterstatter kann keine Worte finden, um die Erbitterung und Verachtung der Franzosen über den alten Simplicissimus zu schildern. „Man soll nur so fortfahren", klagen die Augenzeugen jenes Rückzuges, „Krieg zu führen unter der Fürsorge der republikanischen Lieferanten, die uns um Kleider, Schuhe und Brod prellen, mit einem italienischen Heros, der zur Vernichtung von Bourbaki's Armee so gemächlich mitgewirkt hat, und mit dem Carnot de Bazoche, der es übernommen hatte, unsere Niederlagen im Süden, Westen, Norden und Osten zu organisiren, und man darf gewiß seyn, daß der Krieg Frankreichs bis zur Erschöpfung, den jene seltsamen Patrioten wollen, nicht lange auf sich warten lassen wird." So reden Franzosen, so Augenzeugen über die Kriegführung Gambettas und seiner Getreuen, über Garibaldi und seinen Generalstab; unbegreiflich bleibt dabei immer noch, wie ein General von Bourbaki's Ansehen sich zum Schildknappen solcher Erbärmlichkeiten, Schlechtigkeiten und Frevel hergeben mochte.

Auf seinem Rückzuge ließ Bourbaki allein zwischen Belfort und Lure über 2000 Verwundete ohne Hülfe zurück, wie das nämliche Chanzy und Faidherbe auf ihren Rückzügen gethan hatten. Man schickte ihnen Aerzte und Hülfe von Basel aus zu, die Franzosen selbst thaten nichts für die Ihrigen. Unter den deutschen Leichen fand man solche mit abgeschnittenen Nasen und Ohren. Auch fand man wieder vertragswidrige Sprenggeschosse, deren sich die Franzosen bedient hatten. Der Gesammtverlust Bourbakis wurde zu 10,000 Mann berechnet.

Den einläßlichsten Bericht über diesen jammervollen Rückzug der Franzosen gab v. Wickede in der Kölner Zeitung: „Was ich bei Weissenburg, Wörth, Metz, Versailles und Orleans sah, konnten Einem wirklich fast als liebliche Idyllen erscheinen im Vergleich zu manchen Scenen, die ich hier nur in zu reichem Maße mit erleben mußte. Mit einem Leichtsinne und einer ruchlosen Sorglosigkeit, wie solche in allem, was von Herrn Gambetta ausgeht, in so furchtbarer Weise zu finden ist, hat man das unglückliche Bourbakische Corps hier herauf gejagt, ohne für dessen Verpflegung, Sanitätsdienst, Ambulanzen nur die nothwendigste Sorge zu tragen.

Man raffte in Südfrankreich Alles zusammen, was nur irgendwie im Stande war, eine Muskete zu tragen, rüstete es, mit Aus=

nahme der aus England und Nordamerika bezogenen Waffen, die größtentheils vortrefflich waren, auf das erbärmlichste aus, stellte dem Namen nach Regimenter und Brigaden damit her, machte die Hauptschreier in den Clubs zu Offizieren und brachte so an 120,000 Mann zusammen, die man dem unglücklichen Bourbaki gab, um damit Belfort zu entsetzen und dann weiter in den Elsaß einzumarschiren. General Bourbaki, ein alter, sehr erprobter Soldat und ein guter persönlicher Bekannter noch von dem orientalischen Feldzuge her, soll sich anfänglich bestimmt geweigert haben, den Oberbefehl über diese zusammengelaufenen Haufen, ohne Cavallerie, Ambulanzen, Fuhrwesentrains, kurz, ohne alles und jedes, was ein Heer wirklich kriegstüchtig macht, zu übernehmen. Nur als Gambetta an seinen Patriotismus appellirte und ihm sagte, ‚jeder Franzose, der sein Vaterland liebe, müsse in jetziger Zeit zu den schwersten Opfern bereit seyn‘, soll er widerstrebend eingewilligt und, wie mir gefangene französische Offiziere erzählten, dabei ausgerufen haben: ‚Ich will diese Horden führen, aber es wird mein Tod seyn; Erfolge vermag ich nicht damit zu erringen, und eine Niederlage oder gar eine Capitulation, wie bei Sedan, vermag ich nicht zu überleben.‘ So marschirte denn diese Bourbakische Armee mit einer Unordnung und einer Langsamkeit, wie dies bei dem gänzlichen Mangel an allen Kriegsausrüstungen auch nicht anders seyn konnte, in das französische Juragebiet ein. Auf jedem Marsche sollen schon Hunderte von Soldaten aus Kälte, Erschöpfung, Marschungewohntheit, schlechter Verpflegung und dürftiger, zerlumpter Kleidung todt an den Wegen zusammengestürzt seyn. Wie ein Heuschreckenschwarm, der alles, was nur irgend eßbar ist, vernichtet, fielen diese dem Verderben geweihten Menschen, die weder Sold noch irgend nur die mindeste geregelte Verpflegung erhielten, in die ohnehin nur armen und jetzt von den Lasten des Krieges sehr hart mitgenommenen Ortschaften des Jura ein. Was nur zu essen war, das verzehrten sie auch sicherlich, denn schon bei dem Vormarsch

Niederlage der französischen Ostarmee. 183

war ihr Hunger sehr groß und sie ließen den Bewohnern nichts, wie gänzlich geleerte Scheunen, Keller, Küchen und Speisekammern. Groß sollen schon Hunger und Noth im ganzen Jura gewesen seyn, als das Bourbakische Heer noch gegen Belfort marschirte; wahrhaft entsetzlich wurden aber die Zustände, als der General v. Werder die Schaaren nach zweitägigen blutigen Kämpfen wieder zurückgeworfen hatte und der Rückzug der Franzosen nun in größter Eile und wildester Unordnung angetreten werden mußte, weil die Manteuffel'sche Armee inzwischen durch ihre schnellen und geschickten Operationen ihnen bereits in den Rücken gekommen war. Mit dem äußersten Muthe der Verzweiflung haben die französischen Soldaten gegen unsere Batterien angestürmt, und die Hälfte von ihnen ist stets gefallen gewesen, bevor die Anderen sich zum Rückzuge entschlossen. Wir haben in allen diesen Kämpfen hier, bei denen unsere Artillerie stets den Hauptausschlag gab, verhältnißmäßig nur sehr geringe Verluste gehabt; die französischen Todten und Verwundeten zählen aber nach vielen Tausenden. Und nun denke man sich das Schicksal dieser armen Opfer des Krieges, die ohne Aerzte, Hospitaleinrichtungen, Verpflegung, hülflos in eisig kalter Winterzeit dort liegen bleiben mußten, wo sie gerade gefallen waren. Die deutschen Aerzte und Krankenpfleger haben jetzt gethan, was in ihren Kräften stand, um sich auch der Franzosen anzunehmen, allein es ging nicht, deren Zahl war zu groß, ihre Hülfe aber war wie ein Tropfen Wasser auf einen heißen Stein. Unsere eigenen nachrückenden Truppen litten in diesen vollständig verheerten Gegenden selbst schon Mangel, und man hat zuletzt absichtlich keine französischen Gefangenen mehr gemacht, weil man keine Möglichkeit mehr sah, solche auch nur halbwegs zu ernähren. Da sind viele Hunderte von französischen Verwundeten und Marodeurs elend aus Kälte und Hunger und Mangel an jeglicher Hülfe zu Grunde gegangen, und selbst bei dem Rückzuge aus Rußland kann es nicht grausiger gewesen seyn, wie es jetzt hier ist. Unbegrabene, bereits in Fäulniß übergegangene Leichen liegen in den Gebüschen noch zahllos umher, und mir wurde zuletzt fast übel, so wirkte diese Atmosphäre der Verwesung und Fäulniß, die ich unaufhörlich einathmete, auf mich ein. Was die menschliche Natur aber auszuhalten vermag, davon erlebte ich hier ein rechtes Beispiel. Unweit Montbeliard fanden mein Begleiter, ein badischer Arzt, und ich in einem total zusammengeschossenen kleinen Häuschen 7 bis 8 todte Franzosen liegen, die alle schon in die größte Verwesung übergegangen waren. Und mitten zwischen ihnen lag ein noch lebender Verwundeter, der mit schwacher Stimme um Hülfe wimmerte. Wir zogen den Unglücklichen mit Mühe zwischen allen diesen Leichen hervor und trugen ihn in das Freie. Es war ein blutjunges Bürschlein von kaum 17 Jahren, ein Student aus Avignon, wie er uns mit schwacher Stimme erzählte. Eine preußische Granate hatte ihm beide Füße unterhalb des Kniees arg zerrissen. In dieser Lage hatte er sieben, sage sieben volle Tage, ohne verbunden zu seyn, ohne Speise und Trank, gänzlich hülflos und verlassen zwischen allen diesen Leichen hier in diesem Häuschen gelegen. Er hatte sich seine Wunden selbst mit Fetzen von Uniformstücken verbunden, und die Kälte hatte das Verbluten verhindert. Auf dem Bauche rutschend, war er mühsam in der Kammer umhergekrochen und hatte in den Taschen der Leichen noch einige harte Zwiebackkrumen gefunden, die ihm als Nahrung dienten, während er seinen brennenden Durst mit dem Schnee stillte, der durch die zertrümmerten Fenster reichlich fiel. So hatte er eine volle Woche, wie er uns mit kaum vernehmbarer Stimme mittheilte, zugebracht. Man hat den Unglücklichen jetzt in die Schweiz transportirt, und der Arzt meint, es sey möglich, daß er noch gerettet werden könne.

Das Fleisch gefallener Pferde bildet jetzt die beste Nahrung der Einwohner in allen diesen Gegenden, so viel überhaupt noch davon vorhanden sind, und ich sah selbst, daß ein Haufe halb verhungerter Frauen wie ein Rudel gieriger Wölfe über ein am Wege liegendes todtes Pferd, das bei dem plötzlich eingetretenen Thau-

Niederlage der französischen Ostarmee. 185

wetter schon zu riechen anfing, herstürzte, das Fleisch mit allen möglichen scharfen Instrumenten aus einander rissen und nun so, wie es war, heißhungrig verschlangen. Man hat mir erzählt, doch will ich dies nicht verbürgen, daß die Leute schon aus Hunger Menschenfleisch gegessen hätten. Es ist Alles so grausig und gräßlich hier, daß jede Beschreibung doch nicht das erreicht, was man stündlich sehen muß. Es ist dies der achte Feldzug dem ich beiwohne, aber weder in Algerien noch im Orient, in Italien oder Böhmen, noch gar in Schleswig-Holstein sah ich jemals die Hälfte von dem Elend, das meine Augen in den letzten 24 Stunden fast unausgesetzt sehen mußten."

General Werder empfing von allen Seiten den ihm gebührenden Dank für die eben so geniale als heldenmüthige Art, wie er den Feind vom Oberrhein fernzuhalten gewußt hatte. Er war der Schild Deutschlands gewesen, daher verehrten ihm die deutschen Städte außer Ehrendegen, Ehrenbürgerrechten ꝛc. auch einen prachtvollen Schild. Vom deutschen Kaiser empfing er ein ehrendes Dankschreiben und das Großkreuz des rothen Adlerordens mit Schwertern. Nachträglich erfuhr man, er habe vor dem Kampfe den Grafen Moltke auf die Schwierigkeit seiner Stellung aufmerksam gemacht, dieser aber habe ihm geantwortet, er solle aushalten, und habe ihm so die Verantwortung erleichtert.

General Manteuffel, zum Oberbefehl im Südosten bestimmt, kam mit dem zweiten Armeecorps (Pommern unter Fransecky, die vor Paris durch die Bayern unter v. d. Tann abgelöst wurden) und mit dem 7. Armeecorps (Westfalen unter Zastrow). Ihre Vorhut unter Major Köppen warf am 15. bei Langres 1000 Mobilgarden zurück. Während Garibaldi in Dijon sich bereits auf einen großen Kampf mit Manteuffel gefaßt machte, beschäftigte ihn dieser durch eine einzige Infanteriebrigade und der alte Italiener ließ sich wirklich dadurch dupiren und blieb in Dijon, während Manteuffel mit seiner Hauptmacht ihm in Eilmärschen vorbei marschirte, um von Gray aus, wo ihm Garibaldi hätte den Weg verlegen sollen, in den Rücken Bourbakis zu kommen. Manteuffel erreichte hier, indem er die 50,000 Mann Garibaldis von den 150,000 Mann Bourbakis trennte, denselben Erfolg, wie er früher vom König durch die Trennung Bazaines von Mac Mahon erreicht worden war. Die einzige Brigade, die unter Generalmajor v. Ketteler Garibaldi beschäftigen und in Dijon festhalten sollte, mußte begreiflicherweise einige Opfer bringen. Ketteler machte zwei Angriffe am 21. und 23. Januar. In dem ersten Gefecht wurde der Pole Boshak Hauke schwer verwundet und starb. Die Garibaldianer rühmten sich aber eines Sieges, weil die Preußen Dijon nicht forcirten und sogar eine Fahne verloren. Der alte Garibaldi feierte eine Art Triumph und erließ folgende Proklamation: An die Tapfern der Vogesen-Armee! Ihr habt sie gesehen, die Fersen der furchtbaren Soldaten Wilhelms, ihr, die jungen Soldaten der Freiheit! In einem zweitägigen hartnäckigen Kampfe habt ihr eine glorreiche Seite in die Annalen der Republik geschrieben, und die Unterdrücker der großen menschlichen Familie werden in euch noch einmal die edlen Kämpfer des Rechtes und der Gerechtigkeit begrüßen. Ihr habt die kriegsgeübtesten Truppen der Welt besiegt, und doch habt ihr nicht genau die Regeln befolgt, welche in der Schlacht den Vortheil geben. Die neuen Waffen erfordern eine strengere Taktik in den Tirailleurslinien; ihr haltet euch zu sehr zusammen; ihr zieht nicht genug Nutzen aus den Unebenheiten des Bodens und bewahrt nicht die dem Feinde gegenüber unumgänglich nothwendige Kaltblütigkeit, so daß ihr immer wenige Gefangene macht, viele Verwundete habt, und der Feind, listiger denn ihr, ungeachtet eurer Tapferkeit, eine Superiorität behauptet, welche er nicht haben sollte. Das Auftreten der Offiziere gegen die Soldaten läßt viel zu wünschen übrig; mit wenigen Ausnahmen beschäftigen sich die Offiziere nicht genug mit der Instruktion der Milizen, mit ihrer Reinlichkeit, ihrer guten Haltung und endlich mit dem Auftreten derselben gegen die Bewohner, welche für uns gut sind, und die wir als Brüder betrachten müssen. Endlich seyd so aufmerksam und wohlwollend unter euch, wie ihr brav seyd: gewinnt die Liebe der Bevölkerungen, deren Vertheidiger und Stützen ihr seid und bald werden wir den blutigen und wurmstichigen Thron des Despotismus ꝛc.

Der Italiener machte viel Aufhebens, daß sie den Preußen die erste und einzige Fahne abgenommen, während die Franzosen noch keine erobert hätten, und vergaß, den Antheil der französischen Mobilgarden am Gefecht zu erwähnen. Das wurde ihm nun von französischen Blättern außerordentlich übel genommen. Mit der Fahne aber verhielt es sich so. Sie gehörte dem 61. preußischen Infanterieregiment (Pommern). Der Fahnenträger wurde von einer Granate niedergeschmettert. Lieutenant Schulze ergriff die Fahne und wurde von drei Kugeln durchbohrt. Noch zwei Offiziere hoben die Fahne wieder empor, fielen aber gleichfalls und nach ihnen mehrere Unteroffiziere, welche die Fahne retten wollten. Die Fahne blieb auf dem Schlachtfelde unter einem Haufen von Todten und Verwundeten liegen und wurde von einem französischen Moblot gefunden. Menotti Garibaldi wollte ihm dieselbe abkaufen, als hätten die Italiener sie erobert. Jener gab sie aber nicht her und damit es wenigstens nicht heißen solle, die Franzosen hätten sie erobert, schrieb Menotti an General Manteuffel, die in seinem Bericht als vermißt bezeichnete Fahne sey von Niemand erobert, sondern nur unter den Todten gefunden worden.

Bourbaki gerieth in sein Unglück durch Niemand anders, als durch Gambetta, der ihm ausdrücklich befohlen hatte, sich noch nicht nach Lyon zurückzuziehen, sondern noch einmal den Kampf um Belfort aufzunehmen. Zu dieser Rücksichtslosigkeit, da er doch hätte voraussehen können, Bourbaki könne keinen Erfolg haben, gesellte Gambetta noch eine lügenhafte Ausrede, sofern er vorgab, der Waffenstillstand habe Bourbaki irre geführt. Nach andern Nachrichten sollen die Soldaten selbst schwierig geworden seyn und ihn Verräther genannt haben. Genug, Bourbaki gehorchte und wurde nun durch Manteuffel's Truppen von hinten und in der Flanke gefaßt, verlor in Clerval die günstige Zeit zum Ausweichen und wurde umzingelt. Aus Furcht, des Verrathes von demselben Manne geziehen zu werden, der ihn dem Untergange entgegengeführt hatte, legte Bourbaki Hand an sich und überließ es dem General Clinchant, das Weitere zu besorgen. Bourbaki — wird erzählt — sey schon Tage lang wie in Irrsinn und Verzweiflung umhergeirrt. Der Unglückliche zerschmetterte sich die Kinnlade.

Schon am 29. wurde der Independance Belge geschrieben: „Der Selbstmord Bourbakis ist nicht durch die Depesche provocirt worden, welche Gambetta an ihn gesandt. Sie kam an, als Bourbaki bereits Hand an sich gelegt. Der General trug sich schon seit mehreren Tagen mit düsteren Ideen herum, da er mit Beharrlichkeit seine Ersetzung durch Clinchant verlangte. Er war übrigens von den Preußen cernirt und sah, daß seine Armee verloren sey. Welche verschiedene Gefühle mußten ihn auch in Erregung versetzen. Alle seine Freundschaften und Pflichten standen gegen einander im Widerspruch." Dieses Schreiben der Independance Belge hat in sofern Wichtigkeit, als aus demselben hervorgeht, daß man in Bordeaux schon am 29., also gleich nach der Unterzeichnung der Versailler Convention und ehe man dieselbe in der provisorischen Hauptstadt Frankreichs kannte, wußte, daß die Armee von Bourbaki cernirt und verloren sey. Die Vorwürfe, welche Gambetta Jules Favre machte, an dem traurigen Schicksal der Bourbaki'schen Armee schuld zu seyn, ist also vollständig unbegründet, und der Diktator klagt Jules Favre wohl einfach nur deshalb an, um sich in den Augen des Landes selbst rein zu waschen. Die Brüsseler Independance nimmt übrigens auch Jules Favre Gambetta gegenüber in Schutz und meint, es würde der Regierung in Bordeaux schwer werden, der Pariser Regierung die Schuld aufzuladen, daß

Niederlage der französischen Ostarmee.

die Ostarmee nicht gerettet werden konnte. Uebrigens ist es auch sicher, daß die Einschließung Bourbakis nur deshalb so vollständig gelang, weil er in Folge von Befehlen Gambettas nicht sofort seinen Rückzug nach Lyon antrat. Ein Adjutant des Generals hat nachher bestätigt, daß allerdings ein Brief Gambettas, der ihn des Verraths beschuldigte und den er krampfhaft in der Hand zerknitterte, ihn außer sich gebracht habe. Aus Bordeaux wurde am 2. Februar geschrieben: Im Augenblicke, wo der Delegation die Convention mitgetheilt wurde, fand gerade eine zweifache strategische Bewegung statt. Auf der einen Seite manövrirte die Ostarmee, auf der anderen begann Garibaldi mit 50,000 Mann eine mächtige Schwenkung nach dem Rücken des Feindes hin, indem er sich auf Dôle und den Wald von Chaux warf. Wenn diese Bewegung ein dem Anfange entsprechendes glückliches Ende genommen hätte, dann würden die Preußen zwischen zwei Feuern sich in einer kritischen Lage haben befinden können. In diesem Augenblicke hat die Ost-Armee ihre Bewegung aufgegeben, die Armee Garibaldi's ist 3 Kilometer von Dôle stehen geblieben, welche Stadt seit zwei Tagen bereits gänzlich vom Feinde geräumt war. Während die französischen Generale mit dem Feinde verhandelten, um ein scheinbares Mißverständniß aufzuheben, begann dieser vorwärts zu marschiren und schickte zugleich bedeutende Verstärkungen Garibaldi entgegen. Durch die Besitznahme gewisser Positionen hat der Feind der französischen Armee die Möglichkeit geraubt, ihren ursprünglichen Plan zu verfolgen. Als der wahre Sinn der Convention bekannt war, wurde Garibaldi gezwungen, Dijon zu verlassen und sich auf Macon zurückzuziehen. Die Ostarmee wurde genöthigt, sich auf Schweizer Gebiet zurückzuziehen, mit Ausnahme des 24. Corps, das den linken Flügel gebildet und der Verfolgung des Feindes hat entrinnen können.

General Clinchant erlaubte sich in seiner Proklamation vom 31. Januar zu sagen, nur ein verhängnißvoller Irrthum, nämlich der Glaube, daß auch er mit seiner Armee in den Waffenstillstand eingeschlossen sey, habe ihn sicher gemacht, so daß er die Zeit versäumt und nicht nach Lyon habe entkommen können, sondern sich in die Schweiz habe retten müssen. „Es ist unbestreitbare Thatsache, daß von den französischen Befehlshabern mit den Schweizern wegen des Uebertrittes auf Schweizer Gebiet schon zu einer Zeit verhandelt wurde, als den Betreffenden die Capitulation von Paris und deren Bedingungen noch völlig unbekannt waren, und seit dem 26. Januar schlossen auch alle Waffenkundigen in der Schweiz aus allen Dispositionen der Franzosen, daß der Rückzug in das neutrale Land dabei das bestimmende Moment sey."

Clinchant konnte die Armee nicht retten. Man schrieb aus Versailles: Nachdem die französische Südarmee in das Gränzgebirge zurückgeworfen, fanden am 31. Januar Gefechte zur Gewinnung des Straßenknotens von Lac de St. Point Statt, in denen mit geringem diesseitigen Verlust etwa 1500 Franzosen zu Gefangenen gemacht wurden. Am 1. Februar Vormarsch auf Pontarlier und Einnahme der Stadt; hartnäckiges Arrièregarden-Gefecht am Straßenknoten von La Cluse, wo der Feind seinen Rückzug in einer an die dortigen Forts angelehnten und durch Mitrailleusen vertheidigten Stellung deckte. Der Straßenknoten wurde am Abend genommen. Unsere Verluste dabei gegen 400, feindliche allein an Gefangenen circa 4000 Mann. Viele Waffen und mehrere Hundert Wagen des französischen Verpflegungstrains erbeutet. Gesammtergebniß der Gefechte bei Pontarlier bis zum 2. über 15,000 Gefangene, unter welchen 2 Generale, ferner 2 Adler, 19 Geschütze, bedeutende Vorräthe von Waffen, Bekleidungs-Gegenständen und Verpflegungs-Material.

Alle Schilderungen stimmen darin überein, daß die Noth der französischen Ostarmee den höchsten Grad erreicht hatte. Das Journal de Genève schildert das Elend der Bourbaki'schen Armee in Folge des strengen Winters und einer beispiellos nachlässigen und schlechten Verpflegung als unsäglich. Von den Leuten, welche durch Genf kamen, hatten viele ganz erfrorene Füße; sie klagten, daß sie oft Tage lang nicht das Geringste zu essen bekamen, auf dem Schnee schliefen und nichts zum Zudecken hatten; ihr Rückzug nach dem Süden ging unter den schlimmsten Verhältnissen vor sich: „stets vom Feinde gehetzt, keine Stunde Ruhe, kamen sie gar nicht dazu, ihre Reihen wieder zu formiren; es ging Alles durch einander; Jeder ging, wo er Rettung zu finden hoffte; es fehlte auch an Munition. So kam man wie ein gejagtes Wild von Clerval, von Blamont, von Pont be Roide endlich in zwölf Tagen nach Morteau und Pontarlier, einige Stunden nur von der Schweizergränze. Der Weg war schlimm und die Kälte selten unter 8 Grad. Nun sollte man über den Jura und man war erschöpft, entmuthigt. Aber man war noch nicht am Ende der Beschwerden: in Pontarlier wie in Maiche, in St. Hippolyte wie in Blamont und Pont be Roide war der Feind, stets bereit, stets die Straßen nach Norden, Süden und Westen mit unermüdlicher Jagdfertigkeit ihnen verlegend. Am 28. Januar nahm das 2. Armeecorps des Generals Fransecky, das von Paris herangestürmt war, bei Nozeroy, nur 30 Kilometer südöstlich von Pontarlier, einen Zug mit Lebensmitteln, und die Ostarmee war an diesem Tage vollständig von den deutschen Truppen und der Schweizergränze eingeschlossen; am 30. Januar griff die 14. Division (7. Corps), welche der deutschen Armee zur Avantgarde diente, bei Sombacourt und Chaffois, einige Kilometres westlich von Pontarlier, die noch beträchtlichen Truppenmassen an, die hier mehr zusammengeballt als concentrirt standen. Man hatte einige Positionen mit Artillerie versehen, doch die Deutschen nahmen dieselben sofort und machten 3000 Gefangene. So erfolgte der Uebertritt in die Schweiz; doch entkam ein Corps von 20,000 Mann unter Cremer, das an der Schweizergränze hinschlich und jetzt nach La Faucille auf dem Rückzuge ist."

Von preußischer Seite wurde geschrieben: Es sind wahrhaft gräßliche Zustände hier. Alle Wege und Stege sind mit todten, verwundeten und aus Hunger und Erschöpfung umgefallenen, französischen Soldaten bedeckt. Gefangene können unsere Soldaten so viel machen, wie sie wollen; doch unterlassen sie es, weil sie keine Lebensmittel zu deren Ernährung besitzen und selbst kaum wissen, wovon sie leben sollen. Hunderte von Franzosen kommen, nachdem sie die Waffen fortgeworfen, zu unseren Vorposten, wollen Gefangene werden und bitten um Brod.

Die durch Hunger, Kälte und Strapazen erschöpfte und der Auflösung nahe französische Armee wurde von General Clinchant nicht mehr für fähig erachtet, den Deutschen Widerstand zu leisten. Der General hatte schon Nachricht von der Capitulation in Paris und zog es mit Recht vor, seine Truppen in die nahe Schweiz zu retten, schon am 1. Februar. Nach einer Uebereinkunft mit dem eidgenössischen Obergeneral Herzog legten die französischen Truppen ihre Waffen nieder, wurden beköstigt und in die einzelnen Cantone vertheilt, wie folgt: Zürich 11,000, Bern 20,000, Luzern 5000, Uri 400, Schwyz 1000, Obwalden 400, Niedwalden 300, Glarus 1000, Zug 700, Freiburg 4000, Solothurn 3000, Basel Stadt 1500, Basel Land 1500, Schaffhausen 1200, Appenzell A. R. 1500, Appenzell J. R. 200, St. Gallen 7000, Graubünden 1000, Nargau 8800, Thurgau 3900, Waadt 8000, Wallis 1000, Neuenburg 1000, Genf 1500. Summa 84,900. Die volle Zahl fand sich nicht gleich ein, sondern nur 81,577 Mann, weil viele wahrscheinlich zurückblieben und gefangen wurden oder umkamen, andere wieder über die Grenze zu kommen suchten. Die eidgenössischen Truppen mußten, um die Neutralität zu wahren, die Deserteure festhalten. 10,000 französische Pferde wurden allmälig dem Verkauf ausgesetzt. Die französische Kriegskasse mit 1½ Millionen Francs nahm der Bund in Verwahrung.

Man schrieb aus Bern am 10. Februar: Die Schweiz hat um die Verwendung des Grafen Bismarck nachgesucht, in Bezug auf die Rückkehr der internirten französischen Armee nach Frankreich. Graf Bismarck hat ablehnend geantwortet, weil die französische Regierung erfahrungsgemäß außer Stande sey, die Garantie zu geben, daß die rückkehrende Armee nicht sofort gegen die Deutschen marschire. Graf Bismarck ersuchte die Schweiz, in der bislang loyalen Haltung ihrer Neutralität für eine hoffentlich noch kurze Zeit fortzufahren und dadurch an der Beschleunigung des Friedens theilzunehmen.

Man durfte mit Recht diese Entwaffnung der Armee Bourbakis mit der Mac Mahons bei Sedan vergleichen. In beiden Fällen wurde je ein großes Heer umgangen und an der Grenze gezwungen, die Waffen zu strecken.

Eine große Demüthigung bereitete der eidgenössische Obergeneral Herzog dem übermüthigen Frankreich durch einen Tagesbefehl an die Schweizer Truppen, die den Grenzcordon bildeten: „Ein entsetzliches Schauspiel hat sich unter Euren Augen abgespielt, Ihr habt das verzweiflungsvolle Factum einer großen Armee ansehen können, in welcher die Bande der Disciplin beinahe vollständig vernichtet sind, was sie in jenen Zustand der Auflösung versetzte, den wir mit Kummer constatirt haben. Könnte dies Bild sich in Euer Gedächtniß einprägen und als ein schreckliches Beispiel (terrible exemple) in Euch die Ueberzeugung vermehren, daß es ohne Disciplin und Subordination keine gute Armee gebe, daß ohne dieselben Muth und Aufopferung vergeblich seyen." So mußten Franzosen von sich reden lassen, die gewohnt waren, für unüberwindlich und für Mustersoldaten zu gelten. General Herzog hatte aber in seinem Tagesbefehl nur die gute Absicht, seine eigenen Landsleute, bei denen bekanntlich die Disciplin nicht weit her ist, zu ermahnen, daß in heutiger Zeit der alte Schlendrian des Milizwesens nicht mehr frommt.

Im Berner „Bund" sagte ein Schweizer ein gutes Wort. Er war in Frankreich und hörte hier überall nur von Verrath reden. Darüber bemerkt er: „Es ist den an langjährige politische und militärische Priorität gewöhnten Franzosen rein nicht möglich, an die Thatsache zu glauben, daß sie durch überlegene Strategie, Bildung, Manneskraft und Disciplin der deutschen Armee so gründlich geschlagen worden sind, und wenig hört man bei Hohen und Niedern von durchgreifenden Reformen im Unterrichtswesen, geschweige denn von der Nothwendigkeit, in den meisten Städten und größern Ortschaften auf Hebung der Sittlichkeit hinzuarbeiten. Es ließen sich noch viele Untersuchungen und ernste Beobachtungen anstellen. Das ganze große Facit derselben kann bei einem einigermaßen einsichtsvollen Manne kaum ein anderes seyn, als dasjenige der Dankbarkeit für den Sieg der Bildung über den jetzigen französischen schwindelhaften Volksgeist einerseits und der politischen und religiösen Freiheit über jesuitische Wirthschaft andrerseits. Mag man über die Härte mancher Maßregeln deutscher Regierungen immerhin klagen, das wird festbleiben, daß unter der Aegide eines vorzugsweise reformirten Kaiserthums, und Angesichts der geschlagenen, mit dem Jesuitismus verbunden gewesenen napoleonischen Dynastie die unabsehbaren Folgen der Infallibilitätserklärung für längere Zeit wenigstens hintangehalten werden."

Die Schweiz behielt ihre Neutralität in Bezug auf die internirten Franzosen nicht ohne Strenge inne, und mit Recht. Von den 1200 in Genf internirten Franzosen meinten viele, die Schweizer Milizen nicht besonders achten zu dürfen, und desertirten; da machte der Bund aber kurzen Prozeß und ließ sie, wie man am 21. Februar aus Genf schrieb, nach den östlichen Cantonen escortiren. Am 2. März sprang das eidgenössische Arsenal von Morges am Genfer See mit schweizerischer und mit der ganzen Munition der internirten Franzosen in die Luft, wobei es einige Todte und Verwundete gab.

Von Bourbaki's zerrütteter Armee rettete sich ein Corps unter Cremer nach Gex bei Genf und entkam nach Lyon, mußte aber 40 seiner Kanonen vernageln, weil es sie nicht mitnehmen konnte.

Niederlage der französischen Ostarmee. 195

General Bressoles war schon nach der Schweiz entwichen, ging jedoch wieder durch, wurde in Lyon verhaftet, angeblich, weil er wichtige Papiere Bourbakis bei sich hatte, gelangte aber nach Bordeaux. Garibaldi rettete sein Corps von etwa noch 50,000 Mann nach Chagny, sonst wäre er von Manteuffel gefaßt worden, der jetzt in dem von Garibaldi verlassenen Dijon sein Hauptquartier aufschlug. Garibaldi hatte sich immer unpopulärer gemacht. Sein Generalstabschef Bordone war ein verrufener Schwindler, dem man nachwies, wegen gemeiner Verbrechen schon dreimal gestraft worden zu seyn. Der Bischof von Nevers klagte öffentlich, die Garibaldianer hätten einen französischen Pfarrer mißhandelt, sein Haus gänzlich ausgeplündert und das Bildniß des Papstes in demselben beschimpft. Garibaldi sah ein, daß nichts mehr zu machen sey, und benutzte den Waffenstillstand, um nach Bordeaux zu gehen, da ihn die Republikaner doch noch mit mehr als 100,000 Stimmen in die französische Nationalversammlung gewählt hatten. Sein Sohn Menotti übernahm provisorisch den Befehl über die Vogesenarmee.

In Lyon war man noch immer nicht entmuthigt, obgleich diese Stadt an Bourbaki ihre Schutzwehr verloren hatte und den Anmarsch Manteuffels besorgen mußte, wenn der Krieg wieder anfangen sollte. Man hörte im Februar wieder von einem Zusammenstoß zwischen den Anhängern der Regierung und denen der Commune. Aber auch die Regierungsmänner, der Bürger Henon an der Spitze, schwärmten noch immer für „den Krieg bis zum Aeußersten". Henon ging nach Bordeaux und konnte dort den Triumph der Mäßigung Favres über die Exaltation Gambettas mit ansehen. Man erfuhr aus Lyon damals auch, daß der Rhonepräfekt mehrere Untersuchungen angeordnet habe, erstens gegen Malski, der mit 4500 Franken durchging, zweitens gegen einen Garibaldischen Obersten vom Stabe, der mit 200,000 Franken durchging. Indeß man kennt ja dergleichen französische Untersuchungen in solchen Zeiten: sie werden gegen kleine Diebe geführt, um die großen zu decken.

Bourbaki's Plan war wohl, wenn er Belfort entsetzt haben würde, mit Garibaldi vereinigt, Manteuffel zurückzuschlagen und zum Entsatz von Paris, zunächst zur Störung der Verbindungslinie der Deutschen zwischen Straßburg und Paris bei Nancy vorzugehen. Damit hing wohl auch die Zerstörung der Eisenbahnbrücke über die Mosel bei Fontenoy zusammen. Hier wurde nämlich in der Morgenfrühe des 22. Januar, die kleine aus preußischer Landwehr bestehende Wachmannschaft plötzlich von ein paar Hundert Franctireurs überfallen, getödtet oder verwundet, und mittelst Pulversäcken, die jene mitgebracht hatten, die Brücke gesprengt. Joseph Bott von Essen, ein verwundeter Landwehrmann, hatte Muth und Geistesgegenwart genug, um sich auf der Bahn noch so weit fortzuschleppen, daß er den nächsten, schon heranbrausenden deutschen Bahnzug durch warnenden Zuruf aufhalten konnte, sonst wäre der ganze Zug in den Fluß gestürzt. Da offenbar Verrath im Spiele war, wurde das Dorf Fontenoy auf Befehl des Gouverneur von Lothringen, General v. Bonin, in Asche gelegt und dem Gouvernement Lothringen eine außerordentliche Contribution von 10 Millionen Francs auferlegt. Einen deutschen Feldwebel hatten die Franctireurs mit abgeschnittener Gurgel gehängt. Als er feierlich bestattet wurde, zwang man den Maire des Orts, ihm das Grab zu graben. Nachher wurden mehrere Franctireurs erschossen und gegen 60 gefangen fortgeführt. Die Bosheit der Einwohner war so groß, daß sich keiner hergab, an der Wiederherstellung der Brücke zu arbeiten. In Nancy selbst wurde der Befehl, 500 Arbeiter herbeizuschaffen, mißachtet. Da ließ der deutsche Präfekt vornehme und geringe Männer auf der Straße ergreifen, bis ihrer 500 waren und schickte sie zur Arbeit. Auch aus der kleinen Festung Bitsch wurde damals ein Ausfall gemacht, jedoch gleich zurückgeschlagen. Aber am 25. wurde schon wieder bei der Station Brienne die Brücke gesprengt durch eine Bande, die schleunigst nach Langres zurückfloh, woher sie wahrscheinlich gekommen war. Der preußische Stationsvorsteher wurde dabei erschossen.

Niederlage der französischen Ostarmee.

In dem Capitulationsvertrage von Paris war zwischen Graf Bismarck und Fabre verabredet worden, der Waffenstillstand solle auch auf das Gebiet der Ostarmee ausgedehnt werden, falls die Festungen Belfort und Bitsch sich ergeben würden, in welchem Falle ihre Besatzungen freien Abzug erhalten sollten. Der Commandant von Belfort weigerte sich, seine sehr starke Festung zu verlassen, da er noch keinen Befehl erhalten hatte. General Treskow setzte daher die Belagerung energisch fort. Sie war sehr beschwerlich. Der preußische Bericht lautete: Nach und nach langten Verstärkungen vor Belfort an, es trafen noch württembergische und bayerische Batterien ein, so daß Artillerie aus Preußen, Bayern, Württemberg und Baden vereint den Feind zu bekämpfen suchte. Das war wahrlich keine leichte Aufgabe! Man rückte nach und nach mit dem Angriffe gegen Osten. Die große Tragweite und das präzise Schießen der französischen schweren Festungsgeschütze machte die Anlegung von Batterien in größerer Nähe unmöglich. Die ersten Batterien wurden auf ungeheure Distanzen angelegt, und man versuchte von hier aus Justice und Miotte und das Chateau niederzuhalten, die Percher Schanzen aber zu bekämpfen. Dieß gelang in so weit, daß die schweren Geschütze zum Schweigen gebracht wurden und nur noch Feldgeschütze unserem Feuer antworteten. Man hielt es an der Zeit, aus den mittlerweile vorgetriebenen Angriffsarbeiten vorzubrechen und einen Sturm zu wagen, der aber fehlschlug. Das ganze Unternehmen war verrathen, man schlug im Platze schon viel früher Allarm, und unsere in den tiefen Graben hinabgesprungene Infanterie wurde mit Rollbomben und Handgranaten derart überschüttet und von überlegenen Kräften umzingelt, daß nur ein Weg übrig blieb: sich zu ergeben, da die steilen Grabenböschungen jeden andern versperrten. Dieser Kampf erfolgte in der Nacht vom 26. zum 27. Januar und kostete den Preußen 350 Todte und Verwundete, nebst 400 Gefangenen, die der Commandant Denfert aber zurückschickte.

Es gelang jedoch schon am 8. Februar die vergebens bestürmten Forts Hautes Perches und Basses Perches mittelst in Felsen gesprengter Laufgräben einzunehmen. Der preußische Bericht fährt fort: Dies war kaum geschehen, so richtete der Feind ein so fürchterliches Feuer dahin, wie ich es noch nie gehört habe. Es fielen etwa 80 Schüsse in der Minute. Unsere Infanterie konnte sich nur mit Mühe in den Werken behaupten, und der Batteriebau war unermeßlich schwierig. Auch hier haben wir manchen wackern Kameraden zu beklagen! Die Erstürmung der Perchen ist jedoch ein bedeutender Schritt vorwärts. Während die Angriffsarbeiten gegen diese Schanzen vorgetrieben wurden, erbaute die bayerische Artillerie in nächster Nähe drei 24Pfünder-Batterien, die der Feind offenbar für Infanterie-Emplacements hielt, sonst hätte er wohl ein lebhafteres Feuer darauf gerichtet. Hiemit sind wir der Festung näher auf den Leib gerückt, und es ist wohl nicht zu viel gesagt, wenn ich behaupte, daß der Angriff jetzt in ein Stadium getreten, das Aussicht auf Erfolg verspricht. Brauche ich nach dem Gesagten wohl noch einige Worte an jene zu richten, die, durch die Erfolge der deutschen Waffen verwöhnt, immer und immer die größten Errungenschaften in rascher Reihenfolge herbeiwünschen? Ist dies erforderlich, so mögen sie mir glauben, daß die Anstrengungen unserer Truppen unmenschliche genannt zu werden verdienen. Das bergige Terrain, die durch den Transport der schweren Lasten ausgefahrenen Wege, der durch die strenge Kälte und die Felsen fast unbearbeitbare Boden, der jetzt durch das Thauwetter grundlose Schmutz in den Transcheen, das alles sind Faktoren, die eine Reibung erzeugen, von welcher man sich nur einen Begriff machen kann, wenn man mit eigenen Augen beobachtet hat, und zu deren Ueberwindung eine moralische wie physische Kraft gehört, die mit Recht unser Staunen erregt!

Belfort hätte sich noch länger halten können. Es waren noch Lebensmittel genug vorhanden, aber der Typhus wüthete unter der

Garnison. Auf Entsatz war nicht mehr zu rechnen und in Folge eines Befehls von Favre aus Paris entschloß sich der Commandant Denfert, am 16. Februar zu capituliren, und durfte am 18. mit der Garnison von noch 12,000 Mann wegen tapferer Vertheidigung mit militärischen Ehren frei auszieben. Man fand in der Stadt Belfort große Verwüstung durch die Beschießung, und überzeugte sich, daß die stärksten Gewölbe der Festung von der vernichtenden Wucht der deutschen Geschosse auseinander gerissen waren, so daß sich auch hier die Ueberlegenheit der deutschen Artillerie glänzend erprobte.

Der Krieg ging zu Ende und in seinem letzten schönen Tagesbefehl vom 18. Februar durfte General v. Treskow seinen Truppen sagen: Mit einer seltenen Hingebung habt Ihr die Parallelen und Batterien erbaut, in ihnen ausgehalten, wenn nicht nur der Feind, sondern auch die Elemente gegen Euch kämpften, und nur der, der Euch dort, wie ich, fechten, aushalten, arbeiten gesehen hat, vermag zu ermessen, was Ihr geleistet. An Euren Kämpfen werden dereinst junge Soldaten den Krieg studiren, sie werden bewundern, was Ihr gethan. Und wenn sich nun so an uns der Spruch bewährt: „Der Muthige besiegt die Welt", so wollen wir darüber doch nicht vergessen, wie Gott uns unaussprechlich gnädig gewesen, wie er uns so oft in großen Gefahren geschützt, unsere Gegner häufig geblendet, unserem vielfach verwegenen Handeln einen besonderen Erfolg geschenkt hat. Wir haben den schönsten Lohn für den Soldaten, die Zufriedenheit unseres Kriegsherrn uns erworben; wir haben das stolze Bewußtseyn, durch unsere Thaten dem Vaterlande einen großen Dienst geleistet zu haben, wir, die wir uns Alle hier aus den verschiedenen deutschen Gauen zusammengefunden, haben das Glück gehabt, seit Jahrhunderten einmal wieder im Kriegslager das Bild treuer deutscher Einheit zu geben.

Sechstes Buch.

Die Capitulation von Paris.

Unterdeß wurde das Bombardement von Paris fortgesetzt. In die Stadt fielen immer mehr Bomben. Man schrieb aus Paris: „In die Bibliothek St. Geneviève flogen Sprengstücke, und in das Collége St. Barbe zwei Granaten. Was das Observatorium, das Pantheon und das Val-be-Grâce anbelangt, so waren diese die Zielpunkte des Feindes und wurden daher mit Granaten überschüttet. Herr Dumesnil, der Generaldirektor des öffentlichen Unterrichtswesens, begleitet dieses Verzeichniß mit folgenden Zeilen: ‚Wenn Alles vorüber seyn wird, so werde ich nur Einen Wunsch haben, das ist, daß jedes dieser durchlöcherten Häuser stets die sichtbaren Spuren der ihnen durch die preußischen Haubitzen angethanen Schmach bewahre. Ueberall sollen unverwischbare Inschriften uns das Vergessen verbieten, und wenn selbst unsere Todten verschwinden, sollen diese zertrümmerten Steine als Zeugen zurückbleiben. Ich erkenne den Gott ihres occidentalen Kaisers an, mit ihm jedoch zerreiße ich das Evangelium. Hassen wir uns einander auf ewig! soll es von nun an heißen.'"

Der Haß forcirte sich zu verzweifeltem Muthe und phantasirte den guten Parisern noch im letzten Augenblick ihres Unglücks Scheinbilder des Glücks und Sieges vor. Die Blätter logen immer noch im Styl Gambettas fort: „Bourbaki ist in's Großherzogthum Baden eingefallen und befindet sich in Freiburg. Die deutschen Zeitungen lassen Mezières gefallen seyn, aber nach der letzten Taubendepesche Gambettas ist es entsetzt worden. Die ‚Liberté' schildert heute die Lage also: Nanzig bedroht; Belfort befreit; Baden besetzt; Hamburg im Begriffe bombardirt zu werden. Dies ist Frankreichs Erwiderung auf das Bombardement von Paris. Die Stunde ist gekommen. Die Preußen, die nicht mehr wissen, wo hinaus, suchen Zuflucht in Paris. Dies ist ihre letzte Hoffnung; ihre letzte Zuflucht."

Aber der Ernst der Lage ließ sich in Paris doch nicht mißkennen. In der letzten Woche waren 3982 Civilpersonen in dieser Stadt, besonders viele Kinder gestorben und die Lebensmittel gingen so zur Neige, daß wie früher das Fleisch, so auch jetzt das Brod nur in den kleinsten Portionen ausgetheilt werden konnte. Am 18. decretirte Ferry im Namen der Regierung, die Häuser aller derer, welche Paris verlassen hätten, sollten den durch das Bombardement aus der Südseite der Stadt Vertriebenen eingeräumt und überall sollten durch Haussuchungen die noch bei Privaten vorhandenen Vorräthe von Lebensmitteln requirirt werden. Am 21. eröffneten die Deutschen ein neues furchtbares Feuer auf St. Denis und seine starken Forts. St. Denis gerieth in Brand und der Schrecken in Paris wurde immer größer. Am 22. legte General Trochu sein Amt nieder. Er war erkrankt, wie es hieß, und tief ergriffen von den Vorwürfen der Unfähigkeit oder des Verraths, die ihm entgegen geschleudert wurden. Man glaubte, General Vinoy habe stark gegen ihn intriguirt, um an seine Stelle zu kommen, und er erhielt sie wirklich. Trochu soll den Ausfall am 19. nicht haben wagen wollen. Ist das wahr, so hätte er ihn gar nicht unternehmen, sondern vorher abdanken sollen. Uebrigens ersparte er sich, indem er vor der Capitulation zurücktrat, einen Wortbruch, denn er hatte früher gelobt, nie zu capituliren.

Die Rothen regten sich wieder. In der Nacht vom 23. zum 24. Januar erhoben sich die Bewohner von Belleville, stürmten das Gefängniß Mazzas, befreiten Flourens und hätten gern die Regierung gestürzt und die der Commune eingesetzt. Auch bemächtigten sie sich eines großen Vorraths von Brod und Wein, wurden jedoch von der Nationalgarde zurückgejagt und die Ordnung hergestellt. Alle Clubs wurden geschlossen, einige der wildesten Zeitungen unterdrückt und man fahndete wieder auf den frei gewordenen Flourens. Die sich bisher am wildesten geberdet, waren nunmehr durch die Bomben der Deutschen und durch die wachsende Hungersnoth in der Stadt soweit gezähmt, daß einem Versuch zur Capitulation kein Hinderniß mehr im Wege stand. Wie die Lebensmittel sich stufenweise verringerten, erkennt man aus folgender Berechnung: Paris, das für seine Ernährung in gewöhnlichen Zeiten täglich 8000 Centner Mehl bedarf, hatte während der Belagerung vom 22. September bis 18. Januar täglich 6360 Centner zu verbrauchen, seit dem 18. Januar aber, wo die Rationirung des Brodes eintrat, blieben ihm nur noch 5300 Centner zur Verfügung, d. h. mindestens 16 Prozent weniger als die Gewohnheit des Consums war. Auch diese Zahl von 5300 Centner als Maßstab angenommen, hätten die Vorräthe nur noch für eine Woche hingereicht. An Ersparung der für die Brodvertheilung ausgeworfenen Quote und an ihre Ersetzung durch andere Lebensmittel war nicht mehr zu denken, da man nur noch über Pferdefleisch verfügte, und da von den 100,000 Pferden, die es in Paris gab, nur noch 33,000 übrig waren. Von diesen 33,000 mußten 6500 für die Ambulanzen, den Transport und die Unterhaltung der nothwendigsten Verbindungen in jedem Falle erhalten werden. Bei einer Rationirung von 25—30 Grammes auf jeden Einwohner, unter besonderer Fürsorge für die Hospitäler, brauchte Paris täglich 650 Pferde, die geschlachtet wurden. Hätte man beim Ausfall des Brodes die Fleischrationen erhöhen müssen, so wären täglich 3000 Pferde nothwendig gewesen; es würde sich also auch dieses Lebensmittel in acht Tagen erschöpft haben.

Es mußte also endlich zur Capitulation kommen und Jules Favre übernahm dabei, woran er noch vor kurzem nicht gedacht hatte, die Hauptrolle.

Am 17. Januar sollte die Conferenz bezüglich der Pontusfrage in London zusammentreten, vertagte sich aber, um noch den Gesandten Frankreichs abzuwarten. Jules Favre sollte dahin abgehen und war auch anfangs sehr geneigt dazu, weil er in der Zuziehung eines französischen Gesandten zur Conferenz eine Anerkennung der republikanischen Regierung durch die neutralen Mächte voraussetzte und weil er hoffte, die Conferenz werde sich auch mit der französischen Frage beschäftigen und sich Frankreich günstig zeigen. Da aber indessen eine Annäherung zwischen Oesterreich und Preußen erfolgt war, sank Favre's Hoffnung sehr tief herab und als Graf Bismarck dem Grafen Bernstorff, dem deutschen Gesandten in London, die Conferenz, wenn sie sich mit der französischen Kriegsfrage beschäftigen wolle, augenblicklich zu verlassen befahl, zog es Favre vor, lieber gar nicht nach London zu gehen. Er erklärte das in einem sehr weitläufigen Aktenstück, worin er sentimentale Thränen über das Bombardement von Paris vergoß und nichts Geringeres verlangte, als daß, wenn er verreisen sollte, das Bombardement eingestellt würde. Er machte sich natürlich damit nur lächerlich und man wendete ihm mit Recht ein, wenn er nicht selber nach London gehen wollte, hätte er einen andern schicken und jedenfalls dafür sorgen müssen, daß Frankreich bei der Conferenz vertreten werde.

Auf einmal wollte er wieder nach London gehen, weniger, wie man vermuthete der Conferenz wegen, als um der heillosen Verwirrung in Paris zu entfliehen und wie früher Thiers seine Person zu salviren. Er ersuchte den Grafen Bismarck um freies Geleit. Nun hatte aber Favre eben erst in einer Depesche an Lord Granville die Voraussetzung ausgesprochen, daß seine Theilnahme an der Conferenz die Anerkennung der gegenwärtigen französischen Regierung in sich schließe. Das konnte Bismarck nicht zugeben, verweigerte ihm daher von Seite des auswärtigen Amtes den Geleitschein, überließ es ihm aber, sich einen solchen von der deutschen Militärbehörde vor Paris zu erbitten. Zugleich frug Bismarck, „ob es rathsam sey, daß Jules Favre jetzt nach London gehe, wo in Paris Interessen auf dem Spiele stehen, die für Frankreich und Deutschland wichtiger seyen, als die Pontusfrage, und die diplomatischen Agenten, sowie die Angehörigen der fremden Staaten im Vertrauen auf den Schutz der Regierung in Paris zurückgeblieben seyen. Es sey daher kaum anzunehmen, daß Jules Favre in einer so kritischen Lage, an deren Herbeiführung er so wesentlichen Antheil hatte, sich die Möglichkeit rauben wolle, zu einer Lösung mitzuwirken, für welche die Verantwortung auch ihn treffe."

Favre erhielt den Geleitschein von der Militärbehörde, ging aber nicht nach London, sondern — offenbar durch Bismarck's Wink belehrt und bekehrt — am 23. Januar nach Versailles und bot eine Capitulation an. Paris wolle sich ergeben, wenn der Garnison freier Abzug mit allen Kriegsehren bewilligt werde, was natürlicherweise abgelehnt wurde. Dagegen stellte Bismarck folgende Bedingungen: Die preußischen Truppen besetzen die Forts, die französischen Linientruppen und Mobilgarden gehen gefangen nach Deutschland, die unentwaffnete Nationalgarde beschützt Paris. Deutschland erhält Elsaß-Lothringen; es besetzt die Champagne bis zur Erhebung der Kriegskosten; Frankreich bestimmt seine eigene Regierungsform. Das kam nun wieder Favre zu hart vor. Indessen waren die Unterhandlungen eingeleitet. Es fiel auf, daß schon am 25. die englische Times wissen wollte, „daß Bismarck seit gestern die vollständige Annahme der deutschen Friedensbedingungen Seitens der Kaiserin Eugenie unter Zustimmung Napoleons besitze." Die Times knüpfte daran Bemerkungen, aus denen hervorzugehen schien, daß die angebliche Zustimmung des Exkaisers zu den deutschen Forderungen nur eine Demonstration sey und nur einen Druck auf die republikanische Regierung üben sollte. „Bismarck sagt in seiner letzten Note dem Herrn Favre, daß er etwas mehr sey, als das Haupt der Verwaltung in Paris, daß er der leitende Geist der Regierung sey, unter welcher die Vertheidigung von Frankreich betrieben wird, daß Herr Favre sich ergeben muß, nicht im Namen von Paris allein, sondern im Namen von Frankreich, und daß er seinen Einfluß verwenden muß, die delegirte Regierung außerhalb Paris zu vermögen, die Uebergabe anzunehmen. Herr Favre wird das natürlich verweigern und behaupten, daß er und seine Collegen, nachdem es ihnen mißlungen ist, die Stadt zu vertheidigen, nicht mehr Autorität habe, Frankreich zu verpflichten, als der Commandant zu Belfort oder zu Longwy; aber dann wird Graf Bismarck eine andere Waffe aus seinem Arsenal hervorholen. Er wird Herrn Favre sagen, daß er eben von der verbannten Kaiserin mit völliger Zustimmung des Gefangenen von Wilhelmshöhe eine vollständige Annahme seiner Bedingungen erlangt hat und daß Herrn Favre und seinen Genossen keine Wahl übrig bleibt, als nachzugeben und die Möglichkeit der Erhaltung einer republikanischen Organisation zu bewahren, oder sich zu weigern und eine imperialistische Restauration zuzulassen." Die Kaiserin Eugenie dementirte diese Intrigue, die auch dem Grafen Bismarck fremd war. Man glaubte, die Bonapartisten, die unter dem Vorsitz des General Fleury in Brüssel tagten, hätten das Gerücht ausgesprengt.

Am 25. wurde der N. Pr. aus Versailles geschrieben, Favre habe geäußert: „Das Pariser Gouvernement willige mit blutendem Herzen sogar in die Abtretung von Elsaß, aber von Lothringen werde Frankreich sich niemals trennen, niemals! Eher werde Frankreich ganz eine Wüste, ein Schutthaufen werden. Doch sey Frankreich bereit, als Entschädigung für Lothringen eine Milliarde zu zahlen, denn Frankreich sey ein reiches Land und werde sich von

den Verlusten an Blut und Geld und von den Kriegsverheerungen wieder erholen, aber an dem Verluste seines theuersten Gliedes, Lothringen, werde es sich verbluten.... Auf die Bemerkung des Grafen Bismarck, daß Deutschland seinen früheren Siegespreis: Bezahlung aller Kriegskosten und Abtretung von Elsaß und Lothringen — vollständig aufrechterhalten müsse, und daß Deutschland einen Waffenstillstand und Frieden nur in Paris schließen werde, erklärte Favre auch die Bereitwilligkeit von Paris, seine Thore zu öffnen, wenn — — seiner ganzen Besatzung ein ehrenvoller Abzug mit fliegenden Fahnen und klingendem Spiele zugestanden werde... worauf Graf Bismarck dem Herrn Friedens-Unterhändler mit seinem schneidenden Lachen sagte: Sehr gut, ihr wollt uns das ausgehungerte Paris geben, aber seine 300,000 Mann Soldaten, die Monsieur Trochu mit anerkennenswerthem Leichtsinne in einer Festung brachlegte, mit klingendem Spiele in den Rücken unserer Nord- oder Südarmee oder gar zu einer Reise nach Deutschland führen? Paris wird entweder freiwillig unter den Bedingungen von Sedan und Metz capituliren: die Linientruppen und Mobilgarden werden ihre Waffen ausliefern und bis zum definitiven Friedensschlusse als Gefangene nach Deutschland gehen; eure famose Nationalgarde mag ruhig in Paris bleiben; ihre bei Monsieur Trochu so beliebte moralische Unterstützung in Gefechten fürchten wir nicht; für 250,000 Pariser Kriegsgefangene ist bereits in deutschen Festungen Platz gemacht — oder Paris wird le combat à outrance in blinder Selbstvernichtungswuth bis zum letzten Stück Brod fortsetzen und sich erst dem tödtlichen Hunger und unseren Granaten ergeben — dann komme die Verantwortung auf alle die, welche Paris, Frankreich ihrem lieben, ehrgeizigen Ich opferten. Dixi!...
Mit diesem ‚letzten' Worte Deutschlands fuhr Favre des Nachmittags nach Paris zurück. Die Noth muß in Paris auf's Aeußerste gestiegen seyn. Denn heute Mittags schon sendete Favre wieder einen Parlamentär, den Bundeskanzler um eine neue Unter-

rebung zu bitten." Ein in den Grundgedanken gewiß richtiges Referat.

Favre kam täglich, von Bismarck's Wagen an den Vorposten abgeholt, nach Versailles und brachte am 27. den General Beaufort be Hautpoul *) mit, worauf große Berathung im Hauptquartier zwischen dem König, dem Kronprinzen, Bismarck, Roon, Moltke und Blumenthal gepflogen wurde. Auch in Paris hatte sich Favre der Zustimmung seiner Collegen in der Regierung und der angesehensten Generale versichert. Man erfuhr, Vinoy habe vor seinem Hotel Kanonen aufpflanzen lassen, um den noch immer unruhigen Pöbel abzuschrecken. So kam man in Versailles in Bezug auf die Capitulation überein. Favre wurde auf's freundlichste behandelt und konnte bereits die 15,000 Ochsen und 25,000 Schaafe sehen, die der großmüthige deutsche Kaiser schon bereit halten ließ, um sie nach Paris zu schicken, wie auch bereits für Mehl und Brod vorgesorgt war. Als Favre einmal nach Paris zurückfuhr, begegnete ihm Bismarck auf seinem gewöhnlichen Spazierritt und begleitete ihn im Gespräch bis zu den Vorposten.

Endlich wurde die Welt hoch erfreut durch das offizielle Telegramm des Kaisers an die Kaiserin. Versailles, 29. Januar. Gestern Abend ist ein dreiwöchentlicher **Waffenstillstand** unterzeichnet worden. Linie und Mobile werden als Kriegsgefangene in Paris internirt. Die Pariser Nationalgarde übernimmt die Aufrechthaltung der Ordnung. Wir besetzen alle Forts, Paris bleibt cernirt, darf sich verpflegen, wenn die Waffen ausgeliefert sind. Die Constituante wird nach Bordeaux in 14 Tagen berufen. Die Armeen im freien Felde behalten ihre respektiven Landstrecken besetzt, mit

---

*) Als Beaufort zum zweitenmal nach Versailles herausfuhr, an der Brücke von Sevres ein wenig warten mußte und außerordentlich fror, reichten ihm deutsche Offiziere Cognac, um sich zu erwärmen. Er trank aber etwas zu viel und kam in so guter Laune in Versailles an, daß er es nachher vorzog, nicht zum drittenmal zu kommen.

Neutralitätszonen zwischen sich. Das ist der erste segensvolle Lohn für den Patriotismus, den Heldenmuth und die schweren Opfer. Ich danke Gott für diese neue Gnade, möge der Friede bald folgen!

Die nähern Bestimmungen waren folgende: „Der Waffenstillstand tritt bei Paris sofort ein und beginnt in den Departements in drei Tagen. Derselbe läuft am 19. Februar Nachmittags 12 Uhr ab. Die Demarcationslinie wird folgender Maßen festgesetzt: Sie scheidet die Departements Calvados und Orne ab, läßt in deutscher Occupation die Departements Sarthe, Indre und Loire, Loir und Cher, Loiret, Yonne und was davon nordöstlich außer dem Pas de Calais und Nord liegt. Die Entscheidung über den Beginn des Waffenstillstandes in Côte d'or, Doubs, Jura und bei Belfort ist vorbehalten; bis dahin nehmen die dortigen Kriegsoperationen einschließlich der Belagerung von Belfort ihren Fortgang. Die Seekräfte sind in den Waffenstillstand einbegriffen mit dem Meridian Dünkirchen als Demarcationslinie. Die zwischen dem Abschlusse und dem Benachrichtigungstermine gemachten Gefangenen und Prisen werden zurückgegeben. Die Wahlen für die Versammlungen, um sich über den Krieg oder die Friedensbedingungen zu erklären, werden Statt finden; als Versammlungsort wird Bordeaux bestimmt. Sämmtliche Forts von Paris werden sofort übergeben. Der Stadtwall wird besarmirt. Die Linie, Seetruppen und Mobilgarden sind Kriegsgefangene, außer 12,000 Mann für den inneren Sicherheitsdienst. Die Kriegsgefangenen bleiben während des Waffenstillstandes innerhalb der Stadtthore; ihre Waffen werden ausgeliefert; die Nationalgarde und Gensdarmerie behalten ihre Waffen für den Sicherheitsdienst; alle Franctireurcorps sind aufzulösen. Deutscherseits wird den französischen Commissarien die Verproviantirung von Paris möglichst erleichtert. Zum Verlassen von Paris sind eine französische Erlaubniß und ein deutsches Visa nöthig. Die Gemeinde Paris zahlt eine städtische Contribution von 200 Millionen Francs innerhalb 14 Tagen. Oeffentliche Werthe dürfen während

Die Capitulation von Paris.

der Dauer des Waffenstillstandes nicht entfernt werden. Alle deutschen Kriegsgefangenen sollen sofort gegen entsprechende Anzahl französischer Gefangener ausgewechselt werden, desgleichen die Schiffscapitäne und andere beiderseitige Gefangenen vom Civilstande."

Ein großes Ergebniß, worin die Deutschen dieselbe Kraft und Ruhe bewährten, mit welchen sie den ganzen Krieg geführt hatten. Die deutschen Heere hatten die Höhen, die der Feind mit mörderischen Geschossen besetzt hielt, todesmuthig gestürmt, in jeder Schlacht gesiegt, die festesten Städte bezwungen, die Nässe des Herbstes, den Frost des diesmal ungewöhnlich harten Winters unermüdlich und frohen Muthes ausgehalten. Dazu war man edel und großmüthig mit dem heimtückischen und grausamen Feinde verfahren, dessen Regierung sogar dem Kriegsgebrauch Hohn sprach und Wortbruch und Ehrlosigkeit patentirte. Und so beendete man auch den Kampf mit Großmuth und erbarmte sich derer, die sich im Lügen, in Verleumbungen und Verwünschungen der Deutschen überboten hatten, und stillte ihren Hunger, obgleich sie selbst durch Zerstörungen der Eisenbahnen und Brücken die Zufuhr nach Paris unsäglich erschwert hatten. Daß man die Garnison von Paris nicht nach Deutschland abführte, war natürlich, denn man hatte sie durch Besetzung der Forts in seiner Gewalt und konnte sich wohl die Mühe ersparen, noch einmal 150,000 französische Gefangene nach Deutschland zu bringen, wo ihrer schon so viele waren.

In der Stunde der Mitternacht zwischen dem 26. und 27. Januar hatte von beiden Seiten der Kanonendonner rings um Paris geschwiegen und am 29. wurden sämmtliche Forts von Paris den Deutschen ohne Widerstand und Störung übergeben. Auf dem Mont Valérien, den die Deutschen bisher den brummigen Onkel Baldrian genannt hatten, zogen zuerst Pioniere ein, um die Minen auszuleeren. Die französischen Soldaten bezeigten sich überall in den Forts über die Capitulation hoch erfreut. Ein Augenzeuge schrieb: „Es macht einen sonderbaren Eindruck, zu sehen, wie die

Franzosen vor den Forts und Laufgräben sich in tollen Spielen tummeln, Reigentänze aufführen, und durch lautes Jauchzen ihre Freude an der Waffenruhe zu erkennen geben. Eine Scene, die charakteristisch ist für die Leichtblütigkeit ihres Naturells, spielte auf der Parlamentärbrücke von Sevres. Ein französischer Offizier, der mit Favre nach Versailles gehen sollte, trat auf die preußische Seite herüber. Als er hier von einem preußischen Offizier erfuhr, daß die Dinge gut ständen, rief er begeistert: La paix, la paix! und setzte sich in Bewegung, um vor lauter Lust Cancan zu tanzen." — Sobald die Deutschen alle Forts besetzt hatten, waren sie der Stadt und der noch darin befindlichen französischen Truppen sicher, die ihre Waffen erst innerhalb 14 Tagen zu Sevres niederlegen und dann in die Stadt zurückkehren sollten.

Die Regierung der Nationalvertheidigung richtete folgende würdig gehaltene Proklamation an das Volk von Paris: Mitbürger! Die Uebereinkunft, welche dem Widerstande von Paris ein Ziel setzt, ist noch nicht unterzeichnet, doch geschieht dies in wenigen Stunden. Die Grundlagen sind die gestern angekündigten, der Feind wird die Enceinte nicht betreten, die Nationalgarde behält ihre Organisation wie ihre Waffen, eine Division von 12,000 Mann bleibt intakt, die übrigen Truppen bleiben in Paris mitten unter uns (d. h. entwaffnet), die Offiziere behalten den Degen. Die Artikel der Uebereinkunft werden wir veröffentlichen, sobald die Unterschriften erfolgt seyn werden; gleichzeitig mit ihnen die genaue Uebersicht unserer Subsistenzmittel. Paris will versichert seyn, daß der Widerstand bis zu den äußersten Gränzen des Möglichen gedauert hat. Unsere Ziffern werden den unwiderleglichen Beweis liefern, und wir fordern Jeden auf, sie zu widerlegen. Wir werden beweisen, daß uns gerade noch Brod genug bleibt, um die Verproviantirung abwarten zu können, und daß wir den Kampf nicht verlängern durften, ohne 2 Millionen Männer, Frauen und Kinder zu sicherem Tode zu verdammen. Die Belagerung von Paris hat

Die Capitulation von Paris. 211

4 Monate 12 Tage gedauert, das Bombardement einen vollen Monat. Seit dem 15. Januar war die Ration Brod auf 300, Pferdefleisch seit 15. Dezember auf 30 Gramme reduzirt. Die Sterblichkeit ward verdreifacht und mitten in all' dem Unheil gab es keinen einzigen Tag der Entmuthigung. Der Feind selbst zollt dem Muthe und der moralischen Thatkraft der Pariser Bevölkerung die höchste Anerkennung. Paris hat viel gelitten; aber der Republik werden diese langen edel getragenen Leiden nützen. Aus dem Kampfe der heute endigt, gehen wir fest gefaßt dem, der da kommen wird, entgegen. Trotz der Schmerzen der gegenwärtigen Stunde gehen wir daraus hervor mit unserer vollen Ehre, mit unseren Hoffnungen; mehr als jemals vertrauen wir den Geschicken des Vaterlands. Paris den 28. Januar 1871. Die Regierung: General Trochu, Jules Favre, Emmanuel Arago, Jules Ferry, Garnier=Pagès, Eugene Pelletan, Ernest Picard, Jules Simon, Le Flo, Kriegsminister, Dorian, Minister der öffentlichen Arbeiten, Magnin, Handelsminister.

Kaiser Wilhelm blieb in Versailles. Anfangs ging das Gerücht, er werde nach Berlin reisen, allein er zog es vor, beim Heere zu bleiben, so lange nicht Alles definitiv entschieden war. Er sagte zu Forkenbeck, dem Vicepräsidenten des Berliner Abgeordnetenhauses, der ihm eine Adresse dieses Hauses zu überreichen gekommen war: Wenn gleich in diesem Augenblick Aussicht besteht, daß der schwere Kampf, wozu das deutsche Volk durch unberechtigten Angriff des unruhigen Nachbars getrieben wurde, bald geendigt seyn wird, muß ich doch bemerken, daß dies nur erst eine Hoffnung ist, und daß möglicherweise der Nation noch große Opfer bevorstehen, wenn der Kampf fortgesetzt werden soll. Die Leistungen der Armee und die Opferwilligkeit des ganzen Volkes sind über alles Lob erhaben und ich kann derselben nur mit großer Rührung gedenken. Sehen Sie in dieser Richtung im Abgeordnetenhause mein Dollmetsch.

Der Kaiser, der Kronprinz und großes Gefolge, besuchten die von den Deutschen besetzten Forts, besonders den Mont Valérien, dessen Festigkeit allgemeines Staunen erregte. Ein ungeheures Mauerwerk hatte diese Feste völlig sturmfrei gemacht und seine gewaltsame Eroberung würde viel Blut gekostet haben. Das größte der dort befindlichen Riesengeschütze warf seine Projectile 9000 Schritt weit bis dicht vor die Barrière von Versailles, wurde aber noch übertroffen von einem preußischen Gußstahlgeschütz, welches, wie Favre erzählte, eine Granate 11,400 Schritte weit bis in die Kirche Madelaine geworfen hatte.

Die Besetzung aller Forts von Paris erfolgte in Ruhe und sogar ohne Musik, was viele Pariser ärgerte, da sie auch im Unglück schau- und hörlustig sind. Die Soldaten in den Forts und außerhalb der Stadt gaben ihre Waffen willig ab und überhaupt hatte der Hunger und die Sehnsucht nach Frieden den Racenhaß sehr gemildert. Nur der Pöbel im Innern der Stadt, der immer noch die Herrschaft der Commune wünschte, war noch ingrimmig und machte sogar einen Versuch, seine seit den letzten Aufständen in Fort Vincennes gefangenen Kameraden zu befreien. Dieses Fort war das einzige, was die französischen Truppen besetzt halten durften. Der Versuch mißlang. Trochu hatte sich in seine Familie zurückgezogen. Ducrot mußte auf einen Wink von Vinoy sein Commando niederlegen. Viele Noth machten den Parisern die 80,000 Moblots, welche jetzt entwaffnet aus den Forts und den Lagern vor der Enceinte in die Stadt zurückgezogen und einquartirt werden mußten. Indeß bestand die Noth jetzt nur noch im Mangel an Lebensmitteln, welcher abzuhelfen der deutsche Kaiser auf's großmüthigste bemüht war. Auf der Seine und auf den großen Heerstraßen von Norden und Westen, besonders von den Seeplätzen her, wurden, sobald es die schnelle Wiederherstellung der zerstörten Eisenbahn zuließ, Lebensmittel, theils aus den Provinzen, theils aus Belgien und Holland herbeigeschafft, und der Kaiser gab selbst vom Proviant der deutschen Truppen mehrere Millionen Rationen her, um dem bringendsten Bedürfniß abzuhelfen.

Dem entsprach nun auch die Stimmung in Paris. Man schrieb den Daily News aus Paris am 1. Februar: „Paris ist ernst. Wir sind moralisch und physisch zusammengebrochen. Wir haben einen vollständigen Ekel an uns selbst und an aller Welt. Die Reaction ist überwältigend. Jedermann wäscht seine Hände in Unschuld über das Vergangene, indem er auf jeden Anderen schimpft, nur auf sich selbst nicht." Zwischen den Truppen und Nationalgarden war noch immer böses Blut, weil die erstern viel mehr gelitten hatten. Nur beim letzten großen Ausfall hatten auch die Nationalgarden mitgekämpft und großen Verlust erlitten. Die deutschen Sieger fanden auf dem Schlachtfelde „zum erstenmale zahlreiche Uniformen der französischen Nationalgarde. Nach der feinen Wäsche, nach den goldenen Uhren und Ringen und sonstigen Schmucksachen und den wohlgepflegten Händen zu urtheilen, müssen diese Unglücklichen den vornehmen oder reichen Pariser Kreisen angehören. Was unsere Soldaten aber noch mehr überraschte, waren die prächtigen Panzerhemden und Panzerbeinkleider, mit denen manche sich für ihr erstes Debüt im Feuer ausgerüstet hatten. Nur das Gesicht war unbedeckt geblieben. Und doch hatte dieser Panzer sie nicht gegen die deutschen Zündnadelkugeln und Granaten schützen können. Die Panzer waren von den Granatsplittern zerrissen und von den Gewehrkugeln durchbohrt. Andere Nationalgarden fand man, die statt der theuren Panzer auf Brust und Rücken dicke wollene Lappen trugen — die letzten Liebes- und Angstzeichen ihrer theuren Ehehälften."

Die eigentlichen Soldaten wurden bald zutraulich. Die 914 deutschen Gefangenen, die man in Paris anständig behandelt hatte, wurden jetzt gegen französische ausgeliefert. Zum Beweise, wie die Franzosen nach so langen vergeblichen Kämpfen und bei steigender Hungersnoth zahm geworden waren, diente die freundliche Art, wie sie sich den deutschen Soldaten näherten. Schon aus der Ferne schwenkten sie weiße Tücher, riefen bon camerade! und nahmen dankbar Brod und Fleisch, Speck und Erbswurst und Wein von den Deutschen an. Die Entwaffnung der in Paris zurückgebliebenen Truppen begann am 7. Februar und verlief ohne Störung; die Regimenter der mobilisirten Nationalgarde wurden aufgelöst.

Wie es hieß, nahm der Exkaiser auf Wilhelmshöhe von dem Waffenstillstand Notiz. Man schrieb ihm wenigstens einen Artikel der „Situation" zu, worin hervorgehoben wurde, daß Abtretungen von Land schon mehrmals in der französischen Geschichte vorgekommen seyen, ohne daß Frankreich dadurch zu Grunde gegangen wäre. Man müsse die Sache nehmen wie sie ist, die begangenen Fehler einsehen und überall zu bessern suchen. — Dagegen blamirte sich der alte Guizot mit einem Versöhnungsvorschlag zwischen Deutschland und Frankreich, wonach beide Rheinufer ihrer ganzen Länge nach neutralisirt werden sollten, um niemals mehr zum Streit Anlaß zu geben. Völlig verrückt schrieb damals der berühmte Geschichtschreiber Michelet: „Nicht die Preußen, nicht die Deutschen haben uns besiegt, sondern nur die Polen, die unter den deutschen Truppen stecken, also die Unsern."

Sehen wir uns nun nach Bordeaux um, wo auf einem vom Feinde noch unberührten Boden immer noch der Fanatismus Gambettas die Oberhand hatte. Er befand sich zwar noch bei der West- und Nordarmee, aber in seiner Abwesenheit regierte die Delegation doch noch immer in seinem Geiste. So erließ sie am 20. Januar ein Dekret, welches die Unabsetzbarkeit der Richter annullirte und eine große Anzahl von Präsidenten und Räthen der Tribunale und Appellationshöfe absetzte. Ferner am 25. Januar die Erneuerung eines schon im vorigen Oktober vorgeschriebenen Befehls, daß die Bauern in allen Departements, die dem Feinde nahe lägen, ihr Vieh wegtreiben sollten, um eine Wüste um den Feind her zu schaffen. Da die Bauern dem nicht nachgekommen waren, wurde nun befohlen, in allen Arrondissements ein Inventar über alles vorräthige Vieh, Korn, Hafer und Heu ꝛc. aufzunehmen.

Also sollte das ganze Land sofort behandelt werden, wie Paris, wo man gleichfalls alle vorhandenen Lebensmittel verzeichnet und requirirt hatte.

Auch die Presse Gambettas wüthete in gewohnter Weise fort. In der „Gironde" wurde Kaiser Wilhelm mit Nero verglichen, weil er Paris verbrennen wolle, wie Nero einst Rom. „Gegen solche Ungeheuer wäre jede Großmuth Schwäche. Haß gegen Haß, Blut gegen Blut! Um einen Deutschen zu tödten, muß von dem kleinsten Hirten des Feldes bis zum greisesten Bewohner der Stadt jeder sein Messer wetzen oder seinen Revolver laden. Wir wollen, daß diese Horde verschwinde oder verende."

Gambetta hatte unter der Hand dem fähigen, nur zu voreilig von ihm entfernten General Aurelles Vorschläge machen lassen, wieder ein Commando zu übernehmen, aber zur Antwort erhalten: „Ich werde nur ein Commando unter einer geregelten Regierung annehmen, deren erster Akt gewesen seyn wird, über die Ehrgeizigen und Unfähigen, welche Frankreich zu Grunde gerichtet haben, zu Gericht zu sitzen."

Unterdeß wurde in Paris über die Capitulation unterhandelt, ohne vorher deshalb in Bordeaux anzufragen. Favre und die andern Mitglieder der Regierung in Paris scheinen vorausgesetzt zu haben, ihre Kollegen in Bordeaux, Cremieux und Glais-Bizoin, würden sich den Umständen fügen, sofern nur, wie das auch geschehen war, das republikanische Prinzip gewahrt bleibe. Von Gambetta dagegen dürfte man keine Fügsamkeit erwarten, weshalb es auch Favre unterließ, ihn zu fragen. Die Pariser Regierung schloß daher die Capitulation allein ab und benachrichtigte die Delegation in Bordeaux erst von ihr, als sie schon ein fait accompli war.

Gambetta war von seiner Rundreise erst am 27. Januar zurückgekehrt und am folgenden Tage langte Favre's Depesche in Bordeaux an. Sie lautete einfach: „Wir unterzeichneten heute einen Vertrag mit Bismarck. Ein Waffenstillstand auf 21 Tage ist abgeschlossen. Die Nationalversammlung wird am 15. Februar nach Bordeaux einberufen. Bringen Sie diese Mittheilung zur Kenntniß Frankreichs; lassen Sie den Waffenstillstand vollstrecken und schreiben Sie die Wahlen für den 8. Februar aus. Ein Mitglied der Regierung reist sofort nach Bordeaux ab." Die Delegation in Bordeaux machte diese Depesche sogleich öffentlich bekannt und setzte einfach hinzu: Die Regierungs-Delegation in Bordeaux, welche bisher über die Versailler Verhandlungen nur durch die auswärtige Presse Kenntniß erhielt, empfing in verflossener Nacht dieses Telegramm, welches sie zur Kenntniß des Landes bringt. — Sie telegraphirte aber gleich nach Paris und verlangte nähere Auskunft. Die Aufregung in Bordeaux war ungeheuer. Am 30. wurde im großen Theater eine Volksversammlung abgehalten. Dieselbe sprach sich gegen den Waffenstillstand aus, für das Verbleiben Gambettas in der Regierung und Fortsetzung des Kampfes und verlangte endlich die Zusammensetzung eines Wohlfahrtsausschusses, dessen Mitglieder durch Acclamation der bedeutendsten Städte gewählt werden sollen. Eine Deputation theilte Gambetta diese Beschlüsse mit. Auf der Präfektur fand eine Demonstration zu Ehren Gambettas Statt. Derselbe ließ der Menge mittheilen, daß er unwohl sey und nicht erscheinen könne.

Gambetta besann sich erst, was er thun solle. Schwer gekränkt durch die Rücksichtslosigkeit Favres, der eine so wichtige Angelegenheit allein abgemacht hatte, verlangte er von ihm Aufklärung und Abschickung eines Kollegen nach Bordeaux und schrieb schon am 30. an die Präfekten: „Ich habe mich entschlossen, den status quo aufrecht zu erhalten bis zur Ankunft eines Mitgliedes der Regierung aus Paris; die Ankunft ist nahe bevorstehend, da dasselbe wahrscheinlich vergangene Nacht abgereist ist. Sobald die Zusammenkunft und Unterredung wird Statt gehabt haben, werden Sie die Benachrichtigung von den getroffenen Entschließungen bezüglich der zu befolgenden Politik erhalten. Bleiben Sie fest und voll Vertrauen." In einem weitern Programm befahl er: „Fahren Sie fort, zu exerciren und zu mobilisiren in ihren Departements. Jede Unterbrechung würde ein schwerer Fehler seyn in dieser Zeit der Waffenruhe, welche für die Vertheidigung des Landes unverzüglich nutzbar zu machen die schmerzlichen Verhältnisse gebieten. Die Blokade der ganzen Küste ist aufgehoben." — Am 31. erklärte Gambetta, er werde die bisherige Politik aufrecht erhalten und den Krieg bis zum äußersten Widerstande, selbst bis zur vollständigen Erschöpfung fortsetzen. Er biete alle Energie auf, den Muth der Bevölkerung aufrecht zu erhalten. Die Waffenstillstandsdauer müsse angewandt werden, drei Armeen durch Leute, Munition und Lebensmittel zu verstärken. Ein Regierungsdekret ordnete die Neubildung 16 neuer Marschregimenter, 5 neuer Chasseurregimenter und eines neuen Tirailleurregiments an.

Der Streit mit Gambetta wurde in Bordeaux ausgemacht, wohin der größte Theil der Pariser Regierung abreiste. In Paris dauerte unterdeß die tägliche Auslieferung der Waffen und Einlieferung der Lebensmittel regelmäßig fort und stockte nur ein einzigesmal, was durch ein falsches Gerücht und Mißverständniß veranlaßt war. In dem Augenblick aber, in welchem die Pariser mit der Waffenauslieferung inne hielten, wurde auch von deutscher Seite die Einfuhr der Lebensmittel sistirt und am andern Tage ging alles wieder in Ordnung vor sich. Unter dem Proviant, der nach dem ausgehungerten Paris gebracht wurde, zeichnete sich ein großer Transport aus England aus, welchen der Londoner Unterstützungsverein durch den Obersten Worthley und Herrn Georg Moore übersandte. Die Contribution von 200 Millionen Francs, welche der Stadt Paris auferlegt war, wurde bereits am 11. Februar bezahlt.

Sofern es immer noch möglich schien, daß Gambetta's Partei den Krieg auf eigene Faust würde fortsetzen, oder daß die Nationalversammlung in Bordeaux sich in die Friedensbedingungen nicht würde fügen wollen, traf Kaiser Wilhelm von Versailles aus alle nöthigen Vorkehrungen, um den Krieg mit voller Energie zu Ende zu führen. Paris konnte sich nicht mehr rühren, denn alle seine Forts waren von den Deutschen besetzt. Sollte in den Provinzen noch eine französische Armee das Feld halten wollen, so war man stark genug, sie niederzuwerfen, wie alle frühern. Man schrieb aus Versailles: „Die deutschen Regimenter werden kompletirt, eine neue Reservearmee sammelt sich, 250,000 Mann Deutsche rücken bei Abbruch des Waffenstillstandes zwischen der Armee des Generals v. Treskow (Manteuffel) und des Marschalls Prinz Friedrich Karl unter dem Oberbefehl des Kronprinzen nach dem Süden vor, während der Großherzog von Mecklenburg mit General v. Göben den Norden Frankreichs völlig zu unterwerfen die Aufgabe hat. Die Reserve und eine Armee von etwa 100,000 Mann bleibt bei Paris."

Ueber die deutschen Streitkräfte auf französischem Boden gab die Correspondance de Berlin folgende Uebersicht: I. Armee (v. Göben), 56 Bataillone, 56 Eskadronen, 34 Batterien; II. Armee (Prinz Friedrich Karl), 98 Bataillone, 136 Eskadronen, 61 Batterien; III. Armee (Kronprinz von Preußen), 129 Bataillone, 56 Eskadronen, 58 Batterien; IV. Armee (Maas-Armee, Kronprinz von Sachsen), 93 Bataillone, 60 Eskadronen, 98 Batterien; V. Armee (Südarmee, v. Manteuffel), 118 Bataillone, 94 Eskadronen, 91 Batterien. Die Etappenkommandos haben unter ihrem Befehl 27 Bataillone Landwehr, 24 Eskadronen und 33 Batterien. Die Garnisonen der festen Plätze bestehen aus 89 Bataillonen Landwehr, 24 Eskadronen und 33 Batterien. Zusammen: 615 Bataillone, 401 Eskadronen und 290 Batterien, eine effektive Stärke von ungefähr 780,000 Mann darstellend. Unter der vorstehend angegebenen Ziffer der Artillerie sind nur Feldbatterien und keine Belagerungsgeschütze gerechnet. — Da die im Süden operirenden Corps nach ungeheuern Anstrengungen der Ruhe bedurften, wurde ein Theil von ihnen durch neue ersetzt. Da der deutsche Reichstag nicht versammelt war, wurden 50 Millionen Thaler neue

Kriegskosten einstweilen von Preußen allein übernommen. Das englische Kabinet verlangte Einsicht der Friedensbedingungen, was jedoch von Bismarck abgelehnt wurde, nachdem er schon früher sich die Einmischung der Neutralen verbeten hatte.

In Paris wuchs die Versöhnlichkeit. Das Journal Le Soir widerrief die falschen Gerüchte von Barbareien, welche die deutschen Truppen begangen haben sollten, und brachte Zeugnisse der Einwohner bei, die sich über das Verhalten der preußischen Truppen auf's günstigste aussprechen. Auch andere Zeitungen widerriefen die früher absichtlich von ihnen verbreiteten Nachrichten, nach welchen in den außerhalb Paris befindlichen Kunstsammlungen große Zerstörungen vorgekommen seyn sollen. Die Conservatoren der Schlösser von Versailles und St. Germain haben Berichte nach Paris geschickt, in welchen sie erklären, daß die ihrer Aufsicht unterstellten Museen von den Commandos der deutschen Armeen in jeder Weise in Schutz genommen worden seyen und sich daher in unversehrtem Zustande befänden.

Vor den Thoren von Paris hatten sich viele Spekulanten eingefunden, um den Parisern Lebensmittel zu verkaufen, so lange die Vertheilung im Innern der Stadt nur allmälig vor sich ging. Auf diesem Markt vor den Thoren übernahmen aber preußische Landwehrmänner, die sich auf Marktpreise verstanden, eine strenge Polizei und schützten die Brodlosen vor der Habgier der Verkäufer. — Im Innern der Stadt wurden übrigens immer noch Clubversammlungen gehalten, worin die alte Wuth und der alte Wahnsinn selbst die Capitulation überbauerten. In einem dieser Clubs trug der Bürger Gaillard unter großem Beifall darauf an, die Männer, welche capitulirt hätten, zum Tode zu verurtheilen. Es blieb aber beim bloßen Geschwätz. Der Timescorrespondent schrieb unterm 8. Februar: „Es ist unmöglich die Tagesblätter zu lesen, den öffentlichen Versammlungen beizuwohnen, und mit der Bourgeoisie in ihren Läden und sonstwo zu plaudern, ohne zu bemerken, daß

Frankreich im Begriffe ist, sich vor ganz Europa als eine Nation darzustellen, die politisch eben so unfähig ist, als sie sich schon militärisch unfähig gezeigt hat. Es ist eine Verbindung von Schrecken und Leichtfertigkeit, welche an das Betragen eines Kaninchens in dem Käfig einer Riesenschlange erinnert, das einen Augenblick sich vor Entsetzen niederduckt und den anderen Augenblick in kläglicher Lustigkeit umherspringt." — General Chanzy kam nach Paris und sprach sich entschieden gegen jede Fortsetzung des Kriegs aus, da seine Westarmee nicht mehr kampffähig sey.

Von General Ducrot hieß es, er habe sich freiwillig in Versailles stellen wollen, was jedoch nicht geschah. Dann sollte er schwer erkrankt seyn. Man ignorirte ihn und ließ ihn nach Bordeaux entschlüpfen. Die großen Zufuhren, die nach Paris kamen, wurden von Spekulanten ausgebeutet, namentlich die Kohlensendungen. Man mußte dagegen einschreiten.

Großes Lob ernteten die Gesandten der Vereinigten Staaten und der Schweiz, Washburne und Kern, weil sie während der langen Einschließung in Paris nicht nur für ihre Landsleute, sondern auch für die dort noch zurückgebliebenen zum Theil ganz mittellosen Deutschen gesorgt hatten.

Der provisorische Finanzminister Dorian wollte den Handelsvertrag mit England kündigen, angeblich wegen der Sympathien, welche die internationalen Arbeitervereine der französischen Republik bezeugt hatten.

Die Waffen der Pariser Besatzung wurden vorschriftsmäßig abgeliefert, 200,000 Gewehre, 602 Feldgeschütze, 1357 Festungsgeschütze. Die Riesenkanone La Valérie, die auf dem Mont Valérien stand, wurde abgeführt, um mittelst Eisenbahn nach Berlin gebracht zu werden, wo man sie im Kastanienwald aufstellen wollte.

Siebentes Buch.

Die Nationalversammlung in Bordeaux.

Die Nationalversammlung, die nunmehr über das Schicksal Frankreichs entscheiden und erstens den Frieden oder die Fortsetzung des Kriegs wählen, zweitens Frankreich eine neue Verfassung und Regierung geben sollte, war eigentlich von Niemand anderm, als dem Grafen Bismarck durchgesetzt worden, von dem sich Favre desfalls inspiriren und unterstützen ließ. Ohne deren Zusammenwirken hätte wahrscheinlich Gambetta neues Unheil angerichtet, wäre der Kampf thörichterweise von Seiten der Franzosen fortgesetzt und der deutsche Kaiser genöthigt worden, mit seinen Truppen auch noch den Süden Frankreichs zu besetzen. Dazu mitgewirkt zu haben, daß dieses äußerste Maß des französischen Elends nicht vollgemacht wurde, bleibt das Verdienst Favres und macht den Fehler, den er zu Ferrières beging, indem er nicht damals schon den Frieden nachsuchte, einigermaßen wieder gut. Die gesunde Vernunft mußte jedem Franzosen sagen, es sey jetzt die höchste Zeit, von der deutschen Großmuth Gebrauch zu machen. Nachdem der geniale Moltke die beiden letzten französischen Armeen, die eine in Paris gefangen, die andere der neutralen Schweiz in Verwahrung gegeben hatte, durften sie noch Gott danken, daß ihnen der geniale Bismarck die goldene Brücke baute, die ihnen noch einen anständigen, wenn auch nicht mehr militärischen, doch politischen Rückzug gewährte.

Man kann sich denken, mit welchem Ingrimm Gambetta, nachdem seine Massenaufgebote ein so erbärmliches Ende genommen hatten, nun auch die von ihm so lange verhinderte Nationalversammlung zu Stande kommen sah. Er hatte seine Rolle noch nicht ausgespielt. Bei der Regierung zurückgesetzt, suchte er in der Nationalversammlung Herr zu werden. Die France richtete öffentlich an ihn die Frage, ob es wahr sey, daß er den Präfekten dekretirt habe: Schicken Sie mir „durch alle Mittel" eine republikanische Assemblée! Er bewies wieder einmal, daß die Freiheitsmänner größere Tyrannei üben, wenn sie zur Herrschaft kommen, als irgend welche conservative Partei. Frankreich sollte nicht frei wählen dürfen, sondern nur, wie Gambetta wollte. Die France warf ihm namentlich auch die Geldverschleuderung vor; wenn er selbst auch den Staat nicht bestahl, so duldete er doch, daß es seine Anhänger thaten: „Hunderte von Millionen wurden mit vollen Händen aus dem Fenster geworfen, Tausende von Existenzen wurden durch die Halsstarrigkeit seiner stolzen Beschränktheit zu Grunde gerichtet. Dabei sind nicht zu vergessen die scandalösen Geldbereicherungen aller Art, welche in seiner Umgebung aus der Ausbeutung eines lügnerischen Patriotismus und aus dem nur zu thatsächlichen Elende unserer Armee gemacht wurden." Wenn die France, welche in Bordeaux, also am Sitze der Delegation, erscheint, dies so offen aussprechen durfte, so muß der Schwindel wohl sehr arg gewesen seyn. Wie Gambetta verfuhr, lehrte u. A. die Absetzung des Linienschiffskapitäns de Marivault-Emeriau, welchem die Funktionen des commandirenden Generals der Mobilisirten der Bretagne übertragen waren. Gambetta befahl ihm, einen Theil der Mobilisirten, die er ausbildete, zur Armee Chanzys zu schicken. Er entgegnete: gegen den Feind Leute zu schicken „ohne Brod, ohne Waffen, ohne Munition, ohne Kleidung und Schuhe", scheine ihm eben so unmensch-

lich wie nutzlos. Sofort erhielt er von Gambetta eine Absetzungs=
depesche. Uebrigens sind die Anklagen gegen die Lieferanten Gambettas nicht blos in Bordeaux laut geworden; auch der Progres de
Lyon führt bittere Klagen: „Der scheußliche Schwindel der Lieferanten", schließt er seinen Nothschrei, „ist unter den jetzigen Verhältnissen
nicht blos ein Diebstahl, sondern ein Verrath gegen Frankreich."

Nicht minder trifft Gambetta der Vorwurf, auf's gewissen-
loseste die Armee ruinirt zu haben, indem er nach einander Hunderttausende von unexercirten und undisciplinirten Menschen aufbot und
sie weder mit Winterkleidung, noch Lebensmitteln versah, noch ihnen
Führer gab, wie sie hätten seyn müssen, um sie gehörig kampffähig
zu machen. Das französische Offiziercorps der Gambetta'schen Epoche
wird von dem Correspondenten der „Wiener Presse" in nachstehender
Weise charakterisirt: „Ja wohl, siegen möchten sie Alle, würden
sich's auch jetzt viel Geld und auch einige ritterliche Bajonetstiche,
einige Säbelhiebe kosten lassen; aber durch mühevolle Instruktion
des Soldaten, durch tägliches Exerciren in der Kaserne und auf
dem Schießplatze, durch eigene Selbstbildung und emsiges Studiren,
durch rastlose Ueberwachung der Befehlsausführungen, durch solche
Mittel zum Ziele zu gelangen, das gefällt hier nur den Wenigsten.
Die Offiziere aller Grade, in so fern sie nicht im Felde stehen,
verbringen nach wie vor ihre beste Zeit im Caféhause, beim
Kartenspiel, stundenlangen Dejeuners und Diners, mit Salon=
grimassen und müssigem Herumlungern; und die Generale und
Obersten, die jetzt am meisten über ihre schlechten Truppen hier
klagen, tragen diesbezüglich selbst die größte Schuld daran. Daß
bei solchen Gebräuchen der junge Soldat nicht nur unwissend bleibt,
sondern — sich in allen Gelegenheiten ganz allein überlassen, ganz
verwahrlost sehend — auch im Felde disciplinlos und feige wird,
vor dem Feinde unserer Zeiten also nichts mehr bedeuten kann, das
liegt doch für alle Welt bereits klar auf der Hand; nur hier ist es
noch Vielen ein Räthsel."

Gambetta saß aber immer noch hoch zu Roß und erließ am 1. Februar eine wüthende Proklamation: „Die Fremden fügten Frankreich eine grausame, die grausamste Beleidigung zu, welche unserem Volke in diesem schlimmen Kriege, der eine übermäßige Züchtigung für unsere Irrthümer und Schwächen ist, zu ertragen bestimmt war. Das uneinnehmbare Paris, durch Hunger bezwungen, konnte die deutschen Horden nicht länger abhalten; am 28. Januar ist es erlegen. Die Stadt Paris bleibt noch intakt; dies ist die letzte Huldigung, welche durch unsere moralische Größe der Barbarei abgerungen wurde. Nur die Forts wurden dem Feinde übergeben, aber noch fallend, hinterließ uns Paris den Preis heroischer Opfer. Während fünfmonatlicher Leiden und Entbehrungen gewährte es Frankreich Zeit, sich wiederzufinden, seine Söhne aufzurufen und sich zu waffnen, neue Heere zu bilden, welche allerdings jung, aber tapfer und entschlossen sind und denen nur eine gewisse Solidität mangelt. Paris verdanken wir, daß wir zu patriotischem Handeln entschlossen sind. In unseren Händen haben wir alles Nöthige, um Paris zu rächen und uns zu befreien, aber es scheint, ein schlimmes Geschick will uns noch größeres Unglück und Schmerz bereiten, als es bereits durch den Fall von Paris geschehen ist. Ohne unser Wissen, ohne euch zu benachrichtigen, ohne uns zu Rathe zu ziehen, unterzeichnete man einen Waffenstillstand, dessen sträfliche Leichtfertigkeit wir nur zu spät erfuhren, einen Waffenstillstand, welcher Preußen noch von uns besetzte Departements überliefert, welcher uns verpflichtet, drei Wochen uns ruhig zu verhalten, um in den traurigen Verhältnissen des Landes die Nationalversammlung zusammentreten zu lassen. Wir erbaten Aufklärung über das Verhältniß von Paris; bis dahin bewahrten wir Stillschweigen. Bevor wir uns an euch wandten, wollten wir die verheißene Ankunft eines Regierungsmitgliedes aus Paris abwarten. Wir beschlossen, unsere Vollmachten in seine Hände niederzulegen. Die hiesige Regierungsabtheilung hat den Willen, zu gehorchen, um ein Pfand der Mäßigung und des guten Glaubens zu geben. Sie will ihre Pflicht erfüllen, welche erheischt, den Posten nicht eher zu verlassen, als bis man davon enthoben ist; sie will ihren Freunden und Gegnern durch dieses Beispiel beweisen, daß die demokratische Regierung nicht nur die größte, sondern auch die gewissenhafteste ist. Niemand kam von Paris, und so müssen wir, koste es, was es wolle, handeln. Um perfide Combinationen der Feinde Frankreichs zu Schanden zu machen — Preußen rechnet auf den Waffenstillstand, um unsere Armeen zu entnerven und aufzulösen, Preußen hofft, daß die Versammlung, welche nach vielen einander folgenden Unglücksfällen unter dem furchtbaren Eindrucke des Falles von Paris zusammentritt, auch muthlos zur Annahme eines schmählichen Friedens geneigt seyn müsse, — hängt es von uns ab, diese Berechnungen zu Schanden zu machen und zu bewirken, daß Werkzeuge, welche bestimmt waren, den Geist des Widerstandes zu ertödten, vielmehr denselben wieder beleben und erhöhen. Benutzen wir den Waffenstillstand, um junge Truppen einzuüben und die Organisation der Vertheidigung mit erhöhter Energie zu betreiben, bieten wir Alles auf, daß an Stelle der von den Fremden erhofften reactionären feigen Kammer eine wahrhaft nationale, republikanische Versammlung zusammentritt, welche den Frieden will, wenn derselbe die Ehre, den Rang und die Integrität des Landes sichert, welche aber eben so fähig und bereit ist, den Krieg zu wollen und zu verhindern, daß ein Mord an Frankreich begangen werde. Franzosen! Gedenken wir der Väter, welche uns Frankreich als einen compacten, untheilbaren Staat hinterließen, hüten wir uns, unsere Geschichte zu verrathen, unseren ererbten Besitz in die Hände von Barbaren übergehen zu lassen. Wer würde überhaupt ein solches Uebereinkommen unterzeichnen — ihr gewiß nicht, Legitimisten, die ihr so tapfer unter der Fahne der Republik kämpft, um den Boden des alten königlichen Frankreichs zu vertheidigen, eben so wenig ihr, Söhne und Bürger von 1789, die vor Allen dahin gewirkt haben, die alten

Provinzen zu fester, unlöslicher Einigung zusammenzufügen; auch ihr Arbeiter in den Städten würdet euch hierzu gewiß nicht herbeilassen, deren intelligenter, edler Patriotismus sich stets in Macht und Einheit als Ausgangspunkt für die Freiheit der Völker zeigte; eben so wenig ihr, die ihr den Boden des Landes bebaut und besitzt, die ihr nie Blut spartet, um die Revolution zu vertheidigen, welcher ihr euer Eigenthum, euren Grund und Boden und die Würde des Bürgers verdankt. Kein Franzose wird sich finden, einen so ehrlosen Vertrag zu unterzeichnen, die Fremden werden sich getäuscht finden, sie werden verzichten müssen, Frankreich zu verstümmeln. Wir alle sind von gleicher Vaterlandsliebe beseelt und lassen uns durch Unglücksfälle nicht niederbeugen; wir werden erstarken und den Fremden verjagen. Um dieses heilige Ziel zu erreichen, müssen wir von Herzen wollen und unser Leben hingeben dürfen vor dem schwersten Opfer nicht zurückschrecken, müssen uns alle um die Republik schaaren und bekunden, daß wir kaltes Blut und Festigkeit besitzen, und dürfen weder Schwächen noch Leidenschaften uns hingeben. Schwören wir, als freie Männer, Frankreich und die Republik gegen alle Angreifer zu vertheidigen. Zu den Waffen! Es lebe Frankreich! Es lebe die eine untheilbare Republik! Gambetta.

Man erkennt daraus, wie pfiffig Gambetta gegen Favre operirte. Nachdem der Waffenstillstand nun einmal geschlossen war, hielt er sich mit nutzlosen Deklamationen dagegen nicht auf, sondern anerkannte ihn, suchte ihn aber ausschließlich in seinem Interesse auszubeuten, nämlich nicht im Interesse des Friedens, sondern einer energischen Fortführung des Kriegs. Auch riß er der Pariser Regierung die Wahlen aus den Händen und verfügte darüber eben so eigenmächtig, wie Favre in Paris eigenmächtig den Waffenstillstand abgeschlossen hatte. Drei Dekrete der Delegation in Bordeaux verfügten: 1) Die Wahlen für die Constituante sind auf den 8. Februar anberaumt. 2) Es ist gerecht, daß alle Mitschuldigen jener

Die Nationalversammlung in Bordeaux. 227

Regierung, welche mit dem Attentat vom 2. Dezember begonnen, um durch die Capitulation von Sedan zu endigen, indem sie Frankreich den Ruin und die Invasion als Erbtheil hinterließ, daß diese Personen in dieselbe politische Ohnmacht versetzt werden, worin sich die Dynastie befindet, deren mitschuldige Werkzeuge sie waren. Es ist dieß die nothwendige Folge der Verantwortlichkeit, welche sie auf sich nahmen, indem sie den Kaiser bei Vollbringung gewisser Akte unterstützten. Es sind dieß alle Personen, welche vom 2. Dezember 1851 bis 4. September 1870 Minister, Senatoren, Stadträthe und Präfekten waren; ferner sind von der Wählbarkeit ausgeschlossen alle Individuen, welche bei Wahlen zur Legislative vom 2. Dezember 1851 bis 4. September 1870 als offizielle Candidaten aufgestellt waren. — Ein drittes Dekret verfügt, daß alle Wähler im Hauptorte des Cantons ihre Stimmzettel abzugeben haben. Den Präfekten steht es frei, auf Grund lokaler Verhältnisse die Cantone in zwei oder drei Wahlbezirke zu theilen. Die Wahlen dauern Einen Tag. Von der Wählbarkeit ausgeschlossen sind Mitglieder derjenigen Familien, welche in Frankreich seit 1789 regiert haben. Als Volksrepräsentanten können ferner diejenigen Personen nicht fungiren, welche in einer der neun ersten Kategorien des Artikels 79 des Gesetzes vom 18. März 1849 und durch Artikel 81 desselben Gesetzes besonders bezeichnet sind. Die Dekrete sind von sämmtlichen Mitgliedern der Regierungsabtheilung unterzeichnet.

Also wurden die Wahlen so angeordnet, daß die monarchisch gesinnten Wähler, namentlich die Bonapartisten, gegenüber den Republikanern in Nachtheil kamen. „Das allgemeine Stimmrecht ohne die Korrektur, welche die napoleonische Verfassung hinzugefügt hat, ist ihnen nicht günstig. Aus diesem Grund hatte die Verfassung von 1852 die Wahl nach Departements und das Scrutinium der Listen, welche das Gesetz vom 15. März 1849 vorschreibt, in der Constitution selbst abgeschafft, und die Wahl nach Kreisen, die willkürlich eingetheilt wurden, eingeführt. Während jetzt jeder Wäh-

ler z. B. im Seinedepartement 28 Candidaten aufschreibt, und der
die meisten Stimmen hat, gewählt wird, hatte nach der napoleonischen Verfassung jeder Wähler nur eine begränzte Zahl von Deputirten in den Gemeinden zu wählen, was dem Einfluß des Klerus
und anderer bonapartistischen Agenten Thür und Thor öffnet."

Der frühere Abgeordnete Guyot-Montpayroux hatte sich heftig
über Gambetta's Wahldekret ausgesprochen. Dafür ließ Gambetta
ihn drei Tage auf dem nassen Stroh der Cachets einsperren. Der
Deputirte war von Bordeaux nach Brioude gereist, um seine Wahl
zur Assemblée zu betreiben; dort ließ der Generaldirektor für die
Sicherheitspolizei, Ranc, ihn unter dem Vorwande festnehmen, er
gehöre der mobilisirten Nationalgarde an. Nun war Guyot-Montpayroux aber mit einem Scheine versehen, wodurch er von jedem
Militärdienste bis zum 15. Februar befreit war, abgesehen davon,
daß er als aufgestellter Candidat das Recht hatte, sich seinem
Wahlkreise zu stellen. Als Gambetta's Sturz erfolgt war, nicht
eher, wurde er in Freiheit gesetzt.

Der Munizipalrath von Bordeaux unterstützte Gambetta durch
eine Erklärung vom 31. Januar, welche sich gegen jeden die Ehre
Frankreichs schädigenden Friedensschluß ausspricht und die Delegation der Regierung zu Bordeaux auffordert, einer solchen Eventualität gegenüber auf ihrem Posten zu verbleiben und wenn nöthig
den Krieg fortzusetzen. Dagegen erklärte sich das in Lille erscheinende
Echo du Nord, es stehe einer Munizipalität nicht zu, in dieser Art
das Volk aufzureizen, dem Volk sey vielmehr der Frieden nöthig.
Im Süden Frankreichs sorgten die Anhänger Gambettas freilich
dafür, daß Demonstrationen für die Fortsetzung des Kriegs gemacht
wurden, so namentlich in Lyon.

Dagegen ließ der berühmte Laguerronière in diesen Tagen
eine Flugschrift ausgehen, worin er Gambetta die schlagendsten
Wahrheiten sagte. So heißt es darin: „Es ist der Mangel an
Ehrlichkeit, der uns vorzugsweise in's Unglück geführt hat. Man

Die Nationalversammlung in Bordeaux. 229

begann mit Winkelzügen, erniedrigte sich dann zu vollständigen Lügen und langte schließlich bei der Katastrophe an. Ehrliche Wahrheit ist die beste Politik. In diesem durch eine Lüge begonnenen Kriege hat man nicht aufgehört, die Pillen zu überzuckern. Hätte man die Wahrheit nicht von vornherein verfälscht, man würde nicht eine solche Reihe von Unglücksfällen herbeigeführt haben: eine andere Richtung nehmend, wäre es der Republik möglich geworden, die Folgen der Niederlagen zu mildern, aus denen sie hervorgegangen ist. Hat man es gethan? Nein. Die Mitglieder der Regierung haben sich und Frankreich betrogen. Die Phrase dient zu nichts. ‚Nicht einen Fuß breit Landes, nicht einen Stein unserer Festungen‘, war ein stolzes Wort; aber reichten unsere Hülfsmittel hin, es geltend zu machen? Wie jetzt die Sachen stehen, so läuft unser Volk Gefahr, in eine völlige Vernichtung des öffentlichen und Privatvermögens hineingerissen zu werden."

In einem Artikel des preußischen Militär-Wochenblattes über die „Kriegführung Gambettas im Januar 1871" heißt es zum Schluß: Die Franzosen verloren allein an Gefangenen: General Roye etwa 12,000 Mann, General Chanzy 24,000 Mann, General Faidherbe 11,000 Mann, General Bourbaki 30,000 Mann. Nach der Schweiz traten über 80,000 Mann. Summa 157,000 Mann. Hierzu treten an Todten und Verwundeten wenigstens: Von der Armee des Generals Chanzy 10,000 Mann, von der Armee des Generals Faidherbe 8000 Mann, von der Armee des Generals Bourbaki 16,000 Mann. In den Kämpfen bei Paris 7000 Mann. Summa 41,000 Mann. Der Totalverlust der aktiven Streitkräfte Frankreichs berechnet sich hiernach, wenn man von den Truppen Garibaldis und sonstigen Freischaaren absieht, auf gegen 200,000 Mann, denen die augenblicklich noch in Paris deponirte kriegsgefangene Armee mit 150,000 Mann (ohne Nationalgarden) hinzutritt. Um 350,000 Mann also ist durch die Operationen des Monat Januar die französische Kriegsmacht geschwächt worden. Ueber 800 Feldgeschütze, zahlreiche Waffen und anderes Armeematerial gingen verloren. Dem gegenüber betragen die summarischen Verluste der deutschen Heere für den Monat Januar höchstens 10,000 Mann. Diese Zahlen geben zu denken. Das Massenaufgebot ist unwirksam gegen wohl organisirte Heere, selbst wenn diese sich in erheblicher Minderzahl befinden, wie dieß an jeder Stelle des Kriegsschauplatzes der Fall war. Aber eine noch düsterere Seite bietet das Bild der kriegerischen Aktionen des Monats Januar dar. Fast überall begegnen wir zahllosen französischen Verwundeten und Kranken, welche man ohne jeden Versuch ärztlicher Hülfe an der Stelle, auf welcher sie gefallen oder vor Erschöpfung umgesunken waren, liegen gelassen hatte. Da die deutsche Hülfe oft zu spät kam, so ergibt sich hier eine Fülle des Elends, deren Verantwortung auf dem militärischen Dilettantismus schwer lastet, welcher in der Zusammenraffung bewaffneter Menschen Armeen zu schaffen wähnte. Der organisatorische Mangel begleitete dieselben auf Schritt und Tritt; das Abschneiden einer Bahnlinie, auf welcher Verpflegung, Munition, Medikamente, Verbandzeug 2c. allein nachgeführt wurde, genügte zur vollen und schleunigen Verkümmerung einer ganzen Armee.

Noch bitterer wurde in Frankreich selbst über die Verschleuderungen Gambettas geklagt: Hat die Vertheidigung von Paris viel gekostet, so hat Gambetta's Diktatur wahrhaft erschreckliche Opfer erfordert, wenn es wahr ist, was ich hier erzählen höre, daß außer der unter Napoleon III. gemachten Anleihe von 650 Millionen und außer der in London von Laurier abgeschlossenen Anleihe noch runde 1200 Millionen aus den verschiedenen Zweigen zusammenkommen, welche noch zu bezahlen sind. Man spricht hier von Leuten, welche sich ein ganz enormes Vermögen im Handumdrehen bei den Lieferungen von Gewehren, Kanonen und sonstigen militärischen Gegenständen gemacht haben, und wenn nur die Hälfte von dem wahr ist, was man hier behaupten hört, so war die Verschleuderung und der Schwindel während der Diktatur entsetzlich. Wenn man dies bedenkt, so begreift es sich, daß die Leute in der Umgebung des Diktators und die guten Freunde an der Krippe der Gewalt alle Ursache hatten, den Krieg bis zur Erschöpfung zu predigen; setzte Frankreich die Feindseligkeiten fort, so dauerten auch die Geschäfte der biederen Genossen an. Jetzt, wo dem Lande endlich die Augen aufgehen, und man die Leistungen mit den Unkosten vergleicht, sieht man den Abgrund vor den Füßen, und die Frage ist einfach die: entweder hineinzuspringen oder Frieden zu schließen. Die Bauern zumal haben eine heillose Furcht vor dem Kriege, weil sie wissen, daß sie schließlich den schwersten Theil der Schuldenlast zu tragen haben und ihr Ruin vor der Thür steht, wenn der Schwindel von Neuem aufflackern sollte.

Der „Gaulois" donnerte gegen Gambetta und seinen Anhang: „Sie haben Hunderte von Millionen zu schmählichen Zinsen geborgt, so schmählich, daß selbst die Darleiher nicht daran denken, jemals bezahlt zu werden. Sie haben auf irgend welche Art die Keller der Bank überwältigt, um ihre Kassen noch mehr zu füllen. Wo sind diese Millionen? Wo sind wenigstens die bezahlten Fakturen, die Quittungen, die Berechnungen? Sie haben Tausende von Beamten ihres Postens enthoben, auf welchem dieselben ihrem Vaterlande treu gedient hatten, sie haben sie ersetzt ... durch wen! ... welche Schande! Sie hafteten für die Rettung des Vaterlandes? War es jemals so kompromittirt? Sie haben Generale gemacht, wo sind ihre Siege? Sie haben umgeworfen, zerstört unsere Einrichtungen, unsere Sitten, unsere Gesetze, was haben sie an deren Stelle gebracht? Ihren Willen allein, ihren elenden, ehrgeizigen und zerstörenden Willen! Wie lange noch wird dies Alles dauern und wie lange noch werden wir ihre Vergewaltigungen und ihre Schwäche, ihre Heuchelei und ihre Tyrannei, ihre Großartigkeit und unsern Ruin ertragen? Jetzt oder nie ist die Stunde gekommen, dem ein Ende zu machen. Frankreich hat weder Geld noch Blut mehr, welches es ihnen anvertrauen könnte." — Die France erhob gleichfalls schwere Vorwürfe gegen Gambetta wegen der scandalösen Unterschleife, die unter seiner Autorität begangen worden seyen.

Um aber das südliche Frankreich zu einer Fortsetzung des Krieges zu ermuthigen, ließ Gambetta im „Siècle" verkünden: Die Ankunft von Waffen erfolgt im Hafen von Bordeaux ohne Unterbrechung. Erst schifften Avon und Lafayette für Auftrag der Vertheidigungskommission ihre fast ganz aus Gewehren, Patronen und Mitrailleusen bestehenden Ladungen aus. Dann traf Dampfer Concordia mit unermeßlichem Artilleriematerial ein. Zwei andere Schiffe laufen mit Ladungen derselben Art in den Fluß ein. Der amerikanische Dampfer Concordia brachte von New-York 1250 Kisten Gewehre, 1707 Kisten Patronen, 3495 Kisten Kriegsmunition, 166 Kisten mit Artilleriesachen, 181 Kisten Kanonen, 249 Pulverkarren, 79 Laffeten zu Kanonen, 1017 Räder, 542 Kisten mit Pferdegeschirr und 593 andere Kisten.

Unterdeß wurde Simon von der Regierung in Paris schon am 31. Januar nach Bordeaux geschickt, um ihre Autorität daselbst gegen Gambetta's Eigenmächtigkeiten aufrecht zu erhalten. An demselben Tage protestirten die meisten Journale von Bordeaux (Liberté, Patrie, Français, France, Constitutionnel, Union, Gazette Universelle, Courier de Gironde, Journal Bordeaux, Guyenne) gegen das Wahldekret der dortigen Delegation. Eine Deputation begab sich zu Simon gleich nach seiner Ankunft und dieser machte ihr das allein rechtsgültige Wahldekret bekannt, welches am 28. Januar mit Zustimmung sämmtlicher Regierungsmitglieder erlassen worden sey. In diesem Dekret seyen Incompatibilitäten beseitigt. Aufrecht erhalten sey nur die Nichtwählbarkeit der Präfekten in den Departements, in welchen sie verwalten; zugleich erklärte Jules Simon, daß er darnach strebe, das Pariser Wahldekret durchzusetzen. In Paris ließ man nur das Wahldekret vom 28. gelten und nicht das von Bordeaux. Bismarck selbst erklärte in einem Schreiben an

Gambetta vom 3. Februar, gemäß der Pariser Capitulation stehen den Franzosen freie Wahlen zur Constituante zu, das Dekret von Bordeaux, welches diese Freiheit beschränke, sey daher ungültig. Es war merkwürdig genug, daß Bismarck die Freiheit der Franzosen mehr achten sollte als Gambetta. Der Letztere erklärte aber, es sey Preußen nur um die Wiederherstellung Napoleons zu thun. „Wir sagen, erklärte er, daß Preußen zur Befriedigung seines Ehrgeizes auf eine Versammlung rechnete, in welche Dank der Kürze der Fristen sowie der materiellen Schwierigkeiten jeder Art Complicen und Begünstigte abgesetzter, mit Preußen verbündeter Dynastien hätten eintreten können. Das von der Regierungsdelegation unterm 31. Januar erlassene Ausschließungsdekret vereitelt diese Hoffnungen. Der Anspruch des preußischen Ministers, sich in die Zusammensetzung einer französischen Volksvertretung einmischen zu können, ist die glänzendste Rechtfertigung der Seitens der Regierung der Republik ergriffenen Maßregel."

Die übrigen Mitglieder der Delegation in Bordeaux ließen sich von Gambetta hinreißen oder durch die Kundgebungen des Pöbels schrecken. Am 3. Februar tobte eine große Volksversammlung in Bordeaux gegen den Waffenstillstand, gegen Favre und Trochu, verlangte die Fortsetzung des Kriegs und wollte Gambetta zum Präsidenten des Wohlfahrtsausschusses haben. Unter diesen Eindrücken erließen Cremieux, Glais-Bizoin und Fourichon gemeinschaftlich mit Gambetta am 4. ein neues Dekret, worin sie fest darauf bestanden, ihr Wahlgesetz vom 31. sey das allein gültige. Simon selbst, der die Pariser Ansicht hätte vertreten sollen, durfte nicht einmal wagen, das Pariser Wahldekret in Bordeaux anschlagen zu lassen. Die noch in dieser Stadt anwesenden Vertreter der neutralen Mächte fürchteten, zwischen Bordeaux und Paris oder Gambetta und Favre könne ein förmlicher Bürgerkrieg ausbrechen und Frankreich dadurch noch mehr ruinirt werden. Die Gesandten von Oesterreich, Spanien und Italien boten Chaubordy an, zwischen der Delegation und der Regierung in Paris zu vermitteln, und riethen bringlichst der Delegation, in Uebereinstimmung mit der Regierung vorzugehen. Sie sollen sogar mit ihrer Abreise gedroht haben. Gambetta wagte wirklich noch keinen förmlichen Bruch, gab aber auch noch nicht nach, sondern behielt sich vor, an der Spitze seiner Partei im Süden selbständig zu handeln, sobald es ihm nöthig scheinen würde.

Auch nährte er fort und fort in seiner Presse die wahnsinnige Hoffnung auf neue Erfolge. So war in der Correspondance Havas, dem Organe Gambettas, fast keine Nummer erhalten, die nicht unter den stehenden Rubriken „Stimmen der auswärtigen Presse" oder „die Demokratie in Deutschland" Auszüge aus angenehmen Artikeln der Zukunft, der Frankfurter Zeitung, des Beobachter und ähnlicher Zeitungen brachte. „Das Stärkste in dieser Art finden wir in der neuesten Nummer, die uns vorliegt, vom 8. Februar. In dem Blatte Helvetie nämlich hat ein Franzose Bericht erstattet über eine Rundreise, die er bei den süddeutschen Demokraten ausgeführt, und das offiziöse Organ in Bordeaux versäumt nicht, diesen Artikel, der aus Stuttgart den 19. Januar datirt ist, als willkommenes Anzeichen unvertilgbarer französischer Sympathien in Deutschland dem französischen Volk vorzulegen. Dieser Franzose also schreibt aus Stuttgart: Ich habe die verschiedenen Häupter der süddeutschen Demokratie besucht, und ich kehre nunmehr nach Frankreich mehr denn je als ein Anhänger des Widerstands bis zum Aeußersten zurück. Der Gedanke, oder vielmehr die Ueberzeugung von dieser Nothwendigkeit, die ich schon vor meiner Reise hatte, hat sich noch bestärkt, als ich diese tapferen Apostel der Freiheit zu mir sagen hörte: Möge Frankreich triumphiren, und es wird auch uns retten." Das klerikale „Echo Français" rieth den Franzosen, zu Gift und Dolch zu greifen. Es beschwört Gambetta, in einem Dekret vorzuschreiben, daß die Bauern das Brod, das Wasser und den Wein vergiften, daß die Franctireurs sich in die

Zelte der schlafenden deutschen Soldaten schleichen, um sie zu erdolchen, und daß die Bürger selbst ihre Städte, sobald sie dem Feinde in die Hände gefallen sind, in Brand stecken! Auch der unerwartete Umstand, daß im Elsaß und Deutsch-Lothringen, welche doch zu Deutschland kommen sollten, Vertreter in die französische Nationalversammlung gewählt werden sollten, wurde von Gambetta's Presse so aufgefaßt, als zittere der deutsche Kaiser, diese Provinzen von Frankreich zu trennen, und schlug daraus Kapital für seinen Uebermuth.

Indessen blieben auch Favre und die Pariser Regierung fest, sie erklärten Gambetta's Wahldekret ausdrücklich für ungültig und schickten zur Unterstützung Simons noch Em. Arago ab. Auch Favre selbst wollte nach Bordeaux gehen und für ihn übernahm Herold einstweilen das Ministerium des Innern und Dorian für Magnin das Bautenministerium. Die Pariser Regierung wurde durch Bismarck getrieben, der Gambetta's Wahldekret für einen Bruch der Waffenstillstandsbedingungen erklärte, Sistirung der Lebensmittelzufuhr und mit dem Einmarsch der deutschen Truppen in Paris drohte und auch wirklich am 4. hätte einmarschiren lassen, wenn Favre nicht die bündigsten Versicherungen gegeben hätte. Doch hatte Bismarck nichts dagegen, daß Arago, gestützt auf die frühern Gesetze von 1832 und 1848, durch welche die ältere und jüngere Linie der Bourbons von den Wahlen ausgeschlossen waren, diesen Ausschluß jetzt auch auf die Familie Bonaparte ausdehnte. Der deutsche Kaiser bewies dadurch, wie ungegründet die Verleumbung sey, die ihm nachsagte, er wolle den Exkaiser herstellen.

Die Regierung in Paris erließ am 4. Februar eine würdige Proklamation, worin sie Gambetta's Unvernunft zurückwies: Franzosen! Paris hat die Waffen gestreckt am Vorabend des Tages, wo der Hungertod eintreten mußte. Man sagte ihm: Warte einige Wochen, und wir befreien dich. Es widerstand fünf Monate, und ungeachtet seiner heldenmüthigen Anstrengungen konnten es die

Departements nicht unterstützen. Es unterwarf sich den grausamsten
Entbehrungen. Es nahm den Ruin, die Krankheit, die Erschöpfung
an. Während eines Monats schmetterten es die Bomben nieder,
welche die Frauen und die Kinder tödteten. Seit mehr als sechs
Wochen reichten die paar Gramme schlechten Brodes, welche man
an jeden Bewohner vertheilte, kaum hin, um es am Sterben zu
hindern. Und als, so besiegt durch die unerbittlichste Nothwendigkeit, die große Stadt nachgibt, um nicht zwei Millionen Bürger zur
schrecklichsten Katastrophe zu verurtheilen; als, den Rest ihrer Kraft
benutzend, sie mit dem Feinde unterhandelt, anstatt sich auf Gnade
oder Ungnade zu ergeben, klagt man außen die Regierung der
nationalen Vertheidigung schuldvollen Leichtsinnes an; man denuncirt
und verwirft sie. Möge Frankreich zu Gericht über uns sitzen, über
uns und die, welche uns gestern mit ihren Beweisen der Freundschaft
und Achtung überhäuften und die uns heute insultiren. Wir würden
uns um ihre Angriffe nicht bekümmern, wenn die Pflicht uns nicht
zwänge, bis zur letzten Stunde mit fester Hand das Steuerruder
zu halten, welches das Pariser Volk inmitten des Sturmes uns anvertraut hat. Diese Pflicht, wir werden sie erfüllen. Als Ende
Januar wir uns entschlossen, Unterhandlungen zu versuchen, war es
sehr spät. Wir hatten nur noch Mehl für zehn Tage, und wir
wußten, daß die Verwüstung des Landes die Verproviantirung ganz
unsicher machte. Die, welche sich heute gegen uns erheben, werden
niemals die Angst kennen, welche uns erfaßt hatte. Man mußte
sie aber doch verbergen, dem Feinde mit Entschlossenheit entgegentreten und bereit zum Kampf und mit Lebensmitteln versehen erscheinen. Was wir wollten, war Folgendes: Vor Allem kein Recht
usurpiren. Frankreich allein gehört es an, über sich zu verfügen.
Wir wollten es ihm bewahren. Es waren lange Kämpfe nothwendig, um die Anerkennung seiner Souverainetät zu erlangen. Es
war der wichtigste Punkt unseres Vertrages. Wir bewahrten der
Nationalgarde ihre Freiheit und ihre Waffen. Wenn wir ungeachtet

unserer Anstrengungen die Armee und die Mobilgarde den strengen
Kriegsgesetzen nicht entziehen konnten, so retteten wir dieselben wenigstens vor der Gefangenschaft in Deutschland und der Internirung
in ein Lager unter preußischen Gewehren. Man wirft uns vor,
niemals die Delegation in Bordeaux consultirt zu haben! Man
vergißt, daß wir in einen eisernen Kreis eingeschlossen waren, den
wir nicht durchbrechen konnten. Man vergißt aber auch, daß jeder
Tag die schrecklichste Hungerkatastrophe wahrscheinlicher machte, und
doch stritten wir während zehn Tagen um das Terrain Fuß für
Fuß, während die Pariser Bevölkerung ihre wahre Lage nicht kannte
und nicht kennen durfte und, durch einen edelmüthigen Eifer hingerissen, zu kämpfen verlangte. Wir haben also einer fatalen Nothwendigkeit nachgegeben. Wir haben für die Zusammenberufung der
Nationalversammlung einen Waffenstillstand stipulirt, als die Armeen,
die uns zu Hülfe kommen konnten, weit von uns zurückgeworfen
waren. Eine einzige hielt noch Stand; wir glaubten es wenigstens.
Preußen forderte die Uebergabe von Belfort. Wir verweigerten sie,
und um den Platz zu beschützen, reservirten wir für einige Tage die
Aktionsfreiheit seiner Hülfsarmee. Was wir nicht wußten, war,
daß es zu spät war. Durch die deutschen Armeen in zwei Hälften
getheilt, konnte Bourbaki ungeachtet seines Muthes nicht widerstehen,
und nach dem Akte edelmüthiger Verzweiflung, welchem er sich überließ, wurde seine Truppe gezwungen, die Grenze zu überschreiten.
Die Convention vom 28. Januar hat also kein Interesse gefährdet
und Paris wurde allein aufgeopfert. Es murrt nicht. Es bringt
seine Ehrenbezeigung der Tapferkeit denen dar, welche weit von ihm
entfernt zu seiner Unterstützung gekämpft haben. Es klagt selbst
nicht den an, der heute so ungerecht und so verwegen ist: den Herrn
Kriegsminister, welcher den General Chanzy aufhielt, der Paris zu
Hülfe marschiren wollte und dem er den Befehl gab, sich hinter
die Mayenne zurückzuziehen. Nein, Alles war unnütz, und wir
müssen unterliegen. Aber unsere Ehre ist aufrecht, und wir werden

nicht dulden, daß man daran rührt. Wir haben Frankreich berufen, um frei eine Versammlung zu wählen, die in dieser höchsten Krisis ihren Willen zu erkennen geben wird. Eine von einem mächtigen Feinde angegriffene Nation kämpft bis auf's Aeußerste, aber sie hat immer das Recht, über die Stunde, wo der Kampf möglich zu seyn aufhört, zu entscheiden. Dies wird das über sein Schicksal befragte Land sagen. Damit sich sein Wunsch Allen als ein geachtetes Gesetz aufzwingt, muß er der souveraine Ausdruck der freien Abstimmung Aller seyn. Wir lassen deshalb nicht zu, daß man dieser Abstimmung willkürliche Schranken auferlegt. Wir haben das Kaiserreich und seine Gewohnheiten bekämpft. Wir wollen sie nicht annehmen, indem wir offizielle Candidaturen durch den Weg der Ausmerzung aufstellen. Große Fehler mögen gemacht worden seyn, schwere Verantwortlichkeiten daraus entspringen; nichts ist wahrer, aber das Unglück des Vaterlandes stellt Alles auf Eine Stufe; und wenn wir uns zur Rolle von Parteimännern erniedrigen, so würden wir den Schmerz und die Schande haben, die zu treffen, welche kämpfen und ihr Blut an unserer Seite vergießen. Sich der vergangenen Streitigkeiten erinnern, wenn der Feind unseren mit Blut getränkten Boden mit Füßen tritt, heißt das große Werk der Vertheidigung des Vaterlandes herabsetzen. Wir setzen die Prinzipien über diese Auskunftsmittel. Wir wollen nicht, daß das erste Dekret Betreffs der Zusammenberufung der republikanischen Versammlung 1871 ein Akt des Mißtrauens gegen die Wähler sey. Ihnen gehört die Souverainetät an; mögen sie dieselbe ohne Schwäche ausüben, und das Vaterland kann gerettet werden. Die Regierung der nationalen Vertheidigung weist das von der Delegation ungesetzlich erlassene Dekret zurück und annullirt es, und beruft alle Franzosen ohne Kategorieen, für die Repräsentanten zu stimmen, welche ihnen die würdigsten scheinen werden, Frankreich zu vertheidigen. Es lebe die Republik! Es lebe Frankreich! Paris, 4. Februar 1871. Die Mitglieder der Regierung: General Trochu,

Jules Favre, Emanuel Arago, Garnier-Pagès, Jules Ferry, Pelletan, Ernst Picard. Die Minister: Dorian, Leflô, Magnin, Hérold.

Sofort reisten Arago, Garnier-Pagès, Pelletan von Paris nach Bordeaux ab, um Simon kräftig zu unterstützen und Gambetta's Opposition niederzuschlagen. Der alte Cremieux war seinerseits von Bordeaux abgereist, um mit Paris zu vermitteln und womöglich die Einheit der Regierung zu sichern. Als er in Vierzon seinen Pariser Collegen begegnete, reiste er gleich wieder mit ihnen nach Bordeaux zurück und ihrer und Simon's Vereinigung und Festigkeit gelang es, Bismarck's und Favre's Willen durchzusetzen. Gambetta nahm schon am 6. freiwillig seine Entlassung, wie er selbst in einem Rundschreiben an die Präfekten erklärte, weil sein Wahldekret von der Mehrheit seiner Collegen nicht anerkannt worden sey. Seine Entlassung wurde angenommen und Arago einstweilen mit dem Kriegsministerium betraut, Gambetta's Wahldekret aber förmlich für null und nichtig erklärt. Man wunderte sich, daß der sonst so trotzköpfige Gambetta dießmal nachgab, und glaubte es daraus erklären zu müssen, daß innerhalb seiner Partei selbst eine Spaltung eingetreten, eine Opposition der Mäßigung aufgekommen sey. Bisher hatte er seine Mittel noch nicht für erschöpft gehalten. Er versprach sich sogar noch viel von Beauregard, dem berühmten südstaatlichen General, der im amerikanischen Bürgerkriege den Nordstaaten so viel zu schaffen gemacht hatte und der mit einer Menge seiner ehemaligen Offiziere in London nur auf den Wink Gambettas wartete, um ein großes Commando in Frankreich zu übernehmen.

In den Provinzen erregte die Capitulation von Paris theils große Bestürzung, theils Freude, weil man auf nahen Frieden hoffte. Garibaldi beeilte sich sehr, nachdem Bourbaki über die Schweizer Grenze getrieben war, die Capitulation anzuerkennen und sich seinerseits von Dijon hinter die in der Capitulation bezeichnete Demarkationslinie zurückzuziehen. Anders General Faidherbe, der sich noch auf die Festungen im Norden stützte und die Demarkationslinie nicht anerkennen wollte, obgleich die Preußen sich schon hinter dieselbe zurückgezogen hatten. Nun drohte Göben ihn wieder anzugreifen und Faidherbe wurde von Paris aus dringend ermahnt, sich zu fügen, was er dann auch that und die Linie einhielt. General Mazare in Bourges und General Loisel in Havre verlangten in Bordeaux Aufklärung über den Waffenstillstand und bestimmte Befehle. In Lyon beschloß der Gemeinderath, die nationale Vertheidigung mit doppeltem Eifer fortzusetzen. Ebenso trotzte Grenoble, Marseille, Toulouse. Ueberall erhob sich ein wüstes Geschrei gegen Trochu und Favre, die des Verraths beschuldigt wurden, wie früher Bazaine. Der Verdacht gegen Bazaine von Seite fanatischer Republikaner ließ sich noch erklären, weil dieser ein Anhänger des Kaisers war. Das waren Trochu und Favre nicht, aber die französische Nationaleitelkeit wollte nie zugeben, daß man einer zwingenden Nothwendigkeit habe nachgeben müssen; Frankreich sollte nie besiegt, immer nur verrathen worden seyn. Uebrigens vermuthete man, viele hätten nur mit dem Geschrei über Verrath ihre geheime Freude, daß der Krieg nun bald zu Ende gehen werde, maskiren wollen.

Im Norden Frankreichs, wie auch im Westen war man ungleich friedlicher gesinnt. Man schrieb: Namentlich in Rouen erinnert nur die Anwesenheit der Sieger an die Eroberung. Das Volk scheint so zufrieden und ruhig wie früher. Wenn die deutschen Militärmusiken auf den öffentlichen Plätzen spielen, sieht man stets eine Menge wohlgekleideter Herren und Damen ihnen zuhören, und eine ältere Dame, die daran Anstoß nahm, versicherte mir, daß die jungen Damen gar gern mit den deutschen Offizieren auf Bällen tanzen würden, wenn sie sich nicht vor patriotischer Lästerung fürchteten. Die deutschen Offiziere finden, daß Rouen die angenehmste Stadt in Frankreich ist, und die Rouener werden die kräftigen jungen Männer, die die beste Laune zeigen nebenbei viel Geld ausgeben, schwerlich gern scheiden sehen.

Um den Süden und namentlich die nach Bordeaux berufene Nationalversammlung in einigem Respekt zu halten, verlegte Prinz Friedrich Karl sein Hauptquartier am 2. Februar nach Tours. Sein Verweilen im Westen bei Le Mans war nicht mehr nöthig, da sich Chanzy's Armee in voller Auflösung befand. Der Prinz-Feldmarschall machte einen kurzen Besuch in Versailles und hielt dann Wacht in Tours.

In Bordeaux erhielt die Mäßigung der aus Paris angekommenen Regierungsmitglieder die Oberhand. Auch Leflo kam nach Bordeaux, um für Arago das Kriegsministerium zu übernehmen. Der alte Cremieux dankte ab und wollte nur noch bis zum Zusammentritt der Constituante fungiren. Die Wahlen wurden überall in Frankreich nicht nach Gambetta's, sondern nach dem Pariser Wahldekret vollzogen und zwar unerwartet mit Ruhe und ohne Störung. Auch Elsaß und Lothringen durften mitwählen, weil diese Provinzen damals noch nicht offiziell und vertragmäßig in's deutsche Reich übergegangen waren. Damit aber die Bewohner dieser Provinzen sich nicht darüber täuschen sollten, daß sie unter allen Umständen von Frankreich getrennt werden würden, wurde es ihnen in einem halb amtlichen Artikel der Straßburger Zeitung vom 6. Februar sehr deutlich gesagt: „Die Nichtannahme der deutschen Friedensbedingungen Seitens der französischen Nationalversammlung ist gleichbedeutend mit der Fortsetzung des Krieges; Deutschland hat die Berufung dieser Versammlung nicht deshalb ermöglicht, um mit sich feilschen zu lassen, sondern um von einer regelmäßigen Vertretung des besiegten Landes das definitive Zugeständniß der Forderungen zu erhalten, die es zu seiner Sicherung gegen künftige französische Angriffe schon vor Monaten aufgestellt hat. Deutschland wünscht den Frieden, aber es wird den Krieg ‚bis zur Erschöpfung' Frankreichs fortführen, wenn die Versammlung von Borbeaux der unverbesserlichen Verblendung der Kriegspartei verfallen sollte, die ihr Vaterland schon jetzt an den Rand des Ruins gebracht hat." Die verbissene Wuth derer, die bisher im Elsaß vorgeherrscht hatten, äußerte sich in dem Trotz, mit welchem in Straßburg Gambetta und einige seines Gelichters gewählt wurden. Im Allgemeinen fielen die Wahlen überhaupt im Osten und Süden mehr republikanisch, im Norden und Westen mehr constitutionell oder monarchisch aus.

Hier im Norden und Westen regten sich auch besonders die dynastischen Parteien, Orleanisten und Bonapartisten. Unter den Prinzen des Hauses Orleans war der Herzog von Aumale der am meisten populäre, hauptsächlich wegen der von ihm bewiesenen Mäßigung, da er nicht wie sein Bruder Joinville den Franctireurs und dem Meuchelmord das Wort geredet, sondern den Franzosen eine moralische Reinigung empfohlen hatte. Er wendete sich jetzt in einem Manifest vom 1. Februar an die Wähler, um ihnen zu sagen, in die Kriegs- und Friedensfrage mische er sich nicht, da er für das Vorgefallene nicht verantwortlich sey, er fasse nur die Zukunft des Landes in's Auge und rathe zur Wiederherstellung der constitutionellen Monarchie: „Wenn ich die Lage Frankreichs, seine Geschichte, seine Traditionen, die Ereignisse der letzten Jahre in's Auge fasse, so bin ich von den Vortheilen durchdrungen, welche die constitutionelle Monarchie darbietet; ich glaube, daß sie den legitimen Aspirationen einer demokratischen Gesellschaft entsprechen und mit der Ordnung und Sicherheit alle Fortschritte, alle Freiheiten garantiren kann. Es ist mit einem Gemisch kindlichen Stolzes und patriotischen Schmerzes, daß ich Frankreich in seinem gegenwärtigen Zustande mit dem vergleiche, in welchem es sich unter der Regierung meines Vaters befand. Diese Meinung, ich habe als Mann das Recht, sie zu haben, und ich glaube heute, daß es meine Pflicht ist, sie als Bürger auszudrücken; aber ich mische mich in keine Partei ein, verfolge keine ausschließliche Tendenz. In meinen Gesinnungen, in meiner Vergangenheit, in den Traditionen meiner Familie finde ich nichts, was mich von der Republik trennt. Wenn Frankreich unter dieser Form frei und definitiv seine Regierung constituiren will, so bin ich bereit, mich vor seiner Souverainetät zu beugen und werde sein ergebener Diener seyn. Constitutionelle Monarchie oder liberale Republik; durch politische Redlichkeit, Geduld, Eintrachtsgeist, Selbstverleugnung kann Frankreich gerettet, reconstituirt und regenerirt werden."

Auch die Bonapartisten waren von Belgien aus außerordentlich rührig und diesmal unterstützte sie der Exkaiser selbst. Am 4. Februar erließ Napoleon III. von der Wilhelmshöhe aus eine Proklamation, die aber erst am 11. der Welt bekannt wurde, nachdem sie von seinen Anhängern erst vertraulich in den Wahlkreisen Frankreichs war mitgetheilt worden. Sie lautete: „Franzosen! Vom Glücke verlassen, habe ich seit meiner Gefangennahme jenes tiefe Stillschweigen beobachtet, welches die Trauer des Unglückes ist.

So lange sich die Armeen gegenüber gestanden, habe ich mich eines jeden Schrittes, eines jeden Wortes enthalten, welches Zwiespalt hätte hervorrufen können. Heute bei dem tiefen Unglück des Landes kann ich mich nicht länger in Schweigen hüllen, ohne gefühllos für seine Leiden zu erscheinen.

In jenem Augenblicke, als ich gezwungen war, mich gefangen zu geben, konnte ich in keine Verhandlungen über den Frieden eintreten. Da ich nicht frei war, so hätte es den Anschein gewonnen, als seyen meine Entschließungen durch persönliche Rücksichtsnahmen dictirt. Ich überließ der Regierung der Regentschaft, welche ihren Sitz in Paris inmitten der Kammern hatte, die Pflicht, darüber zu entscheiden, ob das Interesse der Nation die Fortsetzung des Kampfes erheische. Trotz unerhörter Unglücksfälle war Frankreich nicht besiegt; unsere festen Plätze standen noch aufrecht, Paris war im Zustande der Vertheidigung, einer weiteren Ausdehnung unserer Unglücksfälle konnte noch Einhalt gethan werden.

Aber während alle Blicke gegen den Feind gerichtet waren, brach in Paris eine Insurrection aus. Die Volksvertretung wurde vergewaltigt, die Kaiserin bedroht, eine Regierung installirte sich durch Ueberraschung auf dem Stadthause, und das Kaiserreich, welchem die gesammte Nation soeben zum dritten Mal ihre Zustimmung gegeben hatte, wurde durch diejenigen gestürzt, welche berufen waren, es zu vertheidigen. Meinen gerechten Unmuth unterdrückend, rief ich mir zu: „Was liegt an der Dynastie, wenn das Vaterland gerettet werden kann!", und anstatt gegen die Verletzung des Rechtes zu protestiren, richtete ich meine heißesten Wünsche auf den Erfolg der nationalen Vertheidigung, und die patriotische Hingebung, welche alle Klassen und alle Parteien bewiesen, hat mich mit Bewunderung erfüllt.

Aber jetzt, wo der Kampf unterbrochen und die Hauptstadt nach heldenmüthigem Widerstande gefallen ist, jetzt, wo jede vernünftige Aussicht auf den Sieg verschwunden ist, jetzt ist es Zeit, von jenen, welche die Gewalt usurpirt haben, Rechenschaft zu verlangen für das unnöthigerweise vergossene Blut, für die ohne Grund aufgehäuften Trümmer, für die ohne Controle verschleuderten Hülfsquellen des Landes.

Das Schicksal Frankreichs kann nicht einer Regierung ohne Mandat überlassen werden, welche, indem sie die Verwaltung desorganisirte, nicht eine einzige jener Autoritäten bestehen ließ, welche ihren Ursprung dem öffentlichen Stimmrechte verdankten. Eine Nation kann einer Regierung nicht lange Gehorsam schenken, welche kein Recht hat, zu befehlen. Ordnung, Vertrauen, ein sicherer Friede wird nur dann erzielt werden, wenn das Volk zu Rathe gezogen worden ist über jene Regierung, welche am meisten befähigt ist, das Vaterland von seinen Leiden zu befreien.

Unter den feierlichen Umständen, in welchen wir uns Angesichts der Invasion und des aufmerksamen Europa's befinden, ist es nöthig, daß Frankreich Eins sey in seinen Bestrebungen, in seinen Wünschen, in seinen Entschließungen. Dies ist das Ziel, welches alle guten Bürger bestrebt seyn müssen, zu erreichen. Was mich anbelangt, gebeugt durch so viele Ungerechtigkeiten und bittere Enttäuschungen, will ich heute nicht jene Rechte in Anspruch nehmen, welche Ihr vier Mal in zwanzig Jahren mir freiwillig übertragen habt. Angesichts des Unglückes, welches uns umringt, ist kein Raum vorhanden für persönlichen Ehrgeiz; aber so lange nicht das Volk in regelmäßiger Weise in seinen Comitien versammelt, seinen Willen wird kund gegeben haben, wird es meine Pflicht seyn, als wahrhafter Repräsentant der Nation mich an dieselbe zu wenden und ihr zu sagen: Alles, was ohne eure direkte Betheiligung geschieht, ist ungesetzlich; nur eine aus der Volks-Souverainetät entsprungene Regierung, welche sich über den Egoismus der Parteien zu erheben vermag, wird im Stande seyn, eure Wunden zu heilen, eure Herzen der Hoffnung und die entweihten Kirchen euren Gebeten wieder zu eröffnen, und die Arbeit, die Einigkeit und den Frieden in den Schoß des Vaterlandes zurückzuführen."

Obgleich der Kaiser die erste Schuld an dem unglücklichen Kriege trug, so war er doch als der viermal durch Plebiscite vom französischen Volk Auserwählte sicher nicht unberechtigt, der unvernünftigen Dictatur Gambettas, wie überhaupt dem mißlungenen Versuch der dritten Republik entgegenzutreten. Indem er dem Volk andeutete, dem Socialismus und Atheismus gegenüber könne es sein Eigenthum und seine Kirche wohl am besten durch Wiederherstellung des Kaiserthums schützen, hatte er auch so unrecht nicht.

In Bordeaux befestigte sich die gemäßigte Mehrheit der Regierung und nahm das unvernünftige Gesetz des Justizminister Cremieux, die Absetzbarkeit des Richterstandes betreffend, wieder zurück. Die zu der Nationalversammlung Gewählten fanden sich so schnell als möglich in Bordeaux ein. Favre kam am 12. Februar von Paris an, auch Trochu. Vom Osten her kam Garibaldi. Bereits am 12. waren 200—300 Abgeordnete anwesend und der Alterspräsident Benoit d'Azy eröffnete im großen Theater eine vorbereitende Sitzung, worin zunächst die jüngsten Mitglieder zu Sekretären gewählt wurden. Schon am folgenden Tage waren 450 Mitglieder anwesend und konnte die Versammlung förmlich eröffnet werden. Wie zu erwarten, hatte die große Mehrheit des Volks, des schrecklichen Krieges herzlich satt, friedliebende, conservative und monarchisch gesinnte Männer gewählt, so daß höchstens ein Dritttheil der Republikaner übrig blieben. Die ersteren waren meist vom Landvolk, die letzteren von den Städtern gewählt. Auch die Bonapartisten waren nur in auffallender Minderzahl da.

Jules Favre ergriff das Wort, um Namens seiner Collegen in Paris und Bordeaux zu erklären, daß die **Regierung der nationalen Vertheidigung die Gewalt in die Hände der Volksvertretung niederlege.** „Als wir die Last der Regierung, fuhr der Redner fort, auf uns nahmen, hatten wir keine andere Absicht, als die Gewalt, die wir unter den damaligen Umständen übernommen hatten, in die Hände der Nationalversammlung zurückzulegen. Wir hoffen, das Land, belehrt durch das Unglück, werde gelernt haben, seine Klagen zurückzudrängen, und die Bedingungen für eine normale Existenz wieder finden. Wir treten nunmehr völlig zurück, überlassen alles Ihrer Entscheidung und erwarten mit Vertrauen die Bildung einer neuen gesetzmäßigen Gewalt." Redner kündigte sodann an, daß die Minister, um den Gesetzen Achtung zu verschaffen, so lange auf ihren Posten verbleiben werden, bis die neue Regierung gebildet worden wäre, und bat um die Erlaubniß, auf seinen Posten zurückkehren zu dürfen, um seine schwierige und heikle Aufgabe zu erfüllen. Jules Favre schloß folgendermaßen: „Ich erwarte Ihr Urtheil mit Vertrauen und hoffe, denjenigen, mit welchen wir unterhandeln, mittheilen zu können, daß das Land im Stande sey, seine Pflicht zu erfüllen. Der Feind soll wissen, daß wir für die Ehre Frankreichs sorgen; er wird auch wissen, daß es ganz Frankreich ist, welches sich gemäß den Bestimmungen der Convention nunmehr zu entscheiden hat. Die Verlängerung des Waffenstillstandes ist wahrscheinlich nothwendig. Verlieren wir keinen Augenblick. Denken wir an die Bedrängnisse unseres vom Feinde besetzten Landes. Ich hoffe, die Regierung kann auf Ihren Beistand zählen, um den nöthigen Aufschub zu erlangen." (Lebhafter Beifall.)

Garibaldi hatte genug gesehen, um überzeugt zu werden, daß hier sein Platz nicht sey. Er war in die Versammlung gewählt worden, legte aber schon am Eröffnungstage sein Mandat als Abgeordneter und zugleich sein Commando der Vogesenarmee nieder. Dennoch blieb er noch in der Versammlung sitzen und verlangte plötzlich noch einmal das Wort. Man bedeutete ihm, er sey nicht mehr Mitglied, aber seine Anhänger und die Galerien brüllten: Es lebe Garibaldi! und verlangten, er solle reden. Es gab eine wilde Scene. Esquiros schrie wüthend auf: Eine französische Versammlung, die einem Garibaldi das Wort versagt, ist eine Unmöglichkeit. Eure Pflicht ist ihn zu hören. Reden Sie, reden Sie! riefen Stimmen von der Tribüne. Ein junger Abgesandter des Marseiller Comités, einer der Hauptakteurs der dortigen Ultras, der sich vorn in eine der ersten Logen des Centrums gedrängt hatte, rief mit furchtbaren Gebärden: „Versammlung der nationalen Zerstückelung! Bauernversammlung! Ihr erstickt die Stimmen der Patrioten! Das ist eine Infamie!" In den oberen Tribünen machten die Zuschauer, unter ihnen auch Nationalgardisten, Chorus mit dem Schreien und Rufen was das Zeug hielt: Es lebe Garibaldi! „Die Verwirrung hat den Gipfelpunkt erreicht. Die Abgeordneten wenden sich zu den Tumultuanten und fordern sie auf, die Versammlung zu achten. Der junge feuersprühende Marseiller Tribun fährt fort zu gestikuliren und mit immer steigender Wuth die Versammlung anzuschreien: Ja! Ihr seyd eine Bauernversammlung, Ihr zittert vor dieser hochherzigen Stimme! Chorus: Es lebe Garibaldi! Still die Ruhestörer! entgegneten die mit Recht erbitterten Abgeordneten.

Man lasse die Tribünen mit Gewalt räumen! Der Präsident kehrt in den Saal zurück. Er bedeckt sich und spricht mit lauter Stimme: Huissiers, lassen Sie den Saal räumen. General Leflo, der Kriegsminister, hatte schon zu Anfang des Tumultes seinen Sitz verlassen. Er läßt den Commandanten des draußen befindlichen Nationalgardebataillons kommen und weist ihn an, den Befehl des Präsidenten auszuführen. Es genügt nur das Erscheinen dieser Bürgerwehr an den Thüren jeder Tribüne, um die Schreier zum Rückzug zu bestimmen. Rasch sind alle Tribünen geräumt, aber die Garibaldischreier fassen im Vestibul und auf der großen breiten Treppe Posto, wo sich auch eine Anzahl Garibaldineroffiziere befindet. Bald danach erscheint Garibaldi selbst in seinem grauen Mantel und ditto Filz, unter den Armen gestützt von zwei seiner Adjutanten. Wieder geht ein furchtbares Gebrüll los. Hoch Garibaldi! Hoch Garibaldi! Hüte und Käppis wurden geschwenkt! Der Spektakel dauerte auf der Straße fort." Garibaldi aber ließ sich in einen Wagen heben, fuhr auf und davon über Marseille nach seiner Insel Caprera.

Er wagte nicht, nach seiner Vaterstadt Nizza zu gehen, wo man ihn lange schon sehnlich erwartet hatte und das er sicher wieder mit Italien hätte vereinigen können, wenn er sich nicht durch die Schmeicheleien Gambettas zu der lächerlichen Rolle hätte verlocken lassen, die er in Frankreich spielte. Auch von Viktor Emanuel war das arme Nizza verlassen, denn er fürchtete sich immer noch vor Frankreich. Auch die Schweizer rührten sich nicht, um ihr gutes Recht auf Nordsavoyen, das ihnen Napoleon III. geraubt hatte, wieder zu erlangen. Die armen Nizzaner wußten nun nicht recht, wie sie sich helfen sollten. Als die republikanische Regierung am 9. Februar in Nizza das italienisch gesinnte Blatt Diretto unterdrückte, griff das Volk zu den Waffen und rief bald: Es lebe Italien! bald auch: Es lebe Deutschland! und kämpfte in den Straßen mit den Truppen, mußte aber unterliegen, als diese verstärkt wurden. Zehntausend Franzosen rückten in Nizza ein, zwei französische Panzerfregatten legten sich vor die Stadt und so mußten die Nizzaner Franzosen bleiben.

Am 9. März sagte Marc Dufraisse, Präfekt von Nizza, in der Nationalversammlung von Bordeaux: „Ich danke Garibaldi nicht, weil er die italienische Einheit mit begründen half, welche die Mutter der deutschen geworden ist." Das kennzeichnet den echten Franzosen, der ohne Weiteres voraussetzt: Frankreich allein habe Rechte, alle andern Völker nur Pflichten, nur Frankreich dürfe einig, alle seine Nachbarn müßten uneinig seyn, nur Frankreich dürfe annectiren, alle andern müßten sich von ihm annectiren lassen.

Was Savoyen betrifft, so las man in der Mitte des Februar in der Magdeburger Zeitung ein Telegramm, nach welchem aus Savoyen Petitionen nach Versailles gingen, welche um Neutralisirung dieses Landes bäten. Man schrieb darüber aus Berlin: „Es liegt nahe, daß das Ländchen jene Neutralität faktisch auszuüben wünscht, welche wenigstens dem Norden desselben, den Bezirken von Chablais und Faucigny und allem Land nördlich des Flüßchens Ugino, in der Wiener Kongreßakte zugesichert worden. Diese neutrale Eigenschaft war durch die Annexion an Frankreich verdunkelt worden, denn es liegt kein Staatsakt der französischen Regierung vor, der die Neutralisation sicher gestellt hätte. Man hält es in hiesigen politischen Kreisen für sehr wahrscheinlich, daß beim Friedensschluß den Wünschen Savoyens entsprochen werde. In erster Linie würde dieß eine der Schweiz erwiesene Wohlthat seyn."

Wir kehren nach Bordeaux zurück. Von zwanzig Departements gewählt, erlangte der alte Thiers in der Nationalversammlung das höchste Ansehen. Er nahm hier aber als Republikaner eine unabhängige Stellung ein und ließ zweifeln, ob er noch wie früher die Orleans unterstützen würde. Cremieux dankte definitiv ab. Von Gambetta hieß es, er sey schwer erkrankt; jedoch gab er unter Rochefort's Redaktion ein neues Blatt heraus, le mot d'ordre, worin er selbst erklärte: „In seiner Eigenschaft als angebeteter Feld-

Herr der Armee hat der elende Prim Spanien einen Sohn des Hauses Savoyen aufgezwungen. Er ist dafür durch drei Dolchstiche bestraft worden und wir freuen uns darüber. An dem Tage, an welchem derselbe Dolch bei Amadeus I. Audienz verlangen wird, werden wir uns noch mehr freuen. Da aber das schöne, große Wort ‚Republik' von heute auf morgen von der Reaction geächtet werden kann, habe ich geglaubt, daraus die unverrückbare Basis unserer Politik machen zu sollen. Deshalb haben wir unser neues Journal ‚das Losungswort' (Le Mot d'Ordre) betitelt. Man mag darüber denken, was man will, ich würde mir keine Scrupeln daraus gemacht haben, es den Königsmord (le régicide) zu nennen."

Favre eilte nach Paris zurück, um mit Bismarck die Friedensbedingungen festzustellen. Unterdeß hatten die Pariser für die Nationalversammlung fast durchgängig die extremsten Republikaner gewählt: Victor Hugo, Louis Blanc, Edgar Quinet, Gambetta, Garibaldi, Rochefort, Pyat, Delescluzes, Greppo 2c. Zur Entschuldigung bemerkte das Journal des Debats, die Conservativen hätten nur in kleiner Zahl mitgewählt, weil ihrer eine große Menge unmittelbar nach Abschluß der Capitulation nach Belgien und England gereist seyen, um ihre früher dorthin geflüchteten Familien zu besuchen. Favre zeigte den besten Willen, so daß er auch dem Commandanten von Belfort befahl, zu capituliren, damit der Waffenstillstand auch auf den Südosten Frankreichs ausgedehnt werden könne. Unterdeß aber erfuhr man, die Partei Gambettas setze die Rüstungen im Süden fort und habe sogar die Altersklasse von 1872 einberufen. Als nun Favre um eine Verlängerung des Waffenstillstands bat, damit die Nationalversammlung in Bordeaux noch die nöthige Zeit zu den Friedensberathungen gewinne, bewilligte ihm Bismarck nur fünf Tage bis zum 24. Februar, denn wenn er einen längern Termin bewilligt hätte, würde das nur von Gambetta's Partei zu neuen Rüstungen benutzt worden seyn. Kaiser Wilhelm war fest entschlossen, sich nicht hinhalten zu lassen, sondern den Krieg sogleich wieder zu beginnen, wenn die Nationalversammlung sich seinen Bedingungen nicht fügen wollte. Doch wurde der Waffenstillstand, nachdem Belfort am 16. capitulirt hatte, auf den südöstlichen Kriegsschauplatz ausgedehnt. Nach der N. Pr. wurden alle im Felde stehenden deutschen Heere durch frische Corps von Paris aus verstärkt und die Pariser Armee selbst durch fortbauernde Nachschübe von Ersatzmannschaften aus Deutschland auf die ursprüngliche Kriegsstärke gebracht. Ueber ihre Stellung wurde berichtet: Von der im Westen gegen Chanzy stehenden Armee des Prinzen Friedrich Karl befinden sich das 9. Corps am rechten Flügel der Aufstellung zwischen Rouen und Brionne; dasselbe stellt hier die Verbindung mit der Nordarmee des Generals v. Göben her, von welcher sich das 1. Armeecorps zwischen Rouen und Dieppe und das 8. Armeecorps, sowie die Division Prinz Albrecht Sohn zwischen Amiens und Peronne befinden. Weiter stehen von der Armee des Prinzen Friedrich Karl das 3. Corps in Alençon und Le Mans, sowie das 10. Corps in Château-du-Loir und in Tours. Zur Verstärkung dieser Armee ist das 4. Armeecorps von Paris nach Chartres abgerückt und dürfte dasselbe nach Le Mans vorgeschoben werden, während das 3. Armeecorps ganz in der Umgebung von Alençon concentrirt wird. Oestlich vom 10. Corps in Blois ist die 25. (hessische) Division und in Orleans das 5. Corps und von diesem wieder östlich im Yonne-Departement das 6. Armeecorps. Diese letzten Streitkräfte, 2½ Corps, dürften zur Formation einer neuen deutschen Loirearmee bestimmt seyn. Im äußersten Osten endlich, zwischen Dijon, Lons-le-Saulnier und Pontarlier steht die Armee Manteuffels, welche bekanntlich aus dem 2., 7. und 14. Corps und der Reservedivision Schmeling besteht. Sollten demnach wider alles Erwarten die Feindseligkeiten auf's Neue begonnen werden, so stehen vier beinahe gleich starke deutsche Armeen bereit, den Krieg gegen Frankreich bis an die Grenzen dieses Landes zu tragen. Wie aus der oben mitgetheilten Aufstellung der Corps hervorgeht, bildet diese eine fortlaufende Linie, welche etwa bei Amiens beginnt und sich über Rouen, Alençon, Le Mans, Tours und Orleans bis in das Departement der Yonne hinzieht und sich über Dijon an die Cantonirungen der Ostarmee lehnt. In dem Augenblicke jedoch, da eine Wiedereröffnung der Feindseligkeiten angeordnet werden sollte, würden sich diese auf einer langen Linie postirten Armeecorps mit der Schnelligkeit und Ordnung, welche die Bewegungen der deutschen Armee charakterisirt, zu vier gewaltigen Massen zusammenballen und gegen jene Operationsobjekte vorrücken, welche durch die Natur der Verhältnisse, durch Lille, Rennes, Bordeaux und Lyon, vorgesteckt sind. Um Paris verbleiben dann noch das Garde-, 11. preußische und das 12. (sächsische) Corps, die beiden bayerischen Armeecorps und die württembergische, sowie die preußische Garde-Landwehr-Division, zusammen 6 Armeecorps, als Reserve-Armee.

Achtes Buch.
Die Friedenspräliminarien.

Thiers, Favre und die Commission der Nationalversammlung begaben sich sofort nach Versailles, um bis zum 24. Februar, denn nur so weit war der Waffenstillstand verlängert worden, die Friedensbedingungen festzustellen. Doch wurde der Termin noch einmal nachträglich bis zum 26. hinausgeschoben.

Die Versammlung in Bordeaux bestand zwar größtentheils aus Männern, die den Frieden wünschten, aber viele von ihnen fürchteten, wenn sie der Abtretung von Elsaß und Lothringen zustimmen würden, später der Feigheit oder des Verraths beschuldigt zu werden. Die wilden Republikaner geberdeten sich immer noch ganz trotzig. Gambetta, der sich für krank hatte ausgeben lassen, sagte jetzt schon wieder, er habe sich nie wohler befunden. Auch die Pariser Presse fuhr in frechen Prahlereien fort und hielt den Pöbel in Aufregung. Es sollte eine Unmöglichkeit seyn, daß von dem geheiligten Boden Frankreichs auch nur das kleinste Stück abgerissen würde. Man erinnerte daran, wie viele Stücke Landes Frankreich widerrechtlich den Nachbarn entrissen hatte und wie natürlich es sey, daß Deutschland das ihm Geraubte wieder nähme. Thiers selbst läßt uns in seiner Geschichte des Consulats und des Kaiserreichs IV. 88 lesen: „Preußen und Oesterreich hatten Deutschland in einen ungerechten Krieg gegen die französische Revolution hineingezogen und waren besiegt worden. Frankreich hatte durch das Recht des Sieges, dies unbestreitbare Recht, sobald die siegreiche Macht herausgefordert worden ist, das linke Rheinufer erobert." Gegen solche Wahrheiten blieben aber die Franzosen blind, denn es fehlt ihnen jedes Rechtsgefühl und sie werden nie das Recht eines Nachbars anerkennen, wenn er sie nicht dazu zwingen kann. Diesmal aber glaubten die Franzosen, die neutralen Mächte, vor allem England, werde ihnen noch helfen, die Forderungen des deutschen Kaisers herunterzustimmen, und sie wurden auch wirklich durch die schillernde Haltung des englischen Ministeriums, durch manche Reden im Parlamente und durch die großen Waffensendungen, die sie aus England empfingen, in ihrer Hoffnung bestärkt.

Die Pariser gingen immer noch in ihrer Eitelkeit und Selbstbelügung so weit, daß sie sich gegen den schließlichen Einmarsch der Deutschen in ihre Hauptstadt sträubten. So lange diese nicht förmlich einrückten, glaubten sie sich rühmen zu können, die Stadt sey auch nicht eingenommen, nicht besiegt worden. Selbst Trochu erließ ein öffentliches Schreiben, das wie verrückt klang: „Nach einer Belagerung von 4½ Monat, nach acht Kämpfen und vier Schlachten, deren Initiative immer dem Belagerten angehörte, nach dem Bombardement, welches so viele unschuldige Opfer gemacht, nach der Convention, welche nur der Hunger diktiren konnte, schuldete der Feind Paris die kriegerischen Ehren, wenn er sich um die Traditionen und die Regeln, welche vor der öffentlichen Meinung die Adelstitel der Sieger und der Besiegten sind, bekümmert hätte. Für Paris waren die kriegerischen Ehren die Achtung vor seinen Wällen und vor seinen Mauern. Der Feind will in Paris eindringen, wenn er keinen Punkt der Wälle erzwungen, kein Fort mit Sturm genommen, keine der äußeren Linien genommen hat. Wenn er will, daß ihm so die Regierung der Stadt übergeben wird, so möge er allein das Gehässige und die Verantwortlichkeit dieser Gewaltthat

haben. Mögen daher in Folge einer stillschweigenden Protestation
die Thore geschlossen seyn, und möge er sie mit der Kanone öffnen,
auf welche das entwaffnete Paris nicht antworten wird. Ueberlassen
wir übrigens der Wahrheit, der Gerechtigkeit, der Geschichte das
Urtheil." In Paris gefiel das Schreiben Trochus nicht. Wenn
man dort auch keineswegs sehr zufrieden war, daß die Deutschen einrücken wollten, so fand man es doch höchst lächerlich, daß der so
tief gefallene Gouverneur von Paris sein Ehrenwort, nie zu capituliren, dadurch zu retten suchte, daß er verlangte, die Pariser möchten gestatten, daß die Deutschen offene Thore einrennen, weil es
dadurch doch noch zu schrecklichen Dingen für Paris kommen könnte.

Trotz alles Elends waren die Pariser noch so frivol, daß in
allen Straßen eine Karrikatur verkauft wurde unter dem Titel:
„La marche du boeuf gras ou la promenade du roi Guillaume
dans Paris." In Paris wird nämlich jährlich einmal der dickste
Mastochse, geschmückt und bekränzt, im Triumph durch die Stadt
geführt. Mit Recht war die Patrie über diese ruchlose Karrikatur
empört und über die entsetzliche Gemeinheit, noch unter der eisernen
Faust des Siegers spotten zu wollen. Uebrigens konnte man in
denselben Tagen in Paris erleben, daß man schwur, niemals mehr
Deutsche in der Stadt aufzunehmen. Damals erst faßten die beiden größten Clubs der Hauptstadt, der Jockeyclub und derjenige
der Rue Royale, den Beschluß, daß die deutsche Nationalität als
solche genüge, um in Zukunft jeden Bewerber von der Mitglied-
schaft auszuschließen. Ein Berliner Bankier hatte in Paris Auftrag gegeben, ihn mit 200,000 Franken bei einer Börsenoperation
zu betheiligen, der Agent aber gab ihm das Geld zurück, indem er
bemerkte, mit Deutschen mache man in Paris keine Geschäfte mehr,
gesetzt auch, es sey viel dabei zu gewinnen.

Die Friedensverhandlungen wurden in Versailles natürlicherweise sehr geheim betrieben. Doch wollte man wissen, England
habe die französischen Unterhändler im zähen Widerstande gegen die

deutschen Forderungen möglichst unterstützt, andererseits aber hörte man wieder, Thiers sey zu den größten Opfern bereit gewesen, wenn er nur die Abtretung von Metz hätte verhindern können. Er wollte für diesen Fall das Großherzogthum Luxemburg kaufen und an Deutschland abtreten, ja er wollte eine Milliarde Thaler mehr an den Kriegskosten bezahlen, wenn nur Metz französisch bliebe, aber beides sey abgelehnt worden. Der Daily Telegraph schrieb unterm 23. Februar: „Wie ich höre, ist auf die eine oder andere Weise der fernere Feldzugsplan des Grafen Moltke, welchen dieser dem Kaiser vorgelegt und welcher dessen Billigung erhalten hat, zwei hervorragenden französischen Staatsmännern bekannt geworden. Auf magische Weise wurden diese beiden Herren hiedurch für den Frieden um jeden Preis gestimmt. Ueber das letztere Kapitel spricht Dr. Russel, der Berichterstatter der ‚Times' in Versailles, sich in ähnlicher Weise aus. Er sagt: Die Militärs sprechen hier mit größter Begeisterung von dem großartigen Angriffsplan auf sämmtliche Positionen, den Graf Moltke für eine etwaige Wiederaufnahme der Feindseligkeiten vorbereitet hatte. Es ist Grund zu der Annahme vorhanden, daß die Hauptzüge dieses Planes in den gestrigen Erörterungen den französischen Militärbehörden mitgetheilt wurden, oder daß man sie bekannt werden ließ, um sie von der Hoffnungslosigkeit der Lage Frankreichs und von der furchtbaren Entschlossenheit Deutschlands zu überzeugen, den Krieg wo nöthig fortzusetzen. Ich erzähle die Geschichte, wie sie mir mitgetheilt wurde."

Endlich am 26. Februar wurden in Versailles die Friedenspräliminarien unter dem Vorbehalt, daß die Nationalversammlung in Bordeaux sie erst bestätigen müsse, abgeschlossen. Die Hauptbedingungen waren: Frankreich tritt das Elsaß und Deutschlothringen mit der Festung Metz ab, dagegen wird ihm Belfort wieder zurückgegeben. Es hat 5 Milliarden Franken Kriegskosten zu bezahlen und zwar binnen drei Jahren, während welcher Frist die deutschen Truppen die Champagne noch besetzt halten. In Paris findet kein feierlicher Einzug der deutschen Truppen statt. Der Kaiser wird die Stadt besuchen, aber nicht dort verweilen. Deutsche Truppen werden die Stadt nur theilweise besetzen. Der Waffenstillstand wird bis zum 6. März verlängert, um der Nationalversammlung in Bordeaux zu ihrer Berathung die nöthige Zeit zu lassen.

Der offizielle Text der Friedenspräliminarien lautet: Zwischen dem Kanzler des Deutschen Reiches, Herrn Grafen Otto v. Bismarck-Schönhausen, versehen mit den Vollmachten Sr. Majestät des Kaisers von Deutschland und Königs von Preußen, dem Minister des Staates und der auswärtigen Angelegenheiten Sr. Majestät des Königs von Bayern, Herrn Grafen Otto v. Bray-Steinburg, dem Minister der auswärtigen Angelegenheiten Sr. Majestät des Königs von Württemberg, Herrn Baron August von Wächter, dem Staatsminister und Präsidenten des Ministerrathes Sr. königlichen Hoheit des Herrn Großherzogs von Baden, Herrn Julius Jolly, als Vertreter des Deutschen Reiches einerseits und andererseits dem Chef der Executivgewalt der französischen Republik, Herrn Thiers, und dem Minister der auswärtigen Angelegenheiten, Herrn Jules Favre, Vertreter von Frankreich, nachdem die Vollmachten der beiden contrahirenden Parteien in guter und richtiger Form befunden, ist vereinbart worden, um als vorläufige Grundlage für den endgültig abzuschließenden Frieden zu dienen, wie folgt:

Art. 1. Frankreich verzichtet zu Gunsten des Deutschen Reiches auf alle seine Rechte und Besitztitel auf die Landstriche östlich von der nachstehend bezeichneten Gränze: Die Scheidungslinie beginnt an der Nordwestgränze des Cantons von Cattenom gegen das Großherzogthum Luxemburg, folgt nach Süden den westlichen Gränzen der Cantone von Cattenom und Thionville, durchschneidet den Canton von Briey längs der Westgränze der Gemeinden von Montois, La Montagne und Roncourt, so wie der östlichen Gränzen der Gemeinden St. Marie aux Chênes, St. Ail, Habouville, berührt die Gränze des Cantons von Görze, welchen sie durchschneidet längs der Gemeindegränzen von Vionville, Bouxières und Onville, folgt der südwestlichen, resp. der südlichen Gränze des Arrondissements von Metz, der westlichen Gränze des Arrondissements von Château-Salins bis zur Gemeinde von Pettoncourt, von welcher sie die westliche und südliche Gränze umfaßt, um dann weiter dem Kamm der Berge zwischen der Seille und dem Monkel bis zur Gränze des Arrondissements von Sarrebourg zu folgen bis im Süden von Garbe. Die Scheidungslinie folgt weiter der Gränze dieses Arrondissements bis zu der Gemeinde von Tanconville, welche sie an der Nordgränze erreicht. Von dort folgt sie dem Kamme des Gebirges zwischen den Quellen der weißen Saar und der Vezouze bis zur Gränze des Cantons von Schirmeck, geht längs der Westgränze dieses Cantons, umfaßt die Gemeinden von Saales, Bruche, Calroy, La Roche, Plaine, Ranrupt, Saulxures und St. Blaix und Blaix la Roche des Cantons von Saales und geht zusammen mit der westlichen Gränze des Departements des Nieder- und Oberrheins bis zum Canton von Belfort, dessen südliche Gränze sie verläßt nicht weit von Bourvenans, um den Canton von Delle zu durchschneiden an den Südgränzen der Gemeinden von Bourogne und Froide Fontaine und längs den Ostgränzen der Gemeinden von Joncherz und Delle die Schweizer Gränze zu erreichen.

 Das Deutsche Reich wird diese Landstrecken für immer und in voller Souverainetät und Zugehörigkeit besitzen.

 Eine internationale Commission, zusammengesetzt aus Vertretern der hohen Vertragsparteien in gleicher Anzahl von beiden Seiten, wird beauftragt, sofort nach Auswechslung der Ratificationen des gegenwärtigen Vertrages auf dem Gelände selbst die Linie der neuen Gränze gemäß den vorstehenden Bestimmungen zu ziehen.

 Diese Commission wird der Theilung der Güter, Fonds und

Kapitalien vorstehen, welche bisher gemeinschaftlich den Distrikten und Gemeinden zugehört haben, die durch die neue Gränze getheilt werden.

Im Falle von Uneinigkeit über die Gränzabsteckung oder der Maßregeln zu ihrer Ausführung, werden die Mitglieder der Commission darüber an ihre respectiven Regierungen referiren.

Die Gränze, wie sie vorstehend beschrieben, ist in grüner Farbe auf zwei gleichen Exemplaren der Karte des Gebietes bezeichnet, welches das General-Gouvernement von Elsaß bildet, die zu Berlin im September 1870 durch die geographische und statistische Abtheilung des großen Generalstabes veröffentlicht ist und wovon ein Exemplar jeder der beiden Ausfertigungen des gegenwärtigen Vertrages beigelegt wird. Inzwischen hat die angegebene Linie mit Einvernehmen beider contrahirenden Parteien folgende Abänderung erfahren: in dem vormaligen Departement der Mosel werden die Dörfer St. Marie aux Chênes bei St. Privat-la-Montagne und Vionville im Westen von Rezonville an Deutschland abgetreten; dagegen bleiben die Stadt und die Befestigungen von Belfort bei Frankreich, mit einem Umkreise, welcher später bestimmt wird.

Art. 2. Frankreich zahlt an Se. Majestät den Kaiser von Deutschland die Summe von fünf Milliarden Francs. Die Zahlung von wenigstens einer Milliarde Francs wird im Laufe des Jahres 1871 Statt finden und der ganze Rest der Schuld im Verlaufe von drei Jahren, von der Ratification des Gegenwärtigen an gerechnet.

Art. 3. Die Räumung des von den deutschen Truppen besetzten französischen Gebietes wird nach der Ratification des gegenwärtigen Vertrages durch die in Bordeaux tagende Nationalversammlung Statt finden. Sofort nach dieser Ratification werden die deutschen Truppen das Innere der Stadt Paris verlassen, so wie die Forts auf dem linken Ufer der Seine, und in der möglichst kurzen Frist, die durch eine Vereinbarung zwischen den Militär-

Behörden beider Länder festgestellt wird, werden sie die Departements des Calvados, der Orne, der Sarthe, der Eure und Loir, des Loiret, der Loir und Cher, der Indre und Loire, und der Yonne und weiter die Departements der Seine Inférieure, der Eure, der Seine und Oise, der Seine und Marne, der Aube und der Côte d'Or bis zum linken Ufer der Seine vollständig räumen. Die französischen Truppen werden sich gleichzeitig hinter die Loire zurückziehen, welche sie nicht überschreiten dürfen vor der Unterzeichnung des definitiven Friedens. Ausgenommen von dieser Bestimmung sind die Garnison von Paris, deren Zahl nicht 40,000 Mann übersteigen darf, und die zur Sicherung der Festungen unerläßlichen Garnisonen. Die Räumung der Departements zwischen dem rechten Ufer der Seine und der Ostgränze durch die deutschen Truppen wird allmälig nach der Ratificirung des definitiven Friedensvertrages und der Zahlung der ersten halben Milliarde der im Art. 2 stipulirten Contribution Statt finden, indem mit den Departements, die Paris am nächsten sind, angefangen wird, und wird fortgesetzt nach Maßgabe, wie die Zahlungen der Contribution geleistet werden.

Nach der ersten Zahlung einer halben Milliarde wird diese Räumung Statt finden in den folgenden Departements: der Somme, der Oise, den Theilen des Departements der Seine Inférieure, der Seine und Oise, der Seine und Marne auf dem rechten Ufer der Seine, gleichwie in dem Theile des Departements der Seine und den auf dem rechten Ufer gelegenen Forts. Nach Zahlung von zwei Milliarden wird die deutsche Occupation nur noch die Departements der Marne, der Ardennen, der oberen Marne, der Maas, der Vogesen und der Meurthe, so wie die Festung Belfort nebst deren Gebiet umfassen, welche zusammen als Pfand für die übrigen drei Milliarden dienen sollen und wo die Zahl der deutschen Truppen nicht 50,000 Mann überschreiten soll. Se. Majestät der Kaiser wird bereit seyn, statt der territorialen Bürgschaft, die in der theilweisen Besetzung französischen Gebietes besteht, eine finan-

Die Friedenspräliminarien.

zielle Bürgschaft eintreten zu lassen, wenn ein solche von der französischen Regierung in dem von Sr. Majestät dem Kaiser und Könige für die Interessen Deutschlands als genügend anerkannten Verhältniß angetragen wird. Die drei Milliarden, deren Zahlung noch verschoben wird, müssen mit 5 Prozent verzinst werden, vom Tage der Ratification dieses Vertrages an gerechnet.

Art. 4. Die deutschen Truppen werden sich enthalten, in den besetzten Departements Requisitionen zu machen, sey es in Geld, sey es in Naturalien. Dagegen wird die Beköstigung der in Frankreich verbleibenden deutschen Truppen auf Kosten der französischen Regierung in der Weise erfolgen, wie sie mit der deutschen Militär-Intendantur abgemacht ist.

Art. 5. Die Interessen der Einwohner der von Frankreich abgetretenen Gebietstheile werden in allem, was ihren Handel und ihr bürgerliches Recht betrifft, so günstig als möglich geregelt werden. Sobald die Friedensbedingungen endgültig festgestellt sind, wird zu jenem Behuf ein Zeitraum bestimmt werden, während dessen sie ganz besondere Erleichterungen genießen sollen für ihren Produktenverkehr. Die deutsche Regierung wird der freiwilligen Auswanderung der Einwohner der abgetretenen Gebietstheile nichts in den Weg legen und gegen sie keine Maßregeln ergreifen können, welche ihre Personen oder ihr Eigenthum berühren.

Art. 6. Die Kriegsgefangenen, die noch nicht im Wege des Austausches auf freien Fuß gesetzt worden sind, werden unmittelbar nach der Ratification dieser Präliminarien ausgeliefert werden. Um den Transport der französischen Kriegsgefangenen zu beschleunigen, wird die französische Regierung den deutschen Behörden im Innern des deutschen Gebietes eine Anzahl Eisenbahnwagen zur Verfügung stellen in einem durch besondere Arrangements bestimmten Maße, und zu den Preisen, welche in Frankreich von der französischen Regierung für Militär-Transporte gezahlt werden.

Art. 7. Die Eröffnung der Unterhandlungen für den auf

Grund dieser Präliminarien endgültig abzuschließenden Friedens-
vertrag findet in Brüssel, unmittelbar nach der Ratification der
Präliminarien Seitens der Nationalversammlung und Seitens Sr.
Majestät des Kaisers von Deutschland, Statt.

Art. 8. Nach Abschluß und Ratification des endgültigen
Friedensvertrages wird die Verwaltung der Departements, die noch
durch die deutschen Truppen besetzt bleiben sollen, den französischen
Behörden übergeben, aber letztere sind gehalten, sich nach den Befehlen zu richten, welche die deutschen Truppenbefehlshaber im Interesse der Sicherung des Unterhalts und der Vertheilung der
Truppen erlassen zu müssen glauben werden. In den besetzten Departements werden die Steuern nach der Ratification dieses Vertrages für Rechnung der französischen Regierung und durch deren
Beamte erhoben.

Art. 9. Es ist wohlverstanden, daß das Gegenwärtige den
deutschen Militärbehörden kein Recht gibt auf die Gebietstheile,
welche sie gegenwärtig nicht besetzt haben.

Art. 10. Das Gegenwärtige wird sofort der Ratification
Sr. Majestät des Kaisers von Deutschland und der französischen
National-Versammlung, welche in Bordeaux ihre Sitzung hält,
unterbreitet.

So geschehen zu Versailles am 26. Februar 1871. Folgen
die Unterschriften.

Man war ziemlich gespannt, wie die Nationalversammlung in Bordeaux die Präliminarien aufnehmen würde. Da
sich indeß der Krieg nicht fortsetzen ließ, gab sie nach. Sie wählte
am 16. Februar Grevy zu ihrem Präsidenten, einen besonnenen Republikaner. Viktor Hugo renommirte hier wieder in demselben hoch-
fahrenden Ton wie in Paris und umringte sich mit dem Pöbel,
der ihn um so mehr vergötterte, je dümmeres Zeug er redete. Vor
dem Sitzungssaal auf der Straße das Volk haranguirend erklärte
er wieder wie in Paris, man dürfe keinen Frieden schließen, son-

bern müsse fortkämpfen. Von Abtretungen dürfe keine Rede seyn ꝛc. Das dadurch inflammirte Volk insultirte nun mehrere für gemäßigt und friedliebend gehaltene Mitglieder der Nationalversammlung, als sie aus dem Sitzungssaale traten. Man mußte die Ordnung durch Militär aufrecht erhalten und ließ, um ähnliche Scenen zu verhüten, am folgenden Tage das Sitzungsgebäude mit Reiterei und Fußvolk besetzen. Da schrien die wilden Republikaner in der Versammlung, die Sitzung sey nicht frei, sondern stehe unter der Tyrannei der Bajonette, und auch der Magistrat von Bordeaux protestirte gegen die Anwesenheit der Truppen. Das gab nun wieder tolle Scenen im Sitzungssaal. Doch siegte die Mehrheit und die Ordnung.

Wie man erhitzt war, geht daraus hervor, daß Gambetta einige Tage vorher Favre hatte wollen verhaften lassen und daß Cremieux und Glais-Bizoin für nöthig fanden, sich gegen die Verleumdung zu verwahren, als hätten sie den Verhaftbefehl mit unterzeichnet. Auch Thiers hatte verhaftet werden sollen. Weil nun aber Favre und Thiers jetzt in der Versammlung das meiste Ansehen genossen, wagte es Gambetta nicht, in der Versammlung zu erscheinen, und schützte Krankheit vor. Gleichwohl agitirten seine Anhänger fort. Noch am 17. trug Keller aus dem Elsaß in der Versammlung darauf an, daß Elsaß und Lothringen in keinem Fall abgetreten werden dürften. Er las desfalls eine von den Abgeordneten des Ober- und Niederrheins, der Murthe und Mosel unterzeichnete Erklärung vor, in welcher diese Herrn sagten, sie wollten ewig Franzosen bleiben und seyen erbötig, den Krieg wieder anzufangen (ein Unsinn, da ihnen alle Mittel dazu fehlten).

Thiers sagte zwar, er theile vollkommen die Gefühle Kellers, wenn aber dessen Antrag angenommen würde, so hieße das soviel, als den Frieden geradezu ausschlagen. Er meinte nun, das Beste würde wohl seyn, wenn die Versammlung den Friedensunterhändlern alle Verantwortung allein in die Hände legte, denselben ohne befehlendes Mandat die Freiheit lasse, nach eigenem besten Ermessen über den Frieden zu unterhandeln. Das war ohne Zweifel ein kühner Vorschlag, da die Unterhändler (Favre und Thiers selbst), wenn sie überhaupt Frieden haben wollten, auch Elsaß und Deutsch-Lothringen nothwendig abtreten mußten. Doch war der Vorschlag der einzig praktische, der gemacht werden konnte. Man mußte die Friedensvermittlung der aufgeregten Versammlung in Bordeaux überhaupt aus den Händen winden, um sie unabhängig von ihr in Paris zu Ende zu bringen, und Thiers wußte wohl, daß die Versammlung sich in diese Resignation finden würde, nur um sich hinterdrein rühmen zu können, sie habe keine Gebietsabtretung zugeben wollen. Und in der That wurde beschlossen: „Die Versammlung, indem sie mit lebhafter Sympathie die Erklärung Kellers entgegennimmt, setzt ihr Vertrauen auf die Weisheit und den Patriotismus ihrer Friedensunterhändler." Jeder Theil hatte dabei seine Hintergedanken und zwar in schönster Uebereinstimmung. Die Vernünftigen und Gemäßigten übernahmen die Verantwortung für die Gebietsabtretungen und gönnten den Unvernünftigen und Exaltirten, nach Gambetta's Programm den Krieg wenigstens mit Worten bis zur Erschöpfung fortgeführt zu haben.

Man darf annehmen, die Republikaner seyen froh gewesen, durch diesen Ausweg die vermeintliche Ehre retten zu können, während andere für sie die Schande der Abtretungen übernahmen. Sie hätten sonst wohl nicht schon in der nämlichen Sitzung den alten schlauen Thiers zum Chef der Exekutivgewalt der Republik gewählt und damit die ganze Regierung Frankreichs mit einemmal in seine Hand gelegt. Sie wußten wohl, was er thun würde und thun mußte, und ließen es ihn thun, nur um es nicht selber thun zu müssen. Thiers wählte sich selbst sein Ministerium: „Dufaure Justiz, J. Favre Aeußeres, Picard Inneres, J. Simon Unterricht, Lambrecht Handel, Leflo Krieg, Pothuau Marine, de Larrey Arbeiten. Der designirte Finanzminister ist noch nicht in Bordeaux eingetroffen, kann daher noch nicht genannt werden."

Uebrigens kam man doch überein, der Regierung noch eine Commission zur Mitwirkung bei den Friedensvermittlungen beizugesellen. Dazu wurden am 19. gewählt: Laurenceau, de Lespérat, St. Marc Girardin, Barthelemy St. Hilaire, General Aurelles de Palabine, Admiral Roncière le Noury, Pouyer Quertier, Vitet, Benoist d'Azy, Teiserenc de Bord, de Mérobe, Deseilligny, Viktor Lefranc, Batbie und Admiral Saisset. Gambetta frug, ob die Commission sich an den Unterhandlungen betheiligen und ob ihre Entscheidung verbindlich seyn werde? Simon verneinte das Letztere, sie solle nur zwischen den Unterhändlern und der Nationalversammlung vermitteln.

Thiers blieb Meister der Situation und hielt eine vortreffliche Rede am 19. Februar. Zuerst dankte er für das in ihn gesetzte Vertrauen des Landes und bemerkte: „Ach, dieses Land ist unglücklich, unglücklicher als zu irgend einer Zeit seiner so ungeheueren, so glorreichen Geschichte, in der man es so oft in den Abgrund des Unglückes gestürzt sah, um plötzlich wieder auf den Gipfel der Macht und des Ruhmes emporzusteigen, indem es beständig die Hand in Allem hatte, was groß, schön und der Menschheit nützlich war! Es ist allerdings im Mißgeschicke; aber es bleibt eines der größten, der mächtigsten Länder der Erde, immer jung, stolz, unerschöpflich in seinen Hülfsquellen, besonders immer heroisch, wie dieser lange Widerstand von Paris beweist, der eines der Monumente der menschlichen Beständigkeit und Energie bleiben wird. Voll Vertrauen in die mächtigen Facultäten unseres theuren Vaterlandes gebe ich mich ohne Zaudern, ohne Berechnung dem von Ihnen ausgedrückten nationalen Willen hin, und ich bin hier zu Ihrer Verfügung, zu Ihren Befehlen, wenn ich so sagen kann, bereit, Ihnen zu gehorchen, jedoch mit einem Vorbehalt, nämlich dem, Ihnen zu widerstehen, wenn Sie, hingerissen durch ein edelmüthiges, aber unüberlegtes Gefühl, von mir das verlangen, was die politische Klugheit verdammen würde, wie ich es that, als ich vor acht

Monaten mich plötzlich erhob, um den bedauernswerthen Hinreißungen zu widerstehen, welche uns zu einem unglückseligen Kriege führen sollten. — Frankreich, ohne ernsthaften Beweggrund, ohne hinreichende Vorbereitung in den Krieg gestürzt, sah seinen Boden überfallen, seine Armee vernichtet, seine schöne Organisation zerstört, seine alte und mächtige Einheit in Gefahr gebracht, seine Finanzen zerrüttet, den größten Theil seiner Kinder der Arbeit entrissen, um auf dem Schlachtfelde zu sterben, die Ordnung durch ein plötzliches Erscheinen der Anarchie gestört und nach der erzwungenen Uebergabe von Paris den Krieg nur für einige Tage suspendirt und bereit, wieder zu beginnen, wenn nicht eine von Europa geachtete Regierung, mit Muth die Gewalt in die Hand nehmend und auf sich die Verantwortlichkeit schmerzhafter Unterhandlung ladend, schrecklichen Unglücksfällen ein Ziel setzen werde. Gibt es, kann es Angesichts einer solchen Sachlage zwei Politiken geben? Und gibt es im Gegentheil nicht eine einzige, gezwungene, nothwendige, dringliche Politik, darin bestehend, schnellmöglichst den Uebeln ein Ziel zu setzen, welche uns niederschmettern? Wird irgend Jemand behaupten können, daß man nicht so schnell und so vollständig, als nur möglich, der fremden Occupation vermittelst eines Friedens ein Ende machen muß, über den man noch unnöthiger Weise debattirt und der nur angenommen werden kann, wenn er ehrenhaft ist; — daß es nicht nöthig ist, unsere Landbevölkerungen vom Feinde zu befreien, der sie niedertritt und aussaugt; aus den fremden Gefängnissen unsere Soldaten, Offiziere und Generale zurückzuberufen; mit ihnen eine disciplinirte und tapfere Armee zu reconstituiren; die gestörte Ordnung wieder herzustellen; alsdann und sofort die Administratoren, die unwürdig sind oder ihre Entlassung gegeben haben, zu ersetzen, unsere aufgelösten General- und Gemeinderäthe durch die Wahl zu reformiren, so unsere desorganisirte Verwaltung wieder herzustellen; die uns zu Grunde richtenden Ausgaben einzustellen, wenn auch nicht unsere Finanzen, was nicht das Werk eines

Tages seyn kann, doch unseren Credit wieder zu erheben, was das einzige Mittel ist, bringlichen Bedürfnissen die Spitze zu bieten; nach dem Lande, in die Werkstätten unsere Mobilen und Mobilisirten zurückzusenden; die unterbrochenen Landstraßen wieder zu öffnen, so die überall unterbrochene Arbeit wieder in's Leben zu rufen, welche allein unseren Arbeitern und Bauern wieder ihre Thätigkeit verschaffen kann? Gibt es irgend Jemand, der uns sagen könnte, daß es irgend etwas Dringlicheres gebe, als alles dieses? Und würde es zum Beispiele Jemanden hier geben, der wagen würde, auf gelehrte Weise Artikel der Verfassung zu biscutiren, während unsere Gefangenen elendiglich in fernen Gegenden umkommen oder während unsere vor Hunger sterbenden Bevölkerungen genöthigt sind, den fremden Soldaten das letzte Stück Brod zu verabreichen, welches ihnen übrig bleibt? Nein! Nein! Meine Herren! Frieden machen, reorganisiren, den Credit erheben, die Arbeit beseelen — dies ist die einzig mögliche, in diesem Augenblicke allein begreifliche Politik. An dieser kann jeder vernünftige, ehrenhafte, erleuchtete Mann, wie er auch über die Republik oder die Monarchie denken mag, auf nützliche Weise arbeiten; und würde er daran nur ein Jahr, nur sechs Monate gearbeitet haben, so wird er in den Schooß des Vaterlandes mit hochgetragener Stirn und befriedigtem Gewissen zurückkehren können. Wenn wir unserem Lande die bringenden Dienste geleistet, die ich angeführt, wenn wir diesen edlen Verwundeten, den man Frankreich nennt, vom Boden, auf dem er hingestreckt liegt, aufgehoben haben, wenn wir seine Wunden geheilt, seine Kräfte neu belebt haben, so werden wir ihn auf seine eigenen Füße stellen und er, dann hergestellt und wieder im vollen Besitze seiner Freiheit des Geistes, wird sagen, wie er leben will. Wenn dieses Werk der Reparation beendet seyn wird — und es wird nicht lange währen können —, wird die Zeit zur Discussion, zur Abwägung der Regierungstheorien gekommen seyn, und dies wird nicht eine dem Wohle des Landes geraubte Zeit seyn."

Darin lag schon die Verheißung, daß Thiers in Verbindung mit Favre in Versailles einzig das Heil Frankreichs sich zur Richtschnur nehmen werde, ohne auf das Geschrei der Anhänger Gambettas ferner zu achten, denn man müsse Frieden haben. Grevy unterstützte ihn, indem er sagte: Mit dem Feinde Frieden schließen oder diesen furchtbaren Kampf fortsetzen — Frankreich eine Constitution zu geben, das sind die großen Aufgaben, welche der Nationalversammlung anheimfallen. Der Krieg! Diejenigen, welche ihn gesehen haben, wissen, was von ihm zu halten. Eure Repräsentanten werden besser als alle anderen die Wahrheit zu enthüllen vermögen, welche durch die Bulletins verdeckt wird. — Endlich setzte Thiers durch, daß man die Verfassungsfrage von der Friedensfrage trennen und über jene nicht eher berathen solle, als diese erledigt seyn würde. Zur Beruhigung eines großen Theils der Bevölkerung kündigte Thiers auch Neuwahlen der General- und Municipalräthe an. Während in Paris unterhandelt werden würde, sollten in Bordeaux keine Sitzungen gehalten werden.

Das offizielle Blatt von Bordeaux meldete schon am 21.: „Unverzüglich nach dem Votum der National-Versammlung, welches den Chef der Executivgewalt der französischen Republik ernennt, hat Herr Thiers von England, Oesterreich, Italien und Spanien die offizielle Anerkennung der neuen Regierung erhalten. Das spanische Cabinet hat Herrn Olozaga zum Botschafter bei der französischen Regierung ernannt." Doch erfuhr man nur von England, daß es sich in die Friedensverhandlungen einzumischen suche und sich zu Versailles bemüht habe, die deutschen Forderungen an Frankreich herabzustimmen.

Thiers, Favre und die Fünfzehner-Commission reisten unverzüglich nach Paris ab, von wo die beiden erstern sogleich nach Versailles gingen und mit dem Grafen Bismarck die Friedenspräliminarien feststellten. Die Verhandlungen waren sehr geheim. Erst nachher wurde bekannt, Thiers habe sich am längsten um Metz gewehrt, und sogar lieber seine Stelle niederlegen und die Verhandlungen abbrechen wollen, als auf Metz verzichten. Er habe sich erboten, das Großherzogthum Luxemburg zu kaufen und für Metz herzugeben, er habe sogar eine Milliarde Thaler mehr Kriegsentschädigung angeboten, wenn nur Metz bei Frankreich bliebe. Endlich habe er sich damit beruhigt, daß wenigstens Belfort an Frankreich zurückfallen solle. Man erfuhr, als Thiers gar zu tief in's Schwatzen hinein gerathen sey, habe Bismarck ihn unterbrochen und ihm gesagt, Belfort wolle er noch opfern, wenn aber Thiers den Krieg fortsetzen wolle, so solle er erfahren, was es hieße, „mit dem Feuer spielen".

Man wunderte sich, daß der deutsche Kaiser diese Zurückgabe von Belfort bewilligte; aber der einsichtsvolle Militär, der seine Gedanken über den Krieg in der Schlesischen Zeitung niederzulegen pflegte, schrieb damals, man solle Belfort nicht überschätzen. „Aller Voraussicht nach werden die französischen Gebiete an den Gränzen der Schweiz auch in einem künftigen Kriege immer nur ein sekundäres Operationsgebiet bilden, aus welchem Grunde schon die Bedeutung von Belfort mit derjenigen von Metz in keiner Weise in Vergleich gebracht werden darf. Ein Krieg zwischen Deutschland und Frankreich ist kaum denkbar, in welchem das an der Hauptoperationslinie belegene große verschanzte Lager von Metz nicht im strategischen Sinne eine Hauptrolle spielen würde; Belfort dagegen kann erst in Frage kommen, wenn neben oder nach Beendigung der Hauptaktion entweder von deutscher Seite ein Offensivstoß nach dem südlichen Frankreich, oder von französischer ein Einfall in's Elsaß beabsichtigt würde. In Bezug auf die letztere Eventualität bleibt dann immer noch zu beachten, daß Belfort schon seinen Dimensionen nach keiner von denjenigen festen Plätzen ist, welche bei einer Offensiv-Unternehmung gegen das obere Elsaß dem Feinde außerordentliche Vortheile zu gewähren vermöchten. Bleibt es nicht in französischer Hand, so würde eintretenden Falles Besançon dieselbe und wohl noch bessere Dienste zu leisten vermögen. Daß der Besitz von Belfort für eine unsererseits gegen das südliche Frankreich zu führende Offensive nicht unbedingt erforderlich ist, hat der gegenwärtige Krieg gezeigt." Schließlich wird noch bemerkt, daß gerade in jenem Vogesenwinkel der verbissenste Haß gegen die Deutschen vorherrsche, und wir mußten darauf gefaßt seyn, in diesem fernen, außer allem Verkehr mit Deutschland belegenen Gränzgebieten einer Renitenz zu begegnen, welche diejenige der Polen und Nordschleswiger noch überböte.

Die französischen Unterhändler in Versailles wollten auch den Einzug der deutschen Truppen in Paris nicht zugeben, weil die französische Eitelkeit dadurch zu sehr gekränkt werden würde. Welche Thorheit, dem Feinde seinen Sieg gönnen zu wollen, wenn er sich nur des Triumphs enthält! An sich ist der Triumph gleichgültig, wenn man nur den Sieg errungen hat. Aber man durfte den kindischen Parisern doch die Freude nicht machen, daß sie hinterdrein hätten prahlen können, die Deutschen hätten sich vor Paris gefürchtet und Paris sey eigentlich nie in ihre Gewalt gekommen. Zudem mischte sich die englische Presse in die Sache ein und erfrechte sich, den Deutschen den Einmarsch in Paris verbieten zu wollen. Diesen unberufenen Kläffern konnte man nun nicht nachgeben und der Einzug wurde beschlossen. Doch berücksichtigte man die Gefahr, womit die Tollköpfe in Paris die feierlich einziehenden deutschen Fürsten hätten bedrohen können, nachdem ihnen Rochefort das Losungswort régicide gegeben hatte. Es sollte also nur ein Theil der Truppen in einem bestimmten Theil der Stadt einziehen und der Kaiser nur zum Besuch hineinkommen. Die Kriegscontribution, die Frankreich auferlegt wurde, blieb 5 Milliarden Franken.

Auf dieser Grundlage kamen am 27. Februar die Friedenspräliminarien zu Stande. Der deutsche Kaiser meldete es seiner Gemahlin sogleich in einem Telegramm, desgleichen dem König von Bayern, dem er schrieb: Mit dankerfülltem Herzen gegen die Vor-

setzung zeige ich Ihnen an, daß gestern Nachmittag die Friedenspräliminarien hier unterzeichnet worden sind, auf Grund welcher der
Elsaß, aber ohne Belfort und Deutschlothringen mit Metz an
Deutschland abgetreten worden sind, 5 Milliarden Francs gezahlt
werden und Theile Frankreichs besetzt bleiben bis zur Abzahlung
dieser Summe. Paris wird theilweise besetzt. Wenn die Ratifikation in Bordeaux erfolgt, so stehen wir am Ende dieses glorreichen, aber auch blutigen Krieges, der uns mit einer Frivolität
ohne Gleichen aufgezwungen wurde, und an dem Ihre Truppen
einen so ehrenvollen Antheil nahmen. Möge Deutschlands Größe
sich nun im Frieden konsolidiren. Wilhelm. Der König antwortete:
Innigst bewegt von der erhebenden Friedenskunde, bringe ich Ihnen
meinen tiefempfundenen Dank für eine Nachricht, welche von mir
und von meinem treuen Volke auf's wärmste begrüßt wird. Deutschland ist nach schweren Kämpfen zu ungeahnter Größe emporgestiegen,
und mit Recht werden Mit- und Nachwelt Eure Majestät als den
glorreichen Gründer dieser neuen Aera preisen.

Die französischen Friedensunterhändler machten sich nach Abschluß der Präliminarien wieder auf den Weg und trugen schon am
28. in der Nationalversammlung zu Bordeaux das Ergebniß der
Versailler Unterhandlungen vor: „Es ist 4½ Uhr. Inmitten tiefen
Stillschweigens spricht Thiers: Wir übernahmen eine schmerzliche
Mission und machten alle möglichen Anstrengungen. Mit tiefem
Bedauern müssen wir Ihnen folgenden Gesetzentwurf unterbreiten,
wofür wir Dringlichkeit verlangen: 1. Artikel: Die Nationalversammlung, der Nothwendigkeit weichend und die Verantwortlichkeit
zurückweisend, nimmt die in Versailles am 26. Februar unterzeichneten Friedenspräliminarien an. (Hier verlassen Thiers die Kräfte
und er ist genöthigt, den Saal zu verlassen. Barthelemy St. Hilaire
setzt die Vorlesung fort.) 1) Frankreich verzichtet zu Gunsten
Deutschlands auf ⅕ von Lothringen, darunter Metz, Thionville;
ferner auf Elsaß, ausschließlich Belfort. 2) Frankreich zahlt 5 Mil-

liarden Francs, eine im Jahre 1871, den Rest in Frist von 3 Jahren. 3) Die Räumung des Landes beginnt unmittelbar nach Ratifikation des Vertrages, und zwar werden die deutschen Truppen zunächst das Innere von Paris und verschiedene Departements, darunter vorwiegend die westlichen, räumen. Die Räumung der übrigen Departements erfolgt allmälig nach Zahlung der ersten Milliarde und entsprechend nach Erlegung weiterer Milliarden. Die noch zu zahlenden Summen geben 5 Prozent Zinsen, vom Ratifikationstag an beginnend. 4) Die Deutschen unterlassen alle Requisitionen in den von ihnen besetzten Departements, jedoch werden dieselben auf Kosten Frankreichs unterhalten. 5) Der Bevölkerung der annektirten Gebiete wird eine Frist gewährt zur Entscheidung, welcher Nationalität sie angehören wollen. 6) Die Kriegsgefangenen werden unverweilt zurückgegeben. 7) Die Eröffnung der eigentlichen Friedensverhandlungen erfolgt in Brüssel nach der Ratifikation des Vertrages. 8) Die Verwaltung der okkupirten Departements wird französischen Beamten übergeben, jedoch stehen dieselben unter den Befehlen der deutschen Corpscommandeure. 9) Durch den gegenwärtigen Vertrag wird jedes Recht auf Häfen oder anderes nichtbesetztes Territorium ausgeschlossen. 10) Der Vertrag soll der Ratifikation der Nationalversammlung unterbreitet werden."

Die Zeit drängte, denn der Waffenstillstand, der bis zum 6. März verlängert worden war, sollte doch schon am 3. gekündigt werden, wenn bis dahin die Präliminarien in Bordeaux nicht angenommen wären. Die Regierung bat also, die Nationalversammlung möge sich mit ihrer Berathung und Entschließung möglichst beeilen. Die rabbiaten Schreier meinten zwar, es eile nicht und von Gebietsabtretung dürfe gar keine Rede seyn, denn das wäre eine Schande für die Nation. „Aber Thiers ergreift wieder das Wort, um nochmals bringliche Berathung zu befürworten; er spricht sich dahin aus, daß der Beschluß nicht die vollständige Verzichtleistung auf eine Berathung des Vertrages bedeuten würde.

Es sey nur höchst wichtig, die Diskussion nicht zu verschieben; wenn man gegenwärtig von Schande für irgend jemanden sprechen wolle, so könne sie nur diejenigen treffen, deren Abstimmungen jederzeit dazu beitrugen, den Untergang des Landes herbeizuführen. Thiers schließt mit einem ergreifenden leidenschaftlichen Appell an den Patriotismus der Versammlung." Diese folgte seinem Impulse und noch in der folgenden Nacht auf den 1. März sprach sie ihre Anerkennung der Friedenspräliminarien mit 546 gegen 107 Stimmen aus.

Die wilden Republikaner erhoben freilich ein großes Geschrei dagegen, aber es half ihnen nichts mehr. Keller protestirte im Namen der Elsäßer gegen die Abtretung ihrer Provinz an Deutschland und beschwor Gott, die Nachwelt, alle Völker und das Schwert aller herzhaften Männer, den schmachvollen Vertrag wieder zu zerreißen. Thiers aber rief ihm zu, er solle keine Phrasen machen, sondern der Wahrheit in's Gesicht sehen und die Wahrheit sey, man könne den Krieg unmöglich fortsetzen. Edgar Quinet ergriff das Wort und rühmte sich, er habe sein ganzes Leben dem Studium Deutschlands gewidmet, sein Urtheil müsse also besonders competent seyn. Und was sagte der gelehrte Narr? „Elsaß und Lothringen bilden einen integralen Bestandtheil Frankreichs. Wir haben nicht das Recht, zu unseren Landsleuten zu sagen: Ihr seyd heute Franzosen; morgen werdet Ihr seyn, was Ihr wollt, — Preußen, Deutsche, und dieses durch unser Votum; es ist absurd! Niemand hat das Recht, solche Worte auszusprechen; es ist das allgemeine Stimmrecht der Nation, welches die Nation selbst vernichtet. Auf was stützt sich Deutschland, um unsere französischen Provinzen zu nehmen? Elsaß und Lothringen sind keine Agressivstellungen gegen Deutschland, dies liegt auf der Hand, und der gegenwärtige Krieg hat es dargethan. Die Wahrheit ist Folgendes: Durch die Verträge von 1814 und 1815 haben die europäischen Mächte Frankreich alles das genommen, was sie ihm nehmen konnten, ohne es zu vernichten. Elsaß und Lothringen sind nicht allein zwei Provinzen, sondern auch zwei Bollwerke Frankreichs; nehmen Sie ihm dieselben weg, und Frankreich ist sofort mit Ruinen bedeckt. Der Feind rückt in die Ebenen der Marne ein; er ist Herr von Paris. Er will nicht allein unsere Absetzung, er will auch unsere Vernichtung. Wir müssen also den Friedensvertrag zurückweisen, weil er die Gegenwart und die Zukunft Frankreichs zugleich bedroht." (Das Mittel! Das Mittel! — rufen viele Stimmen. — Ihn zurückweisen! — antworten andere.) — Wenn Quinet irgend etwas von Deutschland verstand, mußte er auch wissen, daß Elsaß und Lothringen von einem deutschen Stamme bewohnt und alte deutsche Reichsländer sind, also zum nationalen Organismus Deutschlands gehören und nur auf unnatürliche Art und vorübergehend uns geraubt und an Frankreich angeklebt wurden.

Auch Viktor Hugo belirirte wieder: „Frankreich wird Lothringen und Elsaß wieder nehmen. Ist dies Alles? Nein! Es wird Trier, Mainz, Coblenz, Köln, das ganze linke Rheinufer wieder nehmen. (Neues Murren.) Es wird ausrufen: Deutschland! da bin ich! Sind wir Feinde? Nein! ich bin deine Schwester! Die Völker bilden nur Ein Volk, eine einzige Republik, vereinigt durch die Brüderlichkeit. Sehen wir die vereinigten Staaten von Europa, die universelle Freiheit, der universelle Friede! Und dann möge Frankreich zu Deutschland sagen: Wir sind Freunde. Ich werde niemals vergessen, daß du mich von meinem Kaiser befreit hast; ich werde dich von dem deinigen befreien."

Conti, früher Cabinetschef des Exkaisers, wagte einer Aeußerung des Abgeordneten Bamberger von der Mosel (Napoleon III. sey an allem Schuld und sein Name werde auf ewig am Schandpfahl der Geschichte angeheftet seyn) entgegenzutreten und daran zu erinnern, wie viele hier säßen, die dem Kaiser den Eid der Treue geschworen hätten. Aber allgemeines Geschrei unterbrückte seine

Stimme. Man verlangte, die Versammlung solle die Absetzung der ganzen napoleonischen Dynastie, wie sie schon von der Regierung der nationalen Vertheidigung ausgesprochen sey, bestätigen, wie auch sogleich geschah. Nur sechs Stimmen protestirten. Thiers donnerte die Anhänger Napoleons mit dem Vorwurf an, sie hätten den Fehler (das Verbrechen! riefen mehrere Stimmen) ihres Herrn getheilt und unterstützt und die Demüthigung, die sie jetzt erfahren müßten, sey ihre gerechte Strafe.

So tief hatte man den Fall der einst so bewunderten Dynastie kaum für möglich gehalten. Paris wimmelte damals von den abscheulichsten und unwürdigsten Karikaturen auf die kaiserliche Familie und im lateinischen Quartier übte damals im Café Beuglant die Hauptanziehungskraft ein Schauspieler aus, der in täuschender Maske Napoleon III. karikirte. Bekleidet mit der Uniform eines Generals sang er die gemeinsten Lieder auf den Kaiser, ahmte dessen Bewegungen und Geberden getreulich nach unter dem stürmischen Beifall und schallenden Gelächter der Zuhörer. Nach je zwei Versen des gemeinen Liedes, das von Zoten wimmelte, sprang der Sänger mit einem langen Schwerte zwischen den Beinen wie toll auf der Bühne herum, zur ungeheuren Belustigung seiner Zuhörer, die nicht müde wurden, „Badinguet! Badinguet! Vive l'Empereur! Encore! Encore!" zu brüllen. Badinguet war der Uebelname, den man der Familie in den Gassenhauern zu geben pflegte. Nur unter den Offizieren, die in Deutschland internirt waren, hatte der Exkaiser noch Anhang. Eine Anzahl von ihnen unterzeichnete damals eine Bittschrift an die Nationalversammlung, worin sie ein Plebiscit verlangten, in der Hoffnung, das neue Plebiscit würde wieder so gut kaiserlich ausfallen, wie die frühern. Die Bittschrift wurde nicht beachtet, vielmehr durch eine von 3000 gefangenen französischen Offizieren unterzeichnete Erklärung, die der Republik zustimmten, todtgeschlagen. Zum Ueberfluß wurde die abgesetzte Kaiserfamilie durch ihr verworfenstes Mitglied, den Prinzen Napoleon, noch mehr herabgewürdigt, indem derselbe in seinem Organ Opinion Nationale den Exkaiser einen „Imbecile" nennen ließ.

Napoleon III. scheint immer noch gehofft zu haben, wenn erst die zahlreichen Gefangenen, die einst seine Armee gebildet hatten, nach Frankreich zurückkehrten, würden sie für ihn wirken, erließ daher am 6. März einen Protest gegen die Absetzung seiner Dynastie. Er that es nicht im Namen dieser seiner Dynastie, sondern der Nation, indem er sagte: „Das französische öffentliche Recht für die Gründung jeder legitimen Regierung ist die Volksabstimmung. Außerhalb von diesem besteht nur Usurpation für die Einen, Unterdrückung für die Anderen. Auch bin ich bereit mich vor dem freien Ausdrucke des nationalen Willens zu beugen, aber nur vor diesem. In Gegenwart schmerzlicher Ereignisse, welche Allen Entsagung und Selbstverleugnung auferlegen, hätte ich gern Schweigen gewahrt, aber die Erklärung der Versammlung zwingt mich, im Namen der beleidigten Wahrheit und der verkannten Rechte der Nation zu protestiren." — Er konnte einen kleinen Trost darin finden, daß der Commandant der kleinen Festung Bitsch noch am 12. März sich weigerte, zu capituliren, obgleich es ihm von Thiers befohlen wurde. Er erklärte, daß er die Republik gar nicht anerkenne, sondern allein den Kaiser, der ihm die Festung anvertraut habe.

Thiers, dem nächst Favre das Zustandekommen des Friedens, ohne den Frankreich nur noch in tieferes Elend hineingerathen wäre, zu danken war, wurde von den Exaltirten doch nur mit Undank belohnt. Sie erblickten nämlich in ihm, obgleich er zunächst die Republik für die unvermeidliche Regierungsform hielt, doch nur ein Werkzeug der Orleans. Phat, der in der dritten Republik die schmutzige Rolle Marats spielte, derselbe, der eine Prämie auf die Ermordung des Königs von Preußen gesetzt hatte, schrieb in seinem Blatt, dem Rächer, folgendes von Thiers: „Denkt euch Bicêtre oder noch richtiger die Morgue! Denkt euch dieses Leichenhaus, bewacht von einem widerwärtigen alten Greis, der stets in Sorge ist, daß die Todten sich rühren. Dieser näselnde Nußknacker, dieser weinerliche Todtengräber, dieser lacrymale Fistulant, der zwischen zwei Grimassen einen Witz zum Lachen gibt, dieser Schluchzer, Seufzer, dieser Knirps, dieser Pavian mit grauem Haar, dieses Gräberheimchen hört nicht auf zu beten, schreien, winseln, Possen zu reißen. Hi! hi! Liebe Todten, bleibt still, wir können euch nicht vertheidigen. Man muß sich ergeben. Frankreich ergibt sich und stirbt nicht! Ich bin der nationale Historiker! Frankreich wird nicht untergehen! Kinder, haben wir nicht die Energie unserer Väter! Das einzige Mittel des Heils und der Revanche ist, für den Augenblick alles hinzugeben, Waffen, Forts, Provinzen, Milliarden, Metz, Straßburg! Wir behalten die Statue und die Marseillaise. Frankreich ist reich genug, um die Begräbnißkosten des Maire's von Straßburg in preußischer Erde zu zahlen! Schließen wir einen Pakt mit der Schande! Behalten wir keinen Zoll von Elsaß, keinen Stein von Lothringen! Nächst Paris liefern wir Frankreich aus. Dafür erhalten wir einen König. Für Herrn Thiers als Minister wird Frankreich groß genug seyn. Es lebe der König!"

Obgleich man klugerweise erst den Krieg beendigen wollte und deshalb die Verfassungsfrage hinausschob, waren die republikanischen und dynastischen Parteien doch schon außerordentlich rührig, denn jede wollte die Zukunft beherrschen. Zunächst hatten die Republikaner noch die Oberhand, aber nicht mehr die Gambetta und Rochefort, sondern die Favre, Grevy, denen sich auch Thiers unter Verleugnung seines bekannten Orleanismus anschloß. Wer auch monarchisch gesinnt war, für den hatte doch die Beibehaltung der republikanischen Form für die nächste Zeit den Werth, daß keine der dynastischen Parteien der andern zuvorkam. Daß die Republik Bestand haben würde, daran glaubten wohl die Wenigsten. Auch sprach die Erfahrung, die man mit der ersten und zweiten Republik gemacht hatte, gegen die Lebensfähigkeit der dritten. Einige exaltirte Republikaner verlangten, man solle durch ein Plebiscit beschließen:

1) die französische Nation, von den preußischen Streitkräften besiegt, aber nicht erobert, weigert sich, den Frieden mit den Barbaren, die in's Land eingefallen sind, zu unterzeichnen; 2) die französische Nation „ergibt" sich der in Washington residirenden Regierung der Vereinigten Staaten; 3) die Regierung der Vereinigten Staaten nimmt, im Falle sie acceptirt, sofort Besitz von dem französischen Territorium mit seinen Gränzen, wie sie 1870 waren; 4) Frankreich bildet einen integrirenden Theil der Republik der Vereinigten Staaten unter der Bezeichnung: Vereinigte Staaten von Europa, und wird durch die nämliche Verfassung und Gesetze regiert werden; 5) bis zur Besitzergreifung Frankreichs durch die Vereinigten Staaten wird Frankreich den Krieg bis zum Messer gegen die preußischen Streitkräfte fortsetzen.

Man glaubte, die Orleans hätten die meiste Aussicht, wieder auf den Thron zu gelangen. Von Joinville und Aumale hieß es, sie seyen nach Bordeaux gekommen, dann wieder, sie seyen nicht dahin gekommen. Sie liebäugelten, hieß es, mit ihrem Vetter Chambord und würden im Nothfall dessen Thronbesteigung unterstützen, nicht nur, weil er kinderlos war und sie nach ihm auf den Thron gelangen mußten, sondern auch weil sie dadurch mehr Sympathie bei den Priestern und beim katholischen Landvolk gewannen. Die Pall-Mall Gazette wollte aus Rom erfahren haben, am päpstlichen Hofe intriguirten die Freunde Chambords und die Bonapartisten, und gab folgende nicht ganz glaubwürdige Klatschereien zum Besten: „Auf der einen Seite hat die Erzherzogin Sophie mit ihrem Beichtvater, P. Beckx, dem Jesuitengeneral, gearbeitet, um dem Grafen Chambord Vorschub zu leisten; auf der andern Seite war Cardinal Bonaparte bestrebt, die Ansprüche des Exkaisers auf Wilhelmshöhe zu befürworten. Dem Papste wäre der eine dieser beiden so lieb wie der andere, wenn das französische Volk nur geneigt wäre, einen von beiden zu wählen. Da aber ohne fremde Hülfe die Aussichten beider sehr zweifelhaft sind, so gibt Se. Heiligkeit seinen ganzen Einfluß dem Grafen Chambord. Die Erzherzogin Sophie hat zu Gunsten des Bourbonen-Prätendenten an Kaiser Wilhelm sowohl wie an den Grafen Bismarck geschrieben, da sie mit beiden auf sehr freundschaftlichem Fuße steht, und sie war es auch, welche die Wünsche des Papstes ihnen zur Kenntniß gebracht hat. Die Antwort des Grafen Bismarck war an P. Beckx gerichtet und lautete kurz und bündig: ‚Lassen Sie den Grafen Chambord sofort in die Vendée gehen.' Dorthin hatte sich der Graf Chambord aber bereits gewendet, noch ehe ihm diese Weisung zuging, und er befindet sich gegenwärtig auf dem Platze und handelt unter dem Beirathe seiner Hauptstütze, des Generals Charette. Cardinal Bonaparte hat eine Mittheilung vom Papste erhalten des Inhaltes, seine Gegenwart im Vatikan sey nicht länger gewünscht."

Unter allen Bewerbern schienen die Umstände den Orleans am günstigsten zu seyn, besonders, wenn sie die Fusion mit der ältern Linie Bourbon zu Stande brächten und dadurch das Landvolk gewännen. Es war schon im Plan, alsdann die Verfassung von 1830 wieder einzuführen und die Armee unter den Oberbefehl Changarniers zu stellen. Einstweilen sollte ein Prinz von Orleans nur Präsident der Republik werden und gelind in die Monarchie zurückführen. Die Nordd. Allg. Zeitung war indeß nicht gut auf diesen Plan zu sprechen. Sie erinnerte an die Haltung der Orleans im Krieg, ihre Begünstigung des Widerstands „zum Aeußersten", des Franctireurwesens ꝛc., und schließt: „Daraus ergibt sich, daß die Präsidentschaft eines Orleanischen Prinzen an zwei gleich schlimmen Gebrechen leiden würde; sie würde einerseits die unmittelbare Gefahr des Wiederumsturzes der kaum aufgerichteten Staatsform in sich tragen, und andererseits würde sie eine Versöhnung zwischen Deutschland und Frankreich, wie solche doch aus dem Friedensschlusse allmälig hervorgehen sollte, fast unmöglich machen, da die Orleans sich als geschworene Feinde Deutschlands öffentlich bekannt haben."

Inzwischen wollte man wissen, die Fusion, die hauptsächlich der Herzog von Nemours und Bischof Dupanloup betrieb, habe keine Aussichten, da Chambord von der weißen Fahne nicht lassen wolle und die Orleans nicht von der dreifarbigen. Zudem hieß es, Aumale wolle Präsident der Republik werden und agitire gegen den Grafen von Paris. Die Times wollte von einem schlauen Vorschlag des alten Thiers wissen, wonach die Franzosen ihren Thron dem König der Belgier hätten anbieten sollen, um sich durch den Besitz von Belgien für den Verlust am Oberrhein zu entschädigen. Nach dem Journal von Bordeaux erlaubte Thiers den Prinzen von Joinville und Aumale nicht, nach Bordeaux zu kommen, weil das noch bestehende Gesetz es verbiete. Sie blieben in Libourne im Schlosse des Herzogs Decazes und fanden es sogar vortheilhaft, nicht in der Nationalversammlung erscheinen und mitstimmen zu müssen, weil sie dann gezwungen worden wären, sich mit Ja oder Nein über Elsaß und Lothringen offen auszusprechen; votirten sie mit Nein, so würden sie es mit der Kriegspartei verderben, mit der sie sich am Kriege auf's Aeußerste betheiligten; votirten sie mit Ja, so würden sie bei dem nächsten Kriege um „den geraubten heiligen Boden", den die Republikaner allgemein als nicht fern denken, eine schiefe Stellung einnehmen.

Ueber die Stellung der Parteien schrieb man aus Bordeaux: Es haben sich bis jetzt fünf Gruppen gebildet: 1) Die reinen Legitimisten, die eine Gemeinschaft von 215 Abgeordneten bilden. 2) Die Orleanisten, welche sich in verschiedenen Salons zusammenfinden, aber noch kein allgemeines Versammlungslokal haben. Unter ihnen treten drei Strömungen ziemlich scharf hervor: die reinen Orleanisten (Orléanistes purs) wollen sofort eine rührige Propaganda für die unverzügliche Thronbesteigung des Grafen von Paris beginnen; die gemäßigten Orleanisten sind der Ansicht, daß man nichts ertrotzen, sondern den Gang der Ereignisse abwarten müsse; die dritte Fraktion endlich, die schüchternen Orleanisten, welche aus jungen Leuten besteht, die noch in den früheren Kammern saßen, würde die Republik von Herzen unterstützen, wenn dieselbe nicht mit Leuten wie Felix Pyat, Rochefort und tutti quanti behaftet wäre. Die Orleanisten sind, Alles zusammengerechnet, etwa 280 Deputirte stark. 3) Die gemäßigten Republikaner zählen 120 Deputirte. 4) Die radicalen Republikaner, etwa 50, unter denen sich Felix Pyat, Floquet, Millière befinden, kurz, fast alle Pariser Deputirten, denen sich die Radicalen aus Algerien und aus einigen Departements angeschlossen haben. 5) Die Imperialisten, die höchstens 30 Köpfe stark sind, also kaum mitzählen. Schon diese rasche Uebersicht lehrt, daß die eigentlichen Orleanisten minder stark vertreten sind als die Legitimisten.

Man schloß hieraus, daß die klerikale Partei bereits eine ultramontane Coalition gegen das neue deutsche Kaiserthum in Aussicht genommen hatte. Damit stand auch die gleichzeitige Einsetzung eines ultramontanen und czechischen Ministeriums in Wien, der ultramontane Eifer in Belgien, der gleiche in Deutschland für ultramontane Reichstagswahlen und die Bildung einer ultramontanen Union in England, nebst reaktionären Umtrieben in Italien im Zusammenhang. In derselben Zeit ließen aber auch Rußland und Nordamerika ihre Stimmen vernehmen, um die ultramontane Coalition ein wenig zu warnen. Der deutsche Kaiser dankte dem russischen, daß er eine weitere Ausdehnung des Kriegs von 1870 (d. h. die Trippelallianz) verhindert habe, und Grant, der Präsident der Vereinigten Staaten, beglückwünschte Deutschlands Einheit, betonte den germanischen Charakter der Vereinigten Staaten und deutete an, die letztern hätten die französische Expedition nach Mexiko, mit welcher Napoleon III. der romanischen Race in der neuen Welt das Uebergewicht über die germanische habe geben wollen, mit eben soviel Ueberlegenheit zurückgewiesen, wie Kaiser Wilhelm den Angriff auf Deutschland.

Nach Reuter's Bureau sollte die Zahlung der Kriegskosten von

Seite Frankreichs in drei Raten erfolgen: eine Milliarde vor Ende 1871, zwei Milliarden vor Ende 1872, letzte zwei Milliarden vor Ende 1873 zahlbar. Zinse für 5 Milliarden bei letzter Einzahlung zahlbar werden vom Tage der [Ratification an bezeichnet. Von letzter Rate wird abgezogen ein Theil der französischen Staatsschuld, welcher auf das Elsaß und den abgetretenen Theil von Lothringen fällt. Diese Summe wird auf eine halbe Milliarde geschätzt. Ferner wird abgezogen der Werth der Ostbahn. Bei den Friedensverhandlungen ist es zwischen Thiers und Bismarck bezüglich des Handelsvertrags zu keinerlei Diskussion gekommen. Cremieux schlug vor, die ganze ungeheure Summe blos durch patriotische Subscriptionen zu decken, und wollte, für seine Person sogleich 100,000 Franken einzahlen.

Gambetta schien unthätig in seiner Vaterstadt Cahors zu verweilen, doch hieß es, er sey mit einer Anklage gegen General Trochu beschäftigt. Aus Bordeaux wurde am 23. Februar geschrieben: Kaum hatte Gambetta das Scepter niedergelegt, als die fabelhaftesten Enthüllungen über die Verwendung der Staatsgelder in Umlauf kamen. Der Finanzausschuß, dessen Präsident Casimir Perier ist, schickt sich an, die Rechnungen der Herren Le Cesne und Merton (Merton, nicht Morton), der großen Kriegslieferanten, zu untersuchen, desgleichen die Operationen Laurier's, der die Anleihe in London abschloß, die für die Republik so wenig vortheilhaft gilt, während sie ihm selbst, wie die böse Welt wenigstens behauptet, gar nicht schlecht bekommen seyn soll; man spricht blos von „einigen Millionen", die dabei als „Commission" verdient seyn sollen. Die Untersuchung ist abzuwarten; ich wollte nur daran erinnern, daß gerade diese Herren so entsetzlich viel Geschrei über die Mißbräuche unter dem Kaiserthum machen und den Ministern Napoleons III. die allerschlimmsten Dinge nachsagten. Buffet hat, wahrscheinlich um in kein Wespennest zu stechen, das Portefeuille der Finanzen abgelehnt. — Dagegen lautete ein anderer Bericht von demselben Tage, Laurier habe sich vor dem Finanzausschuß gestellt und gerechtfertigt. Man muß dahingestellt seyn lassen, wie ehrlich es in diesen Regionen zugegangen seyn mochte. — Die Schuhlieferanten für die Nordarmee, welche Sohlen mit grauem Pappdeckel und einem dünnen Stück Leder geliefert hatten, wurden in Lille am 12. Februar verhaftet und zu den anderen gesetzt, welche Schuhe mit Sohlen von bloßem gelben Pappdeckel geliefert hatten. Das „Echo du Nord" vermuthet, daß die Farben von dem Gesetze als gleich behandelt werden dürften. Aber mit welcher Fahrlässigkeit mußten Militärbehörden vorgehen, welche solche Schuhe annahmen und in solcher Jahreszeit an die armen Soldaten vertheilten! Der anrüchige General Ducrot wurde von deutscher Seite ganz ignorirt und durfte ungehindert von Paris nach Bordeaux reisen.

Die Nationalversammlung in Bordeaux entließ, sobald der Friede geschlossen war, die durch das Gesetz vom 10. September 1870 der Armee Einverleibten, die mobilisirten Nationalgarden, die nur auf Kriegsdauer Engagirten und die Altersklasse von 1863, was eine große Wohlthat für die armen Opfer des Krieges war, die Gambetta's Wahnsinn so unvorbereitet auf die Schlachtfelder getrieben hatte. Der Verfassungsstreit wurde vertagt, aus sehr vernünftigen Gründen, welche die Amtszeitung erörterte: „Frankreich errichtet die Republik, weil diese allein die Geister zu einigen vermag; es würde also ein Verbrechen seyn, sie durch Intriguen oder Gewaltakte anzugreifen, die den Erfolg einer Minderheit bezwecken, welche die Monarchie oder die Dictatur will, ein Verbrechen, Zwietracht zu säen, zur Unordnung anzustacheln und Unruhen hervorzurufen." Sehr vernünftig war auch der Vorschlag, die Versammlung so bald als möglich aus dem aufgeregten Süden hinweg, wenn nicht in das gleichfalls aufgeregte Paris, doch in die Nähe dieses Landescentrums zu verlegen. Man bemerkte, es befänden sich in der Nationalversammlung 7 Herzoge, 8 Vicomtes, 11 Barone, 21 Marquis, 31 Grafen und noch mehr Herrn „von", denen in der

unruhigen Stadt des Südens nicht wohl war. Indeß hatte sich
der Uebermuth der Rothen schon sehr gemäßigt. Gambetta hatte
allen Einfluß verloren und sich nach seiner Vaterstadt Cahors zurückgezogen. Viktor Hugo sah sich nicht mehr genug respektirt und
legte sein Mandat nieder. Man erfuhr, daß auch in Lyon die
rothe Fahne abgenommen worden sey, und in Marseille, Toulon ꝛc.
schien alles still geworden zu seyn. Die Nationalversammlung beschloß, sobald die deutschen Truppen das französische Gebiet, soweit
sie es nicht nach dem Friedensvertrage noch sollten besetzt halten,
verlassen haben würden, nach Fontainebleau überzusiedeln. Doch
bewog sie Thiers, Versailles vorzuziehen. Man bemerkte eine große
Abneigung der Mehrheit, nach Paris zu gehen, weil die Provinzen
immer von diesem Centrum aus tyrannisirt worden seyen und weil
der Pöbel in Paris die Versammlung zu terrorisiren suchen würde.

Inzwischen hatte die Versammlung selbst doch auch wilde
Elemente unter sich, wie die Bevölkerung von Paris. Wie es im
Sitzungssaal zu Bordeaux (dem großen Theater) herging, davon
erzählte die Times: „Es fehlte vollständig an Ordnung, Anstand,
Gehorsam und Pünktlichkeit. Zuweilen herrschte die vollständige
Anarchie. Selten begannen die Sitzungen zu festgesetzter Stunde.
Die Arrangements in dem Theatersaal konnten natürlich nur sehr
mangelhaft seyn, der Raum für die Abgeordneten war zu klein,
die einzelnen Sitze sehr schmal. Statt um 2 Uhr Nachmittags
pflegte der Präsident erst halb 3 Uhr auf seinem Sitz Platz zu
nehmen, erst dann fand sich die Mehrzahl der Abgeordneten ein
und vor 3 Uhr begann die Sitzung selten. Grevy ist ein Mann
von angenehmem und urbanem Wesen, aber es fehlt ihm an Autorität und wohl auch an Energie, um die turbulenten Elemente
der Versammlung im Zaum zu halten und seine eigene Würde zu
wahren. Einem Engländer mußten die Haare förmlich zu Berge
stehen, wenn er sah, wie manche Abgeordnete mit ihrem ‚Sprecher‘
umgingen. Was soll man z. B. dazu sagen, wenn einer der miß-

achtetsten Abgeordneten auf die Tribüne steigt und dem Präsidenten mit der herausfordernbsten und frechsten Miene in der Welt in's Gesicht sagt, er glaube nicht an seine Wahrhaftigkeit und wolle überhaupt nichts mit einem Manne zu thun haben, der der College eines Fälschers sey. Für den zehnten Theil der Unverschämtheiten, die Felix Pyat gegen den Präsidenten losließ, würde er in England sofort in parlamentarischen Gewahrsam gebracht seyn. Aber es geschah ihm nicht das Mindeste. Einer der größten Uebelstände war der Lärm, den man den Gallerien gestattete. Es waren der Zuschauer zu viel und niemand war da, der ihr überlautes Reden, ihr rohes Gelächter und ihre gelegentlich sehr gemeinen Aeußerungen verhinderte. Man hat darüber Klage geführt, daß den Damen zu viele Plätze überlassen würden, indeß waren sie noch die aufmerksamsten Zuhörer. Auf den ausschließlich für Männer bestimmten Tribünen konnte man oft den Redner vor dem Lärm der Zuschauer gar nicht verstehen. Da brüllt einer dem die Weisheit eines Abgeordneten nicht einleuchten will, ‚Einfaltspinsel‘ hinunter. Als Thiers über den Mangel an Organisation des Heeres klagte, bekam er von einem Schreier zu hören: ‚Du Lump, warum hast Du es nicht selbst organisirt!‘ Viktor Hugo hat zum Glück für die Nationalversammlung an seinem Entschluß, auszuscheiden, hartnäckig festgehalten. Da Garibaldi=Kastor nicht Abgeordneter seyn kann oder will, so will es auch Viktor Hugo=Pollux nicht. Die Versammlung ist damit um zwei Narren ärmer geworden, denen sie doch aus Achtung vor ihrem alten Ruhm die Narrheit nicht geradezu an den Kopf werfen konnte."

Sehr unwürdig war auch das Benehmen der Versammlung, als dieselbe nach Versailles verlegt wurde. Sämmtliche Abgeordnete hatten für sich und ihre Angehörigen Freikarten für die Eisenbahnen anzusprechen. „Nun stürmte Alles in die Bureaux, wo vier Sekretäre kaum ausreichten, um die Austheilung vorzunehmen. Die Volksvertreter stießen und pufften sich dabei nach Noten und zeigten dabei eine Habgier, die alle Denkbarkeit überstieg. Als Beispiel will ich nur bemerken, daß ein orleanistischer Herzog nicht weniger als acht Plätze für sich, seine Gemahlin, seine Kinder und Dienerschaft unentgeltlich beanspruchte. Fünf Plätze für den Deputirten waren die Durchschnittssumme, multipliciren Sie nun die 650 Deputirten, die etwa zugegen waren, so haben Sie 3350 Personen, die von Süd nach Nord, Ost und West im Lande auf Kosten der jungen Republik umher reisen und je nach der Parteifarbe Propaganda machen. So viel wie möglich auf Staatsunkosten leben, ist eine der hauptsächlichsten Liebhabereien des gebildeteren Franzosen."

Gambetta ging nicht mit nach Versailles, sondern zog sich damals sogar auf spanischen Boden nach San Sebastian zurück. — Garibaldi's Generalstabschef Bordone, ein verrufener, früher schon bestrafter Mensch, wurde in Avignon zur Untersuchung gezogen, weil er nach dem Frieden Munition und Gewehre in's Ausland geschafft hatte.

Nachdem Waffenruhe eingetreten war, kehrte der Großherzog von Mecklenburg nach Schwerin zurück. Sein herzlicher Abschied an die Truppen war vom 3. Februar datirt. Prinz Friedrich Karl blieb in der Mitte seiner Armee zu Tours, von wo aus er nach Bordeaux gerückt wäre, wenn die Nationalversammlung den Frieden nicht angenommen hätte. Der Kronprinz bereiste die geschichtlich interessanten Schlösser an der Loire und empfing nachher in Versailles von der deutschen Gesellschaft in Philadelphia einen prachtvollen Ehrensäbel. Die deutsche Gesellschaft war einig geworden, dieses Ehrengeschenk einem der verdienstvollen Generale bei der deutschen Armee zu übermitteln, und die Wahl, an der auch verschiedene elsässische und lothringische Ausgewanderte deutschen Stammes Theil nahmen, fiel einstimmig auf den Kronprinzen. Die Waffe ist in Silber gearbeitet mit goldenem Beschlag; am Griff ist, als Sinnbild des Kampfes zwischen Wahrheit und Lüge, das Emblem eines Schlangen zertretenden Panthers angebracht. — Das große Lazareth im Schloß zu Versailles wurde ausgeräumt und die letzten Verwundeten aus demselben in die deutsche Heimath gebracht. Man schrieb vom Kronprinzen: „Er geht durch die ganze Reihe der untereinander verbundenen Waggons, spricht mit jedem der in Hängebetten untergebrachten Verwundeten, erkundigt sich nach den Kämpfen, die sie bestanden haben, wünscht ihnen Heil zur Fahrt in die Heimath und baldiges Wiedersehen." Im Hauptquartier zu Versailles herrschte die heiterste Stimmung. Der König von Württemberg kam damals grade an, erfreute sich seiner tapfern Truppen, die vor Paris so schweren und siegreichen Kampf bestanden hatten, wurde vom Kaiser, dem Oheim seiner Gemahlin, auf's herzlichste empfangen und zum Inhaber desselben preußischen Regiments ernannt, dessen Inhaber einst sein Vater gewesen war.

In Paris herrschte unterdeß große Aufregung und Wuth. Ein Theil der Bevölkerung lebte immer noch im alten Wahne der Unüberwindlichkeit fort und suchte sich mit der Täuschung zu helfen, Paris sey nicht erobert, weil die Deutschen nicht einzuziehen wagten. Als dennoch der Einzug beschlossen wurde, geberdeten sie sich eine Weile wie toll und ihre Zeitungen überschäumten von Verwünschungen der Deutschen. Diesen jetzt noch Widerstand zu leisten, war unmöglich, aber schimpfen durften sie und damit trösteten sie sich denn auch, mehr auf weibische, denn auf eine männliche Art. In der Nacht vom 26. zum 27. Februar tobte der Pöbel auf dem Bastilleplatz und bewährte seinen Heldenmuth an vier wehrlosen Individuen, die man für verkleidete preußische Offiziere hielt, und an einem Polizeiagenten, der in die Seine geworfen wurde. Auch baute man einige Barrikaden und pflanzte sogar Kanonen und Mitrailleusen dahinter. Inzwischen sorgte die französische Regierung dafür, daß die Hitzköpfe den Platz räumten, sowohl sie, als auch General Vinoy erließen eine Proklamation, die zur Ruhe ermahnte und jeden Angriff auf die einrückenden Deutschen auf's Strengste untersagte, weil der Stadt daraus nur das größte Unglück erwachsen würde. Auch die Redaktionen von 43 Pariser Zeitungen ermahnten das Volk zur Resignation und die Truppen unter General Vinoy waren zuverlässig, sperrten die Straßen ab, aus denen Gefahr hätte drohen können, und trennten die Riesenstadt in zwei Theile, indem sie das linke Ufer der Seine ausschließlich den Franzosen vorbehielten, wie es den in Versailles getroffenen Verabredungen entsprach. In dem Stadttheil auf dem rechten Seineufer, in welchem die Deutschen einziehen sollten, leerten sich die Straßen und wurden Thüren und Läden geschlossen. So lange die Deutschen in der Stadt seyn würden, sollten auch das Theater und die Börse geschlossen seyn und keine Zeitung erscheinen.

Die Demonstrationen in Paris dauerten auch am 28. Februar fort. Eine Unmasse von Soldaten, darunter auch Tausende von Mobilen, die in Reih und Glied marschirten, betheiligten sich an denselben. Unter denen, welche sich an der Bastille einfanden, waren auch eine Anzahl Gassenbuben, die mehrere Kanonen mit sich schleppen. (Die Zahl der Kanonen, deren sich die Nationalgarde und die Gassenbuben bemächtigten, beträgt 121, davon 13 Mitrailleusen.) Zu ernstlichen Unruhen kam es jedoch nicht, auch zu keinen neuen Mordthaten. Nur wäre es fünf preußischen Offizieren, welche in Civil nach Paris gekommen waren, beinahe schlecht ergangen. Man erkannte sie, als sie gerade in der Bouillonanstalt Duval (auf dem Boulevard Sebastopol) frühstückten. Sie wurden festgenommen und nach der Rue du Temple geschleppt. Dort befreiten sie aber einige muthige Bürger und halfen ihnen, sich in Sicherheit zu bringen. „An Vorsichtsmaßregeln haben es die Behörden nicht fehlen lassen. Die Nationalgarde von Passy, wo die Preußen ebenfalls eingerückt sind, mußte sogar ihre Gewehre abliefern. Auf das Ganze einzuwirken, sind aber die Behörden zu schwach, und man kann jeden Augenblick in Paris einen Conflikt erwarten. Gegen die Preußen werden die Pariser aber wohl nichts unternehmen. Sie wissen recht gut, daß dies ihnen schlecht bekommen würde, und sie befolgen deshalb die betreffenden Befehle der Behörden, wenn sie auch zugleich fortwährend Drohungen gegen ihre Feinde ausstoßen. Unter denen, welche in den Straßen Demonstrationen machen, befinden sich auch viele Frauen. Dieselben sind übrigens von einem ganz besonderen Hasse gegen die Deutschen beseelt und viel wüthender als die Mitglieder des männlichen Geschlechtes. Zu vielen komischen Scenen kommt es natürlich alle Tage. So wählte ein Volkshaufen, der im Saale der Marseillaise zusammengekommen war, den ehemaligen Cavallerieoffizier Darras zum Obergeneral von Paris und gab ihm das Mandat, die Preußen aus Paris zu verjagen. Darras nahm die Sache auch au sérieux und begab sich zu Vinoy, um von ihm die Uebergabe des Obercommandos zu verlangen. Derselbe ließ ihn aber festnehmen und nach Vincennes abführen, ohne daß sich seine Mandatare weiter darum bekümmerten."

Die Pariser Presse übersprudelt von Koth und Feuer. „Einfach blödsinnig ist es, wenn ein übergeschnappter Nationalgardecapitän von Belleville an seine rothe Compagnie und alle übrigen eine Ansprache richtet, darin es heißt: ‚Also der deutsche Nebukadnezar will vor unseren Frauen und Töchtern paradiren. Werden wir solche Schmach dulden? Seit fünf Monaten hat Paris eine Gelegenheit erwartet, wo es die Tapferkeit seiner Söhne zeigen kann. So ergreife es denn diesen Moment, um muthig zu sterben und sich unter seinen Trümmern zu begraben.' Aus dem Kapitel der Lügen und Gemeinheiten einige Proben. Von deutschen Fürsten und Generalen werden die alleralbernsten und frechsten Dinge nacherzählt, z. B. wie ein General und zwei Prinzen einem Wirth, der ihnen ein lucullisches Mahl von 70 Couverts vorsetzte, zum Dank dafür höchst eigenhändig das Haus über dem Kopf ansteckten. Für den Empfang in Paris empfahl in einem vielgelesenen Blatt ein Einsender mit der Unterschrift: ‚Venus Kallipygos', daß zwar kein anständiger Franzose den Eindringlingen sein Angesicht zeigen solle, daß es aber sich sehr hübsch ausnehmen würde, wenn aus jedem

Fenster die Rückseite eines Pariser Individuums, durch die passende Medizin dazu vorbereitet, einen Gruß für die Vorbeiziehenden hinuntersende. Welche Rollen den Pariser Dirnen bei dieser Sorte Empfangsfeierlichkeiten zugedacht sind, kann man sich denken." Es ist ekelhaft und wäre nicht der Mühe werth, nacherzählt zu werden, allein es charakterisirt die Stadt, die sich rühmt, die civilisirteste der Welt zu seyn.

Alles ohnmächtige Wuth. Der Einzug erfolgte ohne Störung. Der Staatsanzeiger meldete: „Se. Majestät der Kaiser und König begaben sich am 1. März Morgens von Versailles aus über Sevres und Boulogne nach dem Hippodrôme de Longchamp, auf dem rechten Ufer der Seine und an der westlichen Lisière des Bois de Boulogne gelegen, wo die zum ersten Einmarsche in Paris bestimmten Truppentheile des deutschen Heeres aufgestellt waren. Es waren hierzu Abtheilungen aller Woffen von dem sechsten (Provinz Schlesien), eilften (Provinz Hessen-Nassau), königlich preußischen und der königlich bayerischen Armee bestimmt. Der Kronprinz empfing den Kaiser. Die Musik spielte: ‚Heil dir im Siegerkranz.‘ Der Enthusiasmus war ungeheuer. Es war nicht das ‚Vive l'Empereur‘ der französischen Truppen mit dem Schwenken von Säbeln und dem unordentlichen Marschiren. Das Hurrah der Deutschen war tief und dem Donner ähnlich, aber nicht ein Bajonet zitterte in den Reihen. Nachdem Se. Majestät der Kaiser und König über die vorbenannten Truppentheile in der Stärke von etwa 30,000 Mann Parade gehalten hatte, rückten dieselben nach dem Vorbeimarsche bei Sr. Majestät in die französische Hauptstadt ein. Der Weg des Einzuges, welcher letztere vom schönsten Wetter begünstigt und durch keinen Zwischenfall gestört wurde, führte quer durch das Bois de Boulogne am Quartier les Thernes vorbei, die Avenue de la grande Armée entlang bis an den Arc de Triomphe auf der Place de l'Etoile, von welcher aus die Avenue des Champs Elysées über den rond Point bis an die Place de la Concorde und das Schloß der

Tuilerien führt. Der für die Besetzung durch die deutschen Heeres-
theile vorbehaltene Raum ist südlich von der Seine begränzt vom
Point du Jour an bis zur Brücke de la Concorde, westlich von der
Stadtenceinte am Thor nach Sevres an bis zur Avenue des Thernes, der nächsten Avenue, die gleichlaufend und nördlich der großen
Avenue zur inneren Stadt zieht. Im Norden und Osten schließen
die Vorstadt St. Honoré und die Rue Royale den von den deutschen
Truppen besetzten Abschnitt der französischen Hauptstadt. Wenn
dieser letztere auch nur einen verhältnißmäßig geringen Theil von
Paris umfaßt, so ist es doch jedenfalls derjenige, welcher den Stolz
der Hauptstadt bildet, bis in das Herz derselben reicht und die
größten historischen Erinnerungen umschließt. Es ist die Sieges-
straße vom Triumphbogen zum Kaiserschloß, dieselbe, welche Kaiser
Napoleon I. zu gleichem Zwecke anlegen ließ, eine der schönsten
Straßen von Paris. Tuilerien und Triumphbogen, Palais des
Champs Elysées und Industrie-Palast, die großartigen Gebäude
am Concordienplatze, der Obelisk von Luxor auf demselben, die vornehme Rue Royale und die schöne Eglise Madeleine sind die Zier-
den dieses Stadttheiles, der vom Stern der Elyséischen Felder bis
zum Tuileriengarten zieht." Die Offiziere und ein Theil der
Soldaten bezogen Quartiere im Palais de l'Industrie, dem Circus
und dem Panorama; der Rest wurde in Privatgebäude untergebracht. Der Zutritt zu den besetzten Stadtvierteln war nicht untersagt worden, doch machten nur wenige Personen von der Freiheit
der Circulation Gebrauch.

Am 2. März kam die Zustimmung der Nationalversammlung
zu den Friedenspräliminarien in Versailles an und diese wurden
noch am gleichen Tage ratificirt. Der Kaiser telegraphirte an die
Kaiserin: „Soweit ist das große Werk vollendet, welches durch
siebenmonatliche siegreiche Kämpfe errungen wurde. Dank der
Tapferkeit, Hingebung und Ausdauer unseres unvergleichlichen Heeres
in allen seinen Theilen und seiner Opferfreudigkeit für das Vaterland.

Der Herr der Heerschaaren hat überall unsere Unternehmungen sichtlich gesegnet, daher hat er diesen ehrenvollen Frieden in seiner Gnade gelingen lassen. Ihm die Ehre, der Armee und dem Vaterland mit tieferregtem Herzen meinen Dank."

Ein Augenzeuge beschreibt den Einmarsch: Um halb 2 Uhr ritt eine Abtheilung von Dragonern durch den Arc de Triomphe, gefolgt von einem brillanten Stabe, an dessen Spitze sich der Herzog Ernst von Sachsen-Coburg befand. Bei ihm war der Prinz Adalbert von Preußen, der Prinz von Württemberg, und etwa 50 fürstliche Personen und Generäle, dann kam Bismarck geritten, diesmal in blanker Kürassier-Uniform und mit der Pickelhaube. Er rauchte eine Cigarre mit großer Seelenruhe und sah ganz aus wie ein Mann, der sein Spiel eben glücklich gewonnen hat. Als Graf Bismarck den Arc de Triomphe erreicht hatte, hielt er sein Pferd an und betrachtete das monumentale Bauwerk etwa 10 Minuten lang, dann wendete er sein Pferd und ritt nach Neuilly zurück. Es schien, als verzichte er auf den stolzen Akt, durch den Triumphbogen zu reiten, und in der Volksmasse gab es Viele, welche das geradezu bewunderungswürdig fanden. Ob der Graf wirklich diese Gedanken hegte, ist freilich eine andere Frage.

Eigenthümlich war der Contrast zwischen dieser glänzenden Anzahl fürstlicher Personen und Generäle und dem schlecht aussehenden Volkshaufen, welcher sie umgab. Dort schimmerte Alles von Gold, hier sah man zahllose zerlumpte Gestalten, dort Gesichter mit Anzeichen des besten Wohllebens, hier hungerbleiche und oft ungewaschene Gesichter. Bisweilen begannen die entfernteren Volkshaufen zu schreien und zu lärmen, es wurde auf hohlen Schlüsseln gepfiffen und Rufe wurden laut, wie: »Vive la Franco!« und »Vive la République!« Die Preußen nahmen indeß keine Notiz davon.

Nur die Bayern konnten einigemal ihren Zorn nicht zurückhalten und schlugen mit schrecklicher Faust „die frechen Strolche dutzendweise nieder." Dafür rächte sich der elende Pöbel an — den Frauen. Der Constitutionel erzählte: „Eine sehr wohlgekleidete und von einem jungen Mann begleitete Dame grüßte den Herzog von Coburg. Alsbald stürzte die Menge auf sie zu, brüllte sie an, stieß sie hin und her, und es gelang ihr nur mit Mühe, sich in einen Laden zu retten, aus dem sie von Bürgern und einem Linienkapitän nach dem Ministerium des Innern in Sicherheit gebracht wurde. Mehrere andere Frauen wurden auf der Erde geschleift und in jeder Weise mißhandelt. Es war ein herzzerreißendes Schauspiel, diese unglücklichen Weiber halbnackt mit in Fetzen gerissenen Kleidern, aufgelösten Haaren, von Schimpfwörtern und Brutalitäten überhäuft, angespieen, das Gesicht todtbleich, mit vor Schrecken verwilderten Blicken, von einer brüllenden, wilden Rotte verfolgt zu sehen. Solche scheußliche Behandlung ist mindestens 20 weiblichen Wesen zu Theil geworden, und unter ihnen war ganz sicher ein großer Theil anständiger Frauen. Auf dem Eintrachtsplatz sahen wir die Menge sich anstrengen, eine Frau von höchst würdigem Aussehen nach der Seine zu schleppen!"

Man rühmte die prächtige Haltung der deutschen Truppen gegenüber dem Gesindel von Paris. Sie sollten aber in der eroberten Stadt nicht wie die Truppen des Hannibal in Capua schwelgen, sondern mußten die strengste Mannszucht üben, zur Schonung und zugleich zur Beschämung der Besiegten. Sie hielten nur einen Theil der Stadt drei Tage lang besetzt und wurden auch nur zum Theil in die Häuser einquartiert. Thüren und Läden blieben geschlossen.

Am 2. März war schon mehr Ruhe eingetreten, die einquartierten deutschen Soldaten saßen gruppenweise vor den Häusern, plauderten mit einander, schmauchten ihr Pfeifchen und waren bereit, sich mit jedem Franzosen und jeder Französin in ein Gespräch einzulassen. Deutsche Landwehrmänner nahmen hübsche französische Kinder auf den Arm und liebkosten sie. Bald wurden sie zum Mittelpunkt lebhafter Volkshaufen, und wo immer man 40 bis

50 Personen zusammengedrängt stehen sah, konnte man gewiß seyn, daß Hans oder Fritz das Centrum bildeten. Am 3. März marschirten die Deutschen wieder aus der Stadt hinaus. Das ganze deutsche Corps zog bei seinem Abmarsch durch den Triumphbogen der Champs Elysées. General Kamecke hatte sich dort mit seinem Stabe aufgestellt. Jedesmal, wenn eine Compagnie vor dem Triumphbogen ankam, stieß sie drei Hurrahs aus. Gamins, die auch hier wieder spektakelten, wurden auseinander gejagt. Dagegen ließ nun das Gesindel seine Wuth an zwei Wirthen aus, welche ihre Schenkstuben den Deutschen geöffnet hatten, und demolirten ihre Häuser, mit ganz besonderer Wuth wurden die französischen Linientruppen beschimpft, mit denen General Vinoy den Pöbel von größern Excessen abgehalten hatte. Man beschimpfte sie, wagte aber doch nicht sie anzugreifen; das dumme Volk machte sich auf diese Weise die Soldaten zu Feinden, wodurch es nur die Partei der Ordnung stärkte. Vinoy, der sich um die Ordnung sehr bemüht hatte, ließ noch 40,000 Soldaten nach Paris berufen und General Aurelles wurde zum Chef der Nationalgarde ernannt. — In der Umgegend von Paris wurde ein Pfarrer Miroy kriegsrechtlich erschossen, weil er Franctireurs Gewehre ausgetheilt hatte. Noch am 1. März überfielen Franctireurs 30 Mann Landwehr, die einen Geldtransport bringen sollten, bei Montmirail im Walde, tödteten den Lieutenant v. Ketzlitz und raubten 300,000 Franken.

Der deutsche Kaiser, wie auch der Kronprinz machten am 2. März nur einen kurzen Besuch bei ihren Truppen in Paris. Am 3. hielt der Kaiser auf Longchamps eine große Parade über das Gardecorps, dankte demselben für seine beispiellose Tapferkeit und Ausdauer, gedachte der Todten als der treuen Opfer für eine große und heilige Sache, hob das welthistorische Moment des Krieges und Sieges hervor und nahm bis zum Wiedersehen im Vaterlande von seinen Helden einen tiefgerührten und rührenden Abschied. Am 6. hielt er Parade auf dem Schlachtfeld des 2. Dezember vor

Die Friedenspräliminarien. 295

Paris, über das erste bayerische Armeecorps und über die sächsischen und württembergischen Truppen, die hier so ruhmvoll gekämpft hatten, sagte ihnen den wärmsten Dank und drückte zum Abschied den Generalen v. d. Tann und v. Obernitz die Hand. Versailles verließ er am 7. März und wollte noch in Amiens von den Truppen der Nordarmee Abschied nehmen, wurde aber durch ein Unwohlseyn in Ferrières zurückgehalten und reiste direkt, begleitet vom Prinzen Karl und Grafen Moltke, nach Deutschland zurück. Der Kronprinz nahm statt seiner von den deutschen Truppen im Norden Frankreichs Abschied. Als derselbe nach Rouen kam, hingen die Einwohner schwarze Fahnen aus, wofür sie 10,000 Mann Einquartierung bekamen. Billets wurden dabei erspart, denn die Soldaten quartierten sich nur in den Häusern mit schwarzen Fahnen ein. In Amiens hielt der Kronprinz zum Abschied von den Truppen eine große Parade, dankte ihnen und ihrem tapfern General Göben und reiste sofort seinem kaiserlichen Vater nach, mit welchem er am 17. in Berlin eintraf.

In einem Armeebefehl von Nancy vom 15. März, nahm Kaiser Wilhelm den letzten Abschied von seinem glorreichen Heer: „Ich sage Euch Lebewohl, und Ich danke Euch nochmals mit warmem und gehobenem Herzen für Alles, was Ihr in diesem Kriege durch Tapferkeit und Ausbauer geleistet habt. Ihr kehrt mit dem stolzen Bewußtseyn in die Heimath zurück, daß Ihr einen der größten Kriege siegreich geschlagen habt, den die Weltgeschichte je gesehen, — daß das theure Vaterland vor jedem Betreten durch den Feind geschützt worden ist und daß dem deutschen Reiche jetzt Länder wieder erobert worden sind, die es vor langer Zeit verloren hat. Möge die Armee des nunmehr geeinten Deutschlands dessen stets eingedenk seyn, daß sie sich nur bei stetem Streben nach Vervollkommnung auf ihrer hohen Stufe erhalten kann, dann können wir der Zukunft getrost entgegensehen."

Bismarck hatte Paris schon gleich nach dem Einzug verlassen

und traf am 9. wohlbehalten in Berlin ein. Unterwegs soll er in Frankfurt a. M. auf dem Bahnhof einem ihn begrüßenden ältern Herrn gesagt haben: „So lange wir leben, bekommen wir keinen Krieg mehr." Auch ihn empfing überall Jubel. Der Kronprinz und Roon folgten etwas später nach. Die Forts auf der Nordseite von Paris sollten von den Deutschen unter dem Oberbefehl des Kronprinzen von Sachsen besetzt bleiben, bis die erste Rate der französischen Kriegscontribution gezahlt seyn würde. Die verheiratheten Männer der Landwehr wurden am frühesten in die Heimath entlassen. Da die Eisenbahnen den Transport des eroberten Kriegsmaterials und der schweren Belagerungsgeschütze besorgen mußten und überfüllt waren, mußten viele deutsche Truppen, die jetzt auf dem französischen Boden nicht mehr nöthig waren, den Heimmarsch zu Fuß antreten. Sämmtliche deutsche Gefangene wurden sogleich ausgeliefert. Die französischen brauchten ihrer großen Zahl wegen mehr Zeit. Doch wurde Offizieren und Gemeinen sogleich die freie Heimkehr gestattet, wenn sie auf eigene Kosten reisen konnten. Sämmtliche von gekaperten Schiffen zurückgehaltene deutsche Seekapitäne wurden gegen die Geißeln ausgeliefert, die man für sie aus Frankreich entführt hatte.

In der Festung Longwy hatten sich die deutschen Offiziere zur Friedensfeier Musikanten aus dem nahen Luxemburg bestellt. Diese wurden aber, als sie auf dem Bahnhof in Longwy ankamen, vom wüthenden Pöbel angefallen, ihre Instrumente zerschlagen, sie selber verjagt.

Am 7. März begann der Rückmarsch des Prinzen Friedrich Karl und seiner Armee von Tours. Sie zog sich hinter die Seine zurück, wie die französischen Truppen hinter die Loire. Friedrich Karl nahm sein Hauptquartier in Fontainebleau.

Neuntes Buch.

Die rothe Republik in Paris.

Mit der anständigen Regierung des Herrn Thiers und Favre und der Nationalversammlung in Bordeaux, die nach Versailles übersiedelte, hatte man Frieden geschlossen, aber der Pöbel von Paris war nicht damit zufrieden und fühlte sich in seiner Ueberzahl stark genug, sich gegen jene honette Regierung aufzulehnen und um so mehr an ihr sein Müthchen zu kühlen, als er es nicht wagte, die Deutschen, die noch im Besitze der nahen Forts waren, anzugreifen. Er nahm die Miene an, als könne er die blaue Republik ungenirt durch die rothe stürzen, ohne daß es die Deutschen berühre, wenn er nur die einmal abgeschlossenen Friedenspräliminarien anerkenne.

Am 7. März wurden, den Friedenspräliminarien gemäß, bereits die Forts von Paris auf dem linken Seineufer von den Deutschen geräumt. In dem Maaß aber, in welchem die Furcht vor der Anwesenheit der Deutschen schwand, nahm auch der Trotz der Rothen zu. Dieselben hatten, hauptsächlich die Nationalgarden in dem Stadttheil von Belleville, ein geheimes Revolutionscomité gebildet, sich einer Menge von Kanonen und Mitrailleusen, die man arglistig bei der Capitulation verheimlicht und versteckt hatte, bemächtigt, mit denselben den Mont Martre besetzt und die Geschütze gegen die vornehmern Stadttheile gerichtet. Auch in den Straßen hatten sie Barrikaden und Batterien aufgeworfen und an dem fanatischen Colonel Razoua einen Befehlshaber mit einem förmlichen Generalstab gefunden. Man erwartete jeden Tag, daß sie losbrechen und die Universalrepublik verkündigen würden. Die Regierung war in nicht geringer Verlegenheit, da General Vinoy nicht genug Truppen um sich hatte und man um jeden Preis Blutvergießen vermeiden wollte. Man entschloß sich daher zu der allerdings nicht sehr ehrenvollen Ausflucht, den Nationalgarden der Vorstädte die tägliche Unterstützung, die man ihnen bereits entzogen hatte, auf's neue auszuzahlen, um sie zu beschwichtigen. Zugleich aber warnte das Siècle die Rothen, ja keinen Tumult zu erheben, denn die Deutschen sehen noch keineswegs fort und würden Paris augenblicklich wieder besetzen, wenn in dieser Stadt ein Bürgerkrieg und Straßenkampf ausbräche. Sie hätten auch das Recht dazu, denn Paris sey ihnen ein Unterpfand der im Friedensvertrage stipulirten Kriegsentschädigung. Wenn die Rothen Paris plündern und seinen Reichthum zerstören wollten, so würden die Deutschen, die denselben geschont hätten, mit vollem Recht einschreiten. Die Rothen ließen es zunächst nun bei bloßem Drohen bewenden.

Auf der Juliussäule wehte fortwährend die rothe Fahne. Ein Marinesoldat, der sie abnehmen wollte, um die Tricolore aufzupflanzen, wurde vom Volk mißhandelt. General Aurelles war schon angekommen, wagte aber noch nicht, gegen die Barrikaden der Rothen und den Mont Martre einzuschreiten, so lange die Truppen, welche General Chanzy senden sollte, noch nicht angekommen waren, um Vinoy's schwache Truppenzahl zu unterstützen. Die Tollheit der Pariser richtete sich wieder gegen alle Deutschen. Man schrieb in diesen Tagen aus Paris: „Die Route d'Allemagne in Belleville ist von der dortigen Bevölkerung in Route de la Revanche umgetauft worden. Die Rue de Berlin wurde vor einigen Tagen schon in Rue Richard Wallace umgeändert. — Nun, nachdem der Krieg zu Ende ist, fängt die Pariser Presse an, die Bevölkerung zu beschwören, alle gesellschaftlichen und commerciellen Beziehungen mit den Deutschen aufzugeben, denselben jede Beschäftigung, jede Stelle, jede Arbeit in Frankreich unmöglich zu machen. Besonders heftig schreiben in dieser Hinsicht l'Opinion Nationale, le Siècle, la France, le Gaulois, Paris-Journal. Letzteres Blatt hat die Initiative zur Gründung einer antipreußischen Ligue ergriffen, welche bereits zahlreiche Beitrittserklärungen von Seiten der Pariser Fabrikanten und Kaufleute aufzuweisen hat. Auch auf der Börse hat sich eine Ligue von Banquiers gebildet, deren Anhänger sich verpflichten, keine Aufträge für deutsche Rechnung auszuführen und kein deutsches Papier anzunehmen. Eine seit gestern an den Börsenmauern veröffentlichte Kundmachung ersucht alle Elsässer, Lothringer und Oesterreicher, die wegen ihres deutschen Accents leicht für Deutsche gehalten werden könnten, immer ihre Papiere bei sich zu tragen, um im Nothfalle ihre Nationalität constatiren zu können. Mehrere preußische Angestellte sind bereits hier angekommen mit der Absicht, ihren Posten wieder anzutreten. Ihre Enttäuschung war groß — sie wurden zur Thür hinausgeworfen. Und so wird es, wenigstens für die nächste Zeit, fast allen Preußen in Paris ergehen. Die Erbitterung der Bevölkerung gegen sie ist groß. Vor dem Kriege waren hier 70 bis 80,000 Deutsche in Bank-, Waarenhäusern und Fabriken angestellt, wo sie die ersten Posten bekleideten. Fast alle diese Stellen sind vacant, und man beabsichtigt, dieselben nun den Franzosen, und — wenn die Kenntniß der deutschen Sprache nothwendig ist — den Elsässern und Oesterreichern zu geben. Ein Preuße, welcher das Café de l'Etoile du Nord auf dem Boulevard Denain gegenüber der Omnibusstation hielt und seit Anfang des Krieges verschwunden war, kam gestern nach Paris zurück und öffnete sein Café wieder. Aber er hatte die Vorsicht, die amerikanische Flagge über die Eingangsthür zu stecken. Von Mobilen erkannt, wurde er sofort nach dem Polizeicommissariat geführt. Dort behauptete er, amerikanischer Unterthan zu seyn und in Amerika lange Jahre gelebt zu haben. Während dieser Zeit stieß die aufgeregte Menschenmenge, die vor dem Café versammelt war, die Thüren ein, zerbrach die Spiegel, verschüttete die Bierfässer und zog sich endlich zurück, folgende Worte mit Kreide an die Thür schreibend: ‚Prussien, qui a osé revenir après la conclusion de la paix!' Abends mußte das Café von Nationalgarden bewacht werden, um es vor einer weiteren Zerstörung zu schützen."

Dagegen wagte es die Pariser „Presse", die bisher immer äußerst chauvinistisch gewesen war, die Wahrheit zu sagen: „Wir können nicht verdächtig seyn, wenn heute der Augenschein uns einen Schrei des Staunens und der Bewunderung entreißt. Unsere Feinde, wie sehr wir sie auch hassen und wie tief auch der Abgrund ist, in den sie uns gestürzt haben, nöthigen uns, ihre wunderbare Ausdauer und die unglaubliche Beharrlichkeit zu bewundern, mit welcher sie unter ihren Soldaten die strenge Disciplin und die Gewöhnung an regelmäßige Arbeit erhalten, welche ihre wirkliche und hauptsächlichste Uebermacht bilden. Es ist in der That zum Staunen und überwältigend zu sehen, und alle, welche Paris verlassen und wieder hereinkommen können, geben das glänzendste Zeugniß dafür: welche Armee und welche Soldaten! Der Sieg, unerhört in seiner Beständigkeit und Ausdehnung, welchen sie erfochten haben, hat sie weder berauscht noch verweichlicht. Herren von Paris, von unsern Forts und unsern Waffen, Besieger eines Drittheils von Frankreich, unsere Armee in Gefangenschaft haltend und im Stande, unserem unglücklichen Vaterlande den Frieden zu diktiren, sind die Preußen nicht eine Minute lang von ihren strammen Gewohnheiten abgewichen. Alle Tage exerciren sie, manövriren sie, unterrichten und vervollkommnen sie sich. Parade, Märsche, Revueen, Scheibenschießen, alles Detail des militärischen Lebens geht bei ihnen fort, als ob nichts geschehen und als ob der Feldzug nicht unterbrochen wäre. Sie haben unsere Gewehre geputzt, eingepackt, zugenagelt und regelrecht etiquettirt und die Kisten sind schon unterwegs nach Deutschland. Sie haben unsere Kanonen probirt, wie man sie ihnen auslieferte; sie versuchen unsere Laffetten und Fahrzeuge alle Tage, und dieses ganze ungeheure Kriegsmaterial steht bereit, um nach jenseits des Rheins abgeführt zu werden, wie unsere Armee, wie unsere Schätze, wie Alles! Und immer, inmitten dieser unaufhörlichen und beiläufigen Beschäftigungen, geht der regelmäßige Dienst fort; die Posten lösen sich ab, die ermüdeten Regimenter werden durch frische Regimenter ersetzt; Vorposten, Reserve, Feldwachen und Hauptwachen, Alles arbeitet mit unerschütterlicher und mathematischer Regelmäßigkeit und diese siegreiche Armee weiß noch von keinem Ruhetage. Aus Deutschland kommen Rekruten ohne Unterbrechung, ersetzen die ermüdeten Truppen, und die Erziehung dieser neuen Ankömmlinge wird sofort pünktlich und rasch vorgenommen. Drei Mal am Tage Appel, Morgens und Nachmittags Manöver, jeden Tag Exerciren im Feuer, und immer herrscht die schreckliche Disciplin und nicht die leichteste Uebertretung wird geduldet. Die eiserne Hand der preußischen Militärautorität ist immer da, bricht die Leute, zerdrückt den Eigenwillen und straft ohne Gnade die geringsten Fehler. Geht über unsere Mauern hinaus und sehet selbst zu, ob dies übertrieben ist! Ihr werdet zurückkehren erschreckt und verwundert über diese Arbeit ohne Ruhepause und diese unermüdliche Thätigkeit. Sollte der Krieg wieder anfangen, so wird die preußische Armee in zwei Stunden bereit seyn, wieder in's Feld zu rücken und uns nochmals niederzuschmettern. Was wir hier sagen, haben wir selbst gesehen, und wir kehren von diesem unerwarteten Schauspiele hoch erstaunt zurück. Welches Beispiel und welche Lehre geben uns unsere Feinde!"

Da die Jagd auf die Deutschen in Paris fortdauerte und zurückgekommene Deutsche, die früher in Paris ansässig gewesen und ihr Eigenthum hier zurückgelassen hatten, trotz des Friedensschlusses mißhandelt und abermals vertrieben wurden, soll eine Note Bismarcks an Favre diesen ernstlich gewarnt und, falls man sich in Paris fernerhin an den Deutschen vergreife, mit neuen Kriegssteuern in den noch von den Deutschen besetzten Provinzen gedroht haben. Man ging so weit, jeden Verkehr mit Deutschen für immer abbrechen zu wollen. Man las an Läden in Paris die Inschrift: Hier darf kein Deutscher eintreten, auch nicht als Kunde. Der Kölner Jude Offenbach, in dessen witzigen Opern sich die ganze Corruption von Paris abspiegelt und der eben deshalb bisher von den Parisern vergöttert worden war, wurde jetzt proscribirt und keine seiner Opern durfte mehr aufgeführt werden. Sogar vom Institut wurde gesagt, es wolle seine deutschen Mitglieder ausstoßen und mit deutschen Gelehrten keinerlei Verkehr mehr haben. Kein deutsches Buch sollte mehr in Frankreich verkauft werden dürfen. Man verfuhr systematisch. „Abgesehen von dem Aufrufe der antipreußischen Liga, welche die französische Jugend im Hasse gegen Deutschland großziehen und das deutsche Element von den Banken und größeren Geschäften fern halten will, bilden sich Zweigvereine — Comités patriotiques nennen sie sich —, die sich zu Folgendem verpflichten: 1) keinen deutschen Arbeiter oder Commis anzustellen; 2) keinen deutschen Diener und keine deutsche Magd in's Haus zu nehmen; 3) von keinem deutschen Händler Waaren für den Hausbrauch zu kaufen; 4) sich überhaupt des Verbrauches deutscher Erzeugnisse zu enthalten und gegen deren Einfuhr und Verbrauch aus allen Kräften zu wirken." Es war hauptsächlich darauf abgesehen, deutsche Concurrenten auszuschließen. Auch von der Börse, weshalb Daily News am 12. März schrieb, auch Rothschild und Fould hätten sich der antideutschen Liga angeschlossen.

Die Truppen von Chanzy's Armee kamen an und am 11. März konnte Vinoy 40,000 Mann mustern. An demselben Tage suspendirte Vinoy kraft der durch den Belagerungszustand ihm übertragenen Rechte folgende sechs Journale: Mot d'Ordre, Cri du peuple, Carricature, Pere Duchesne, Vengeur, Bouche du fer. Gleichzeitig

untersagte er das Erscheinen neuer politischer Zeitungen bis zur
Aufhebung des Belagerungszustandes. In den im heutigen Journal offiziel enthaltenen Motiven heißt es: Eine freie Regierung ist
nicht möglich, wenn die Journale straflos Aufruhr und Ungehor=
sam gegen die Gesetze predigen. Die Ordnung kann nicht hergestellt, die Arbeit nicht wieder aufgenommen werden, wenn die Journale, welche zum Aufstande aufreizen, geduldet werden. Nichtsdestoweniger schrieb man dem Daily Telegraph aus Paris, auf dem
Mont Martre seyen noch 250 Kanonen, 70 Mitrailleusen, zwei
Wagen mit Artilleriemunition, darunter Bomben, und eine große
Menge Munition für Handfeuerwaffen aufgestellt. Mont Martre
hat 22 Bataillone Nationalgarden, von denen 8 unter Befehl des
„Comité Central de Résistance" stehen, während die übrigen, welche
den Petersplatz besetzt haben, für reaktionär gehalten werden. Jeder
Tag hat der Zahl der Geschütze einen Zuwachs gebracht; dieselben
werden von Männern, Weibern und Kindern bergauf geschleppt.
Indessen wurde unterhandelt. Ein Theil der Nationalgarden war
bereit, die Kanonen abzuliefern, wenn ihnen der Tagelohn von
1½ Franken gesichert bliebe. Das soll besonders ihren Weibern
zugesagt haben, die sie also friedlich zu stimmen suchten. Thiers
selber, da ihm alles daran lag, Blutvergießen zu verhüten, verfehlte nicht, den Rothen zur Beruhigung zu sagen, die gegenwärtige
Nationalversammlung, die so viele ihnen mißliebige conservative
Elemente enthalte, habe nur über Krieg und Frieden zu entscheiden
gehabt und damit gehe ihre Mission zu Ende. Ueber die künftige
Verfassung Frankreichs könne nur eine neuzuwählende Versammlung
entscheiden.

Gleichwohl hielten die Rothen den Mont Martre immer noch
fest und am 12. März fand man sogar große rothe Maueranschläge
in den Straßen, worin die neu ankommenden Truppen zum Anschluß an die neue Republik aufgefordert wurden. Der böse Geist
verrieth sich auch in dem Eisenbahnunglück von Puteaux. Hier

verunglückte ein Eisenbahnzug mit kranken und verwundeten Deutschen, von denen fünfzig theils getödtet, theils geschädigt wurden, und man vermuthete mit Grund, französische Bosheit habe das Unglück herbeigeführt.

Um die Gemüther noch mehr aufzureizen, verbreitete man damals ein „Todesurtheil" aus der Zeitschrift Le télégraphe in Brest. Dasselbe lautete: „Die in Lyon vereinigten Abgeordneten der Freimaurerlogen und Internationalen haben beschlossen: Wilhelm und seine beiden Gefährten Bismarck und Moltke, die Geißeln der Menschheit, sind außer Gesetz erklärt, für jedes der drei verurtheilten wilden Thiere wird von den sieben Großlogen dem, der sie tödtet, oder seinen Erben eine Million Franken ausgezahlt. Allen unsern Brüdern in Deutschland und auf dem ganzen Erdenrunde ist die Vollstreckung aufgetragen."

Die ganze Umgegend von Paris war, wie oben schon erzählt ist, ehe noch die Deutschen kamen, von den wohlhabenden Einwohnern verlassen und nachher vom Pariser Pöbel systematisch ausgeplündert worden. Jetzt logen die Pariser Blätter, alle diese Zerstörungen und Plünderungen rührten von den Deutschen her, die damit ihre Barbarei beurkundet hätten. Die antipreußische Liga machte in Paris von Tag zu Tag größere Fortschritte. Trieb dazu nicht wirklicher Haß oder das Interesse, sich deutsche Concurrenten vom Halse zu schaffen, so doch die Angst vor dem Pöbel. Man verfertigte lange Listen von allen den Deutschen, die noch in Paris lebten oder wieder dahingekommen waren, um den Pöbel gegen sie aufzureizen. Sie mußten sich verborgen halten, wenn sie nicht arretirt und mißhandelt werden wollten.

Zum Beweise, welche Rolle bei der Deutschenhetze in Paris der gemeinste Eigennutz spielte, schrieb die France, die guten Franzosen im Elsaß, welche auswandern wollten, um Franzosen bleiben zu können, sollten es doch lieber nicht thun, sondern im Elsaß bleiben, um dort den französischen Geist zu erhalten. Der wahre

Grund aber war, die Industriellen in Paris und Lyon fürchteten die Concurrenz der Ausgewanderten. Die Pariser schwärmten für gänzlichen Abbruch allen Verkehrs mit Deutschland. Wie lächerlich, da sie bisher nur allein für den nichtsnutzigsten Modetand viele Millionen aus Deutschland bezogen hatten! Die Weinhändler von Bordeaux waren gescheidt genug, den Deutschen, wenn auch auf einem kleinen Umwege, doch den Genuß ihres Weines ferner gestatten zu wollen.

Thiers und die Minister rathschlagten, was mit den gottlosen Montmartrinisten zu machen sey, mit den hunderttausend Nationalgarden, die immer noch ihren Sold bezogen und doch nicht gehorchten und einen Aufruf an die Truppen erließen, die Regierung zu verlassen, sich an das Volk anzuschließen und eine neue rothe Republik zu gründen, da die gegenwärtige Regierung offenbar nur die Wiederkehr der Monarchie vorbereiten wolle.

Damit nun die Pariser nicht glauben sollten, die Nachsicht der Regierung sey bloße Schwäche, erhielt General Vinoy den Befehl, die Kanonen auf dem Mont Martre zu nehmen, da sie dem Staate und nicht der Gemeinde gehörten. Vinoy, von dem man sagte, er komme immer zu früh oder zu spät, kam diesmal zu früh, wie bei Sedan zu spät. Unbegreiflicherweise ließ er die Truppen nicht offen und bei Tage und nach vorheriger Ankündigung vorgehen, sondern unerwartet, bei Nacht, wie ein Dieb. In der Nacht des 17. März schickte er den General Le Comte nach dem Montmartre und diesem gelang es wirklich, die nicht zahlreichen Nationalgarden zu überraschen und ihnen 40 Kanonen nebst 400 Gefangenen abzunehmen.

Allein er hatte sich nicht lange dieses Erfolges zu erfreuen, denn am frühen Morgen des 18. wurde in den benachbarten revolutionären Stadtvierteln Generalmarsch geschlagen und von allen Seiten strömten die Nationalgarden herbei und umringten die Truppen. Die Generale befahlen zu schießen, aber die Truppen zauderten, fraternisirten mit den Nationalgarden und verweigerten den Gehorsam. General Freron wurde mit 300 Mann gefangen, doch konnte er sich noch frei machen. General Paturel wurde verwundet, General Le Comte mit seinem ganzen Stabe gefangen. General Thomas, obgleich als guter Republikaner bekannt, wurde, als er in Civilkleidern dazu kam, von Soldaten des treulosen 88. Regiments und vom Pöbel gepackt und mit Le Comte in einen Garten am Montmartre geschleppt, wo der Pöbel eigenmächtig schnell ein Revolutionsgericht unter dem Vorsitz von Assy, einem berüchtigten Arbeiterführer, ernannte. Beide Generale wurden zum Tode verurtheilt und sogleich erschossen, Thomas auf eine grausame Weise, da er erst nach mehreren Schüßen in's Gesicht durch eine zweite Salve den Tod fand. Er rief noch sterbend: „Ihr Feiglinge!"*) Auch General Chanzy, der gerade in Paris ankam, wurde vom Pöbel körperlich so mißhandelt, daß er in ein Spital gebracht werden mußte, und als Geißel zurückbehalten. Dasselbe Schicksal erlitt auch sein Begleiter General Laboriac, den man für Aurelles hielt. General Vinoy blieb für seine Person vom Kampfplatz entfernt und zog, da er die Nutzlosigkeit des Widerstandes erkannte, mit noch 10,000 Mann Truppen nach Versailles ab. Von Aurelles hörte man gar nichts mehr.

So war denn die ganze große Stadt Paris in die Gewalt der rothen Republikaner oder eigentlich des Pöbels gekommen. Die bisherigen bekannten Führer der extremsten republikanischen Partei waren abwesend wie Gambetta, oder krank wie Rochefort, oder hielten sie noch wie Blanqui, Flourens, Victor Hugo ꝛc. mit ihren Namen absichtlich zurück. Auch wurde noch keine

---

*) Thomas hatte im Dezember die besoffenen Nationalgarden scharf getadelt, daher der Haß gegen ihn. Der Pöbel verkaufte in den Straßen von Paris die angeblichen Knöpfe von der Uniform Le Comtes und es sollen an 20,000 solcher Knöpfe an den Mann gebracht worden seyn.

definitive Regierung der rothen Republik niedergesetzt, sondern nur ein provisorisches „Centralcomité der Nationalgarde". Dasselbe ordnete erst die Wahl einer Commune, ganz nach dem Muster von 1792, an. Als Mitglieder dieses Centralcomité waren unterzeichnet: Assy, Bellevray, Ferrat, Babal, Moreau, Dupochet, Varlin, Boursier, Mortier, Gouhier, Valette, Jourde, Rousseau, Lullier, Blanchet, Grollard, Baron Geresme, Halse, Pougeret. Lauter unbekannte Namen mit Ausnahme des Erstgenannten, Assy, der bekanntlich ein Haupt der internationalen Arbeiterassociation ist und Hauptanstifter der Unruhen im Creuzot war. Von diesem kann man auf die Farbe der Uebrigen schließen. Als militärischer Chef der Aufständischen fungirte ein gewisser General David und sein Adjutant Leon Meillet.

Das Comité nahm seinen Sitz im weltberühmten Stadthause unter der wieder aufgepflanzten rothen Fahne. Man glaubte, es werde Vinoy und die Truppen verfolgen und die Nationalversammlung in Versailles überfallen lassen, aber es drohte damit vorläufig nur und beschäftigte sich zunächst mit Proclamationen. Eine solche vom 19. März lautete: Bürger! Das Volk von Paris hat das Joch abgeschüttelt, welches man ihm aufzulegen versuchte. Ruhig und leidenschaftslos in seiner Kraft, hat es ohne Furcht, ohne Provokation die schamlosen Narren erwartet, welche an der Republik rütteln wollten. Dießmal haben unsere Brüder von der Armee ihre Hand auf die heilige Bundeslade unserer Freiheiten nicht legen wollen. Dank Allen! und möget ihr und Frankreich die Grundmauern der Republik errichten, durch allgemeinen Zuruf angenommen mit allen ihren Consequenzen, als die einzige Regierung, welche für immer die Aera der Invasionen und Bürgerkriege schließen wird. Die Amtszeitung schrieb: „Mitten in der Ohnmacht der regierenden Klassen haben die Proletarier begriffen, daß für sie die Stunde gekommen ist, rettend einzuschreiten und die Leitung der öffentlichen Angelegenheiten in die Hand zu nehmen."

Inzwischen war die Pöbelregierung doch schlau, denn am 20. erklärte das Comité in einem Manifest, es werde die Friedenspräliminarien achten. Es wollte also jede Intervention der deutschen Truppen vermeiden, welche noch die nördlichen Forts von Paris besetzt hatten und deren zahlreiche Truppen noch unfern von Paris standen. Einige Tollköpfe wollten zwar Paris ganz isoliren und vom übrigen Frankreich trennen, das Comité aber wandte sich an die Provinzen, forderte sie auf, sich mit Paris zu vereinigen und Delegirte dahin zu schicken. Das officielle Journal schrieb: „Paris hat nicht die Absicht sich von Frankreich zu trennen, im Gegentheil, um Frankreichs willen erduldete es das Kaiserreich und die Regierung der Nationalvertheidigung mit all ihren Verräthereien, all ihren Feigheiten; auch heute will es Frankreich nicht verlassen, sondern ihm zurufen: Stehe fest, gestützt auf dich selbst, wie ich." Also geberdete sich das Comité als die einzig legitime Regierung Frankreichs. Es nahm eine Million Franken aus der Bank zur Besoldung der Nationalgarde und erzwang von Rothschild eine halbe Million. Der Pöbel ließ sich durch das Geld wenigstens von Plünderungen zurückhalten, geberdete sich aber im Uebrigen als unumschränkter Herr der Stadt. Die wohlhabenden Bürger waren von Schrecken gelähmt, Handel und Gewerbe stockten, die Läden blieben geschlossen. Man schrieb aus Paris: „Nur die Weinläden sind offen und angefüllt von den Insurgenten in verschiedenen Stadien der Betrunkenheit. Das Pflaster ist aufgerissen; in allen Richtungen werden Barrikaden erbaut, Männer, Weiber und Kinder arbeiten um die Wette. Betrunkene Kerle liegen in den Straßen umher und spielen mit geladenen Gewehren; andere liegen hülflos auf Bänken ausgestreckt. Man sieht Weiber mit Waffen; der Pöbel ist souverain. Eine Abtheilung der Aufständischen besetzte das Justizministerium; die Beamten entflohen."

Für die große Masse des gemeinen Volks war die Insurrection nur ein Mittel, das bisherige Faullenzerleben fortzusetzen, nichts zu arbeiten, täglich einen Sold von der Regierung zu empfangen und denselben zu vertrinken. Auch die geheimen Lenker der Insurrection konnten ihre Zwecke nicht erreichen, wenn sie nicht dem Pöbel schmeichelten und dessen nächste Bedürfnisse befriedigten. Daher setzte das Comité durch, daß nicht nur die ganze National=garde besoldet wurde, sondern daß auch die Zahlung fälliger Wechsel sistirt und sich alle Hausmiether in Paris gefallen lassen mußten, auf den Miethpreis der letzten drei Monate zu verzichten, und sie auch keinem Miether mehr aufkündigen durften.

Alles, was zur Regierung gehörte, hatte sich aus Paris nach Versailles geflüchtet. Die Nationalversammlung und die Regierung waren ohne Macht, und wenn auch Thiers in einer stolzen Proklamation ihre Würde aufrecht zu erhalten suchte, so achteten doch die Pariser nicht darauf. Die Versammlung selbst war weniger zahlreich als sie in Bordeaux gewesen war, namentlich fehlten viele Legitimisten, die sich in die gefährliche Nähe von Paris nicht getraut hatten. Der Präsident Grevy führte eine stolze Sprache wie Thiers und sagte zur Versammlung: „Eine aufrühre=rische Regierung stellt sich der National=Souverainetät gegenüber, deren einzige legitime Repräsentanten Sie sind. Sie werden sich mit Muth und Würde zur Höhe der Lage erheben, welche diese Ihnen auferlegt. Möge Frankreich ruhig und vertrauensvoll seyn, möge es sich um seine Erwählten schaaren, und die Kraft wird dem Rechte bleiben." Aber es fehlte eben an einer bewaffneten Macht, welche diesen Worten hätte Nachdruck geben können. Der Mund rief nach Thaten, aber die Arme fehlten. Die sog. blaue Republik der gebildeten Classen war machtlos gegenüber der rothen Republik des Pöbels. Thiers konnte nur eine Defensivmaßregel ergreifen, indem er rings um Paris die Telegraphendrähte durchschneiden ließ, um zu verhindern, daß sich die Rothen in Paris mit denen in Lyon und Marseille in Verbindung setzten. Sogar die äußerste Linke der Nationalversammlung, bestehend aus den in Paris gewählten

Deputirten, hatte in dieser Stadt das Heft nicht mehr in der Hand und suchte daher zu vermitteln. Sie trug in der Versammlung darauf an, dem Pariser Comité die Wahl aller Chefs der Nationalgarde und die Einrichtung eines von den Bürgern gewählten Gemeinderaths zu bewilligen, und meldete das dem Comité in einer Proklamation, unterzeichnet von Louis Blanc, Schölcher, Peyrat, Adam, Floquet, Bernard, Langlois, Lockroy Larey, Brison, Greppo, Milliere. Mehr Muth bewiesen die Redakteure sämmtlicher Pariser Zeitungen, die an demselben Tage, am 21. März, gemeinschaftlich erklärten: In Erwägung, daß die Zusammenberufung der Wähler ein souveräner nationaler Akt ist, der nur denjenigen Gewalten zusteht, die aus dem allgemeinen Stimmrecht entstanden; in Erwägung, daß folglich das Comité des Stadthauses weder Recht noch Beruf hat Wahlen vorzunehmen, erklären die Vertreter der Zeitungen die auf den 22. März ausgeschriebene Wahl für null und nichtig und ermahnen die Wähler sich nicht daran zu betheiligen.

Darboy, der Erzbischof von Paris, beschwor die Bevölkerung in einem Hirtenbrief, nicht weiter zu gehen: „Die ganze Nation bedarf eines moralischen Umschwunges, die Liebe zur Arbeit, Achtung vor dem Gesetze, Pflichtgefühl, Mäßigung, Eintracht, religiöser Glaube bringen nicht mehr in die Herzen und beseelen das gesellschaftliche Leben nicht. Möchte es (Frankreich) rasch seine Wunden heilen, die vorzugsweise moralische sind." Das Siècle entgegnete darauf: „Unsere Wunden sind hauptsächlich moralische; aber woher kommen sie? Wer hat der Nation seit zwanzig Jahren das schlechte Beispiel gegeben? Wer hat sie zu Luxus, sinnlichen Vergnügen, schamlosen Aufführungen, schmählichen Spekulationen, wer zu der Verachtung bürgerlicher Tugenden und zum Vergessen des Rechtes geführt? War es nicht eine aus Rechtsverletzung und Verbrechen hervorgegangene Regierung? Aber hat nicht gerade diese Regierung die Segnungen, Glückwünsche und Ermunterungen eines gewissen Klerus erhalten, den der Herr Erzbischof von Paris sehr wohl kennt?" Wohl wahr, aber der englische Standard bemerkte mit Recht, jene liberale Opposition in der französischen Kammer, die beständig den Kaiser angegriffen, seine friedliche Politik gehemmt und den Chauvinismus großgezogen habe, sie habe den Wind gesäet und müsse nun den Sturm ernten.

Es fehlte nicht an bonapartistischen Agenten. Man wollte wissen, es sey viel Geld vertheilt worden. Besonders die Soldaten seyen gewonnen worden, die blaue Republik zu verlassen und auf die Rückkehr des Kaisers zu warten. Damit stimmte ein Schreiben des Exkaisers vom 12. März an Mac Mahon überein, worin der letztere aufgefordert wurde, sich für Belohnungen der Armee von Sedan zu verwenden. Auch fiel es auf, daß so viele kaiserliche Soldaten, die nach Paris zurückgekehrt waren, hier unangefochten blieben und sogar öffentlich für den Kaiser Propaganda machen durften. In einigen Mitgliedern des Centralcomités selbst wollte man ehemalige Polizeiagenten des Kaiserthums wiedererkennen. In Brüssel ging die Rede, der Exkaiser habe auf seiner Durchreise nach England Pariser Nachrichten empfangen und ein ihn begleitender General habe nachher gesagt: In zwei Monaten sind wir wieder in Paris! Der ehemalige Sprechminister Rouher, der sich scheinbar in Familienangelegenheiten mit Gemahlin nach Paris wagte, wurde auf Befehl der Versailler Regierung verhaftet.

Die Bonapartisten hatten jedoch nur die zweite Hand im Spiel. Die erste hatten die internationalen Arbeitervereine, welche seit lange gut organisirt waren und Verbindungen durch ganz Europa hatten. Von ihnen war auch das Centralcomité besetzt, daher die vielen bisher unbekannten Namen in demselben. Die Arbeitervereine, schon lange nach einer universellen Socialrepublik trachtend, glaubten, ihre Zeit sey jetzt gekommen. Unsinniger Weise, denn weitaus die Mehrheit Frankreichs wollte nichts von ihnen wissen, und überdies waren ja die deutschen Heere noch im Lande. Auch in Belgien gährte es unter den Arbeitern, doch waren sie so klug sich zurückzuhalten. Ohne Zweifel hatten die Arbeiter ein Recht zu klagen, daß nur sie arbeiten und entbehren sollten, während die Kapitalisten, für welche sie arbeiteten, in Ueberfluß und Müßiggang schwelgten. Sie hatten ein Recht, eine bessere Organisation der Gesellschaft, ein richtigeres Verhältniß des Lohns zur Arbeit zu verlangen. Aber sie wandten verkehrte Mittel an, um zum Zweck zu kommen. Sie ließen sich verführen, nach einer unmöglichen Gleichheit aller Menschen, nach der Vernichtung des Eigenthums durch Raub, Gewaltthat und Anarchie zu streben und am Ende sich nur in dieselben Genüsse und Wollüste stürzen zu wollen, um welche sie die Reichen beneideten, in thierischer Gier nur Rechte fordernd, ohne sich einer sittlichen Pflicht zu unterziehen.

Die Regierung in Versailles predigte den Parisern vergeblich Vernunft, verrieth aber damit nur ihre Schwäche. Thiers erklärte am 21. März: „Die Regierung wird Paris nicht den Krieg erklären, sie beabsichtigt nicht gegen Paris zu marschiren, sie erwartet von Paris nur Akte der Vernunft. Paris möge uns seine Arme öffnen und wir werden ihm sofort das Gleiche thun." Die Insurgenten ließen sich auch auf Verhandlungen ein. Man meldete: „Vor allen Dingen verlangen sie die Absetzung der Generale Vinoy, Commandanten der Armee von Paris, und d'Aurelles, Oberbefehlshaber der Nationalgarde von Paris. Diese beiden Absetzungen werden auch wahrscheinlich erfolgen, weil diese Beiden sich als unfähige Führer erwiesen haben und ihrer Stellung keineswegs gewachsen sind. Die übrigen Forderungen, welche die Insurgenten stellen, sind folgende: 1. Wahl eines Gemeinderathes, 2. keine Garnison in Paris, die Truppen sollen in den Forts consignirt werden, 3. Unterdrückung der Polizeidiener oder Gardiens de la Paix, der Gendarmen, der Municipalgarde ꝛc. Die Polizei im Innern der Stadt soll von der Nationalgarde allein ausgeübt werden, 4. Wahl des Oberkommandanten der Nationalgarde, 5. Rückkehr der Nationalversammlung nach Paris." — Die Regierung willigte ein, Aurelles und Vinoy zu beseitigen, und übertrug das Commando über die Pariser Nationalgarde dem General Langlois. Als sich dieser aber der Commune unterwerfen sollte, trat er wieder zurück. Nun vertraute die Regierung das Commando dem Admiral Saisset.

Eine wahre Vereinbarung wurde nicht erzielt und so blieb der allein als legitim anerkannten Regierung in Versailles die des Pariser Centralcomités an der Seite und machte denselben Anspruch, die einzig legitime Regierung Frankreichs zu seyn. Die Nationalversammlung in Versailles sey illegitim, weil sie zum Theil in Provinzen gewählt worden sey, welche der Feind besetzt hatte. Beide Regierungen gaben jede ein besonderes Amtsblatt heraus und ertheilten darin Befehle an das französische Volk. Die Regierung in Paris ernannte ihre eigenen Minister, z. B. Sanglier für das auswärtige Amt.

Am 22. März versuchten die wohlhabenden und conservativen Bürger von Paris eine große, jedoch nur friedliche Demonstration, um zu beweisen, daß sie das eigenmächtige Vorgehen der Arbeiter mißbilligten, und damit es nicht heiße, diese seyen wirklich schon Meister von ganz Paris. Aber das war eine eben so halbe Maßregel wie die Vernunftpredigt des alten Thiers. Um zwei Uhr Nachmittags bewegte sich eine große Masse unbewaffneter Bürger durch die Straßen mit einer Fahne, auf welcher geschrieben war „Verein der Freunde der Ordnung". Als sie aber zum Vendomeplatz kamen, wurden sie von den Insurgenten aufgehalten und durch Gewehrfeuer zurückgetrieben. Es gab 50 Todte und Verwundete, nach andern 117. Bankier Hottinger wurde tödtlich getroffen, der Chefredakteur des „Paris Journal", Henri de Pene (welcher die Deutschenhetze am raffinirtesten betrieb), verwundet. Auch ein Wechselagent Nathan wurde getödtet, den man anfangs für Rothschild hielt. Der Allarm war groß. In allen Straßen wurden zum Theil haushohe Barrikaden aufgerichtet. Zwei Belgier wurden für Deutsche gehalten und ermordet. Ein General Allart mit Frau soll vom Pöbel verhaftet und als Geißel behalten worden seyn. Der berüchtigte Cluseret drängte sich in's Kriegsministerium des Centralcomité, ein gewisser Eudes, früher wegen Verbrechen zum Tode verurtheilt, in's Finanzministerium ein. Menotti Garibaldi sollte Oberbefehlshaber in Paris werden, blieb aber fern. Bonapartistische und orleanistische Agenten wurden beim Geldvertheilen ergriffen, der Exkaiser erklärte aber ausdrücklich, jeder Agitation solcher Art fremd zu seyn. Schon hörte man, das Centralcomité erkläre die Regierung in Versailles in Anklagestand und schicke Delegirte in die Provinzen aus, als sey es die allein rechtmäßige Regierung.

Uebrigens hüteten sich die rothen Republikaner sehr vor den Preußen. Es kam zwar vor, daß auf eine preußische Patrouille geschossen wurde, aber das Centralcomité entschuldigte sich sogleich, nur einige Wahnsinnige hätten den Frevel begangen. Am 21. März erhielt Favre eine Note von Berlin, worin ihm Bismarck eröffnen ließ: „Das Obercommando der Armee vor Paris untersagt die Annäherung an unsere Linien vor den von uns besetzten Forts, verlangt die Herstellung des zerstörten Telegraphen bei Pantin und wird Paris feindlich behandeln, sobald weitere Handlungen versucht werden, welche mit den mit der französischen Regierung getroffenen Vereinbarungen und den Friedenspräliminarien im Widerspruch stehen. Der Versuch, die Enceinte wieder zu armiren, würde die sofortige Eröffnung des Feuers von Seiten der von uns besetzten Forts zur Folge haben." — Favre antwortete, die Regierung in Versailles werde alles Mögliche thun, ihn zu befriedigen, und fügte die Bitte hinzu, er möge Paris womöglich schonen. Am 23. erklärte der sächsische General Schlotheim, Commandirender vor Paris von Compiegne aus, er habe den Befehl, so lange eine friedliche und vollständig passive Haltung zu beobachten, als die Ereignisse, deren Schauplatz das Innere von Paris ist, keinen derartig feindseligen Charakter gegenüber der deutschen Armee annehmen, daß letztere gefährdet würde, sich vielmehr innerhalb der durch die Friedenspräliminarien bestimmten Grenzen zu halten. Sobald jedoch diese Ereignisse einen feindseligen Charakter annehmen, würde die Stadt Paris feindlich behandelt werden. Der Delegirte des Centralcomités für auswärtige Angelegenheiten, Sanglier, antwortete hierauf: Die Revolution, welche sich in Paris durch das Centralcomité vollzogen, habe einen wesentlich communalen Charakter, sey mithin in keiner Weise aggressiv gegen die deutschen Armeen. Auch haben wir, fügte der Delegirte hinzu, keine Befugniß, die durch die Nationalversammlung in Bordeaux angenommenen Friedenspräliminarien einer Erörterung zu unterziehen.

Ueber die Stellung der deutschen Truppen wurde Folgendes constatirt: In unserem Besitz ist außer dem südöstlichen Frankreich das nordöstliche rechts des ganzen Seinelaufs, einschließlich der Pariser Forts Charenton, Nogent, Noisy, Romainville, Aubervilliers, St. Denis, bekanntlich der eigentlich beherrschenden, überdies die unruhigen Viertel von Paris unmittelbar bedrohenden Werke. Die Aufstellung der deutschen Armee in Frankreich ist nach Angaben preußischer Blätter folgende: Die 1. Armee hält die Stellungen nördlich der Seine inne, südöstlich schließen sich an diese die bisherige Maasarmee und die 3. Armee an; vom Einfluß der Aube in die Seine bis zur Cote d'Or reichen die Stellungen der 2. Armee, während die Südarmee den linken Flügel dieser ganzen Linie bildet, die von Rouen durch die mittleren Provinzen Ostfrankreichs bis Dijon sich ausdehnt. Erst nach Bezahlung der ersten halben Milliarde, die noch nicht erfolgt ist, hätten unsere Armeen sich weiter zurückzuziehen gehabt, und selbst dann nur so weit, um jeden Augenblick wieder zur Stelle, vor Paris, erscheinen zu können. — Die deutschen Landwehren, die mit in Frankreich eingerückt waren, wurden in die Heimath entlassen, aber es blieben noch die Linientruppen in hinreichender Zahl zurück.

Der deutsche Kaiser blieb sich in seiner bisherigen Großmuth gleich. Als die schwer bedrängte Regierung in Versailles die Rate von 36 Millionen am Verfalltage nicht zahlen konnte, wurde ihr wohlwollend eine Frist gewährt. Ueberhaupt geschah alles, dieselbe zu schonen, um ihr Ansehen gegenüber den Rothen nicht noch mehr zu schwächen. Daher billigte auch der preußische Staatsanzeiger, „daß die Reisen der Deutschen nach Frankreich von den französischen Behörden anscheinend deshalb verhindert werden, weil sie noch nicht in der Lage sind, den Deutschen wirksamen Schutz zu gewähren."

Die fortwährende Nähe und Stärke der deutschen Truppen übte begreiflicherweise einen großen Einfluß auf das toll gewordene Paris, reizte die Aufrührer aber keineswegs zu einem Angriff, sondern jagte ihnen vielmehr eine heilsame Furcht ein, hemmte sie in ihrem verwegenen Vorgehen gegen Versailles und gewährte dadurch der schwachen Regierung von Thiers und Favre einen wirksamen Schutz. Diese ohnmächtigen Regenten in Versailles konnten sich von ihrer ersten Bestürzung erholen und gewannen wenigstens Zeit. Die Situation war mehr lächerlich als schrecklich. Beide Theile, die Regierung in Versailles und die Revolutionären in Paris, prahlten in Worten und hatten doch beide Furcht im Herzen, die honetten Leute vor dem Pöbel und der Pöbel vor den Preußen.

Die Aufrührer wollten sich Offiziere unter den polytechnischen Schülern wählen, diese aber weigerten sich und stellten sich der Regierung in Versailles zur Verfügung. Das 69. Linienregiment, welches von den Aufrührern im Palast de Louzembourg zurückgehalten wurde, brach glücklich durch und kam nach Versailles, zum großen Trost der Regierung, die jeden Offizier um einen Grad avanciren ließ. Diese Regierung fühlte sich aber noch immer nicht stark genug, die Insurgenten von Paris mit Gewalt anzugreifen, wollte überhaupt Blutvergießen möglichst vermeiden und suchte durch Unterhandlungen Zeit zu gewinnen. In der Sitzung der National=

versammlung vom 23. verrieth sich die Unfähigkeit dieses Körpers, in einer solchen Krisis einig und energisch zu handeln. Thiers schlug vor, jedes Departement von Frankreich solle ein Bataillon nach Versailles zu Hülfe schicken. Das führte zu einem einfältigen Streit, ob diese Bataillone unter der Civil- oder Militärbehörde stehen sollten. Gegen zwanzig Maires von Paris suchten Straßenkämpfe zu verhüten und kamen nach Versailles, um zwischen der Regierung und den Aufständischen in Paris zu vermitteln. Aber eine Mehrheit in der Nationalversammlung, die Abgeordneten aus den Provinzen und vom Lande, die sog. Ruralpartei hatte theils Furcht vor dem Pöbel von Paris, theils hätte sie gern gesehen, es wäre in Paris zum Aeußersten gekommen, weil dann die deutschen Truppen am Ende doch hätten interveniren müssen, der allgemeine Abscheu des Landes vor den Ausschweifungen der Pariser aber jedenfalls eine monarchische Restauration begünstigt hätte. Die Vermittler warfen wenigstens der Ruralpartei diesen Hintergedanken vor, um so mehr, als sich auch das Gerücht verbreitete, der Herzog von Aumale sey in der Nähe.

Erst am folgenden Tage gelang es den eifrigen Bemühungen Favres, Grevys 2c. die Mehrheit der Versammlung für den Vermittlungsvorschlag der Pariser Maires zu stimmen, und so wurde denn Admiral Saisset beauftragt, in einer Proklamation desselben Tages den Parisern folgende Zugeständnisse zu machen: Volle Anerkennung der Gemeindefreiheiten, freie Wahl sämmtlicher Offiziere der Nationalgarde, Abänderung des Gesetzes bezüglich der Verfallfrist der Wechsel, endlich ein Miethsgesetz, welches den Wohnungsmiethern bis 1200 Franken große Begünstigungen bietet. Das Centralcomité in Paris ging auf diese Vorschläge ein, denn es waren ja überall nur Concessionen, die von Versailles aus dem Pöbel gemacht wurden, und lag darin zugleich die Anerkennung der Pöbelregierung. Man kam also überein, Sonntag am 26. die neue Gemeindeverwaltung von Paris zu wählen. Das erregte nun vorübergehend eine große Freude in Paris. Man beglückwünschte sich und drückte sich die Hände, als sey nunmehr der Frieden in der Stadt gesichert. General Chanzy wurde freigegeben, wie auch Rouher, der sogleich nach Brüssel abreiste.

Am Wahltage wurden in Paris 90 neue Communalbeamte gewählt, denen das bisherige Centralcomité wirklich das Regiment in der Stadt abtrat. Aber die Wahlen fielen durchgängig im Sinne des Centralcomité aus, denn 250,000 Wähler gaben aus Angst ihre Stimmen gar nicht ab. Die Agenten der Arbeiterassociation behielten also auch noch in der neuen Municipalität die Oberhand und ihre eigentliche Absicht lag ziemlich deutlich zu Tage. Sie wollten nämlich zuerst Paris als eine communistische Republik isoliren und die Reichthümer dieser Riesenstadt unter sich vertheilen, desgleichen alle industriellen und Handelsunternehmungen, die bisher in Privathänden gewesen, in Communalanstalten verwandeln. Schritten sie auch nicht gleich zur Ausführung, so geschah es doch nur aus Furcht vor den noch immer drohend in der Nähe stehenden Deutschen, nicht aber vor der ohnmächtigen Regierung und Nationalversammlung in Versailles, deren Absetzung und Bestrafung vielmehr schon beantragt wurde. Ihre Lage war beklagenswerth, denn sie konnten weder auf die eigenen Truppen zählen, noch durften sie sich vor Frankreich blamiren, indem sie Hülfe von den Deutschen erbettelten. Jedenfalls schien die Zukunft Frankreichs ihren Händen zu entschlüpfen, deshalb klagte Favre in der Nationalversammlung auf's bitterste über die Störung im Vollzug des Friedens, über die Verzögerung des Rückzugs der Deutschen und über die Möglichkeit, „daß die fremden Heere die Bevölkerung, auf deren Boden sie stehen, die Folgen dessen büßen lassen wollen, was in Paris vorgeht. Diese Uebel und die, welche folgen können, müssen dieser auf ewig verfluchten Insurrektion beigemessen werden; sie ist es, welche das Unglück des Landes vollständig machen wird. Gewiß ist, daß die Pariser Ereignisse die Unterhandlungen in der

Schwebe erhalten, und dies in einem Augenblicke, wo wir am Hafen angelangt waren. Wir standen im Begriffe, eine Anleihe zu machen, welche den Feind entfernen, den Uebeln Frankreichs ein Ende machen sollte. Heute ist dies absolut unmöglich. (Bewegung.) Wenn ich diese vielleicht ungelegene Mittheilung mache, so geschieht es, weil ich darauf halte, nochmals zu erklären, daß, wenn wir nicht schnell Herren der Insurrektion werden, unser Unglück Verhältnisse annehmen kann, die ich meinerseits zu ermessen nicht im Stande bin."

Admiral Saisset kam am 26., nachdem er seinen Generalstab aufgelöst hatte, mit den Maires von zwanzig Arrondissements, die ebenfalls ihre Entlassung nahmen, aus Paris nach Versailles zurück und ließ die Stadt in den Händen des Aufstands. Statt seiner ernannte die Commune drei Generale der Nationalgarde: Brunel, Duval und Eudes, und beschloß am 27. für ganz Frankreich Wahlen zu einer neuen Nationalversammlung auszuschreiben, aber mit Beseitigung des alten Wahlgesetzes in einer Weise, daß die großen Städte mit ihren Arbeiterbevölkerungen vor dem Landvolk begünstigt seyn sollten. Einstweilen war das Gesindel Meister der Stadt Paris und requirirte für seinen Bedarf ohne Umstände in den Privathäusern Lebensmittel, Geld, Pferde 2c. Augenzeugen schilderten die Bataillone von Belleville und verwandten Vierteln als wahre Galgengesichter, denen man es ansah, die Doctrin des Communismus sey ihnen Nebensache und nur die Praxis des Raubes, wo sich die Gelegenheit dazu bot, die Hauptsache. Die Bank mußte der Commune schon wieder eine halbe Million vorschießen. Assy wurde Präsident der neuen Regierung im Stadthaus. Das Journal officiel frug, warum sich denn noch keine Hand gefunden habe, um den Herzog von Aumale zu ermorden? Granier, der neu ernannte General und Commandant auf dem Mont Martre, der bisher nur gemeiner Soldat gewesen war, warf mit brutalen Proklamationen um sich und ließ jeden Bürger von Paris streng bestrafen, der lieber arbeiten als den Nationalgardistendienst versehen wollte. Dagegen wurde der Mont Martre ein Magnetberg für alle Müßiggänger, die ohne zu arbeiten, täglich Sold bekommen wollten, und besonders für bebänderte Soldaten, die hier einen viel höheren Sold bekamen, als sie früher bei ihrem Regiment bekommen hatten. Die Commune setzte den verrufenen Cremer zum Obergeneral der Nationalgarde ein. Ein Citoyen Jules Allez hielt Freiheitspredigten: Jeder Mensch sey frei von Geburt an, so daß Eltern auch nicht einmal ihren kleinen Kindern zu befehlen hätten.

Da indeß der Pöbel in Paris doch nicht Muth genug hatte, über Versailles herzufallen, weil ihn das zu einer gefährlichen Katastrophe hätte hintreiben und mit den deutschen Heeren in Conflikt bringen können, so gewann Thiers wenigstens Zeit, in kläglichen Proklamationen alle Provinzen um Hülfe anzuflehen. In einem solchen Aufruf vom 29. März bat er die Moblots, die er zur Rettung der Nationalversammlung aufbot, den unzuverlässigen Linientruppen mit ihrem loyalen Beispiel voranzuleuchten. Zugleich erbat er sich und erhielt telegraphisch aus Berlin die Erlaubniß, anstatt nur 40,000 Mann französische Truppen, wie die Friedenspräliminarien vorschrieben, deren 80,000 in Paris halten zu dürfen. Viele Generale sammelten sich in Versailles, um über die Maßregeln zu berathen, die gegen Paris zu ergreifen seyen. Andere beeilten sich, die nach Frankreich zurückgekehrten Gefangenen für die Regierung anzuwerben. Ein Admiral Gnuyden, der einen Transport Gefangene von Hamburg zur See abholen sollte, weigerte sich, weil er die deutsche Flagge nicht begrüßen wollte. Man schickte ihn daher nach Algerien, um dort den Aufstand der Araber zu bekämpfen. Welche Unverschämtheit man sich noch gegen Deutschland erlaubte, beweist unter anderm die Versailler Correspondenz in einer englischen Zeitung, welche den deutschen Kaiser oder wenigstens sein Gefolge verleumdete, es habe im Präfekturgebäude zu Versailles alle Gegenstände von Werth mitgenommen.

In der Regierung der neu gewählten Commune, deren Mitglieder fast lauter unbekannte Namen trugen, präsidirte der Arbeiter Assy. Man glaubte jedoch, Flourens sey der geheime Lenker aller dieser Leute, die jetzt im Stadthause regierten. Der freche Granier wurde seinen eigenen Kameraden plötzlich verdächtig und fortgejagt. Am 28. März wurde die Commune in Paris feierlich proklamirt, wobei die ganze Nationalgarde aufmarschirte und defilirte. Viele darunter waren betrunken. Ein Blatt bemerkte, es sey nie vorher so viel in Paris getrunken worden und die Commune habe Bachus zu ihrem Patron gemacht, obgleich das Trinken eigentlich das Laster der in Paris so verhaßten Deutschen war. Die neu gebackenen Generale der Commune hatten zum Theil noch nie geritten und saßen erbärmlich zu Pferde. Duval mußte sich an dem Sattelknopf halten. Doch rühmte das offizielle Blatt der Commune: Ihr habt euch Einrichtungen gegeben, die jedem Angriff trotzen werden! Die Conscription wurde abgeschafft, Paris sollte kein anderes Militär mehr sehen außer der Nationalgarde. Die Zahlung der drei letzten Miethstermine wurde nochmals prolongirt. Man schrieb in den letzten Tagen des Märzes, die junge Commune habe bereits ein Deficit von 3 Millionen und brauche täglich 900,000 Franken nur um die Nationalgarde besolden zu können. Man schritt daher zu Requisitionen. Bewaffnete brachten den wohlhabenden Bürgern die Requisitionszettel in's Haus, auf denen stand: „Freiheit, Gleichheit, Brüderlichkeit! Im Namen der Republik. Requisitionen: Geld..., Lebensmittel... Im Falle der Weigerung kann Bürger..., als Requisitions-Beauftragter, sich durch Nationalgarden des Quartiers unterstützen lassen. Das Mitglied der Föderation, gez...." Die Bureaus von fünf großen Versicherungsgesellschaften wurden unter Siegel gelegt unter dem Vorwand, es befänden sich darin Gelder der Exkaiserin.

Zwischen Paris und Versailles war der Verkehr völlig unterbrochen. An der Grenzlinie gab es täglich kleine Scharmützel. Doch wagte weder die Commune in Paris, noch die Regierung in Versailles einen ernsten Angriff. Thiers wartete erst noch auf Truppenverstärkungen. Inzwischen versicherte er immer, sie würden bald zahlreich genug seyn. Auch das ganze Land stünde zur Regierung, die Emeuten in Lyon, Marseille, Toulon seyen unterdrückt. Mit dem deutschen Oberbefehlshaber sey ein Abkommen dahin getroffen, daß feindliche Handlungen gegen die deutschen Truppen, wenn solche vorkämen, ausschließlich als das Werk der Aufständischen angesehen werden sollten. Die Rückkehr der französischen Gefangenen aus Deutschland sey nur einen Augenblick sistirt gewesen, werde aber nunmehr fortgesetzt. Favre war weniger zuversichtlich und soll damals gesagt haben, es reue ihn sehr, daß er bei den Friedensverhandlungen sich so viele Mühe gegeben habe, der Pariser Nationalgarde die Waffen zu erhalten, welche sie jetzt gegen die Regierung brauche. Die Nationalversammlung zeigte weder Einheit, noch Entschlossenheit, noch Würde. In der Sitzung vom 28. kam vor, daß ein Abgeordneter (Floquet) die andern sämmtlich Narren nannte. Der allgemeine Unwillen des Landes gegen den Pariser Pöbel schien übrigens günstig, um die Rückkehr zur Monarchie als das einzige Mittel zur Wiederherstellung der Ordnung hoffen zu können. Der Exkaiser wurde damals von der Königin von England im Schloß Windsor wohlwollend empfangen, obgleich sie mehr den Orleans als den Bonapartes zuneigte. Dagegen hatte sich der Exkaiser unterwegs der Beweise von Zuneigung und Achtung zu erfreuen, die ihm die englische Bevölkerung bewies. Unterdeß kehrten immer mehr französische Gefangene aus Deutschland zurück und Thiers ertheilte dem General Ducrot sofort den Befehl, aus den heimgekehrten Gefangenen eine Armee zu bilden, während Mac Mahon die andere in Versailles commandiren sollte.

Die Confusion in Paris wurde noch dadurch vermehrt, daß das Centralkomité noch neben der Commune fortregieren wollte, während auch noch eine dritte geheime Regierung

Die rothe Republik in Paris. 323

thätig war. Man glaubte, die ganze große Arbeiterbewegung in Paris habe ihren Impuls von London aus empfangen, und zwar von Karl Marx, dem Haupt der Internationalen, der es jedoch ableugnete. Nun wurde aber der Wiener Presse aus London ein einläßlicher Bericht erstattet über anderweitige Umtriebe, die von London ausgingen. „Während des Kaiserthums von 1852—1870 hatte sich hier in London unter dem Vorsitze Felix Pyat's eine Gesellschaft erhalten, die den Namen ‚die revolutionäre Commune' annahm und die im Stillen jahrelang Dekrete erörterte und ausarbeitete, welche am Tage nach dem Triumphe einer socialen Revolution veröffentlicht werden sollten und die den Zweck hatten, den Staat abzuschaffen, die Gesellschaft unregierbar zu machen, und das sociale Band auf den einfachsten Ausdruck: die Concentration der Interessen, zurückzuführen. Diese extreme Partei, welche die Souveränetät des Individuums anstrebt und nicht blos in jeder Regierung, sondern auch in jeder Nationalvertretung eine Negation derselben findet und sie deshalb angreift, hat nichts mit der internationalen gemein und bildet eine besondere französische puritanische Gruppe. Dieselbe hat durchaus keinen communistischen Charakter, sie will im Gegentheil das Recht des Individuums zur äußersten Geltung bringen, und die Staatslosigkeit, welche sie anstrebt, ist blos die freie Vereinigung einzelner Individuen. Die Commune in Paris wäre daher der natürliche Gegensatz der Nationalversammlung. Die letztere besteht aus Volksvertretern, die erstere blos aus Munizipalvertretern, die letztere bildet eine Regierung und Minister, die erstere kennt blos Delegirte mit bestimmten, beschränkten, widerrufbaren Mandaten. Die Commune will mit einem Worte den ganzen Kram der Bureaukratie sowie die Armee, welche sie für den Giftzahn der Partei ansieht, die sich anmaßt zu regieren, abschaffen. Für die Commune ist die Republik eben so reaktionär wie die Monarchie, der einzige Unterschied liegt blos darin, daß die Republik eine Grundlage bildet, auf welcher die Auflösung der

ererbten eisernen Formen leichter vor sich gehen und die sociale
Centrifugalkraft sich leichter äußern kann. Sobald Paris als Commune konstituirt ist, ist diese Stadt aus dem Staate herausgesprungen, und es handelt sich dann blos darum, daß die freie
Constituirung der andern großen Städte folge und die Communalverwaltung alles Regierungswesen ersetze. Die einzelnen Communen
können sich dann durch Delegirte über die Concentrirung und Selbstverwaltung ihrer gemeinschaftlichen Interessen verständigen, aber
Frankreich hat aufgehört zu existiren, geradeso wie die freie Liebe
die Heirath ersetzen soll. Diese Bewegung hat daher ebenso die
Abschaffung des Parlamentarismus zum Zwecke, wie das Kaiserthum
von dem Standpunkte ausging, daß der Parlamentarismus der
Ruin der Gesellschaft sey. Es ist daher natürlich, daß der Imperialismus eine gewisse Wahlverwandtschaft mit der Commune besitzt, und auf der anderen Seite, daß die Gegner der Commune
blos in dem Orleanismus, welcher das konstitutionelle System vertritt, eine Rettung sehen. Endlich wird dadurch klar, weshalb die
Commune nichts mit den republikanischen Abgeordneten gemein hat
und dies die erste Revolution ist, welche nicht die Mitglieder der
Opposition als neue Regierung, sowie überhaupt gar keine Regierung proklamirt hat."

Inzwischen blieb die Commune die offizielle Regierung in Paris
und wirthschaftete fort und würde, wenn das so hätte fortgehen
können, die Metropole der Civilisation bald „abgemaiert" haben.
Sie plünderte nämlich die fünf großen Versicherungsgesellschaften
durch erzwungene Anleihen und schon ließen sich Stimmen vernehmen, welche die Kirchen und Klöster verkaufen wollten. Auch
sämmtliche Krongüter wollte man verkaufen und hoffte sieben Milliarden daraus zu lösen, womit man geschwind die Deutschen bezahlen wollte, um sie los zu werden. Der gott- und sittenlose
Geist der ersten Revolution fing auch schon hie und da zu spucken
an. Die polizeilichen Sittengerichte wurden aufgehoben, „um der

Frau das Recht auf ihre Freiheit zu retten", und den Almosenieren wurde verboten, in den Gefängnissen Messe zu lesen. Aus der Kirche der heil. Genovefa machte man wieder das heidnische Pantheon und pflanzte statt des Kreuzes die rothe Fahne auf. Prahlerisch setzte die Commune zehn Commissionen nieder mit den Functionen von Ministerien, als beherrsche sie das ganze Reich, wie weiland der Wohlfahrtsausschuß. Auch einen Anfang zum Revolutionstribunal machte eine Commission zur Ausmittelung der Verdächtigen. Ebenso machte man bereits Anstalt, Assignaten zu fabriciren, welche Zwangscours erhalten sollten. Ueberdies befahl die Commune, alle Beamten sollten nur ihr, als der Centralregierung Frankreichs, und nicht mehr der Regierung in Versailles gehorchen. Dadurch wurden fast alle Verwaltungsbureaus gesprengt. Die Postbeamten flohen nach Versailles und aller Briefverkehr stockte. Dagegen bediente sich die Commune der durch ihre rothen Hemden ausgezeichneten Garibaldianer, die auf schnellen Velocipeden fahren mußten zu ihrem Postdienst innerhalb der Stadt. Thiers, Favre und andere Mitglieder der Regierung in Versailles wurden von der Commune nunmehr in Anklagestand versetzt und ihr Vermögen confiscirt. Auch das Vermögen aller religiösen Gesellschaften wurde von der Commune zum Nationaleigenthum erklärt, die Trennung von Staat und Kirche ausgesprochen und das Cultusbudget ein- für allemal aufgehoben. Während die Commune in so blinder Wuth wieder wie in der ersten Revolution das Christenthum abschaffen zu wollen schien, ging in Paris schon wieder das Gas aus und lag die Stadt bei Nacht wieder in tiefer Finsterniß, weil sie keine Zufuhr von außen her erhielt. Aus demselben Grunde fehlte es auch schon wieder an Lebensmitteln. Zugleich wollte man erfahren haben, wenn die Versailler Regierung nicht bis zum 15. April Paris unterworfen hätte, würden die Deutschen, welche, 200,000 Mann stark, schon darauf vorbereitet seyen, in Paris einrücken.

Nun konnte ein Zusammenstoß der Nationalgarden von

Paris mit den Truppen von Versailles nicht lange mehr ausbleiben. Wirklich rückten die Nationalgarden, nur einige tausend Mann, am 2. April auf der Nordwestseite der Stadt aus und stießen bei Courbevoie auf die Regierungstruppen unter General Vinoy. Sie entsandten einen Arzt als Parlamentair, zogen sich aber zurück bis zur Brücke von Neuilly, welche gestürmt wurde. Am folgenden Tage brangen die Pariser mit 110,000 Mann unter Bergeret und Flourens wieder vor, wurden aber vom Mont Valerien aus, den die Versailler Regierung besetzt hatte, heftig beschossen und bei Chatillon abermals durch Vinoy zurückgeschlagen. Flourens fiel. Am 4. April warfen die Regierungstruppen die Pariser nochmals bei Chatillon zurück, deren General Henry gefangen wurde. Auch Duval wurde gefangen und sogleich füsilirt. Die Pariser hatten gehofft, die Linientruppen würden auch diesmal, wie früher am Montmartre, mit verkehrt gehaltenen Gewehren zu ihnen übergehen, diesmal aber blieben die Truppen treu und gingen mit den Gefangenen, besonders den Deserteuren, hart um. Am 7. April wurde die Brücke von Neuilly durch die Regierungstruppen noch einmal gestürmt und von nun an behauptet, sie verloren aber den General Besson durch den Tod und den General Pechaud durch eine schwere Verwundung, an der er starb.

Die Pariser hielten sich hinter ihrer Enceinte und unter dem Schutz der von ihnen besetzten Forts Issy und Vanvres, konnten aber keinen Erfolg über die Regierungstruppen mehr erringen. Die letztern richteten eben so wenig aus, da sie noch nicht stark genug waren, um die Stadt selber anzugreifen. Man kanonirte doch nur und es kam nur selten zu einem Handgemenge. Auch ein Versuch der Pariser bei Asnières auszubrechen, um die Regierungstruppen im Rücken zu bedrohen, hatte keinen dauernden Erfolg. Thiers wartete noch auf die Ankunft und Reorganisation von aus der Gefangenschaft zurückkehrenden zuverlässigen Regimentern und Mac Mahon sollte den Oberbefehl erhalten, derselbe Marschall, der von derselben republikanischen Regierung, die ihn jetzt brauchte, noch vor einem halben Jahre als Verräther gebrandmarkt worden war.

In der Sitzung der Nationalversammlung am 10. April theilte Favre mit, auch die Pariser Commune habe sich mit dem deutschen Hauptquartier ins Vernehmen zu setzen gesucht, „das Dokument besage, daß die Pariser Commune sich wie alle anderen Theile Frankreichs durch den Friedensvertrag gebunden erachtet, sie nehme das Recht in Anspruch, sich zu informiren, wie es mit der Ausführung des Vertrages stehe, und frage an, ob das Gouvernement von Versailles die erste Zahlung von 500 Millionen geleistet habe, was zur Folge haben würde, daß alle Nordforts, welche zur Pariser Commune gehörten, geräumt werden müßten. Eine Antwort auf diese Mittheilung sey deutscherseits nicht ergangen. General v. Fabrice denke wie der Minister (Jules Favre), daß die einzige Antwort, welche ertheilt werden könnte, berechtigte Verachtung wäre." Der Minister theilte noch mit, daß die Aufständischen aus dem Ministerium des Aeußern das Silberzeug entwendet hätten. „Das sind die politischen Kundgebungen, durch welche sie ihren Charakter enthüllt haben." Der Augenblick, wo das sog. Gouvernement in Paris zusammenbrechen werde, sey nicht mehr fern. Er hob besonders noch hervor, daß alle auswärtigen Regierungen in Frankreich nur die Versailler Regierung als von der Nationalvertretung rechtmäßig ernannt anerkenne.

Die Kreuzzeitung wollte wissen, England habe sich in diesen Tagen eifrig bemüht, um den deutschen Kaiser dahin zu vermögen, daß er seine Truppen in Paris einschreiten lasse und dem Unfug ein Ende mache. England aber war nicht wenig an dem Unfug schuld, denn der Pariser Pöbel war mit englischen Chassepots bewaffnet.

Als Bergeret, der fast immer betrunken war, von Cluseret wegen eigenmächtiger Anordnungen in dem Gefechte bei Courbevoie zur Rede gestellt wurde, gab er die trotzige Antwort, ein französischer

General brauche keinem amerikanischen General Rede zu stehen; ein Faustschlag begleitete diese Worte. Cluseret ließ hierauf Bergeret festnehmen, und die Commune ernannte an Bergeret's Stelle den Polen Dombrowski. Cluseret selbst soll früher wegen Betrügereien angeklagt gewesen seyn.

Im Innern der Stadt übten Rigault und Cournet an der Spitze des Sicherheitsausschusses der Commune einen argen Terrorismus aus. Assy, der früher hier alles gegolten, war plötzlich verhaftet worden, weil er mit Rouher sollte in Verbindung gestanden haben. Man ließ ihn nachher wieder frei. Die lächerliche Anmaßung der Commune ging so weit, daß sie in der Person Groussets, der früher in die Rochefort'schen Händel verwickelt gewesen war, einen Minister der Auswärtigen Angelegenheiten einsetzte, der sich auch wirklich durch Rundschreiben bei allen europäischen Cabinetten zu legitimiren versuchte. Die Confiscationen und Requisitionen in der Stadt dauerten fort. Jetzt kam die Reihe an die Kirchen. Die Kirchen Madelaine, Himmelfahrt und Notredame wurden geplündert. Der Raub aus der letzteren soll jedoch zurückgegeben worden seyn. Die Pfarrer dieser und mehrerer anderer Kirchen gleichfalls geplündert und verhaftet. Der Erzbischof Darboy mit seiner Schwester und allen seinen Hausgenossen und geistlichen und weltlichen Untergebenen wurde am 5. April auf Befehl der Commune gefangen weggeführt und als Geißel behalten. Eben so der Vorstand der Dominikaner, der Direktor einer Jesuitenanstalt, der Groß-Almosenier Crozé rc. Der Charfreitaggottesdienst wurde nicht gestattet. Das neue Blatt mot d'ordre hetzte, wie einst Marat's Blatt, forderte zum Kirchenraub auf und verlangte nach der Guillotine. Eine solche wurde wirklich und zwar zu Ehren Voltaires auf dem Boulevard Voltaire aufgerichtet, aber auf Befehl der Commune sogleich verbrannt, denn die Commune sprach den Ruhm an, die Todesstrafe abgeschafft zu haben. Rochefort spottete darüber, sie lasse ja so viele Menschen erschießen. Wie alles in der Stadt brüber und drunter ging, bewies die Thatsache, daß die Commune dahinter kam, es sey ein ganzes Bataillon Nationalgarde, welches gar nicht existirte, doch in den Listen fortgeführt worden und Betrüger hätten die tägliche Löhnung für daßelbe in Empfang genommen.

Nun bildete sich aber in Paris eine sog. „republikanische Ligue für die Rechte von Paris", welche vermitteln wollte. Ihr Programm war: Anerkennung der Republik, Anerkennung des Rechtes von Paris, sich durch einen frei gewählten und souveränen Rath zu regieren und in den Grenzen seiner Befugniß seine Polizei, seine Finanzen, seine öffentlichen Unterstützungen, seinen Unterricht und die Ausübung der Gewissensfreiheit zu regeln; die Wache von Paris ausschließlich der Nationalgarde, aus allen diensttauglichen Wählern bestehend, überlassen. An der Spitze der Unterzeichner des Programms, welches am 5. April veröffentlicht wurde, stand der Advokat Le Chevalier. Am folgenden Tage verbot die Commune eine Versammlung der Versöhnlichen, weil sie nur auf Verrath sännen. Dennoch gingen Vertraute der letzteren am 11. nach Versailles, um mit Thiers zu unterhandeln, richteten aber nichts aus, weil Thiers unbedingte Unterwerfung verlangte.

Der Kampf dauerte also fort, aber unentschieden. Marschall Mac Mahon, von der Regierung in Versailles am 11. April zum Oberfeldherrn ernannt, wartete noch auf die Kerntruppen, die aus der Gefangenschaft in Deutschland zurückkehren sollten. Von Paris aus parirte Dombrowski, der die Nationalgarden befehligte, mit Geschick die Angriffe der Versailler, aber seine Streiter taugten nicht viel. Obgleich alles, was männlich war vom 15.—35., später noch bis zum 48. Jahre zum Kampf aufgeboten wurde, weigerten sich doch die conservativen Bataillone der Nationalgarde, der Commune zu dienen, und wurden aufgelöst und viele Tausende flüchteten aus Paris. Unter den Zurückgebliebenen waren die meisten Faullenzer, nahmen Sold und wollten doch gern vom Kampfe wegbleiben.

Cluseret mußte den Nationalgarden befehlen „ihren Uniformen keine eitlen Auszeichnungen hinzuzufügen." Um sie unter dem Gewehr zu erhalten, mußte man ihren täglichen Sold von 1½ auf 3 Francs erhöhen. Dennoch wurde unter allerlei Vorwänden in der Stadt geplündert. Unter anderm rächte man sich an Thiers, indem man sein reiches Hotel ausraubte. Die Bank mußte nach und nach der Commune 5 Millionen Francs auszahlen. Die räuberischen Nationalgarden plünderten nicht nur die Kassen aller großen Häuser, sondern notirten sich auch aus ihren Büchern die Summen, welche sie nachher von Privatleuten durch Wechsel erheben konnten. Auch die Kirchen wurden fortwährend geplündert. Die N. Pr. Zeitung schrieb aus Frankreich: „Eine Person, welche aus Paris kommt, sagt mir, daß der Erzbischof von Paris aus dem Bette gerissen und zu Fuß in das Gefängniß geschleppt wurde. Auf dem ganzen Wege wurde er nicht blos verhöhnt, sondern auch in der scheußlichsten Weise besubelt. (Les gardes nationaux ont pissé sur lui.) Alle Klöster wurden durchsucht und die dort Vorgefundenen verhaftet. An den Straßenecken war angeschlagen, daß morgen (Charfreitag) ein großes Bankett stattfinden werde, mit der Bemerkung: On y mangera du prêtre (man wird dort Priesterfleisch essen). Preis 3 Fr. Die Frauenklöster wurden bei Nacht überfallen; die meisten der Damen hatten glücklicher Weise schon die Flucht ergriffen. Der Pfarrer der Magdalenen-Kirche (Deguerry), der auf der Flucht begriffen war, wurde erkannt und gefaßt; ebenso die Pfarrer von St. Augustin und St. Philippe-du-Roche. Die Jesuiten und Lazaristen hatten sich bei Zeiten entfernt. Ihre Wohnungen wurden geplündert." Vom Erzbischof erfuhr man noch, er sey als Gefangener dem Dictator Rigault vorgeführt worden, einem Studenten von nur 24 Jahren, der ihn auf's unverschämteste beschimpft habe.*)

---

*) Erzbischof von Paris zu seyn ist keine Freude. Die letzten vier beweisen es. Erzbischof de Quelen mußte während der Julirevolution, nachdem der Pöbel seinen Palast zerstört hatte, unter der Notredamebrücke

Auch wollte man ihn nur gegen ein Lösegeld von einer Million loslassen. Deguerry wurde mit Kolbenstößen mißhandelt. Um mit der Kirche überhaupt aufzuräumen, beschloß die Commune: „Art. 1. Die Kirche wird vom Staate getrennt. Art. 2. Das Cultusbudget wird unterdrückt. Art. 3. Die Güter, die der todten Hand genannt, welche den religiösen Körperschaften angehören, Mobilien und Immobilien, werden als Nationaleigenthum erklärt." — Der arme Erzbischof wurde gezwungen, der Regierung in Versailles die unerhörtesten Grausamkeiten vorzuwerfen, welche ihre Truppen an den Parisern begangen haben sollten. In der That hatten die Gensdarmen einige Gefangene im Zorn niedergeschossen. Der Brief des Erzbischofs war aber nur von der Commune erzwungen, da nicht wohl angenommen werden darf, er habe sich freilig der Commune zur Verfügung gestellt. Zu den Verhöhnungen der Kirche gehörte damals auch ein Dekret der Commune, welches den Beischläferinnen der Nationalgardisten alle Rechte einer Wittwe zugestand, wenn ihr Buhler etwa im Kampfe fiele.

Assy wurde auf einmal wieder freigegeben und auch in sein Amt wieder eingesetzt. Am 15. April wurden zwanzig große Hotels ausgeraubt. Bei den Gebrüdern Pereire suchten die Sendlinge der Commune vergebens nach Werthpapieren und räumten dafür den Keller, welcher ungefähr 25,000 Flaschen Wein enthielt, aus. Ein Dekret der Commune stellte sämmtliche Fabriken und Werkstätten, deren Besitzer Paris verlassen hatten, den zurückgebliebenen Arbeitern zur Verfügung. Am 16. April wurde die belgische Gesandtschaft

---

sechs Stunden lang bis an die Hüften im Wasser stehen, um nicht entdeckt und ermordet zu werden, erholte sich nie wieder und starb am gebrochenen Herzen. Sein Nachfolger b'Affre wurde am 2. Juli 1848, als er von den Barrikaden herab Frieden predigte, niedergeschossen. Dessen Nachfolger Sibour bekam, während er in der Kirche das Hochamt verrichtete, von einem verrückten Priester einen Messerstich mitten durch das Herz. Auf diesen folgte der arme Darboy.

von Nationalgarden geplündert. Rochefort machte in seinem mot d'ordre auf die Krondiamanten aufmerksam, welche der Finanzminister Picard in der Bank niedergelegt habe, im Werth von 50 Millionen. Darunter befinde sich der berühmte große Diamant, welcher Regent heißt, den solle man nehmen, denn man brauche keine Edelsteine mehr für die Könige, wohl aber Mittel gegen die Royalisten, „also vertreiben wir vermittelst des Regenten — die Regentschaft!" Am 20. gab das Amtsblatt der Commune einen weitläufigen Bericht über das, was sie eigentlich wolle, nämlich Aufrechterhaltung der Republik, verbunden mit unbedingter Selbständigkeit aller französischen Gemeindewesen. Die Commune will nicht Diktatur. An Stelle der bisherigen despotischen Centralisation sollen freiwillige Associationen sämmtlicher lokalen und industriellen Kräfte treten. Die Commune kündigte damit förmlich ein neues Weltalter an: „Die durch die Volks-Initiative vom 18. März begonnene Communal-Revolution eröffnete eine Aera experimentaler, positiver, wissenschaftlicher Politik. Es ist das Ende der alten gouvernementalen und klerikalen Welt, des Militarismus, des Beamtenthums, der Ausbeutung der Agiotage, der Monopole, der Privilegien, welche die Knechtschaft des Proletariats und das Unglück und die Niederlage des Vaterlandes verschuldet haben. Möge sich also das durch Lügen und Verleumdungen getäuschte große und theure Vaterland beruhigen! Der Kampf zwischen Paris und Versailles ist einer von denen, welche nicht durch illusorische Compromisse beendet werden können; sein Ausgang kann nicht zweifelhaft seyn. Der von der Nationalgarde mit unbezähmbarer Energie verfolgte Sieg wird der Idee und dem Rechte verbleiben."

Die Commune schämte sich nicht, Denkmäler des französischen Ruhms absichtlich zu zerstören. Eins ihrer Dekrete befahl, die berühmte Vendomesäule als „ein Monument der Barbarei, ein Symbol der rohen Gewalt und des Militarismus niederzureißen." Phyat wollte, man solle auch die Mumie des großen Napoleon aus der Invalidengruft reißen, und Rochefort verlangte die Zerstörung der Sühncapelle für Ludwig XVI.

Der fortgesetzte Kampf beschränkte sich von Seite der Versailler auf das Festhalten der Brücke von Neuilly, welche die Pariser vergeblich wieder zu nehmen suchten. Im Allgemeinen waren die Pariser im Nachtheil, aber auch die Versailler wagten sich noch nicht an die Enceinte. Die Erlaubniß, welche die Regierung in Versailles vom deutschen Kaiser erhalten hatte, statt der stipulirten 40,000 Mann das Doppelte in Paris zu verwenden, wurde bis auf 150,000 Mann ausgedehnt. Von deutschen Streitkräften, die noch in Frankreich blieben, wurde gemeldet, General Fabrice habe am 13. April seinen Sitz von Rouen nach Soisy, also dicht vor Paris verlegt. Officiell wurde gemeldet: Nach nunmehr erfolgter Auflösung der Südarmee sind die Commandoverhältnisse innerhalb der occupirten Gebietstheile Frankreichs vorläufig, wie folgt, geregelt: Die 1. Armee unter Befehl des Generals v. Göben umfaßt das 1. und 8. Armeecorps, die 17. Infanterie- und die 3. Cavallerie-Division. Die 2. Armee, deren Oberbefehl während der längeren Beurlaubung des Generalfeldmarschalls Prinzen Friedrich Karl der General v. Manteuffel führt, besteht aus dem 2., 3., 5., 9., 10. Armeecorps, der 1., 2., 4. und 6. Cavallerie-Division. Die 3. Armee, unter dem Oberbefehl des Kronprinzen von Sachsen, setzt sich aus dem Garde-, 4., 6., 11., dem 1. und 2. bayerischen Armeecorps, der Garde- und 5. Cavallerie-Division zusammen. Außer diesen 3 Armeen bestehen als selbständige Militärcommandos direkt unter dem Oberbefehl über die gesammten deutschen Heere die Generalcommandos des 7., des 12. (sächs.) Armeecorps, letzteres mit der zugehörigen Cavallerie-Division, und das Commando der württembergischen Felddivision. Auch das Generalcommando des 15. Armeecorps in Straßburg, sowie das dortige Generalgouvernement für Elsaß und Deutsch-Lothringen ressortiren direkt vom Obercommando der deutschen Heere.

Die französische Bevölkerung freute sich des deutschen Schutzes. Das Organ der Ligue anti-prussienne zu Paris, das Paris-Journal, war bereits sehr mißvergnügt darüber, daß die französischen Bauern seiner Auffassung nicht huldigen wollen. Es raisonnirte: „Die Landbevölkerung, wenigstens die im Departement Seine-et-Oise, scheint von der anti-preußischen Liga gar keine Notiz nehmen zu wollen, welche von den Parisern mit so enthusiastischem Patriotismus aufgenommen wurde. Wir haben mit peinlicher Ueberraschung constatirt, daß die in den Dörfern einquartierten Preußen nicht als aufgebrungene Gäste, sondern als Freunde und Genossen von den Bauern behandelt werden. Diese letzteren lassen sich von den Siegern sogar bei der Feldarbeit helfen. Diese Hülfe kostet ihnen beinahe nichts — das ist auch der richtige Grund — und einer von diesen Preußen arbeitet mehr, als vier unserer Ackerknechte."

Die Vérité vom 10. April schrieb: „Gestern kamen die Frauen der Gemeinden von Colombes und Argenteuil in Masse zu den Preußen, welche Sannois besetzt halten. Ganz außer sich vor Angst, weinend und händeringend, flehten sie den Schutz der Preußen gegen die Föderirten an, welche alle möglichen Grausamkeiten bei ihnen begingen. Die letzten Tage habe man einige ihrer Männer weggeführt, um sie mit Gewalt in die Nationalgarde zu stecken, und mehrere erschossen, welche ihre Dörfer nicht verlassen wollten. Die grausamen und wilden Handlungen versetzten die Dörfer in Wuth, und die Unglücklichen wüßten sich nicht anders zu helfen, als daß sie ihr Land den Deutschen anvertrauten. In Folge dessen verließ heute Morgen ein 6000 Mann starkes deutsches Corps Sannois, um Argenteuil und Colombes zu besetzen."

Während die Erfüllung der Friedenspräliminarien durch den hartnäckigen Widerstand der Commune in Paris verzögert wurde, ergab sich am 23. März die Festung Bitsch, die letzte und zugleich die kleinste, die in diesem Feldzug Frankreich vertheidigte. Sehr fatal war die Sistirung der Geldzahlungen, welche Frankreich in den Friedenspräliminarien übernommen hatte. Die Regierung in Versailles, durch die Revolution in Paris schwer bedrängt, konnte nicht einmal die Verproviantirungskosten für die auf französischem Boden zurückbleibenden deutschen Truppen bestreiten und blieb sie im Februar, März und April schuldig. Ebensowenig zahlte sie die erste halbe Milliarde der Contribution. Von deutscher Seite war man so großmüthig, ihr Frist zu geben, wie es denn auch im Interesse Deutschlands lag, die Franzosen mit sich selbst fertig werden zu lassen, ohne noch einmal deutsches Blut zu verschwenden.

Aber die Franzosen mißbrauchten diese Großmuth. Immer noch kamen auf den Etappenstraßen Franctireurstreiche, muthwillige Angriffe auf friedlich durchziehende Deutsche vor. So noch im März bei Dijon, in Lons le Saulnier und in Beaune. Und doch erfreuten sich die Franzosen überall der größten Schonung. Man schrieb der Pall Mall Gazette: „Ich besuchte dieser Tage das Nonnenkloster l'Espérance, wo ich eine Verwandte habe. Die Nonnen waren beschäftigt, sich für eine etwaige Flucht Laienkleider zu machen. Ich hörte, daß meine Verwandte mit einem Dutzend der jüngsten Nonnen kürzlich mit der Nordbahn nach der Abtei Royaumont abgereist war. Sie hatten gerade die Nordbahn gewählt, weil sie in dieser Richtung am ersten auf die Preußen treffen würden. Die Aebtissin fügte hinzu: ‚Sie werden dort in vollster Sicherheit seyn, denn es sind dreihundert Preußen in jenem Kloster einquartirt. Sie sind ehrerbietig und selbst fromm. Einige sind katholisch, andere protestantisch, mais tous sont pieux et d'une convenance parfaite.' Ich zweifle nicht an der Wahrheit dieser Aussage, aber mit der Aebtissin ist eine geradezu wunderbare Bekehrung vor sich gegangen, denn sie selbst sagte mir während der Belagerung, daß sie abscheuliche Geschichten von der Behandlung der Klöster durch die Preußen gehört habe."

Wachenhusen bemerkte in der Kölner Zeitung: Man ist in diesem Kriege im Allgemeinen nur allzu schonend aufgetreten und steifte dadurch der Frechheit der Franzosen den Rücken. Nament-

lich in den größeren Städten durften die Hotelwirthe von unseren
Offizieren Preise fordern, die gar nicht gerechtfertigt waren. Mit
der größten Unverschämtheit notirten die Wirthe in der Champagne
zu Anfang 10 bis 12 Francs für eine Flasche. Man reducirte
die Preise auf 8 Francs. In Versailles trieb der Wirth des Hotels
des Reservoirs seine Renitenz so weit, daß die Commandantur ihn
endlich greifen, einsperren und das Hotel verwalten ließ, und unsere
Offiziere waren so tolerant, daß sie es ruhig mit ansahen, wenn
die Franzosen mit dem Hut auf dem Kopf in ihre Speisesäle traten
und mit der größten Insolenz die Dasitzenden musterten. Einzelne
unserer Etappencommandanten trieben ihre Nachsicht so weit, daß
die Municipalbehörden auf jede Forderung nur noch das Wort
„impossible" hatten und nur gehorchten, wenn sie eingesperrt wurden, und noch viel mehr ist von der Geduld zu erzählen, welche
unsere Unterpräfekten den Monate lang rückständigen Steuerzahlun-
gen gegenüber an den Tag legten. Im ersten Moment der Besetzung eines Ortes pflegte die Bevölkerung zu zittern, denn sie erwartete Schandthat und Greuel; kaum hatte sie sich aber den Feind
etwas näher angesehen, so dachte sie: pas plus méchant que ça!
und zeigte freche Gesichter.

Zehntes Buch.

Der Frankfurter Frieden.

Wochen vergingen und der Kampf schwankte immer noch zwischen Neuilly und der Enceinte von Paris. Tag und Nacht wurde kanonirt, aber alle Versuche der Pariser, Neuilly wiederzunehmen, scheiterten und ebenso fruchteten den Versaillern ihre verschiedenen Angriffe auf einzelne Thore und Verschanzungen wenig. Die armen Einwohner von Neuilly schmachteten sechs Tage und Nächte lang in ihren Kellern, während die Häuser über ihnen zusammengeschossen wurden. Aus Paris desertirten täglich viele Nationalgarden und junge Leute, um nicht zum Dienst der Commune gezwungen zu werden. Der Versailler Regierung warf man vor, daß sie seit dem 16. April die vornehmen Stadtviertel von Paris, namentlich den Faubourg St. Honoré beschießen ließ, wodurch mehrere große Häuser zertrümmert und unschuldige Menschen getödtet wurden. Sogar Hotels von solchen Gesandten, die bei der Regierung in Versailles accreditirt waren, blieben nicht verschont, namentlich das des türkischen und nordamerikanischen Gesandten. Man frug, warum denn die gesammte Diplomatie nicht auch diesmal protestirte, da sie doch früher, als die Deutschen das Bombardement von Paris ankündigten, so laut gelärmt hatte?

Als endlich Mac Mahon etwa 100,000 alte Truppen zusammengebracht hatte, wurden dieselben in zwei Corps unter den Generalen Douay und Clinchant getheilt und am 26. April der Angriff auf Paris im größern Styl begonnen. Man glaubte jedoch noch nicht, daß die Armee der Regierung stark genug sey. Auch trat Mißtrauen in die Ehrlichkeit der Regierung ein, weil auf dem Friedenscongreß in Brüssel neue Schwierigkeiten, sowohl in politischen als finanziellen Punkten erhoben wurden. Die Entlassung der französischen Gefangenen aus Deutschland stockte plötzlich. 40,000 Mann, die von Hamburg aus eingeschifft werden sollten, wie auch die noch in Bayern befindlichen Gefangenen wurden zurückgehalten. In den letzten Tagen des April befanden sich innerhalb der Corpsbezirke der zwölf norddeutschen Armeecorps von Franzosen nur noch 1500 Offiziere und 198,000 Mann in Kriegsgefangenschaft.

In der Nationalversammlung hatten die Legitimisten eine Mehrheit und machten bereits einen Angriff auf Picard, Favre und Simon, wodurch sie verriethen, sie würden auch die gemäßigte Republik stürzen, sobald sie könnten. Aber Thiers, an den sie sich noch nicht wagten, vertheidigte seine Collegen in der Sitzung vom 27. April feurig und siegreich gegen den Legitimisten Kerdrel, der einen Fehler beging, indem er die Fahne Heinrichs V. zu früh enthüllte.

Die Commune erzwang von den Eisenbahngesellschaften zwei Millionen. Am 25. April zogen 1500 Freimaurer mit weißen Fahnen und grünen Zweigen vor das Stadthaus und drückten den Wunsch einer Versöhnung aus. Sie wurden sehr feierlich empfangen. „Bruder Tirifoque erklärte, daß von dem Tage an, wo die Commune bestehe, die Freimaurerei begriffen habe, daß dieselbe die Grundlage unserer socialen Reformen seyn werde. Es ist, sagte er, die größte Revolution, welche die Welt jemals gesehen hat." Bruder V. von der „Schottischen Rose", bezeichnete dann u. A. die Commune, diesen neuen Tempel Salomos, als das Werk, welches die Freimaurer zu errichten strebten, das heißt, die Gerechtigkeit und die Arbeit als Grundlagen der Gesellschaft. Die Freimaurer schickten auch eine Deputation nach Versailles, Thiers aber schickte sie wieder an die Commune zurück. Diese habe den Kampf begonnen und müsse auch zuerst den Frieden antragen.

Man berechnete, daß sich in der Armee der Commune außer 20,000 entlassenen Verbrechern hauptsächlich Polen, Garibaldianer, Feniers, englische und belgische Internationale mausig machten und die Spießbürger von Paris in Angst und Furcht versetzten. Mit vieler Ostentation kündigte man die baldige Ankunft eines gewissen Nourrit an, der als Mörder des Generals Bréa vor 22 Jahren nach Cayenne verbannt wurde und den man jetzt wie einen Messias erwartete. Ein radicaler Club verlegte seine Sitzungen am 26. April in die Kirche St. Nicolas des Champs, wo man die Marseillaise sang. Ein Dekret der Commune befahl die Niederreißung der Kirche Bréa, die zum Andenken des ermordeten Generals errichtet worden war. Die Etoile belge schrieb aus Paris: Delegirte der Commune haben die Staatskassen erbrochen und 4 Millionen Francs (Rententitel und Anleihescheine auf den Ueberbringer) weggenommen. Während des Transportes in das Stadthaus wurde eine Million verloren oder unterschlagen.

Sofern von der Pariser Commune die Universalrepublik ausgehen sollte, erließ sie am 22. April ein äußerst schwülstiges Verbrüderungsschreiben an die Eidgenossenschaft, worin es hieß: „Die französische Republik ist der schweizerischen Eidgenossenschaft mehr als einen Gruß, sie ist ihr Dank schuldig. Verrath hat 80,000 Unterthanen des Kaisers auf den schweizerischen Boden geworfen; die schweizerische Nation und die Demokratie haben sie an ihren Herd aufgenommen und uns 80,000 Republikaner zurückgegeben. Das Schweizervolk hat sie nach seinem Bilde umgeformt, frei und der Freiheit würdig. Wie die Republik eine Lehre für die Monarchieen ist, so sind ihre Bürger ein Beispiel für die Sklaven. Die schweizerische Republik ist die älteste und das Urbild der Republiken in beiden Welttheilen und auf beiden Seiten des Oceans. Sie ist eine Vestalin, ewig und rein wie ihre Schneeberge, auf welchen sie thront, welche sie schützen und auf welchen das Weltall ihr zusieht, wie sie die menschliche Freiheit wahrt und das heilige Feuer in der Nacht des Mittelalters und der Reaktion der heutigen Zeit nährt; der allgemeine und fortwährende Leuchtthurm des Rechtes für das Heil beider Welten, des alten Europa wie des jungen Amerika."

Endlich wurde durch die Commune auch wieder der berüchtigte Wohlfahrtsausschuß der ersten Revolution in Scene gesetzt. Das Journal officiel schrieb am 2. Mai: „Die Commune decretirte die sofortige Bildung eines aus fünf Mitgliedern bestehenden, durch die Commune erwählten Wohlfahrtsausschusses. Derselbe wird die ausgedehnteste Vollmacht über alle Delegationen und Commissionen erhalten und nur der Commune verantwortlich seyn. Mitglieder des Ausschusses sind: Antoine Arnaud, Leo Meillet, Ranvier, Pyat, Charles Gerardin."

Bei allem Schrecken und aller Noth in Paris ließ sich die Bevölkerung doch in ihrem gewohnten Leichtsinn nicht stören. Man schrieb der Times: „In der Avenue St. Cloud sind billige Schaubuden und Schießzelte gerade gegenüber einer Reihe von Soldatenzelten aufgeschlagen, und in nächster Woche werden also Hanswurste hinkommen, um eine lachende Menge zu unterhalten, während die Krankenkarren mit todten und verstümmelten Franzosen vorbeifahren. Der dünkelhafte Leichtsinn des Volkes gibt sich auch in den Bemerkungen kund, die man über den Fortgang des Bombardements hört. ‚Ha, was die Franzosen kämpfen können!' ‚Paris ist noch nicht genommen!' ‚Warum ließen die Generale diese Tapfern doch früher nicht einen Ausfall machen und die Preußen schlagen?' ‚Ißh schießt noch, nicht wahr?' ‚Gewiß, Madame.' ‚Die Insurgenten sind Halunken, aber wie alle Franzosen, sind sie auch tapfer — sehr tapfer!" Die Sucht nach Orden ist dem entsprechend noch immer eine allgemeine Krankheit. Ein Franzose ohne Ordensbändchen wird immer seltener; aber nachdem alle Kreuze der Ehrenlegion für im verflossenen Kriege geleistete Dienste vertheilt sind, warten jetzt wieder 64,000 Gesuche um jene Auszeichnung auf die Entscheidung des Herrn Thiers."

„In der Nicolauskirche zu Paris etablirte sich ein Club. „Denken Sie sich eine prächtige gothische Kathedrale von fünf Schiffen, wie alle Pariser Kirchen des Abends mit Gas beleuchtet und nun dicht gefüllt von einer volksthümlichen, beständig auf- und niederwogenden Gemeinde. In den Nischen und Kapellen ist der ganze bunte Apparat des katholischen Gottesdienstes noch unangetastet; frische Blumensträuße füllen die Vasen, goldene und silberne flammende Herzen schlingen sich um die Heiligenbilder; aber die Männer in der Menge lassen ihr Haupt bedeckt und die Weiber tauchen höchstens, um sich die Stirn zu erfrischen, das Taschentuch in das Weihbecken. Der Kanzel gegenüber tagt das Bureau zu Füßen eines ehernen Kruzifixes, von welchem die rothe Fahne herabweht. Ein junger Bürger, das blaue mit dem Tempel Salomonis bestickte Freimaurerband über der Brust, besteigt unter stürmischem Beifall die Kanzel: er heißt Landeck, ist aber trotz seines deutschen Namens ein ächtes Kind von Paris." Er predigt ungeheuer populär, wirft mit den gemeinsten Schimpfwörtern um sich und stellte unter anderm mit allgemeinem Beifall den Antrag, es sollte in jedem Stadttheil an der Mairie ein Schalter befestigt werden, in welchen die ächten Patrioten die Denunziationen der Verräther werfen würden, daran sollte sich dann eine Razzia auf alles bewegliche und unbewegliche Eigenthum schließen u. s. w.

Auch das berüchtigte Journal Le père Duchêne der ersten französischen Revolution erschien auf's neue und führte dieselbe unflätige Sprache wie vor 80 Jahren. Im mot d'ordre las man Anfangs Mai die Schauergeschichte einer neuen Nonne Ubryk. In

der Rue Picpus nahe beim Gefängniß Mazas stehen ein Jesuiten-
kloster und ein Nonnenkloster nahe bei einander. In dem letztern,
dessen Nonnen geflohen waren, fand man eine enge Zelle, in der
drei Nonnen: Stephanie, Bernhardine und Viktoria, im Alter von
61, 40 und 30 Jahren, länger als neun Jahre eingesperrt waren
und im erbärmlichsten Zustande vorgefunden wurden. Nachgrabun-
gen in den Souterrains hätten, nach dem bezogenen Blatte, zur
Entdeckung von Kinderskeletten und Knochen geführt. Die Kerker
der Unglücklichen werden so beschrieben: Eine Art feuchten Hunde-
zwingers im Garten war durch einen Bretterverschlag in zwei Zellen
getheilt, deren Flächeninhalt so beschränkt war, daß kaum die Lager-
stätten für die Eingesperrten Platz fanden. Daneben sollen sich noch
allerlei Marterwerkzeuge befunden haben. Vielleicht war die ganze
Sache nur eine Erfindung, um den Volkshaß gegen die Kirche zu
entflammen.

Die Regierung in Versailles mochte wohl manche Angst aus-
stehen und Gewissensbisse fühlen. Sie bestand wesentlich aus den
Männern der ehemaligen Opposition, die im gesetzgebenden Körper
und in der Presse seit zwanzig Jahren unaufhörlich die kaiserliche
Regierung angegriffen und dabei das wahre Wohl Frankreichs ihrem
Ehrgeiz aufgeopfert hatten. Die kaiserliche Regierung wahrte Frankreichs Wohlstand und äußeres Ansehen, während die Opposition
nichts Gutes an ihr gelten ließ und ihr überall Hemmschuhe an-
legte, z. B. in der freihändlerischen Angelegenheit, in der die Regierung es besser mit Frankreich meinte, als die Opposition. Auch
wurde Napoleon III. zu dem unglücklichen Kriege mit Deutschland
fast weniger durch seine dynastische Politik, als durch das ewige
Gehetze der Opposition hineingetrieben. Denn wer war es denn
gewesen, der ihm beständig zum Vorwurfe gemacht, daß er Preußen
nicht angreife, daß er für Waterloo und Sadowa keine Rache nehme?
Wer anders als die Opposition und vor allem der kleine Thiers.
Ohne deren beständiges Gehetze würde die Kriegspartei am Hofe

Der Frankfurter Frieden.

ohnmächtig geblieben und würde auch die Kaiserin Eugenie nicht im Stande gewesen seyn, den Jesuitismus mit dem Chauvinismus eng zu verknüpfen und den doppelten Angriff auf Deutschland durch weltliche Waffen von Paris, durch geistliche von Rom und dem Concil aus durchzusetzen. Die Versailler Regierung von 1871, die sich an die Stelle des Kaiserthums gedrängt hatte, schob diesem allein alle Schuld des Unglücks zu und trug doch selber die Mit-, wenn nicht die Hauptschuld.

Thiers und seine Freunde befanden sich in einer schlimmen Klemme. Allein nämlich vermochten sie Paris nicht zu bewältigen, ja sie würden durch einen Ausfall der Pariser wohl bald aus Versailles vertrieben worden seyn, wenn die Deutschen nicht noch die wichtigsten Forts besetzt und ihnen erlaubt hätten, mehr als die Anfangs stipulirten 40,000 Mann vor Paris zu sammeln. Sie lebten also nur von der Gnade der Deutschen und es sollte doch den Schein haben, als ob ihre Regierung schon aus eigener Kraft Paris bezwingen könne, ja sie machten sogar bei den definitiven Friedensverhandlungen in Brüssel noch Schwierigkeiten und versuchten den Deutschen noch zu guter Letzt weitere Concessionen abzuschwindeln. Sofern sich die Deutschen in den Forts und in der Nähe von Paris ganz ruhig verhielten, konnten die Regierung in Versailles und die Commune in Paris den Bürgerkrieg fortsetzen und konnten sich auch die Provinzen und die verschiedenen republikanischen und dynastischen Parteien wieder regen. Der Widerstand in Paris ging nicht blos aus anarchischen Gelüsten des Pöbels hervor, sondern es lag insofern auch ein gesunder Kern darin, als er zum Zweck hatte, dem bisherigen System eines alles centralisirenden Despotismus ein Ende zu machen und dem früher schon so oft von den Provinzen ersehnten und von Odilon Barrot warm vertheidigten Decentralisationsprinzip und namentlich einer freiern Communalverwaltung Achtung zu verschaffen. Die Commune von Paris wollte sich vor allem als selbständige Gemeinde emancipiren, und auch die Tumulte in den größern Provinzialstädten Frankreichs gingen nicht blos von abenteuerlichen Universalrepublikanern aus, sondern trugen, wie früher die Juntas in Spanien, einen mehr particularistischen Charakter.

Sobald die Commune in Paris gegen die Regierung in Versailles offenen Aufruhr erhoben hatte, ahmte der Pöbel in den andern größern Städten Frankreichs dieses Beispiel nach, wobei auch Agenten der Pariser Commune thätig waren. Es fehlte hier aber überall an Energie. In Lyon wurde am 22. März die rothe Fahne aufgepflanzt, General Prenet gefangen, der Präfekt Valentin ermordet und ein Ausschuß der Commune, meist Arbeiter unter dem Vorsitz von Crestin, maßte sich die höchste Gewalt an. General Crousaz hielt den Bahnhof besetzt und noch das Ansehen der Pariser Regierung aufrecht. Auch in St. Etienne brach am 26. März die Empörung aus und der Präfekt Lespec wurde ermordet. In Marseille erfolgte gleichfalls ein großer Pöbelaufstand schon am 23. Hier aber stellte General Espinet am 5. April die Ordnung wieder her. In Bordeaux, Toulouse, Perpignan, Narbonne, Arles, Limoges gab es ähnliche Pöbelaufstände, die aber alle bald wieder unterdrückt wurden, so daß der Pöbel in Paris isolirt blieb und keinen Zuzug aus den Provinzen erhalten konnte. In Lyon kam es am 30. April noch einmal zu einer blutigen Emeute, die abermals unterdrückt wurde.

Merkwürdigerweise verhielt sich der Norden Frankreichs viel ruhiger. Die Stadt Rouen z. B. bat das deutsche Obercommando um eine stärkere und längere Besatzung und gab, wie die Weserzeitung meldete, aus freien Stücken jedem Mann der deutschen Besatzung eine Tageszulage von 2½ Silbergroschen.

Aus Anlaß der Municipalwahlen tauchte der Gedanke auf, die Provinzen sollten sich selbständig constituiren. Es hieß, Gambetta sey aus Spanien heimlich zurückgekommen, um die Provinzen auf's neue aufzuregen, und die Versailler Regierung ließ auf ihn fahnden. In Bordeaux bildete sich ein provisorisches Comité, um einen Congreß von Delegirten der Städte Frankreichs zusammenzurufen, welcher dem Bürgerkrieg in Paris ein Ende machen sollte. Emil von Girardin machte den abenteuerlichen Vorschlag einer französischen Union nach dem Muster der nordamerikanischen. Darnach sollte Frankreich in 19 einzeln unabhängige, im Ganzen aber unirte Republiken zerfallen. Da ein solcher Unsinn nicht realisirbar, die Versailler Regierung aber bereits unpopulär geworden, die Commune in Paris gespalten und im Widerstreit theils mit dem Wohlfahrtsausschuß, theils mit dem wieder aufgetauchten Centralcomité der Nationalgarde war, und auch die nur in der Nationalversammlung zahlreich vertretene Partei der Legitimisten bei den Municipalwahlen durchgefallen war, regten sich wieder die Bonapartisten. Ihr Organ, die Situation, sagte geradezu, nur durch Wiederherstellung des Kaiserthums könne Frankreich gerettet werden. Auch die Orleanisten blieben nicht unthätig. Durch den Nouvelliste de Rouen erfuhr man, „es sey ein öffentliches Geheimniß in der Normandie, daß der Escadre-Chef Robert Lefort, dessen Ernennung zum Ritter der Ehrenlegion das Versailler Amtsblatt vergangene Woche meldete, identisch ist mit dem Herzog von Chartres, welcher würdig seine Pflicht erfüllte unter Eslancelin, später unter Chanzy, gleich Joinville, welcher den Rückzug der französischen Truppen bei Orleans gelegentlich des zweiten preußischen Einzugs deckte."

Auch die Legitimisten blieben nicht müßig. Im Anfang des Mai nämlich meldete der Gaulois, „die klerikale Partei habe Pius IX. zu dem definitiven Beschlusse gebracht, Rom möglichst bald zu verlassen; der Papst warte nur noch die Niederschlagung des Pariser Aufstandes ab und werde alsdann sofort in Marseille eintreffen, um sich dann über seine bleibende Residenz mit dem Chef der Executive zu vereinbaren. Thiers ist bekanntlich eifrig für die Restauration des Kirchenstaates und die Vernichtung der italienischen Einheit, die ihm fast noch mehr zuwider ist als die deutsche. Die ultramontane Propoganda zu beiden Seiten des Rheines und der Donau würde durch die Verlegung des Sitzes des Papstes nach Frankreich bedeutend an Schärfe gewinnen; es fehlte dann nur noch die Thronbesteigung Chambords als Henri V., um die Herrlichkeit vollkommen zu machen. An der Spitze der klerikalen Bewegung steht gegenwärtig Msgr. Dupanloup; sein nächstes Ziel ist eine Aenderung des Unterrichtsgesetzes, das im Geiste des Syllabus reformirt werden soll. Der betreffende Gesetzentwurf, von Dupanloup, Wallon und Broglie unterzeichnet, liegt der Nationalversammlung bereits vor, und die Majorität wird bei der Debatte zeigen, weß Geistes Kind sie ist." Graf Chambord bemerkte im „Monde", daß er auf das Glück Frankreich zu retten verzichtet habe, sey eine Verleumdung.

Thiers erklärte sich in der Nationalversammlung entschieden gegen den Plan von Bordeaux, der nur zu einer Decentralisation Frankreichs führen könne, und setzte durch, daß freie Wahlen eines Maire in kleinern Gemeinden stattfinden sollen, in jeder Stadt von mehr als 20,000 Seelen aber die Regierung den Maire zu ernennen habe. Man bemerkte mit Recht, es würde für Frankreich heilsamer seyn, wenn die Tyrannei der Hauptstadt gezügelt und den Provinzen mehr Freiheit gewährt würde. Aber das richtige Maaß zwischen den beiden Extremen strammster Concentration und lockerster Auflösung war schwer zu finden. Thiers berief sich auf ein Gesetz von 1855, welches den Gemeinderäthen als solchen verbot, sich unter einander in Correspondenz zu setzen. Man fürchtete aber, gerade seine Verbote würden die opponirenden Städte noch mehr reizen. Indeß kam einstweilen alles nur darauf an, durch einen schnellen Friedensabschluß mit dem deutschen Reich die Mittel zu erlangen, die man noch brauchte, um Paris zu unterwerfen. Am 11. Mai stellte Thiers der Nationalversammlung in Versailles die Alternative, ihm ihr volles Vertrauen zu erklären oder seine Entlassung anzunehmen. Sie gewährte ihm das erstere mit 495 gegen 10 Stimmen. Am gleichen Tage befahl die Commune von Paris, alles Eigenthum des Herrn Thiers in Beschlag zu nehmen und sein Haus der Erde gleichzumachen. Groufset lud die Delegirten der Municipalitäten, deren Zusammenkunft in Bordeaux Thiers verboten hatte, nach Paris selbst ein.

Die französische Regierung hielt noch 1500 deutsche Gefangene und 87 geraubte deutsche Handelsschiffe zurück und versäumte, die rückständigen Verpflegungsgelder für die deutschen Truppen auf französischem Boden, geschweige denn die erste halbe Milliarde der Kriegskosten zu bezahlen. Thiers scheint gemeint zu haben: „Je länger der Kampf um Paris sich hinziehe, um so vortheilhafter sey er für Frankreich, denn er ermüde die Deutschen, mache sie ungeduldig, und setze sie in eine Gemüthsverfassung, in welcher sie geneigt würden, mit Verzicht auf die festgesetzten Bedingungen des Präliminarfriedens so rasch als möglich aus dem Lande fortzukommen. Die Aussichtslosigkeit des Bürgerkriegs schien ihm ein Mittel, die Deutschen zu prellen." Allein Thiers hatte sich in Frankreich, wie in Deutschland verrechnet. Die gerade damals in ganz Frankreich vorgenommenen Municipalwahlen fielen nicht im Sinne der Regierung aus und bewiesen das gegen sie im Lande herrschende Mißtrauen. Von deutscher Seite aber durfte Thiers voraussetzen, daß Bismarck ihm energisch entgegengetreten werde.

In Berlin entstand der Verdacht, die Regierung in Versailles meine es nicht ehrlich mit Deutschland und wolle dessen Großmuth nur zum eigenen Vortheil ausnutzen, um die Erfüllung ihrer Verpflichtungen gegen Deutschland hinauszuschieben. Am 24. April sagte Bismarck selbst im deutschen Reichstag: „Ich kann nicht sagen, daß die Verhandlungen in Brüssel den raschen Fortgang nehmen, den ich von ihnen unter diesen Umständen erwartet hätte, ich kann mich im Gegentheile dem Eindrucke nicht verschließen, als ob die französische Regierung sich der Hoffnung hingebe, zu einer späteren Zeit, wo sie mehr erstarkt seyn würde, andere Bedingungen als jetzt zu erlangen. (Hört! Hört!) Versuchen, die Bedingungen des Präliminarfriedens abzuschwächen, würden wir uns in keiner Weise hingeben, nach welcher Richtung dieselben auch gemacht werden möchten (lebhaftes Bravo!), sey es im territorialen, sey es im finanziellen Theile der Abmachungen. Es wurde von Herrn Thiers als Ersatz für unsere Forderungen und als Garantie gegen die Gefahren, die wir besorgten, der Vorschlag gemacht, daß die französische Armee bis zur Ratification des definitiven Friedens hinter der Loire internirt bleiben sollte, so daß zwischen der Seine und Loire ein breiter neutraler Strich zwischen beiden Heeren gewesen wäre, der nicht überschritten werden durfte, so daß die Ueberschreitung der Loire durch einen irgendwie beträchtlichen französischen Truppentheil sofort das Signal zur Erneuerung des Krieges, d. h. die Ankündigung der Absicht Seitens der französischen Regierung den Krieg zu erneuern seyn würde. Wegen der besonderen Verhältnisse von Paris wurde eine Ausnahme stipulirt, dahin, daß 40,000 Mann französische Truppen in Paris zur Aufrechterhaltung der Ordnung bleiben konnten. Man schätzt die Armeen der Regierung bei Versailles auf über 100,000 Mann, ich weiß nicht, zu welchem Prozent aus Linientruppen, resp. aus Nationalgarden bestehend. Wenn die Regierung mit dieser Armee die Aufgabe, die sie sich gestellt hat, durchführt, so vertrauen wir auf ihre Loyalität in Ausführung des Friedens; wenn ihr aber die Aufgabe mißlingt, so können wir unmöglich vorher übersehen, welche Agglomerationen von Truppen und unter welcher Führung sich in Frankreich aus den dort auf beiden Seiten vorhandenen Bestandtheilen bilden können. Wir müssen also, wenn wir ganz sicher gehen wollen — und nach so großen Opfern ist es Pflicht der Regierung, ganz sicher zu gehen —, so stark bleiben, daß wir jeder Eventualität, jeder Combination von Streitkräften in unserer Stellung gewachsen sind. Das bedingt erhebliche finanzielle Opfer. Die Regierung in Versailles hat zugesagt, am 25. sollten die Rückstände bezahlt werden und vom 1. Mai an die Zahlungen regelmäßig erfolgen. Geschieht dies nicht, so müßten wir zu Requisitionen von Naturalien schreiten. Man hat gesagt, es wäre am besten, dem jetzigen Zustande in Frankreich durch Eingreifen von unserer Seite ein Ende zu machen; ich habe mich indessen nicht entschließen können, Sr. Majestät zu diesem Mittel zu rathen (Bravo!); ich muß befürchten, daß eine unerbetene Einmischung in diese Verhältnisse alle Theile gegen uns, ich will nicht sagen: einigen, aber doch einander nähern würde. Man würde nach französischer Art rasch bereit seyn, alle Uebel der Situation auf die Einmischung des Auslandes zu schieben (sehr richtig), und sich gegenseitig mit der Betheuerung: Nous sommes Français! umarmen. Ich will das Wort nicht gebrauchen, es geht zu weit, aber man würde sich näher rücken auf unsere Kosten, und außerdem möchte ich ungern, daß wir von dem Programm, welches Se. Majestät der Kaiser aufgestellt hat und nach dem wir zu handeln gedenken, von dem Programm der Nichteinmischung in die Angelegenheiten anderer Völker, uns entfernen (hört, hört!) selbst in einem Falle, wo die Versuchung dazu uns so nahe gelegt ist und wo unser eigenes finanzielles Interesse so sehr dazu zu drängen scheint (Bravo!). Aber die Zusage einer Enthaltung um jeden Preis zu geben, halte ich nicht für indicirt, es würde das eine Aufmunterung der Straflosigkeit nach mehreren Seiten hin seyn können, und jedenfalls haben wir das Recht und die Pflicht uns vorzubehalten, daß wir da, wo wir unsere eigenen Interessen und Rechte verletzt oder gefährdet finden, auch nicht Behufs Einmischung in fremde Angelegenheiten, sondern Behufs der Vertheidigung der eigenen eingreifen (Bravo!)."

Die Drohung wirkte. Die Versailler Regierung ließ die bis zum 1. Mai rückständigen Verpflegungskosten endlich auszahlen. Mit Paris konnte sie immer noch nicht fertig werden. Hier aber wuchs die Verwirrung. Eine Partei geberdete sich wie toll. Am

6. Mai erließ das Centralcomité des „Frauenvereins für die Vertheidigung von Paris" eine feuerspeiende Proklamation, worin es zum Kampf bis auf's Aeußerste herausforderte. Auch Delescluze, eine Hauptperson im Wohlfahrtsausschuß, verhieß den Parisern in einer Proklamation bereits triumphirend, sie würden „Frankreich und die Welt" befreien. Inzwischen wurden in Paris Nr. 1. bis 7500 städtische Obligationen vom Jahr 1869 gestohlen und in London und Brüssel versilbert. Ueberhaupt bemerkte man, daß sich die Pariser trotz aller Prahlereien mehr mit Pulververschwendung und lautem Kanoniren begnügten, ohne ernsthaft in's Gefecht zu gehen. Nur gegen Wehrlose war man tapfer.

Die Friedensunterhändler in Brüssel konnten zu keinem Schlusse kommen, so lange die Dinge vor Paris nicht entschieden waren. Die französischen Unterhändler begannen aber Schwierigkeiten zu machen in Bezug auf die finanziellen und politischen Festsetzungen der Präliminarien. Thiers spielte ein falsches Spiel in Versailles. Man war ihm von deutscher Seite großmüthig entgegengekommen, um seine Regierung zu befestigen. Man erlaubte ihm, die Armee vor Paris um mehr als das Doppelte zu verstärken, als die Präliminarien gestatteten; aber auch nach der warnenden Rede Bismarcks am 24. April fand Thiers in seiner Rede am 27. noch kein Wort des Dankes dafür. Man fing in Deutschland an, dieses Benehmen beleidigend zu finden, aber Bismarck's Organ, die Provinzialcorrespondenz, bemerkte: „So bedauerlich die jetzigen Zwischenfälle in Frankreich in manchen Beziehungen seyn mögen, so schwer zumal unsere Truppen und die betheiligte Bevölkerung die unvermeidlichen Verzögerungen des endgültigen Abschlusses empfinden, so darf das deutsche Volk doch darüber beruhigt seyn, daß der politische Erfolg unserer Anstrengungen und Siege, wie er zunächst durch die Präliminarien von Versailles festgestellt worden ist, uns nicht mehr entrissen werden wird, daß dagegen die jetzigen Ereignisse, welche für Frankreichs innere Lage und politische Stel-

lung so verhängnißvoll sind, uns zu den Erfolgen des Friedensschlusses noch vielfache moralische Errungenschaften gebracht
haben, auf welche wir vor Kurzem nicht hoffen konnten."

Gleichzeitig las man in der Nordd. A. Zeitung einen scharfen
Artikel gegen die Versailler Regierung. Nachdem von deutscher
Seite so viele Großmuth gegen dieselbe geübt worden sey, habe sie
gewagt, die von ihr selbst unterzeichneten Friedenspräliminarien
wieder für ungültig zu erklären. Sie habe behauptet: „Der Gedanke, im Voraus 11 vierteljährliche Termine für die ganze Zahlung einer in klingender Münze oder Handelspapieren zu beschaffen-
den Summe von 5 Milliarden festzustellen, könne nicht angenommen
werden. Er sey materiell nicht zu verwirklichen und es gebe in der
Welt keinen Staat, kein Consortium von Bankiers, welches ernsthaft und ehrlich daran denken könne, solche Verpflichtungen zu
übernehmen, einer ähnlichen Verantwortlichkeit sich zu unterziehen.
Es sey eine materielle Unmöglichkeit, welche keines langen Beweises
bedarf. Eine solche Masse disponibler Kapitalien existire nicht in
der ganzen Welt."

Also habe die Versailler Regierung den Frieden geschlossen,
gerade so, wie sie den Krieg geführt habe, um hinterdrein achsel-
zuckend die Unmöglichkeit zu erklären, in welcher sie sey, eben so
wenig den Frieden durchführen zu können, wie sie den Krieg durch-
geführt habe. Die angebliche Unmöglichkeit sey aber eine Lüge.
„Wir verweisen Herrn Thiers, den begeisterten Geschichtschreiber
der Napoleoniden, auf einen Konkurrenten, den Grafen Röderer.
Graf Pierre Louis Röderer, Pair de France, welcher in Metz
geboren und während des ersten Kaiserreichs dem Tuilerienhofe,
später allerdings mit echt französischer Eskamotage den Bour-
bonen und Orleanisten nahe stand, gibt in seinen, dem Herzog
von Orleans gewidmeten Denkwürdigkeiten eine Unterredung wieder, welche er am 6. März 1809 gehabt hat, und welche statt-
fand, als der den Spaniern oktroyirte König Josef sich bei seinem

brüderlichen Protektor über Geldmangel beklagt und offen verlangt hatte, man möge Spanien schonen, um es nicht zu erschöpfen. Die bei dieser Gelegenheit von Napoleon geäußerten Worte betreffen gerade Preußen und lauten: Il se plaint de n'avoir point d'argent. Pourquoi n'en a-t-il pas? Il y en a en Espagne. J'ai tiré un milliard de la Prusse. Il me n'aurait pas été difficile d'en tirer deux de l'Espagne. Allez! Also Napoleon durfte sich rühmen, von dem kleinen geschwächten Preußen eine Milliarde erpreßt zu haben, und das unter den damaligen Handels- und Geldverhältnissen; und jetzt soll ein Land von der Größe, dem Reichthume und den Hülfsquellen, wie Frankreich sie auch nach Rückgabe von Elsaß-Lothringen noch immer aufzuweisen hat, nicht fünf Milliarden tragen können? Habeat sibi!«

In Brüssel hatten von preußischer Seite die Herrn v. Arnim und v. Balan, von bayrischer Graf Quadt, von württembergischer Graf Uxkull mit den französischen Bevollmächtigten Baron Baude und Goulard seit dem 28. März erfolglos unterhandelt und die letztern hatten durch ihre Quängeleien Mißtrauen erregt. Thiers aber durfte es mit Deutschland nicht verderben. Unter diesen Umständen blieb ihm nichts übrig, als sich abermals der Großmuth der Deutschen anzuvertrauen und guten Rath von Berlin anzunehmen. Favre unterhandelte mit dem deutschen General Fabrice und suchte ihn zu einer Cooperation gegen die Pariser zu bewegen, wurde aber an die höchste Instanz in Berlin verwiesen. Um nun die Sache abzukürzen, beschied Fürst Bismarck Jules Favre am 5. Mai nach Frankfurt a. Main, wo er mündlich mit ihm unterhandeln werde. Die Zusammenkunft fand statt und die Welt sah wieder ein Meisterstück Bismarcks, denn schon am 10. Mai hatte er den definitiven Friedensschluß zu Stande gebracht.

Nachdem er am 11. noch einem heitern Gastmahl beim Oberbürgermeister Mumm beigewohnt, reiste er wieder nach Berlin zurück und erstattete hier am 12. dem Reichstag ausführlichen Bericht, dem wir Folgendes entnehmen: „Wenn wir uns nicht verständigt hätten, würden wir Paris durch ein Abkommen mit der Commune oder durch Gewalt genommen und dann von der Regierung verlangt haben, ihre Truppen hinter die Loire zurückzuziehen und alsdann die Verhandlungen fortzusetzen. Ich ging in der Absicht nach Frankfurt, einige schwebende Fragen zur Entscheidung zu bringen, nämlich die Zahlung der Kriegscontribution, die Verkürzung der Fristen, und die Verstärkung der Garantieen; da sich jedoch die Aussicht zeigte, definitiv abzuschließen, so hielt ich dies für einen Gewinn für beide Länder, da hierdurch für Deutschland die militärische Last erleichtert und die Consolidirung Frankreichs erzielt wird. Die französische Regierung ist nunmehr in der Lage, am besten die Wünsche des französischen Volkes nach Herstellung des Friedens zu erfüllen. Jede andere Regierung, die sich an ihre Stelle setzen wollte, hätte das Bedenken gegen sich, daß sie den Frieden nicht eben so vollständig sichere. Es werden allerdings noch nachträglich Ausführungsbestimmungen nothwendig seyn, jedoch ist der definitive Friede erreicht. Die Zahlungsfristen sind verkürzt worden, die erste halbe Milliarde wird innerhalb 30 Tagen, welche der Einnahme von Paris folgen, bezahlt. Betreffs der Zahlungsmittel wurde festgesetzt, daß nur Metallgeld oder Noten sicherer Banken (englischer, niederländischer, preußischer, belgischer) angenommen werden, oder Wechsel erster Klasse. Die zweite Zahlung von einer Milliarde hat im Laufe d. J. bis Ende Dezember stattzufinden. Erst hierauf sind wir verpflichtet, die Befestigungen vor Paris zu räumen. Die vierte halbe Milliarde wird bis zum 1. Mai nächsten Jahrs gezahlt. Für die letzten drei Milliarden bleiben die Bestimmungen des Präliminarfriedens aufrecht, dieselben sind bis zum 1. März 1874 vollständig abzuzahlen. Die französische Regierung hofft den Anforderungen genügen zu können. Schwierigkeiten ergab die Frage der Handelsbeziehungen. Die französische

Regierung will den Handelsvertrag lösen. Sie scheint hiervon eine Steigerung der Zolleinnahmen zu erwarten. Ich begnügte mich mit der Bestimmung, für uns das Recht der Meistbegünstigten zu erlangen. Unter den Meistbegünstigten sind zu verstehen England, Belgien, Niederlande, Schweiz, Oesterreich, Rußland. Bezüglich der Frage der Gränzregulirung wurde bestimmt, daß der Ausdruck ‚Rayon von Belfort' nicht im technischen Sinne zu verstehen sey, sondern derselbe wurde auf 4—5 Kilometer ausgedehnt. Es schien wünschenswerth, einige deutsche Gemeinden bei Thionville mit Rebingen zu erwerben, aber die französische Regierung erklärte, sich in der Unmöglichkeit zu befinden, dies zuzugestehen. Ich habe deshalb vorgeschlagen, die Frage der Ratifikation der Nationalversammlung zu überlassen, und ich beantragte hiefür noch weitere Abtretungen bei Belfort. Die übrigen Bedingungen werden Sie aus den demnächst bevorstehenden Veröffentlichungen ersehen. Wir haben die Bahnstrecken der Ostbahn in Elsaß-Lothringen für bestimmte Summen erworben. Für die Ratifikation durch den Kaiser und die Nationalversammlung ist eine zehntägige Frist bis zum 20. Mai festgesetzt." Fürst Bismarck schließt: „Ich glaube, daß erreicht worden, was wir von Frankreich vernünftiger Weise erlangen konnten. Wir haben unsere Gränzen gesichert. Wir haben die Bezahlung der Kriegsentschädigung gesichert, soweit nach menschlichen Verhältnissen möglich. Noch weitergehende Forderungen hätten größere Opfer erfordert. Ich habe das Vertrauen, es sey die Absicht der französischen Regierung, den Vertrag auszuführen, und daß die Kräfte dazu vorhanden seyn werden. Die Behauptung, die Höhe der Kriegsentschädigung sey unerschwinglich, wurde von dem französischen Finanzminister nicht getheilt." Der Reichskanzler spricht schließlich die Hoffnung aus, der Friede werde ein dauerhafter und segensreicher seyn, und daß wir der Bürgschaften, deren wir uns versichert haben, um gegen erneute Angriffe gewahrt zu seyn, in langer Zeit nicht bedürfen werden.

Der Frankfurter Frieden. 355

Um weitläufige Wiederholungen zu ersparen, enthebe ich dem Wortlaut des Friedensinstrumentes nur folgende Einzelheiten. Artikel 1. betrifft den Rayon von Belfort: "Die deutsche Regierung ist Willens, diesen Rayon solcher Weise zu vergrößern, daß er die Cantons von Belfort, Delle und Giromagny umfaßt, so wie den westlichen Theil des Cantons von Fontaine, westlich einer Linie von dem Punkte, wo der Canal von der Rhone nach dem Rhein aus dem Canton von Delle austritt, im Süden von Montreux le Chateau bis zur Nordgränze des Cantons zwischen Bourg und Felon, wo diese Linie die Ostgränze des Cantons von Giromagny erreicht. Die deutsche Regierung wird indessen die oben bezeichneten Territorien nur unter der Bedingung abtreten, daß die französische Republik ihrerseits in eine Gränzrectification einwillige längs den westlichen Gränzen der Cantone von Cattenom und Thionville, welche an Deutschland das Gebiet überläßt im Osten einer Linie, die von der Gränze von Luxemburg zwischen Hussigny und Redingen ausgeht, die Dörfer Thil und Villerupt an Frankreich lassend, sich zwischen Serrouville und Aumetz, zwischen Beuvillers und Boulange, zwischen Trieux und Lomeringen erstreckt und die alte Gränzlinie zwischen Avril und Moyeuvre erreicht.

Aus Artikel 7. Nach Zahlung der ersten halben Milliarde und der Ratification des definitiven Friedensvertrages werden die Departements der Somme, der Seine Inférieure und der Eure geräumt, in so weit sie noch von den deutschen Truppen besetzt sind. Die Räumung der Departements der Oise, der Seine-et-Oise, der Seine-et-Marne und der Seine, sowie der Forts von Paris wird stattfinden, sobald die deutsche Regierung die Herstellung der Ordnung sowohl in Frankreich als in Paris für genügend erachtet, um die Ausführung der durch Frankreich übernommenen Verpflichtungen sicher zu stellen. In allen Fällen wird diese Räumung bei Zahlung der dritten halben Milliarde stattfinden.

Die deutschen Truppen behalten im Interesse ihrer Sicherheit die Verfügung über die neutrale Strecke zwischen der deutschen Demarcationslinie und der Umwallung von Paris auf dem rechten Ufer der Seine.

Die Stipulationen des Vertrages vom 26. Februar, bezüglich auf die Occupation französischen Gebietes nach Zahlung der beiden Milliarden, bleiben in Kraft. Von der Zahlung der ersten fünfhundert Millionen können keine Abzüge, wozu die französische Regierung berechtigt seyn könnte, gemacht werden.

Artikel 8. Die deutschen Truppen werden fortfahren, sich der Requisitionen in natura oder Geld in den besetzten Territorien zu enthalten; da diese Verpflichtung ihrerseits in gegenseitiger Beziehung steht zu der von der französischen Regierung übernommenen Verpflichtung, sie zu unterhalten, so werden im Falle, daß trotz wiederholter Aufforderungen der deutschen Regierung die französische Regierung in Ausführung besagter Verpflichtung zurückbleiben sollte, die deutschen Truppen das Recht haben, sich das Nöthige für ihre Bedürfnisse durch Erhebung von Steuern und Requisitionen in den besetzten Departements zu verschaffen, und selbst außerhalb derselben, wenn deren Hülfsmittel nicht hinreichen sollten.

Artikel 10. Die deutsche Regierung wird fortfahren, die Kriegsgefangenen zurückkehren zu lassen, indem sie sich mit der französischen Regierung in's Einvernehmen setzt. Die französische Regierung wird diejenigen dieser Gefangenen, welche verabschiedet werden können, in ihre Heimath zurücksenden. Diejenigen, welche ihre Dienstzeit noch nicht zurückgelegt, haben sich hinter die Loire zurückzuziehen. Es ist vereinbart, daß die Armee von Paris und Versailles, nach Herstellung der Autorität der französischen Regierung in Paris und bis zur Räumung der Forts von Seiten der deutschen Truppen, 80,000 Mann nicht übersteigen soll. Bis zu dieser Räumung kann die französische Regierung keine Truppenzusammenziehung auf dem rechten Ufer der Loire vornehmen, jedoch wird sie die regelmäßigen

Besatzungen der in dieser Zone gelegenen Städte gemäß den Bedürfnissen der Aufrechthaltung der Ordnung und der öffentlichen Ruhe stellen.

Nach Maßgabe des Fortschrittes der Räumung werden sich die Commandanten der Truppen über eine neutrale Zone zwischen den Armeen der beiden Nationen verständigen.

Zwanzigtausend Gefangene sollen ohne Verzug nach Lyon dirigirt werden, unter der Bedingung, daß sie nach ihrer Organisirung sofort nach Algerien geschickt werden, um in dieser Colonie zur Verwendung zu kommen.

Artikel 12. Alle vertriebenen Deutschen bleiben in vollem Genusse aller Rechte, welche sie in Frankreich erworben haben."

Nachdem auch Favre mit dem Finanzminister Pouyer-Quertier nach Versailles zurückgekehrt war, erstattete Thiers der Nationalversammlung seinerseits folgenden Bericht: „Unterhandlungen waren eingeleitet zwischen dem Fürsten Bismarck und den Ministern des Aeußern und der Finanzen. Die Schwierigkeiten waren zahlreich. Ich darf es nicht verhehlen, keine Prüfung ist uns in dieser letzten Periode erspart geblieben, wir haben den verderblichsten Bürgerkrieg sehen müssen und von allen Seiten waren wir mit neuen Gefahren bedroht. Die Verhandlungen, welche soeben beendet sind, haben glücklicherweise diese Schwierigkeiten schnell beseitigt. Der definitive Friedensschluß ist zwischen Frankreich und Deutschland unterzeichnet. Ich wünschte, Ihnen sagen zu können, daß die durch die Präliminarien festgesetzten Bedingungen verbessert sind. Unsere Lage gestattete es nicht, aber ernste Verwickelungen, welche wir fürchten konnten, sind abgewandt. Ich kann Ihnen das Friedensinstrument noch nicht vorlegen, aber ich kann Ihnen wenigstens so viel sagen: Alle Franzosen werden Frankreich zurückgegeben werden, die einen dem Vaterlande, welchem sie so treulich gedient haben, die andern, welche noch Soldaten und glücklich sind, fortdienen zu können, der Armee — alle ohne Ausnahme werden uns zurückgegeben werden.

(Bravo.) Unsere glorreiche, tapfere Armee wird auf eine weit größere Zahl, als die Präliminarien zuerst erlaubten, gebracht werden können. Unsere Armee hat übrigens in Europa den hohen Ruf des französischen Namens und der Macht Frankreichs wieder hergestellt, und man läßt ihr neuerdings Gerechtigkeit in der Welt widerfahren. (Beifall.) Diese neue Lage gestattet uns zu sagen: Für Afrika wird genügende Sorge getragen werden." Der Justizminister Dufaure fügte noch hinzu: Wenn Frankreich durch die Unterdrückung des Aufstandes wieder Herr von Paris geworden ist, wird die Gerechtigkeit ihre ganze Pflicht thun, indem sie alle Schuldigen aufsucht und sie bestraft.

Die Regierung schöpfte diese Energie nur aus der Verhandlung in Frankfurt, übernahm aber auch die Verpflichtung, jetzt alles Ernstes gegen Paris vorzugehen.

Die letzten Handlungen der Commune offenbarten die ganze Tiefe der Corruption in der Pariser Bevölkerung. Man blickte wie in einen Knäuel höllischen Gewürmes hinein, welches sich in der letzten Wuth selber zerfleischt. Die Commune und das Centralcomité, die Commune und der Wohlfahrtsausschuß, die Mitglieder der Commune unter einander, die Mitglieder des Wohlfahrtsausschusses unter einander beschimpften, verklagten und verhafteten sich gegenseitig. *) Ebenso jagte ein Pöbelgeneral den andern fort. Aus den geplünderten Kirchen wurden Clubs gemacht. Mortier wollte die Beichte, Pyat den Gottesdienst abschaffen. Tolle Weiber, 2500 an der Zahl, bildeten als sog. Troupières eine Amazonenschaar, die auf 10,000 gebracht werden sollte, alle in blauen Zuaven-

---

*) Als Victor Hugo 1852 die Schmähschrift „Napoleon der Kleine" schrieb, sagte er darin instinktartig vorher, was 1871 geschehen würde. Seine Worte waren: „Die Nationen kennen niemals ihren ganzen Reichthum an Schelmen. Es bedarf solcher Revolutionen, um sie kennen zu lernen. Dann staunen die Völker über diese Ausgeburten des Staubes."

jacken, aufgestülpten Käppis und rothen Kokarden. Das Haus von Thiers wurde gänzlich ausgeraubt und niedergerissen. *) Auch die Sühnkapelle für den Tod Ludwigs XVI. wurde rasirt, die Statue Heinrichs IV. abgebrochen und entfernt.

Am meisten Bedauern erregte die Vernichtung der Vendomesäule, weil sie, in Napoleons I. glänzendster Zeit aufgerichtet, Frankreichs ruhmvollstes Denkmal war. Mac Mahon erließ deshalb einen eigenen Tagesbefehl: „Die Fremden haben diese Säule geachtet, die Commune von Paris hat sie zu Boden geworfen. Menschen, die sich Franzosen nennen, haben unter den Augen der Deutschen, welche uns beobachteten, gewagt, dieses Zeugniß der Siege Eurer Väter über das verbündete Europa zu zerstören. Hoffen sie dadurch das Andenken der militärischen Tugenden, deren ruhmvolles Symbol die Säule war, zu verwischen? Soldaten, wenn die Erinnerungen, welche die Säule hervorrief, auch nicht mehr auf Erz eingegraben sind, sie werden dafür in unseren Herzen fortleben, wir werden, durch sie begeistert, Frankreich ein neues Pfand patriotischer Tapferkeit und Opfermuths geben." Die Säule fiel am 26. Mai. Bekanntlich war sie mit Basreliefs in Bronce umschlängelt, auf welchen die damaligen Thaten Napoleons dargestellt waren. Diese Darstellungen begannen mit dem Aufbruch des berühmten Lagers von Boulogne, dann folgt „der Abgang der verschiedenen Corps von Boulogne, Brest, Utrecht, Hannover zu dem großen convergirenden Marsch, der erst durch den letzten deutschen Feldzug in den Schatten gestellt ist. Im sechsten Bild nimmt Napoleon Abschied von dem servilen Senat, dem er anzeigt, daß er zum Kampf gegen die dritte Koalition aufbricht. Es folgen lange Truppenzüge, endlich erscheint Napoleon selbst, wie er mit seinem Generalstab am 1. Oktober

---

*) Die Nationalversammlung in Versailles beschloß dessen Wiederaufbau auf Staatskosten, aber Thiers verlangte, man solle zum ewigen Andenken die Ruine stehen lassen. Mehr eitel, als erhaben.

über die Brücke von Kehl reitet. Die süddeutschen Fürsten bemüthigen sich vor dem heranziehenden Kaiser. Dann folgen Waffenthaten Soults, Neys und die Kapitulation von Ulm, welche der Genius des Sieges in die Annalen der Weltgeschichte schreibt, der Einzug in München, der Uebergang von Inn und Traun, das Hauptquartier in Schönbrunn, die Ueberreichung der Schlüssel von Wien, der Einzug in die österreichische Hauptstadt, in Preßburg. Die Entscheidung naht. In der Nacht des 1. Dezember besichtigt der Kaiser, in seinen Mantel gehüllt, die Vorposten, es ist der Jahrestag seiner Krönung. Die Soldaten feiern ihn mit brennenden Fackeln. ‚Die Sonne von Austerlitz‘ geht auf. Der Kaiser zu Pferd ertheilt seinen Marschällen und Generalen die Befehle. Die Schlacht beginnt, ein französischer Reiterangriff durchbricht feindliche Infanterie, gefangene österreichische Generale übergeben ihren Degen; Oudinot's Garde treibt ein feindliches Corps (Russen) in den See von Augard. Die Schlacht ist gewonnen. Kaiser Franz sucht eine Unterredung mit Napoleon nach und begehrt einen Waffenstillstand. Französische Soldaten schleppen Kanonen und Waffen aus dem Wiener Arsenal fort. Talleyrand kommt in Preßburg an und unterhandelt den Frieden, Napoleon unterzeichnet ihn am 26. Dezember, der Löwe von San Marco und reich geschmückte Gondeln symbolisiren die Abtretung Venedigs, Bayern und Württemberg erhalten ihre Kronen, die Kaisergarde kehrt mit den feindlichen Fahnen nach Frankreich zurück, Napoleon zieht durch den Triumphbogen, hinter ihm ein Wagen mit reicher Kriegsbeute, am Schluß verkündet Fama die Glorien des Feldzugs der staunend aufhorchenden Nymphe der Seine." — Jetzt liegt die ganze Herrlichkeit auf dem Pflaster der Friedensstraße. Bei dem Sturz der Säule ist Niemand zu Schaden gekommen, den größten trug Napoleon I. im Bilde davon. Sein Kopf trennte sich vom Rumpf, auch ein Arm wurde gebrochen.

Pyat beantragte: „Nun die Vendomesäule gefallen ist, bleibt

Der Frankfurter Frieden. 361

der Rache des Volkes nur noch eine Aufgabe. Die Asche des
großen Mörders Napoleon ist im Invalidendome beigesetzt. Sie
muß herausgenommen und in das Grab Traupmann's eingescharrt
werden!" (Traupmann war nicht lange vorher durch seine schauder-
vollen Mordthaten berüchtigt worden.)

In der St. Eustachekirche, wo der Centralclub von Paris seine
Sitzungen abhält, donnerte ein Redner gegen die neueste Proklamation, welche Thiers an die Pariser gerichtet hat. "Herr Thiers",
rief er aus, "hat es gewagt, die rothe Fahne eine scheußliche Fahne
zu nennen! Warum? Die weiße und die tricolore Fahne haben ihre
ruhmvollen Tage überlebt. Die eine fiel in den Straßenkoth von
1830, die andere in die Schmach von Sedan und Metz. Was ist
das für eine Zimperlichkeit, welche die rothe Fahne, die Fahne der
Völkerverbrüderung verschmäht? Dich rufe ich an", wendet sich nun
der Redner gegen den Altar, "der du dein Blut für uns vergossen
hast. In deinem Blut haben wir dies Banner des Volkes gefärbt
und du wirst uns nicht zurückstoßen, denn du selber warst ein Sohn
des Volkes!" Diese oratorische Wendung soll einen unbeschreiblichen
Eindruck auf die Versammlung hervorgebracht haben.

In der Pariser Theaterwelt bildete sich eine Ligue, an deren
Spitze Alexander Dumas der Sohn stand. Dieselbe machte allen
Komödienschreibern zur Pflicht, künftig nur Deutsche und vorzugsweise Preußen als die Lumpen, Schufte und Diebe in ihren Theater-
stücken figuriren zu lassen.

In den Pariser Blättern forderte Bürger Joseph zur Bildung
einer Freiwilligenschaar von 1000 bis 1200 Mann auf, welche
Tyrannenmörder heißen und sich der edlen Aufgabe widmen
sollen, "mit allen möglichen Mitteln und gleichviel in welchem Lande
bis zum letzten Sprößling jene königlichen und kaiserlichen Ge-
schlechter auszurotten, die über Frankreich so viel Unheil gebracht
haben."

Der Frankfurter Frieden wurde von der Nationalversammlung

in Versailles am 18. Mai angenommen. Ebenso der Austausch des bei Frankreich bleibenden Rayons um Belfort mit 40,000 Seelen gegen den kleinen deutsch redenden Landstrich bei Diedenhofen mit nur 8000 Seelen, aber reich an Kohlen und von strategischer Bedeutung. Mehrere französische Generale bezweifelten die Wichtigkeit Belforts, aber der frühere Commandant dieser Festung, Denfert, und General Ducrot legten den größten Werth auf Belfort als eins der wichtigsten Thore Frankreichs, von wo aus die Franzosen leicht wieder nach Deutschland hervorbrechen könnten. Fürst Bismarck und Favre kamen nochmals in Frankfurt zusammen, um den Frieden nunmehr am 20. Mai zu ratificiren.

Gleichzeitig wurde mit Paris Ernst gemacht. Unter Mac Mahons Oberbefehl durchbrach die Armee von Versailles durch Forcirung zweier Thore die Enceinte von Paris am 21. Mai und zog 80,000 Mann stark in die Hauptstadt ein. Zwar waren alle ihre Straßen stark verbarrikabirt, aber die Pariser verloren den Muth und Luftballons waren bereit, die compromittirtesten Führer durch alle Lüfte zu retten. Aber erst am 23. wehte die Tricolore auf dem Mont Martre. Das Meiste mußte das schwere Geschütz thun; die Truppen wurden, um nicht zu große Verluste vor den Barrikaden zu leiden, möglichst geschont. Aber dadurch gewannen die Aufrührer die erforderliche Zeit, um den schrecklichen Racheplan auszuführen, den sie für den Fall ihres Unterliegens schon gefaßt und dessen Ausführung sie vorbereitet hatten. Schwere Vorwürfe trafen Thiers, daß er mit dem ernsten Angriff so lange gezögert und von geheimen Unterhandlungen mit Verräthern der Commune einen wohlfeilern Erfolg gehofft hatte. Schwere Vorwürfe trafen auch Mac Mahon, daß er innerhalb der Stadt nicht rascher vorgedrungen und den Mordbrennern zuvorgekommen war. Die Commune hatte nämlich noch gerade so viel Zeit, um die größten Staatsgebäude und Paläste der Hauptstadt mit unermeßlichen Schätzen der Kunst und Wissenschaft, geschichtlichen Denkmälern, Bibliotheken,

Der Frankfurter Frieden. 363

Archiven ꝛc. mittelst Petroleum schnell zu verbrennen. Diese unge=
heuern Brände begannen am 24. und dauerten bis zum 28. fort.
Sie vernichteten die Tuilerien, einen Theil des Louvre, des Luxem=
burg und Palais Royal, die Paläste Elysée, des Staatsraths, der
Ehrenlegion, der Justiz, das Finanzministerium, das Stadthaus, den
Rechnungshof, die Polizeipräfektur ꝛc. Rauch bedeckte Paris, wäh=
rend seine Straßen voll Blut, Leichen und Verwundeten lagen.

Dem Verbrechen, welches hier die französische Nation an sich
selbst beging, lag nicht blos politische Parteileidenschaft zu Grunde,
sondern es war ein socialer Akt, eine Rache des Proletariats
am Kapital, der in ternationalen Besitzlosigkeit am Stolz und
Luxus der egoistischesten aller Nationen. Wohl war es ein Wahn=
sinn, aber in diesem Wahnsinn lag Methode.

Sofern die weitere Entwicklung der Dinge in Paris seit dem
definitiven Friedensschlusse Frankreich allein angeht, brechen wir die
Kriegsgeschichte hier ab. *)

Aus Algerien erfuhr man während des ganzen Krieges nur
spärliche und widersprechende Nachrichten. Natürlich hielt man dort
die Niederlagen Frankreichs so gut als möglich geheim. Da aber
fast alle Truppen, um sie in Frankreich selbst zu gebrauchen, heraus=
gezogen wurden, hörte man bald von Aufständen der Eingeborenen.
Doch ereignete sich nichts Entscheidendes. Am 26. Januar machten
die Araber einen Angriff auf die Stadt Suk-Arras, den aber eine
französische Colonne zurückschlug, so daß nur die Umgegend stark
ausgeplündert und verwüstet wurde. Erst als die Nachricht ankam,
Paris sey gefallen, brachen am 1. März in der Stadt Algier selbst
Unruhen aus. Nach dem Journal de Genève fielen die Einge=

---

*) Demnächst werden von mir: „Die wichtigsten Weltbegebenheiten
von 1866—1870" erscheinen, denen als Fortsetzung die „Weltbegebenheiten
seit 1871" folgen werden, worin dann auch der weitere Verlauf der
Ereignisse in Frankreich erzählt werden wird.

borenen über die Juden her und plünderten ihre Läden, wurden jedoch zur Ruhe gebracht. Bald darauf verlautete, die Franzosen selbst hätten, entrüstet über die Pariser Regierung, eine Art provisorische Regierung in einer Commission von 15 Mitgliedern ernannt. Am 10. März war in Paris die Nachricht verbreitet, die in Algier gelandete Mobilgarde sey von den Eingeborenen entwaffnet worden. Am 25. wurde ferner gemeldet, ein Heer von 40,000 Arabern und Kabylen unter dem Aga Mockrani von Medina, habe sich des ganzen Südens von Algerien bemächtigt und rücke gegen die Hauptstadt vor. Am 6. Mai aber soll er in einem Kampfe gefallen seyn.

Bemerkenswerth war ein Brief aus Algier vom 19. April, in der Helvetia abgedruckt, worin als Ursachen des Aufstandes bezeichnet werden: 1) Die Niederlagen der Franzosen, „denn jetzt sagt sich der Araber: Der Franzose ist nichts mehr! Die Spahis und Turcos sind zurückgekommen und haben den Stämmen erzählt, daß die Franzosen den Krieg nicht mehr zu führen wissen. 2) Die Araber können die Naturalisation der eingeborenen Juden, die sie erbittert, nicht vergessen. Sie kennen besser den Namen Crémieux, als viele Franzosen. Sie verwechseln sogar die Regierung oft mit dem ‚Juden Crémieux'. 3) Seit dem pariser Aufstand sagen sie: Wer ist denn jetzt Frankreich? Die Franzosen sind ‚maboul' (toll)! pariser Regierung — versailler Regierung — Crémieux — kein ‚Grandkebir' (Oberhaupt) mehr — in Frankreich nichts mehr. 4) Endlich sind sie sehr überrascht, zu sehen, daß Paris, die Hauptstadt, sich der Regierung der Republik nicht unterwerfen will, und sie ziehen daraus folgenden Schluß: Wenn Frankreich nichts mehr ist, wenn die Franzosen toll sind, wenn Paris selbst sich der Regierung nicht unterwirft, wenn auch Algier gegen seine Regierung Beschwerde erhebt, warum sollen wir unterworfen bleiben und die Abgaben weiter bezahlen?"

Durch den Frieden wurde auch das Loos der Gefangenen

entschieden. Die Franzosen hatten nur sehr wenige Deutsche zu Gefangenen gemacht. Dagegen war die Zahl der französischen Gefangenen, die über den Rhein gebracht und überall in Deutschland vertheilt worden waren, ungeheuer groß. Man zählte darunter 11,650 Offiziere und 363,000 Mann mit 120 Adlern und Fahnen und 6700 schweren Geschützen. Dabei war die in Paris gefangene und die in die Schweiz geflohene und dort internirte Armee nicht mitgerechnet.

Die deutschen Gefangenen hatten von den erbitterten Franzosen, zumal in den Anfängen des Kriegs, häufig eine schlechte Behandlung erfahren, öfter aber auch eine gute und namentlich in Paris. Wie sie die verwundeten und kranken Bayern aus Orleans fortschleppten, ist oben schon erzählt. Auch die 70 auf den gekaperten Schiffen gefangenen deutschen Schiffskapitäne, die jetzt ausgewechselt wurden, hatten manche Noth auszustehen gehabt. Ein deutscher Arzt berichtete ausführlich, wie man ihn im südlichen Frankreich lange zurückgehalten habe, bis er endlich langsam von einer Station zur andern zurückgebracht worden sey. „In Montpellier, schreibt er, trafen wir unter der ungefähr 80 Mann betragenden Anzahl von gefangenen Offizieren und im Offiziersrang Stehenden die Aerzte und Beamten eines Feldlazareths des zweiten Armeecorps an, welche vom Schlachtfelde bei Dijon am 22. in die Gefangenschaft abgeführt worden waren, drei schon seit geraumer Zeit inhaftirt gehaltene Truppenärzte, eine große Anzahl von Schiffskapitänen, sowie Eisenbahnbeamte, Auditeure, Zahlmeister ꝛc. Die Erzählungen, die Viele von diesen über ihre Erlebnisse während der Gefangenschaft machten, waren im höchsten Grade interessant. Ein Theil hatte Wochen lang in Zellengefängnissen, entweder in Einzelhaft oder mit Verbrechern gewöhnlichster Art zusammen zugebracht, wieder Andere waren mit Handschellen an einander gefesselt transportirt und mit Steinwürfen und Kolbenschlägen mißhandelt worden. Ein Offizier von den schwarzen Husaren war während des Transportes auf eine so niederträchtige Weise behandelt worden, daß er schon damals einen Selbstmordversuch gemacht hatte und gleich am zweiten oder dritten Tage nach seiner Ankunft in Montpellier in eine Art von Verfolgungswahnsinn verfiel, in Folge dessen er durch ein Fenster des dritten Stockwerkes auf den gepflasterten Hof hinabsprang und so erhebliche Verletzungen erlitt, daß er einige Tage später im Hospital starb. Als wir um ein ehrenvolles Begräbniß baten und um die Erlaubniß nachsuchten, der Leiche in Uniform das Geleite zu geben, wurde unser Gesuch rundweg abgeschlagen und die Leiche in der Dunkelheit in aller Stille und ohne Geleit fortgeschafft und beerdigt. — Im Uebrigen war die Behandlung in Montpellier erträglich."

Obgleich man die französischen Offiziere in Deutschland auf's anständigste behandelte, den Gemeinen Beschäftigungen, die ihnen angemessen waren und die sie wählen konnten, und Geldverdienst gewährte, wie auch ihre Verwundeten auf's humanste pflegte, so strotzte doch die französische Presse von lügenhaften Berichten, welche die Behandlung der französischen Gefangenen als grausam und unmenschlich schilderten. Dieselben wurden widerlegt. Französische Offiziere in Erfurt erklärten öffentlich, man verleumde die Deutschen, und Graf Dammas, Almosenier der französischen Armee, der ausdrücklich in Deutschland umherreiste, um überall den Zustand der Gefangenen zu untersuchen, bestätigte diese Ehrenrettung unseres Volks. Als dennoch Chaubordy, Gambetta's Creatur, der bei der Delegation in Tours und Bordeaux ein Filial des auswärtigen Amts übernommen hatte, die Verleumdungen wiederholte, wurde er in einer Erklärung des Grafen Bismarck vom 9. Januar 1871 glänzend widerlegt und derb zurechtgewiesen. Diese offizielle Erklärung hat geschichtlichen Werth, weil sie aktenmäßig nachweist, wie oft die Franzosen selbst sich der Grausamkeiten und Verletzungen der Genfer Convention schuldig gemacht haben, welche sie fälschlich den Deutschen andichteten.

Von Orten in Deutschland, die unfern einer neutralen Grenze lagen, desertirten ziemlich viele französische Gefangene, z. B. aus Sachsen und Schlesien nach Böhmen, aus Schleswig nach Dänemark, vom Niederrhein nach Belgien. Das thaten auch eine Menge Offiziere, indem sie ihr Ehrenwort brachen. Gambetta selbst provocirte sie durch ein Dekret vom 10. November 1870, worin er denjenigen französischen Offizieren, welche desertiren und nach Frankreich zurückkehren würden, um sogleich wieder in die Armee einzutreten und gegen Deutschland zu dienen, Prämien aussetzte. Diesen, einer Nation, die sich selbst achtet, so durchaus unwürdigen Bubereien mußte man nun von deutscher Seite einige Strenge entgegensetzen. General Vogel von Falkenstein ließ am 19. Dezember in Schleswig die gefangenen französischen Offiziere um sich versammeln, stellte sich in ihre Mitte und hielt ihnen vor, wie erbärmlich, wie niederträchtig es sey, wenn ein Offizier sein Wort breche. Zwei ihrer Kameraden seyen entflohen; damit nicht andere auch nachzulaufen Lust bekämen, müsse ein Exempel statuirt werden. Für jeden französischen Offizier, der sein Ehrenwort breche und heimlich entweiche, würden fortan je zehn seiner gefangenen Kameraden die ihnen bisher gewährte Ehrenrücksicht einbüßen und auf die Festung geschickt werden. Also sollten sie gleich loosen, welche zwanzig von ihnen gleich morgen auf eine süddeutsche Festung gebracht werden sollten. Diese Mittheilung des Generals brachte eine große Aufregung unter den französischen Offizieren hervor und sie protestirten. Der alte General aber bonnerte sie an: Ruhig, kein Wort! ließ loosen und schickte die zwanzig, die das Loos getroffen, sofort auf den Bahnhof. Am 9. Januar 1871 machte derselbe alte General bekannt, der in Hamburg internirte französische Lieutenant Marchesan, den man auf der Flucht in Damenkleidern gefangen habe, sey wegen Bruchs seines Ehrenworts als Sträfling nach der Feste Boyen abgeschickt worden. Eben dahin würden auch die zur Zeit in Braunschweig auf Ehrenwort internirten Major Prinz Bonaparte und Capitän de Mondion abgeführt, weil sie schriftlich ihr gegebenes Ehrenwort zurückgezogen hätten.

In den Weihnachtstagen wurde eine Verschwörung der französischen Gefangenen in Mainz entdeckt und vereitelt. Hier waren 20,000 Franzosen internirt, welche gleichzeitig mit andern in den Rheinfestungen internirten durchzubrechen versuchen sollten, um sich mit Bourbaki's Armee zu vereinigen, von der man damals noch glaubte, sie werde an den Oberrhein vorrücken.

Den Gefangenen aus dem Elsaß wurde freie Heimkehr gestattet, wenn es Grundbesitzer waren und wenn sie schriftlich versprachen, nicht mehr gegen Deutschland dienen zu wollen. Sobald der Frieden geschlossen war, durften auch alle Nationalfranzosen nach Frankreich zurückkehren, wenn sie die Mittel zur Reise hatten. Der Rest wurde erst auf Staatskosten nachgeschoben, doch wurde die Rückkehr der Kriegsgefangenen nach Frankreich noch eine Zeitlang sistirt, als in Paris die rothe Republik proklamirt worden war. Der Frankfurter Frieden schenkte endlich allen die Freiheit. Außer einer Flucht französischer Gefangener im Posen'schen, die im Owiesker Wald eine Räuberbande bildeten, und einer kleinen Widersetzlichkeit der Gefangenen in Erfurt am 25. März kam nichts Unzuträgliches mehr vor.

Der Exkaiser Napoleon erhielt Erlaubniß, Wilhelmshöhe zu verlassen und zu gehen, wohin er wolle. Er reiste nun in guter Gesundheit am 19. März, begleitet von seinen treuen Anhängern, Bazaine, Castelnau, Fleury und einigen andern über Ostende nach Chislehurst zu seiner Gemahlin. Bazaine hatte vorher noch eine Zusammenkunft mit Mac Mahon in Frankfurt a. M. gehabt, welcher gegen 30 französische Generale anwohnten. Hier soll verabredet worden seyn, man wolle, wenn erst die rothe Republik ausgetobt haben und eine allgemeine Sehnsucht nach Ruhe und Ordnung eingetreten seyn würde, eine Wiederherstellung nicht des Kaisers selbst, aber seines Sohnes versuchen.

Der Frankfurter Frieden.

Das Benehmen des **französischen** Volks in diesem Kriege ist psychologisch interessant. Man muß so billig seyn, den normalen Zustand desselben von einem solchen Ausnahmszustand leidenschaftlichster Erregung zu unterscheiden. Aber wie in der Trunkenheit der wahre Charakter der Menschen sich zu verrathen pflegt, weil er sich nicht mehr verstellt, so auch in Zeiten politischer oder religiöser Exaltation. Nun läßt sich nicht leugnen, daß sich die Franzosen in der Exaltation des letzten Krieges stark blamirt haben, sofern sie Charakterschwächen verriethen, welche sie selbst für Charakterstärke auszugeben nicht ermüdeten, und daß dabei tief unsittliche Züge zur Erscheinung kamen. Da sie Niemand über den wahren Sachverhalt täuschen konnten, haben sie sich in ihrer Eitelkeit nur selbst getäuscht und der politischen und militärischen Niederlage, die ihnen nicht erspart werden konnte, noch eine moralische hinzugefügt, die sie sich hätten ersparen können. Eitelkeit hatte sie so ganz verblendet, daß sie sich einbildeten, die ganze übrige Welt würde die Wahrheit nicht sehen, weil s i e dieselbe nicht sehen wollten.

Durch alle offiziellen Depeschen und Manifeste der französischen Regierung, sowohl der frühern kaiserlichen, als nachher der republikanischen Regierung, aller ihrer Minister und Generale, wie auch durch die französische Presse, sehr wenige Zeitungen ausgenommen, zieht sich von Anfang bis zu Ende des Kriegs eine ungeheure, ununterbrochene Lüge hindurch. Das Proton Pseudos war, die Franzosen seyen das erste, gesitteste und gebildetste Volk der Welt, Paris das eigentliche Centrum der civilisirten Welt, das h. Mekka, wo nicht das himmlische Jerusalem schon hier auf Erden, wir Deutschen aber seyen Barbaren, immer noch die alten Kimbern und Teutonen. Ganz ebenso bilden sich bekanntlich die eitlen Zöpfe in China ein, außer ihrem Reich der Mitte gebe es keine Bildung, und die Europäer, die zu ihnen kommen, seyen nur rothborstige Barbaren.

An der Spitze jener angeblichen Civilisation ließ Napoleon III.

die Turcos marschiren, afrikanische Halbthiere, deren angeborene Wildheit noch durch die Pariser Verwilderung gesteigert war. Man hätte nun wenigstens bei den französischen Offizieren noch die alte Ritterlichkeit wiederfinden sollen, aber wie viele brachen ihr Ehrenwort, wie viele mißachteten die Genfer Convention! Noch nie hatte eine Regierung das Banner der Lüge so hoch geschwungen wie diese. Schon die kaiserliche Regierung hatte gelogen, die republikanische log noch viel mehr. Jede Niederlage wurde als ein Sieg gepriesen. Immer geschlagen und immer noch als Sieger sich geberdend, verdoppelten und verdreifachten die Franzosen ihre Verluste und das Unglück ihres Landes. Aber der Egoismus jedes Einzelnen war so groß, daß sie nicht einmal auf ihre Kameraden Rücksicht nahmen, sondern ihre Verwundeten zu Tausenden hülflos liegen und die wie Schafe zur Schlachtbank getriebenen Moblots ohne Sold und ohne Nahrung, ohne Kleider und ohne Schuhe im harten Winter umkommen ließen.

Dupanloup, der berühmte Bischof von Orleans, längst ausgezeichnet durch seine Schriften und seine freimüthige Opposition auf dem Concil, mußte die Erstürmung seiner Stadt durch die Deutschen erleben. Die bayrischen Offiziere erwiesen ihm aber große Ehre und seine Kathedrale wurde von vielen frommen deutschen Soldaten besucht. Damals wurde ein Brief bekannt, den er an einen Freund geschrieben und worin er unendlich vernünftiger über die Lage Frankreichs urtheilte als der pretiöse Guizot; er wandte nämlich einfach auf das dermalige Unglück Frankreichs das Unglück Preußens im Jahre 1806 an und erinnerte an die Mutter des siegreichen König Wilhelm, die schöne, hochherzige Königin Louise, welche im Kummer über ihr Vaterland sterbend noch sagte: „Der Ruhm des großen Friedrich hat uns über unsere Macht getäuscht, wir waren im Irrthum und unterliegen der Gewalt. Aber das Recht ist etwas Höheres als die Gewalt. Thun wir das Rechte und wir werden bessere Zeiten wiederkehren sehen." So nun, schrieb Dupanloup, soll auch Frankreich fühlen und denken und sich in sein selbstverschuldetes Unglück finden. Denn es ließ sich durch den Ruhm des großen Napoleon täuschen, dessen Macht es nicht mehr besaß. Aber über der Gewalt steht das Recht. Thun wir das Rechte und auch wir werden bessere Zeiten wiederkehren sehen! Eine bessere Mahnung konnte der ehrwürdige Bischof seinem Volke nicht geben. Liegt aber wohl noch so viele sittliche Kraft im französischen Volke, als sie, nach der Schlacht bei Jena, noch im preußischen lag?

Viele verzweifelten an den Franzosen. Die Times schrieb: „Das Ergebniß des Krieges ist ein allgemeines Zusammenbrechen. Der Kaiser konnte nicht leiten, die auf einander folgenden Regierungen konnten nicht regieren, die öffentliche Meinung kannte kein Gesetz, und als die Stunde kam, zeigte sich die Armee als eine große Täuschung; die Offiziere konnten nicht commandiren, die Soldaten wollten nicht gehorchen. Unter dem Stoß eines furchtbaren Krieges und einer allgemeinen Niederlage sehen wir Frankreich wie es wirklich ist: ein sociales Chaos heftiger Gegensätze ohne die Hülfsmittel der Aufklärung, der Einheit, der Ordnung und der Gesetze."

Wachenhusen hielt die Corruption in Paris für unüberwindlich. Die Bigotterie der ältern Linie Bourbon hatte dieselbe nicht überwinden können; ebensowenig das Bürgerkönigthum, welches mit Ehrbarkeit kokettirte. „Was soll, schrieb Wachenhusen, aus dem Pariser werden, aus ihm, der in jedem Jupon besser Bescheid weiß als in der Geographie, wenn ein Orleans wieder mit dem Regenschirm über die Boulevards spazieren ginge; wenn die Damen des Hofes solide werden und aus der Aristokratie keine Scandale mehr in den Caféhäusern zu erzählen sind! Womit soll sich die Pariser Presse ernähren, wenn sie nicht täglich ihrem Publikum die pikantesten Abenteuer jener Damen erzählen kann, die ihr Tabouret im kleinen Abendzirkel der Kaiserin hatten? Von den Theaterdamen und den Göttinnen des Berges Breda fortwährend zu erzählen, hat keinen Reiz, denn jeder, der einige Bankbillets in der Tasche hat, kann dergleichen Abenteuer selbst erleben, und zudem riechen sie nach Eau des Carmes und nicht Jeder liebt die Fettschminke. Das Publikum ist gewohnt, die Scandale aus der hohen Sphäre zu hören, aus welcher Feydeau seine Comtesse Chalis schöpfte; die Pariser Chroniqueure werden also aus Verzweiflung sich dem Absynth ergeben und das Pariser Volk wird schließlich der heiligen Cocotte, der Martyrerin der Politik, eine Bildsäule errichten."

Doktor Stark glaubte das Benehmen des französischen Volks als einen pathologischen, krankhaft degenerirten Geisteszustand auffassen zu sollen, weil darin ganz dieselben Erscheinungen vorkommen, wie bei Irren: 1) Gesteigerter Egoismus, grenzenlose Eitelkeit, Selbstüberschätzung, Größenwahnsinn; 2) Mißkennung und Mißachtung jedes fremden Rechts und Werthes, prüfungslose Verwerfung jeder fremden Ansicht; 3) Wuth beim geringsten Widerspruch, gesteigert bis zur raffinirten Bosheit und Grausamkeit; 4) Nichtachtung der Wahrheit, Nichtachtung der eigenen Ehre, ein Angriffs- und Vertheidigungssystem mittelst schamloser Lügen; 5) eine besonders charakteristische Bosheit, welche die Unthat, die man selbst begeht oder auf die man sinnt, lügenhaft dem unschuldigen Gegner zuschiebt und vorwirft. — Der Irrenarzt erklärt sich aber diese Geistesstörung einer ganzen Nation aus naheliegenden Motiven. Diese sind: 1) Der angeborene Racencharakter, die leichtere Gehirnmasse, die in der Regel den Franzosen vom Deutschen unterscheidet, die stärkere Anlage zur Sinnlichkeit; 2) die Entnervung durch frühzeitige und fortgesetzte Ausschweifung; 3) der Mangel an Erziehung, die große Menge von Franzosen, die nicht einmal lesen und schreiben können und die man doch überredet, sie allein repräsentirten die Bildung und alle andern Völker seyen Barbaren; 4) die gewissenlose Politik der frühern Regierungen, welche mit der Unsittlichkeit des Hofes auch das Volk ansteckten, oder um sich beim Volk be-

Der Frankfurter Frieden. 373

liebt zu machen, dessen Schwächen und bösen Neigungen schmeichelten; 5) die Einfalt und Gutmüthigkeit der Nachbarvölker, die sich von den Prahlereien der Franzosen imponiren ließen und ihre Mode nachäfften. Insofern trifft auch uns Deutsche die Schuld.

Niemand kannte die Franzosen besser als Voltaire, in welchem sie selbst ihr größtes Genie verehren. Dieser sagte von den Franzosen, sie seyen halb Affe, halb Tiger, verkündete ihnen aber eben deshalb einen schlechten Ausgang, indem er einmal schrieb: Nous devenons l'horreur et le mépris de l'Europe.

Oberst Stoffel, der bis vor Ausbruch des Kriegs militärischer Bevollmächtigter in Berlin war, und seinen Kaiser vergebens vor dem Kriege warnte, schrieb in seinem äußerst interessanten Militärbericht vom 12. August 1869 Folgendes: „Wenn man nunmehr die sittlichen Zustände beider Länder betrachtet, so muß man anerkennen, daß dieses so scharfblickende, so wachsame und der Aufgabe, die es sich gestellt, sich so bewußte preußische Volk zugleich das am meisten unterrichtete und disciplinirte in Europa ist; daß es voller Saft, Thatkraft und Patriotismus ist, noch nicht verdorben durch das Bedürfniß materieller Genüsse; daß es sich warme Ueberzeugungen und die Achtung vor allem Achtungswerthen bewahrt hat. — Welch ein betrübender Gegensatz! Frankreich hat über Alles gelacht und das Ehrwürdigste findet daselbst keine Achtung mehr. Die Tugend, die Familie, die Liebe zum Vaterlande, die Ehre, die Religion werden einem leichtfertigen und zweifelsüchtigen Geschlecht als Gegenstände des Spottes dargestellt. Die Theater sind Schulen der Schamlosigkeit und Unflätigkeit geworden. Von allen Seiten träufelt das Gift, Tropfen um Tropfen, um die Organe einer unwissenden und entnervten Gesellschaft, die weder die Einsicht noch die Thatkraft besitzt, um sich bessere, auf Recht und Gerechtigkeit gegründete Einrichtungen zu geben, die dem Geiste unserer Zeit angemessen, aber vor Allem geeignet wären, sie unterrichteter und sittlicher zu machen. So schwinden allmälig alle schönen Eigenschaften der Nation dahin; der Edelmuth, die Loyalität, der Zauber unseres Geistes und der Schwung der Seele verlieren sich, so daß diese edle französische Race sich bald nur noch an ihren Fehlern wiedererkennen wird. Und unterdessen bemerkt Frankreich nicht, wie ernsthaftere Nationen ihm auf der Bahn des Fortschrittes vorauskommen und es auf den zweiten Rang zurückdrängen."

In Brüssel erschien eine Histoire de l'armée de Châlons, worin es heißt: „Wie viel Unheil hatte dieses Lager von Chalons dem wahrhaftigen militärischen Geiste Frankreichs bereitet! Da hatten unsere jungen Offiziere unter festen und comfortablen Zelten, bei stets ohne Mühe gesicherten Mahlzeiten, die falschen Ideen über das Feldleben eingesogen. Da hatte die Intendanz die üppige Verpflegung von Armeen gelernt, aber von unbeweglichen Armeen. Da hatten die Schießübungen der Artillerie uns die Zuversicht auf die stets unbestrittene Ueberlegenheit unserer Geschütze eingeimpft, da hatte die Cavallerie gelernt, Recognoscirungen mit Regimentern mit Escadronsdistance auszuführen. Da hatten die Generale gelernt, wöchentlich einmal zwischen zwei Mahlzeiten zu siegen, da war Lorbeer und Ruhm von denjenigen leicht errungen, die die Gunst dazu bestimmt hatte, große Männer zu werden, wenn an sie auf der festgesetzten Liste die Reihe kam. Das Lager von Chalons war das Treibhaus für die Avancements geworden. Viele derjenigen, welche an unserer Spitze marschirten, waren eben nur die großen Krieger des kleinen Mourmelon. Es genügte zuweilen, einen Sieg errungen zu haben — im Lager von Chalons. Wie weit waren wir davon entfernt, zu handeln, wie General v. Moltke, der Terrainstrecken mit denjenigen Offizieren durcheilte, welche er in seiner Schule bilden wollte, indem er sie auf den Feldern die Strategie und die Kenntniß des Terrains lehrte und sie während langer, arbeitsvoller Jahre neben sich beobachtete, ehe er den Ausspruch that: Dieser kann ein General der Armee werden. Wie weit waren wir von der wahren Nachahmung des Feldlebens entfernt, bei der man alljährlich während zweier Monate militärische Märsche ausführt, um die Truppen lagern zu lehren und sie unterhalten und verpflegen zu lernen! Bei dergleichen Uebungen entwickeln sich die militärischen Talente und kann ein General nach ernster Prüfung, nicht nach oberflächlicher und oft vorgefaßter Meinung, die geeigneten Candidaten erwählen. Durch dieses Mittel würde man auch die vollständige Unfähigkeit mancher Offiziere für den Krieg erkennen. Dieses in freier Luft gewonnene Urtheil würde gestatten, eine heilsamere Wahl zu treffen, als in den Vorzimmern der Minister oder an der Tafel der Tuilerien, und dem Lande brauchbare und energische Generale sichern."

Der Engländer John Coleridge sagte im März in einer Wählerversammlung zu Exeter: „Von den Zeiten Ludwigs XIV. ab war Frankreich der große europäische Störenfried; ich kann daher nicht bedauern, daß das Götzenbild der französischen Gloire so erbarmungslos in Stücke geschlagen worden ist. Im Gegentheil freue ich mich darüber, denn es ist selbst zu Frankreichs Bestem. Man kann allerdings behaupten, daß nun der Gegenstand unserer Besorgniß gewechselt habe, daß Deutschland in Zukunft zu der schrecklichen Geißel werde, die Frankreich in der Vergangenheit war. Aber ich glaube dieß nicht. Ich fürchte nichts derart, ich habe Vertrauen zur deutschen Geschichte und zum deutschen Volkscharakter, und meiner Ansicht nach wird die Welt sich binnen Kurzem unsäglich erleichtert fühlen, indem an der Spitze des europäischen Festlands eine große, tapfere und entschlossene, aber friedlich gesinnte Nation steht, anstatt einer Nation, die gleichfalls groß, tapfer und entschlossen, aber kriegerisch rastlos und angriffssüchtig ist."

Trotz allem, was vorgefallen ist, sollen wir Deutsche unsere Gemüthsruhe und geistige und sittliche Ueberlegenheit auch darin bewähren, daß wir die im Kriege geübte Großmuth gegen einen allerdings boshaften Feind auch im Frieden bewähren, an der französischen Nation, wie viele schlechte Elemente wir in ihr auch haben bekämpfen müssen, doch nicht verzweifeln und es den wohlwollenden und verständigen Franzosen nicht sauer machen, sich wieder mit Deutschland zu versöhnen. Vielleicht kommen sie noch zu der Einsicht, daß ein dauernder Friede und möglichst treues Zusammenhalten der romanischen mit der germanischen Race die beste europäische Politik ist.

Wir Deutsche selbst können jedenfalls auf den großen Krieg nur mit Genugthuung zurückblicken. Er wurde uns aufgedrungen, wir hatten ungeheure Verluste *), edles deutsches Blut wurde in Strömen vergossen, aber wir siegten, und der nationale Gewinn war so großer Opfer werth. Aus dem vergossenen Blut ist unser Volk, ist unser Reich verjüngt und stärker als je hervorgegangen.

Es bleibt uns nun noch übrig einen Blick auf die Wirkungen zu werfen, welche der große Krieg auch außerhalb Frankreich in Deutschland, Italien und bei den neutralen Mächten hervorgerufen hat.

---

*) Nach einer im preußischen Kriegsministerium für das Invalidengesetz ausgearbeiteten Denkschrift betrugen die Verluste:

I. Offiziere:

	todt	verwundet	vermißt	Summa
Norbb. Bund	918	2972	30	3920
Bayern	156	564	—	720
Württemberg	25	64	—	89
Baden	22	132	—	154
Großh. Hessen	44	63	—	107
	1165	3795	30	4990

II. Unteroffiziere und Soldaten:

	todt	verwundet	vermißt	Summa
Norbb. Bund	14839	71792	5902	92533
Bayern	1524	10217	—	11744
Württemberg	664	1688	—	2352
Baden	423	2578	263	3264
Großh. Hessen	681	1467	—	2148
	18131	87742	6165	112,038

Elftes Buch.

Die Wiederherstellung des deutschen Kaiserthums.

Wir Deutsche haben oft Kriege mit Frankreich führen müssen, weil uns die Franzosen seit drei Jahrhunderten wiederholt anfielen, und immer blieben sie stark genug, um ihre räuberischen Angriffe auf uns erneuern zu können, weil wir Deutsche nicht einig waren. Deshalb hatten alle jenen frühern Franzosenkriege keine tiefergreifende welthistorische Bedeutung. Das Verhältniß des übermüthigen Frankreich zu Deutschland blieb wesentlich das nämliche. Das hat nun aufgehört. Der letzte Krieg mit Frankreich hat ungleich größere Bedeutung, als jeder frühere, und bildet einen Wendepunkt in der Geschichte Europas. Denn wir Deutsche haben endlich frischweg den alten Fehler abgelegt, dem lange von uns selbst an uns begangenen Unrecht entsagt und sind als Nation wieder eins geworden. Das gemeinschaftlich vergossene Blut hat dies Wunder bewirkt. Die schöne Einheit der deutschen Heere in Frankreich wirkte zurück auf das ganze deutsche Volk und seine Fürsten. Ein unwiderstehlicher Zug zur Nationaleinheit brach alle bisherigen Hindernisse nieder.

Die Initiative in Bezug auf die künftige deutsche Reichsverfassung ergriff Bayern. Das war auch sehr natürlich. Das bisherige Verhältniß der süddeutschen Staaten zum norddeutschen Bunde war erst ein unreifes. Preußen hatte wiederholt erklärt, es sey einstweilen mit dem Zollverein und mit den Schutz- und Trutzbündnissen zufrieden und werde nie einen Druck auf die süddeutschen Staaten ausüben, sondern ruhig abwarten, ob sie nicht selber kommen und sich dem Nordbund näher anschließen würden. Zu dem letztern Schritte gab nun die Waffenbrüderlichkeit im großen Kriege von 1870 die schicklichste Veranlassung. Der König von Bayern hatte sich mit Wärme der deutschen Sache hingegeben, seine Bayern hatten an der Seite der Preußen Wunder der Tapferkeit verrichtet, überall mitgekämpft und mitgesiegt. Es war ein Blutbund zwischen Preußen und Bayern geschlossen worden auf dem Schlachtfelde, den die Diplomaten am grünen Tisch nur noch zu besiegeln hatten. Weil Graf Bismarck selbst im Hauptquartier des Königs von Preußen verweilte, mußte ihn Staatsminister von Delbrück in Berlin einstweilen als Bundeskanzler vertreten und kam, von Bayern dazu eingeladen, am 21. September nach München, um die bayrischen Reichsverfassungsvorschläge entgegenzunehmen. Er selbst hatte keine mitgebracht. Der Enthusiasmus unter den nationalgesinnten Münchnern war groß. Als Delbrück am 23. vom Schlosse Berg, wo er den König gesprochen hatte, nach München zurückkehrte, wurde er mit ungeheurem Jubel empfangen. Man ließ im Voraus den deutschen Kaiser leben. Da dies aber doch zu voreilig erscheinen und manchem sog. Patrioten in Bayern Anstoß geben mußte, brachte Delbrück vom Balkon seines Gasthofes aus mit feinem Takt ein Hoch dem deutsch gesinnten König Ludwig aus, dessen bundestreuem raschem Entschluß allein das Erringen der glänzenden Erfolge des gegenwärtigen Krieges zu verdanken sey.

Magistrat und Gemeindebevollmächtigte von München verlangten am 19. September den Anschluß Bayerns an den Norddeutschen Bund. Viele andere Gemeinden folgten nach. Es war ein gewaltiger Umschwung im Bayerlande. Der berühmte Abgeordnete Völk drückte noch am 10. Oktober in einer Volksrede zu Traunstein die damalige Stimmung aus, wies am Faden der Geschichte nach, wie die Selbständigkeit Bayerns immer nur eine illusorische gewesen sey, sofern es sich bald von Oesterreich, bald von Frankreich habe müssen bevormunden und befehlen lassen, pries das natürliche Recht und die Pflicht der Deutschen, einig zusammenzustehen, und sagte dem König Ludwig II. innigen Dank für seine bisherige treffliche deutsche Haltung unter ungeheuerm Jubel der Zuhörer.

Auch hörte man aus ganz Bayern Berichte über den Umschlag der Gesinnungen beim Landvolk, veranlaßt durch die Briefe, die ihm seine tapfern Söhne aus Frankreich schrieben. Man meldete aus München am 26. September: „Lutherisch san mir nit worden in dem Krieg, aber preußisch. Dös könnts dem Herrn Pfarrer sag'n, weil er bei userm Ausmarsch gar so a Angst g'habt hat um unser Seelenheil. Die Preußen san gar brave Kameraden und halten mit uns bringest zusammen, wo's auf die Franzosen losgeht. Das san a falsch Volk, ob's wohl katholisch seyn wollen, wie die Bayern; d' Preußen machen koa Kreuz, san aber doch christlich. Der Herr Pfarrer hät's nur seh'n soll'n dort bei Sedan, wie preußische Jäger neben uns nach der Schlacht a geistliches Lied g'sungen hab'n und die Musik hat dazu g'spielt. Wir hob'n alle g'juchzt aus Freud, aber glei a aufg'hört, wie die Preußen z'singen ang'fangt hob'n, g'schamt hob'n wir uns a a weni, denn uns is koa Lied eing'falle, bös so rühri war wie das von den Preußen! — Also lautet der Brief eines oberländer Buben, der bei dem landsberger Jäger-Bataillon steht, sein Vater las denselben am letzten Markttag im blauen Bock zu München mehrere Male vor und fand der Inhalt allgemeinen Beifall. Der Umschlag in der Stimmung Altbayerns gegen unsere norddeutschen Stammesgenossen macht sich nicht allein in den Siegesfestivitäten, die allenthalben veranstaltet werden, bemerkbar, sondern auch in den Privatunterhaltungen."

Unter diesen Umständen kam eine Spaltung in die bisherige Kammermehrheit der sog. bayerischen Patriotenpartei. Nach dem Vorgang des Präsidenten Weiß trennten sich am Ende des Oktober die Gemäßigten von den Unversöhnlichen. Aber auch diese letztern, vertreten durch die Donauzeitung, ergoßen sich in Wuth über Oesterreich, welches sie im Stich gelassen habe, und erklärten, auch sie wollten sich an das neue deutsche Reich anschließen, aber nur um mit den norddeutschen Katholiken und Conservativen vereint für Rom zu wirken.

Unterdeß wurde in Versailles am Hoflager des Königs von Preußen zwischen Bismarck und den Ministern der süddeutschen Staaten, nachdem sich auch Württemberg, Hessen und Baden mit Bayern übereinstimmend erklärt hatten, über den Anschluß der letztern an Norddeutschland unterhandelt. Man kam nicht gleich zu Stande, weil Bayern sich eine Sonderstellung im deutschen Reiche vorbehielt. Endlich glich man sich aus, so daß am 1. Dezember sämmtliche Verträge der süddeutschen Staaten mit dem Norddeutschen Bunde vom Bundesrath in Berlin ratificirt werden konnten. Die Zustimmung der Stände, wie im Norddeutschen Reichstag, so in den süddeutschen Landtagen erfolgte in den nächsten Monaten. Baden war längst deutsch gesinnt, auch Darmstadts Bevölkerung, während die Regierung sich wenigstens den Umständen fügte. In Württemberg war die demokratische Kammermehrheit durch Neuwahlen aus dem Felde geschlagen und hatten die Deutschgesinnten gesiegt. Am längsten sträubten sich noch die Schwarzen am bayerischen Landtag, unterlagen aber endlich auch hier bei der letzten Abstimmung. Im Norddeutschen Reichstag machten Liebknecht und Bebel, die Vorsteher internationaler Arbeitervereine, eine freche Demonstration, indem sie zu Gunsten Gambettas und der französischen Republik gegen das ganze Verfahren Deutschlands protestirten. Lange schon Agitatoren der internationalen Arbeitervereine, die auf eine Universalrepublik hinsteuerten, gaben sie sich auch ganz folgerichtig zu Werkzeugen Gambettas her, dessen Presse nicht verfehlte, aus der Mücke einen Elephanten zu machen und die Franzosen zu überreden, sie hätten mitten in Deutschland und selbst im Schooß des Reichstags eine große Partei für sich. Da Bebel und

Liebknecht sich wirklich verrätherischer Verbindungen mit dem Feinde schuldig gemacht hatten, wurden sie verhaftet.

Die neue deutsche Reichsverfassung war eigentlich föderalistischer, als es die bisherige norddeutsche Bundesverfassung gewesen war und in der Einheit weniger stramm zusammengefaßt. Von 58 Stimmen im künftigen Bundesrathe sollte Preußen nur 17 behalten. Aus dem Bundesrath sollte ein ausschließlich auswärtige Angelegenheiten behandelnder Ausschuß nur vom bayerischen, sächsischen und württembergischen Bundesgesandten gebildet werden. Zu einer Verfassungsänderung sollte es nicht mehr wie früher nur zwei Drittel, sondern drei Viertel der Stimmen bedürfen. Eine Kriegserklärung sollte dem Bundesoberhaupt nur mit Bewilligung des Bundesraths zustehen, außer wenn Deutschland angegriffen würde. Bayern behielt sich noch insbesondere seine bisherige diplomatische Vertretung, die eigene Verwaltung seiner Verkehrsanstalten, seine Malzsteuer, seine besondere Gesetzgebung und Verwaltung vor und auch sein Heer sollte nur im Kriege unter dem Befehl des Bundesoberhauptes stehen. In Betreff des Heimaths- und Niederlassungsrechts schloß sich Bayern von der allgemeinen Bundesgesetzgebung aus und endlich erhielt sein Bundesgesandter das Recht, dem Bundesrath zu präsidiren, wenn der preußische Präsident verhindert seyn sollte. Trotz solcher noch allerdings sehr föderalistischen Bestimmungen hatte dieser neue weitere Bund doch große Vorzüge vor dem bisherigen engern norddeutschen Bunde und zwar nicht blos in seiner äußern Ausdehnung, sondern hauptsächlich durch die Verschmelzung süddeutscher und norddeutscher Interessen.

Unterdeß hatte der König von Bayern dem König von Preußen die deutsche Kaiserkrone angetragen, die übrigen Fürsten stimmten zu und am 18. Dezember nahm König Wilhelm zu Versailles, wie oben schon berichtet wurde, die kaiserliche Würde an, womit auch der Name des deutschen Bundes verschwand und der des alten ehrwürdigen deutschen Reichs wieder hergestellt wurde.

Nachdem der glorreiche Krieg beendigt und der Friede beschlossen war, verließ Kaiser Wilhelm am 7. März Versailles, nahm noch Abschied von den südbeutschen Truppen und kehrte dann, begleitet vom Kronprinzen, Prinzen Karl und Graf Moltke über Nanzig, Metz, Saarbrücken, Mainz, Frankfurt, Magdeburg und Weimar nach Berlin zurück. In Nanzig begrüßte ihn General Werder, dem er herzlich für seine Führung der Truppen dankte. In Saarbrücken an der Reichsgrenze empfingen ihn 400 Bürgermeister der Rheinprovinz und überreichten ihm „des Rheinlands Dank" in einer Adresse und einen prachtvollen goldenen Lorbeerkranz. Ueberall unterwegs empfingen ihn die freudigsten Glückwünsche. In Weimar besuchte er seine hohen Verwandten und traf am 17. März im besten Wohlbefinden in Berlin wieder ein, empfangen von der Kaiserin, allen anwesenden Prinzen und Prinzessinnen, vom Grafen Bismarck und dem auch schon zurückgekehrten General von Roon unter unermeßlichem Volksjubel. Ganz Berlin war beflaggt und wurde bei Nacht illuminirt. Am 21. eröffnete der Kaiser den ersten deutschen Reichstag mit einer herrlichen Rede, an deren Schluß er wünschte, dem glorreichen Kriege möge ein eben so glorreicher Frieden folgen. Am 22. wurde sodann der Geburtstag des Kaisers mit solenner Pracht und lebhaftester Theilnahme des Volks gefeiert, wobei auch Prinz Friedrich Karl sich einfand, der glorreiche Feldmarschall, den das Volk mit Begeisterung begrüßte.

Der alte General Steinmetz, der als Gouverneur in Posen fast verschollen war, wurde, als er den neuen Kaiser in Berlin begrüßte, von demselben zum Feldmarschall ernannt mit den Worten: „Dem Manne, dem Ich die Erfolge von 1866 verdanke, der in den letzten Kämpfen so treue Dienste geleistet, gebe Ich den verlangten Abschied nicht. Sie bleiben Chef Meines 37. Regiments und treten zu den Offizieren der Armee; außerdem verleihe Ich Ihnen die höchste Würde der Armee." Auch General Herwarth von Bittenfeld wurde Feldmarschall.

Werfen wir einen Rückblick auf die Politik des neuen deutschen Kaisers seit der Zeit, in welcher er zuerst als Prinz-Regent die Regierung in Preußen übernahm, so stellt sich uns vor allen Dingen fest, daß sein erster Gedanke derselbe war, dem er unausgesetzt treu geblieben ist. Das war der Gedanke, zunächst Preußen durch die Erinnerung an das Jahr 1813 zu stärken und dann erst auch wieder Deutschland durch die erstarkte Macht Preußens dem Ziele seiner Einheit näher zu bringen, den lockern und uneinigen deutschen Bund fester zusammenzuschließen in einem neuen Reiche. Zu diesem Zwecke galt es vor allem, Kraft zu entwickeln. Daher die Armeereorganisation der unumgänglich nothwendige Anfang aller seiner weiteren Operationen seyn mußte. Dabei wählte er sich das tüchtigste Werkzeug aus im Kriegsminister v. Roon. Hierauf mußte er darauf Bedacht nehmen, mit eben so viel Kühnheit als Geschick die preußische Diplomatie zu Gunsten Gesammtdeutschlands am Bundestage und gegenüber den österreichischen, mittelstaatlichen und auswärtigen Intriguen zu lenken, und dazu ersah er sich wieder als das passendste Werkzeug den Herrn v. Bismarck-Schönhausen aus. Es ist nicht wahr, daß ihn Bismarck erst in die Bahn der deutschen Politik hineingeführt habe. Der König hatte sein Programm schon festgestellt und seine wundervolle Heerverfassung schon eingerichtet, ehe er Bismarck auf seinen Posten stellte. Für die oberste Leitung der unvermeidlich bevorstehenden Kriege hatte er sich auch schon ein drittes eben so geniales Werkzeug in dem General v. Moltke vorbehalten.

Waren die Umstände, unter denen er die preußische Regierung antrat, auch die ungünstigsten, so waren doch gerade sie es, die ihn veranlaßten und anspornten, allem aufzubieten, um Preußen aus seiner unnatürlichen und eigentlich schimpflichen Lage durch die Wiederaufnahme der ihm allein natürlichen von den Zollern geerbten Politik herauszureißen. Aus einem kleinen Anfang war Preußen durch die Genialität früherer Kurfürsten und Könige des Hauses Zollern nicht nur zu dem bedeutendsten unter den Staaten Norddeutschlands emporgewachsen, sondern hatte auch schon seit dem Constanzer Conzil Gesammtdeutschland die wichtigsten Dienste geleistet. Aber seit dem Wiener Congreß hatte es, von Feinden und falschen Freunden umlagert, die Macht, die es aus der Begeisterung von 1813 geschöpft, preisgegeben, sich als europäischer Staat von Rußland, als deutscher Staat von Oestreich bevormunden, sogar von den ehemaligen Rheinbundstaaten mißachten, den Schimpf von Olmütz sich gefallen und im Innern eine muthwillige und frivole, ganz in französischer Art zugestutzte Kammeropposition aufkommen lassen, wodurch es trotz seiner soliden Verwaltung und trotz des großen Verdienstes, welches es sich durch Gründung des Zollvereins erworben hatte, doch sehr in der öffentlichen Achtung gesunken war. Preußen mußte sich nothwendig wieder ermannen, wieder den alten Respect einflößen, sich wieder an die Spitze Deutschlands stellen wie 1813, sonst war seine und Deutschlands ganze Zukunft gefährdet.

König Wilhelm schlug mit tiefstem Verständniß seiner Zeit und mit wärmstem Gefühl für die deutsche Sache den einzig richtigen Weg ein. Das Ziel bezeichnete er. Die großen Männer, deren politische wie strategische Operationen Deutschland diesem Ziele zuführten, stellte er an ihren Platz. Noch ist das Jahrzehnt nicht vergangen und in so überraschend kurzer Zeit ist Deutschland zur ersten Macht in Europa erhoben, man darf wohl sagen, ein welthistorisches Wunder vollbracht worden.

Wie Kaiser Wilhelm zum erstenmal wieder die Reichseinheit im Innern herstellte, so war er auch wieder der erste **Mehrer des Reichs**. Im Innern stärkte er die Einheit, indem er die Vielstaaterei einschränkte und Hannover, Kurhessen, Nassau, Frankfurt, Holstein und Lauenburg mit Preußen vereinigte. Von außen erwarb er die bisher vom deutschen Bunde getrennt gewesenen Länder Schleswig, Elsaß und Deutsch-Lothringen. Durch den Erwerb der beiden Elbherzogthümer wurden erst die deutsche Flotte und Marine zu einer Wahrheit; durch den Erwerb von Elsaß und Lothringen wurde unsere natürliche und strategische Grenze gegen Frankreich endlich wieder gesichert.

Unser Recht auf **Elsaß und Lothringen** ist von der deutschfeindlichen Presse sophistisch bestritten worden, allein es versteht sich von selbst, daß der rechtmäßige Eigenthümer, was ihm gestohlen worden ist, wieder zurücknehmen darf. Ebenso würde es sich von selber verstehen, daß, wenn die Franzosen uns vollends das ganze linke Rheinufer haben rauben wollen, wie sie das so oft verkündet haben, wir ein eben so gutes Recht gehabt hätten, ihnen nicht nur Elsaß und Lothringen, sondern dazu auch noch französisch redende Departements abzunehmen. Für unser Recht spricht die Nationalität, der uralte Verband Elsaß und Lothringens mit dem deutschen Reiche, und dazu ist auch noch das Recht der Wiedervergeltung, das Recht des Stärkern und der Eroberung und das natürliche Recht, uns gegen den bösen Nachbar, der uns nie in Ruhe lassen will, gehörig zu schützen, auf unserer Seite. Was die Elsäßer und Lothringer selbst betrifft, so sind sie Deutsche und bleiben Deutsche. Die angeborene Race macht es aus und nicht der fremde Anstrich. Die unter ihnen, welche gern Franzosen bleiben möchten, sollen hinüber nach Frankreich auswandern, wir brauchen sie nicht, und hätten sogar das Recht, sie fortzujagen, nachdem auch alle Deutschen aus Frankreich ausgewiesen worden sind. Die noch gut deutsch gearteten Elsäßer und Lothringer aber werden bald inne werden, wie viel besser sie daran sind, wenn sie mit ihren Stammgenossen wieder vereinigt unbehindert deren Tugenden theilen und sich von der Befleckung der französischen Corruption wieder reinigen können.

Obgleich schon Ludwig XIV. scharfe Dekrete erließ, um Elsaß zu begermanisiren, und sogar im Jahr 1685 den Weibern ihre deutsche Tracht verbot, was der Convent 1793 wiederholte, blieb das Volk doch gut deutsch. Unter Ludwig Philipp erneuerte sich die Unterdrückung des deutschen Elements und war härter als unter dem ersten Napoleon, denn dieser große Corse theilte den französischen Nationalhaß gegen die Deutschen nicht, sondern betrachtete vom internationalen Standpunkt des Imperators aus die Deutschen als seine eben so guten Unterthanen als die Franzosen. Ludwig Philipp dachte wieder nur französisch und ließ z. B. in Weißenburg die deutschen Lehrbücher wegnehmen. Auch der zweite Napoleon befolgte dieses System. Noch 1865 wollte der Cultminister Duruy die deutsche Sprache in Elsaß und Lothringen ausrotten. Die Lothringer versicherten: „Die Lücke zwischen Saarlouis und Landau hat die französische Brust der Deutsch-Lothringer zum Walle. Niemals, niemals wird Preußen uns beherrschen." Aber diese alberne Versicherung, sie trügen in ihrem deutschen Leibe ein französisches Herz, genügte der Regierung nicht. Der Präfect des Mosel-Departements decretirte am 25. November 1868: „Wir wollen Franzosen seyn, nicht Deutsche. Die Ausrottung unseres deutschen Idioms ist ein großer Vortheil für Religion und Sittlichkeit."

Verrückter konnte sich die Vaterlandsvergessenheit nicht ausdrücken. Doch so dachten nicht alle Deutsche unter französischer Herrschaft. Die protestantische Gemeinde Ruprechtsau bei Straßburg ließ über der Thür ihrer neuen Kirche eine offene Bibel anbringen und wollte ihr die Inschrift geben: „Christus gestern und heute und derselbe in Ewigkeit." Der Präfect befahl eine französische Inschrift, das wollte die Gemeinde nicht und so blieb die Bibel leer.

Besonders klagte man im Elsaß unter der französischen Herrschaft über den schlechten Zustand der Schule. Die Verbesserung derselben, die Einführung guten deutschen Schulunterrichts war eine der ersten Sorgen der neuen deutschen Regierung. Ein französisches Blatt schrieb: „So ist also das eroberte Elsaß wenige Monate später im Besitz der Reformen, welche die republikanische Partei für ganz Frankreich seit 20 Jahren anstrebt und die den Konservativen stets zu revolutionär erscheinen, um sie ohne Gefahr in's Leben zu rufen! Werden wir nun endlich unsere thatsächliche Inferiorität und die Ursachen unserer Niederlage erkennen?"

Die Wiederherstellung des deutschen Kaiserthums.

Indem wir Elsaß wieder nehmen, müssen wir uns in's Gedächtniß zurückrufen, wie wacker sich einst die Straßburger Bürger unter ihrem Ammeister Dietrich gegen alle Verführungs- und Angriffsversuche Frankreichs gewehrt haben, bis die Stadt, die vom deutschen Reich im Stich gelassen war, durch den Verrath elender, von Frankreich erkaufter Menschen an Ludwig XIV. ausgeliefert wurde. Dem Verrath aber ging eine Selbstvergessenheit der Deutschen und Hingabe an die französische Mode voran. Johannes Schmid, damals Präsident des lutherischen Kirchenconvents und Professor der Theologie in Straßburg klagte in einer noch erhaltenen Predigt: „Man hat, Gott erbarms, die welsche Unart allzu sehr einreißen lassen, große Höflichkeiten gebraucht, aber aus untreuem Herzen welsche Ceremonien eingeführt, krumme Hände und Füße gegen einander gemacht, also sind auch die Gemüther in die welschen krummen, von den alten teutschen schlichten Wegen abgewichen und geht jetzo, wenn ihr zween zusammenkommen, oftmals krumm wider krumm, oder wie Jeremias 9. 5. sagt: Ein Freund deutet den andern und redet kein wahr Wort. Höret ihr verstockten Teutschen, wenn der Morgen schon kommt, so wird es doch Nacht seyn, wenn ihr schon alle eure besten politischen Anschläge zusammentragt und die Sache auf's klügste angreift Friede zu machen, meinet, jetzt habt ihr die Sache bei allen fünf Zipfeln gefaßt, so wird es doch zu nichte werden. In dieser finstern Kriegsnacht werdet ihr sitzen und verderben. Denn wenn die gottlose Politik unter und mit dem welschen und teutschen Complimentiren, Betrug, Falschheit, Ehrgeiz, Geldgeiz, Eigennutz, schnöde Wollust überhand nimmt, kann Gottes Segen über gemeiner Stadt nicht walten!" Neben ihm wirkte sein College Professor Danhauer, der eben so kraftvoll gegen das Welschthum predigte und darunter nicht blos Ludwig XIV. sondern auch die Jesuiten meinte, denn wenn diese nicht die Reformation verhindert und dadurch Deutschland getheilt und geschwächt hätten, so würden auch die französischen Könige niemals einen Vorrang über den deutschen Kaiser erlangt haben und würden niemals bis zum Rhein vorgedrungen seyn. „Wollte Gott, sagte Danhauer in einer gleichfalls noch erhaltenen Predigt, wir wären in so gesegneter Ordnung geblieben bei unsern Großvätern, die das Wort mit Freuden angenommen, Teutschland stünde noch als eine erschreckliche Amazone für ihren Feinden, aber seit den gefährlichen Reisen in Welschland ist uns die Welschsucht ankommen und lassen Jammers ein Anfang worden. Da man sich an den päpstlichen Baal Peor gehängt, durch Heuchelei, durch Favor, durch unzeitige Liebe, da man sich an der römischen Dam vergafft und ihr einen Kuß gegeben, ja mancher mit der französischen Midianitin gescherzt, daß er sich vor der Sonne schämen muß, die alles an's Licht bringen wird. Daher kommt aller Jammer und Noth. Welsche Künste und Leichtfertigkeiten, die heillose Zungenmusik, die abgöttischen Gedichte, die leichtfertigen Lieder und sinnlose welsche Musik meidet und laßt ungesungen. Gott gebe großmüthigen Potentaten in Sinn, bei nächstem Reichstag die Proposition zu thun, wie der Papst nach Welschland gesperrt und die Allamoberei abgeschafft werden möchte!"

Heute nach fast zweihundert Jahren, lesen wir mit innigem Vergnügen, was jetzt ein im Elsaß hochgeachteter Mann von der Wiederaufnahme des schönen Ländchens in das deutsche Reich geschrieben hat. Graf von Dürckheim-Montmartin befand sich unter der Deputation, welche das Elsaß nach Berlin zum Kaiser Wilhelm geschickt hatte, und schrieb von da an den niederrheinischen Courier: „Die geschlagenen Wunden zu heilen, ein die Gemüther versöhnendes, die Interessen sicherstellendes Regime einzuführen und das Land nicht als ein erobertes, sondern als ein mit Deutschland in jeder Hinsicht gleichberechtigtes zu behandeln, schien mir der ernste Wille aller derer, welche jenseit des Rheines irgend einen Einfluß auf unsere Zustände ausüben. Aber nicht nur von den höheren Regionen der Regierung und Verwaltung, sondern auch von jedem gebildeten und denkenden Deutschen, mit welchem wir in Berührung kamen, sind uns unvergeßliche Beweise der innigsten Theilnahme und Sympathie gegeben worden. Namentlich die würdigen Abgeordneten der verschiedenen Staaten, welche wir zahlreich kennen lernten, bezeigten uns, gleichviel welcher politischen Richtung sie angehören, ihre warmen, brüderlichen, ganz uneigennützigen Gesinnungen, so daß wir fest überzeugt bleiben, daß auch in der Volksvertretung unsere elsässer Sache eine aufrichtige, kräftige Stütze gefunden hat. Die Grenzen, die ich dieser kurzen Mittheilung stecken muß, erlauben mir nicht, in nähere Details einzugehen; ich kann nur Folgendes schließlich beifügen: Die Beschlüsse, welche noch ferner gefaßt werden können — ja, ich kann sagen: das ganze Verfahren gegen unser Elsaß wird bald beweisen, daß ich mich nicht getäuscht und daß, wenn jenseits der Vogesen hinter uns leider Alles morsch und faul zusammensinkt, jenseits des Rheines eine gesunde Kraft vor uns steht, an die wir uns pflichtgemäß zum Heile unseres Landes unbedingt anschließen müssen, wenn wir wollen, daß auch unser Elsaß einer kräftigen Zukunft theilhaftig werde."

Elsaß und Lothringen bekamen sogleich nach ihrer Besitzergreifung eine deutsche Verwaltung, die mit größter Schonung verfuhr. Auch wurden Vertrauensmänner aus der Bevölkerung selbst zu Rathe gezogen, damit auf's Beste für sie gesorgt werde. Die Amtssprache wurde wieder deutsch, auch in den Volksschulen der deutsche Unterricht obligatorisch. Nur einige Professoren des Straßburger Liceums erhielten den Befehl das Land zu verlassen, weil sie erklärten, sie wollten keine Deutschen seyn, sondern Franzosen bleiben. Am meisten lamentirten die Fabrikanten in Mühlhausen, die ihren Hauptabsatz bisher in Paris gefunden hatten und fortan durch eine Zollgrenze von Frankreich getrennt seyn sollten. Man machte sich deutscherseits daher zur Pflicht, ihnen den ferneren Verkehr mit Frankreich zu erleichtern oder ihnen einen Ersatz zu verschaffen; jedenfalls wurden die Elsäßer und Lothringer, indem sie zu Deutschland kamen, von der bisherigen Steuerlast sehr erleichtert. Nach dem Bericht des Generaldirektors der Landwirthschaft, J. de Morny de Mornay, über die Ackerbau-Enquête beträgt die vom Elsaß aufzubringende Grundsteuer 782,045 Thaler, während die preußische Grundsteuer auf dieselbe Fläche (866,116 Hectaren) nur 347,020 Thaler betragen würde. Die Zuckerrübensteuer und andere Steuern sind in Preußen wesentlich kleiner, als in Frankreich. Die Spiritussteuer brachte 1865 dort 21,333,935, in Preußen dagegen nur 10,372,180 Thaler, die Getränkesteuer überhaupt 63, im Norddeutschen Bunde 1869 nur 18 1/3 Millionen Thaler.

Da in Deutsch-Lothringen infolge des Kriegs eine Hungersnoth eingetreten war, wurden den Bewohnern durch Privatwohlthätigkeit aus Schwaben eine Masse Lebensmittel aller Art in langen Wagenzügen zugeführt, alles freiwillige Gaben Deutscher an ihre wiedergewonnenen Brüder. Eine Anzahl Schulzen aus Lothringen kamen im April 1871 nach Schwaben, um dafür zu danken, und Pfarrer J. Winter aus Finstingen drückte diesen Dank im Namen seiner Mitbürger in einem Schreiben an den Schwäb. Merkur mit herzlichen Worten aus: „Wir werden laut und freudig verkünden, daß uns bei unsern deutschen Brüdern in Schwaben heimathlich zu Muthe geworden ist, fast wie lange verlorenen Kindern, die ihre rechte Mutter wieder gefunden haben. Unsere Stimme wird wohl nicht überall durchbringen, sie wird aber gewiß auch hie und da eine gute Stätte finden. Auch sind wir fest überzeugt, daß Elsaß nicht lange widerspenstig bleiben wird: seine deutsche Abstammung kann es ja doch einmal nicht verleugnen und Liebe muß Liebe erzeugen."

Es hieß eine Zeitlang, Weißenburg mit einem kleinen Distrikte werde an Bayern kommen, was aber großen Widerspruch in der Presse fand. Auch Preußen sollte das Elsaß und Lothringen nicht für sich bekommen, sondern nur einstweilen als Reichsland und im Namen des deutschen Reichs verwalten. Die noch im Reichstag schwebende Frage wegen des Rechtstitels, unter welchem Elsaß künftig verwaltet werden soll, wird keine Schwierigkeit bereiten, da die Hauptsache, daß Elsaß wieder deutsch ist, genug gesichert ist. — Bismarck's Wunsch, die Diöcesen in Elsaß und Lothringen von den französischen Erzbisthümern abzutrennen, findet, wie es heißt, noch Widerspruch im Vatican, dieser wird jedoch wohl mit manchem andern gehoben werden.

Zwölftes Buch.

Ende der weltlichen Papstgewalt.

Das wichtigste Ereigniß in Italien war während des großen Krieges in Frankreich die Besitznahme Roms durch die Truppen des Königs Victor Emanuel, die Einverleibung des Kirchenstaats in das Königreich Italien und das einstweilige Ende der weltlichen Herrschaft des Papstes. Dieses Ereigniß war die natürliche Folge der furchtbaren Niederlage, welche das französische Kaiserthum erlitt, erfolgte daher auch unmittelbar nach der Gefangennahme Napoleons III. bei Sedan. Beide Ereignisse standen auch in einem innern Zusammenhang. Schon im Eingange des vorliegenden Werks ist erörtert worden, daß der französische Imperator in der Erwartung, Italien, Oesterreich und das größtentheils katholische Süddeutschland werde sich mit ihm zur Niederwerfung des Norddeutschen Bundes vereinigen, den Krieg muthwillig angefangen habe, während zugleich das lang vorbereitete und von den Jesuiten gelenkte Concil dem Papste die Infallibilität und in Sanctionirung des Syllabus die Berechtigung, über alle Fürsten und Völker der Erde zu gebieten, verliehen habe. Wenn nun die katholische Trippelallianz unter der militärischen Oberleitung Frankreichs das größtentheils protestantische Norddeutschland würde niedergeworfen haben, so sollte der Papst den Siegern die Weihe der

Kirche ertheilen, den staatlichen Sieg zu einem confessionellen und Racensiege, zu einem neuen glänzenden Triumph der romanischen Race über die germanische machen. Napoleon III. vermaß sich, den Frieden erst in Königsberg schließen zu wollen, worin angedeutet lag, er werde, mit Oesterreich im Bunde, auch das katholische Polen in seiner alten Größe herstellen. So war der Plan gemacht, dessen Ausführung aber gleich anfangs auf Hindernisse stieß. Denn erstens schlossen sich die süddeutschen Staaten nicht an Frankreich, sondern ehrlich den Augustverträgen gemäß dem großen deutschen Nationalinteresse treu an Norddeutschland an, und zweitens wurde Oesterreich durch die drohende Haltung Rußlands veranlaßt, die Trippelallianz mit Frankreich lieber nicht einzugehen, sondern neutral zu bleiben, was Italien ebenfalls that.

Am 13. Juli 1870 nahm das Concil in Rom das neue Dogma an. Am 19., also nur sechs Tage später, empfing der König von Preußen die französische Kriegserklärung. Am gleichen Tage zog Napoleon III. seine Truppen unter General Dumont aus Rom zurück und Victor Emanuel mußte sich dagegen verpflichten, den Schutz des Papstes zu übernehmen. Diese Maßregel war darauf berechnet, den König von Italien in die Trippelallianz hineinzuziehen und zugleich die Liberalen in Frankreich, Italien und Deutschland zu beruhigen und über das letzte Ziel des Jesuitenplans zu täuschen. Aus demselben Grunde kündigte Oesterreich am 30. Juli dem Papste das Concordat auf, denn es beruhigte dadurch die Liberalen im eigenen Lande, wie auch in Süddeutschland, und erleichterte sich dadurch den Eintritt in die Trippelallianz, so lange es überhaupt noch hoffen konnte, dieselbe werde zu Stande kommen.

Da sie nun aber nicht zu Stande kam, Frankreich besiegt und Napoleon bei Sedan gefangen wurde, entschloß sich Victor Emanuel rasch, den günstigen Augenblick zu benutzen und das von den Franzosen nicht mehr beschützte Rom trotz der Schutzverpflichtung, die er

dem Papst gegenüber übernommen hatte, zu besetzen und den Kirchen-
staat zu säcularisiren. Das gänzlich barniedergeschlagene Frankreich
konnte ihn nicht mehr daran hindern. Der fromme General Trochu
bezeugte zwar in einem Schreiben dem Papste seine wärmste Theilnahme und ließ ihn hoffen, Frankreich werde später seinen Schutz
wieder übernehmen; Jules Favre dachte aber ganz anders', wollte
sich die Freundschaft des Königs von Italien erhalten und sprach
ihn förmlich vom Septembervertrage los. Oesterreich hatte eben
erst das Concordat annullirt, hatte noch ein liberales Ministerium,
wollte gut mit Italien stehen und konnte allein und ohne Frankreichs Hülfe für den Papst nichts thun, ließ also den Dingen
ihren Lauf.

Dem König von Italien kam es zu statten, daß ihn damals
gerade die republikanische Partei in Italien am wenigsten genirte.
Denn erstens war es derselben doch lieber, wenn der weltliche König
mit seinem frivolen Ministerium, als wenn der Papst mit seinen
Jesuiten in Rom herrschte. Zweitens hatte sich der alte schlaue
Mazzini bei seinen Wühlereien in Südtitalien endlich einmal fangen lassen, der König aber ließ ihn, um keiner Rache dafür ausgesetzt zu werden, großmüthig wieder frei und verpflichtete ihn nur,
das Land zu meiden und sich nach England zurückzuziehen. Drittens
wurde er glücklicherweise auch den alten Garibaldi los, denn derselbe ließ sich, wie oben erzählt ist, zu einer theatralischen Helden-
rolle in Frankreich verloden und hörte dadurch auf, für Italien
gefährlich zu seyn. Viertens wurde Victor Emanuel auch noch dadurch vom Glück begünstigt, daß die monarchisch gesinnte Mehrheit
der Cortes und die provisorische Regierung in Spanien unmittelbar, nachdem die Republik in Frankreich ausgerufen worden war,
um den spanischen Republikanern, die Frankreich nachahmen wollten, zuvorzukommen, die so lange verzögerte Königswahl rasch vornahmen. Der erste beste Prinz war ihnen recht, nur um die
monarchische Staatsform zu retten, und so machte man geschwind

Ende der weltlichen Papstgewalt.

Victor Emanuel's Sohn, den jungen Prinzen Amadeo, zum König von Spanien.

Als Victor Emanuel bereits am 6. September eine Armee unter dem Befehl des General Caborna ausmarschiren ließ, um sich des Kirchenstaats und der Stadt Rom zu bemächtigen, standen dem Papst nur noch etwa 9000 Mann unter dem General Kanzler zur Verfügung, denn ein großer Theil seiner bisherigen Armee hatte sich aufgelöst. Sowohl die Franzosen, als die Deutschen unter derselben kehrten in ihre Heimath zurück, um sich ihren vaterländischen Armeen einzureihen. Der Papst hatte nicht verfehlt, sich schon am Ende des Juli an den König von Preußen zu wenden und sich eventuell seinem Schutze zu empfehlen. Die Antwort war eine wohlwollende; doch war es weder die Aufgabe Preußens, noch der geeignete Augenblick, in Italien zu interveniren. Am 8. September richtete Victor Emanuel ein ehrerbietiges Schreiben an den Papst, worin er bedauerte, daß „die Sicherheit Italiens die Besetzung Roms durch die italienischen Truppen nothwendig mache", er ihm aber zugleich die Erhaltung seiner geistlichen Gewalt und seiner persönlichen Freiheit zusicherte. Es war nicht daran zu denken, daß sich der Papst mit weltlichen Waffen erfolgreich gegen Victor Emanuels Uebermacht hätte vertheidigen können, da in Rom selbst eine zahlreiche republikanische Partei den Sturz des Papstthums kaum erwarten konnte. Da aber der Papst gegen die gewaltsame Besitznahme Roms als gegen ein Sacrilegium protestirte, wollte auch die treue kleine Schaar seiner Truppen sich nicht ergeben, noch weichen ohne Kampf. Nachdem nun Cadorna am 20. September Rom cernirt hatte, erfolgte ein glücklicherweise nur kurzer Kampf, in welchem Cadorna nur 24 Todte und 117 Verwundete verlor, da Kanzler doch nicht zu siegen vermochte und den Kampf noch zur rechten Zeit abbrach.

Die italienischen Truppen hielten nun ihren Einzug in Rom und ließen zwar dem Papste die Peterskirche, den Vatican und

Trastevere unberührt, bemächtigten sich aber, wie des ganzen Kirchenstaats, so auch der Stadt Rom mit der Engelsburg und dem größern Stadttheil diesseits des Tiber, setzten die bisherige Verwaltung ab und richteten im Namen des Königs ein weltliches Gouvernement ein, an dessen Spitze General Lamarmora trat. Cardinal Antonelli schrieb zwar schon am 28. September an alle europäischen Mächte Proteste und Bitten um Hülfe, empfing aber von allen ohne Ausnahme nur Antworten, in denen herzliches Bedauern und Theilnahme ausgedrückt war, eine Hülfe aber nicht zugesichert wurde. In Rom selbst erlaubte sich nicht nur der republikanische Pöbel grobe Verhöhnungen des Papstthums, sondern fiel auch ein großer Theil des Adels vom päpstlichen Hofe ab, um sich dadurch desto mehr beim Hofe Victor Emanuels einzuschmeicheln, ein echt romanisches charakterloses Volk, dem der Heiligenschein immer nur Maske gewesen war.

Der Papst ließ sich inzwischen durchaus nicht beunruhigen, noch gab er auch nur im allergeringsten Punkte nach. Die ehrfurchtsvollen Anerbietungen des Königs Victor Emanuel wies er als Heucheleien mit Verachtung von sich und riskirte nichts dabei, denn er wußte wohl, der König würde aus Furcht vor den katholischen Bevölkerungen und Regierungen außerhalb Italien die persönliche Freiheit des Papstes und seiner Hofhaltung und Dienerschaft in Rom nicht antasten. Auch machten ihm die Jesuiten Muth. Diese Gesellschaft besaß dieselbe Zähigkeit und Rührigkeit wie die ihr diametral entgegengesetzte internationale Revolutionspropaganda, nur war sie klüger, heimlicher, verschlagener. Der ungeheure Schlag, der die Partei getroffen, indem zu gleicher Zeit der romanische Cäsar und der romanische Pontifex durch die Siege der Deutschen entwaffnet wurden, hat sie doch nicht um die Besinnung gebracht. Mit längst erprobter Rührigkeit und Schlauigkeit haben sie das an einem Ort zerrissene Netz gleich wieder an einem andern angesponnen. Sowohl die Gründung des neuen deutschen Reichs, als die Depossedirung des Papstes gab ihnen Anhaltspunkte dafür. Ein bayrischer sog. Patriot schwatzte das Geheimniß der neuen Instruktion aus: Wir Ultramontane wären in Bayern isolirt und ohnmächtig, im weiten deutschen Reich aber können wir mit allen andern Ultramontanen in Deutschland verbunden, eine Macht werden. Also wählen wir getrost in den deutschen Reichstag uns selbst! Das traurige Schicksal des Papstes weckte bei allen Katholiken eine neue warme Theilnahme für ihn und sogar bei seinen bisherigen Gegnern eine großmüthige und mitleibige Schonung. Auch das mußte schnell ausgebeutet werden. So lange der Krieg noch auf's heftigste entbrannt war, gewährte auch das einen Vortheil. Daher wurden die schon für die Infallibilität gewonnenen deutschen Bischöfe geschwind nach Fulda instruirt, um im Kriegstumult unbemerkt das neue Dogma in Deutschland einzuschmuggeln und ihre Diöcesanen darauf zu verpflichten und in der Verdammung der Opposition die deutsche Wissenschaft unter die romanische Censur und Inquisition zu beugen. In demselben Sinn arbeitete die romanische Propaganda auch in Oesterreich und brachte dort glücklich ein ultramontanes und zugleich föderalistisches Ministerium zu Stande.

In diese Operationen griffen noch weitere ein. In Belgien verlangte die ultramontane Mehrheit gleichsam gebieterisch die Wiederherstellung des Papstes in seine weltliche Herrschaft. Dem gleichen Ziel wollte eine katholische Union selbst in England zustreben. In Frankreich waren die Republikaner dem Papst nicht geneigt, nahmen aber doch Rücksicht auf das katholische Landvolk und ihre Herrschaft schien überhaupt nicht lange dauern zu können. Schon bei den Wahlen in die Nationalversammlung in Bordeaux erhielt die legitimistische und ultramontane Partei des Grafen von Chambord ein sehr charakteristisches Uebergewicht, und schon im Anfang des Märzes 1871 durfte das berühmte Jesuitenjournal l'Univers frohlockend ausrufen: „Der Krieg ist beendigt, man rüste sich zum

Kriege!" Trotz der Schmeicheleien, die dem neuen deutschen Kaiser in zahlreichen Bittschriften um Wiederherstellung des Papstes, in Deputationen und selbst von Rom aus gemacht wurden, war doch die jesuitische Kriegserklärung gegen Niemand anders gerichtet als gegen den Germanismus, gegen das neue deutsche Reich.

Victor Emanuel wagte noch nicht, seine Residenz in Rom zu nehmen, da er doch noch nicht wußte, ob die Großmächte nicht interveniren würden. Inzwischen wollte er formell sein Besitzrecht geltend machen und begab sich zu Neujahr persönlich nach Rom, jedoch nur auf einen Tag, ohne eine glänzende Begleitung, ohne einen feierlichen Einzug. Es sah aus wie ein heimliches Einschleichen und er eilte sogleich wieder nach Florenz zurück, wozu ihm die große Tiberüberschwemmung, von welcher gerade in diesen Tagen Rom heimgesucht wurde, zum Vorwand diente. Bald darauf fand sich indessen sein Kronprinz Humbert mit Gemahlin in Rom ein und nahm dort seinen längern Aufenthalt. Zugleich hielt man im Parlament zu Florenz (im Februar 1871) lange Berathungen über einen Gesetzesentwurf, betreffend die dem Papste zu leistenden Garantien. Diese beschränkten sich darauf, daß ihm persönlich die souveraine Würde und Unverletzlichkeit, die vollkommen freie Ausübung seiner geistlichen Gewalt, der freie Verkehr mit den Bischöfen und den an seinem Hofe accreditirten Gesandtschaften, die alleinige Aufsicht über die geistlichen Seminare, der Besitz des Vatican und Lateran, die Erlaubniß, eine eigene Garde zu halten, und eine jährliche Dotation von $3^1/_4$ Millionen Lire zugesichert wurden. Er nahm jedoch diese Gnaden nicht an, sondern protestirte energisch dagegen.

In Rom erlaubten sich die Republikaner, eben so unbekümmert um den König wie um den Papst, dieselbe Narrenfreiheit, wie zur Zeit der ersten französischen Republik unter dem Pontificat des sechsten Pius. Die schändlichsten Karikaturen verhöhnten nicht nur den Papst, sondern die Religion selbst. So ein sog. digitus

Ende der weltlichen Papstgewalt. 399

Dei, der die Priapeia der alten Römer wieder einführte. Auch eine Guillotine drohte symbolisch den Aristokraten. Doch bemerkte man keine Sympathie für die neueste französische Republik. Vielmehr schrie der römische Pöbel oft: Tod den Franzosen! und verhöhnte den gallischen Hahn, füllte ihn auf dem Platze St. Carlo mit Luft und ließ ihn davonfliegen.

Von nicht geringem Interesse war in diesem Augenblick das Wiederauftreten des berühmten Pater Hyacinth. Derselbe erließ nämlich einen Aufruf an alle katholischen Bischöfe, worin er sie ernst und dringend ermahnte, eine sittliche Reformation der katholischen Kirche durchzusetzen, sonst würde die Kirche unter den Sünden des Papstthums jetzt bald zusammenbrechen. Gott selbst habe durch den letzten Krieg seinen Willen kundgegeben und seinen Blitz auf den Vatican herabgeschleudert. „Wie Stroh vom Winde verweht wird, sahe ich die beiden Absolutismen, die so schwer auf der Kirche und der Welt lasteten, dahin fahren, das Kaiserthum der Napoleoniden und die weltliche Macht der Päpste. — Frankreich kann das Christenthum nicht entbehren und doch kann es dasselbe nicht in der verderbten Form annehmen, in die man es mit dem neuen Dogma eingekleidet hat. Soll es nicht zwischen Aberglauben und Unglauben rettungslos verloren seyn, so darf es nicht länger seine Vernunft, noch weniger sein Gewissen einer unbefugten, eben so unvernünftigen als gewissenlosen Autorität unterordnen." Als Heilmittel empfiehlt sodann der kühne Redner den Bischöfen, sich an die Bibel zu halten, der Bibel ihre volle Macht wieder zurückzugeben, und schließlich ermahnt er sie, die Religion auch von dem unnatürlichen Zwange zu befreien und ihre natürliche Verbindung mit der Heiligkeit der Familie herzustellen durch Aufhebung des Cölibats. So frei, so wahrheitsgetreu und so muthvoll hatte innerhalb der katholischen Geistlichkeit seit Luther noch kein zweiter gesprochen. Ob aber die romanische Race fähig ist, ihn zu begreifen, und noch moralische Kraft genug besitzt, um zwischen Aberglauben und Unglauben zur Wahrheit hindurch zu steuern, ist noch sehr die Frage.

Von einem höhern welthistorischen Gesichtspunkt aus betrachtet, erlebte die romanische Welt im Herbst 1870 eine schreckliche Demüthigung. Seit ein paar Jahren hatte die romanische Race in ihren Centralpunkten Paris und Rom in einem ganz übertriebenen Hochmuth geschwelgt. Der Imperator in Frankreich hatte alles zu einem großen Kampf und vermeintlichen Siege über Deutschland vorbereitet und würde, wenn er gesiegt hätte, auch den ihm lästig gewordenen Parlamentarismus gleich seinem großen Oheim unterdrückt und wieder nach dem Muster der altrömischen Kaiser mit Soldatenwillkür geherrscht haben. Genau in derselben Weise hatte man sich seit einigen Jahren in Rom vorbereitet, mittelst des Concils und des neuen Dogma dem Papste absolute Untrüglichkeit, die Oberhoheit über alle weltlichen Fürsten und persönliche Allmacht zuzuerkennen. Und auch dieses tolle Gebahren war hauptsächlich gegen Deutschland, deutschen Geist, deutsche Wissenschaft gerichtet. Höher war der romanischen Race gegenüber der germanischen noch niemals der rothe Kamm geschwollen, als im Frühjahr 1870.

Und nun im Herbst? Welcher furchtbare Umschlag! In Frankreich der Imperator gefangen und in Deutschland internirt. Statt der Monarchie die Republik. Statt des einen allgewaltigen Willens die Anarchie. In diesem Chaos herrscht nur ein Grundgedanke, in diesem Wahnsinn nur ein Instinkt, der im größten Gegensatze zum Germanismus steht und im vorzüglichsten Grade die romanische Race charakterisirt, nämlich der Egoismus, die Habgier, das ausschließliche Pochen auf Rechte, ohne irgend eine Pflicht anzuerkennen, der gewissenlose Mißbrauch von List und Gewalt, die gänzliche Abwesenheit germanischer Treue, Gutmüthigkeit und Großherzigkeit.

Was nun dem Imperator in Paris so schmählich mißlungen und in's Gegentheil dessen, was er gewollt, verkehrt worden ist, das mißlang auch und zwar zu derselben Zeit dem Pontifex in Rom.

Kaum hatte das Concil in einer Art Trunkenheit die Allmacht des Papstes decretirt, so sank er in die tiefste Ohnmacht hinab. Kaum hatte man ihn zum Herrn aller Herrn der Erde erklärt, so raubte man ihm noch den Rest seines Kirchenstaats und machte seiner weltlichen Herrschaft ein Ende. Aber auch die katholische Einheit, die das neue Dogma hatte befestigen sollen, wurde auf's äußerste gefährdet. Nicht nur waren alle besonnenen Katholiken über die brutale Anmaßung der italienischen Bischöfe auf dem Concil entrüstet und häuften sich die Proteste dagegen, sondern auch die weltlichen Mächte konnten der Einheit der römischen Kirche nicht mehr in dem Maaße wie früher zu Stützen dienen. Denn seit dem Concil von Trient gewohnt, den Papst nur als Mittel für ihre weltlichen Zwecke zu brauchen, wollte die neue Lehre des Syllabus und des Infallibilitätsdogmas sie jetzt auf einmal zu Sklaven der Curie machen.

Gewiß ist, daß sich die katholische Kirche in Deutschland noch nie in einer bessern und befriedigteren Lage befand, als in den letzten Jahrzehnten. Erst das neue Dogma hat eine Störung veranlaßt. Nirgends regte sich in Deutschland auch nur das geringste Verlangen nach einer solchen Neuerung. Die bedeutendsten deutschen Bischöfe haben sogar auf dem Concil selbst dagegen gestimmt. Ueberhaupt ist das neue Dogma gar nicht aus einem religiösen Grunde und zu einem religiösen Zwecke ausgedacht worden. Die Religion diente vielmehr nur zum Aushängeschild, um damit eine politische Absicht zu maskiren. Das Concil hatte keinen andern Zweck, als den lange vorbereiteten Angriff Frankreichs auf Deutschland zu unterstützen, und auch heute noch bezwecken die von den Jesuiten forcirten Anmaßungen der Curie nichts anderes, als die kaum vollendete Einheit Deutschlands wieder zu stören, das deutsche Volk wieder zu zerreißen durch confessionellen Haber, womöglich durch Fanatisirung des katholischen Landvolks hier und dort einen förmlichen Religionskrieg auf deutschem Boden zu entzünden und dadurch Frankreich und andern Feinden Deutschlands vielleicht Gelegenheit zu verschaffen, die Niederlage von 1870 zu rächen und Deutschland mit besserm Glück auf's Neue auch von außen anzugreifen.

Kann man an der bösen Absicht im geringsten zweifeln, wenn man liest, was Veuillot erst unlängst im Univers hat drucken lassen: „Wir haben den Frieden, aber nur unter solchen Bedingungen, daß Frankreich, um ihn zu halten, auf den letzten Grad der Schwäche und Erniedrigung herunter gekommen seyn müßte. Diesem Schicksal wird es nicht entgehen, wenn die Nationalversammlung sich einschüchtern läßt. Thut sie aber ihre Schuldigkeit und gibt dem Lande eine christliche monarchische Regierung, so wird der Vertrag, der uns heute beohrfeigt, zerrissen werden." Das heißt also: Frankreich soll Chambord wählen, seine ganze Stärke im Ultramontanismus suchen, alle katholischen Sympathien für sich gewinnen, dann den Friedensvertrag mit Deutschland zerreißen, statt die rückständigen Milliarden Kriegskosten zu bezahlen, Deutschland abermals den Krieg erklären und mit Hülfe einer ultramontanen Opposition in Deutschland und mit Hülfe Oesterreichs auf's neue angreifen.

Inzwischen hat das geeinigte Deutschland seine Stärke im französischen Feldzug erprobt. Es wird hoffentlich in dem Feldzug, den ihm jetzt die Jesuiten aufdrängen, auch seine Einsicht erproben, denn mehr als Einsicht in die bösen Absichten der alten Feinde Deutschlands, Klarheit und Festigkeit im Entschluß und Besonnenheit im Handeln, wird es kaum bedürfen, um diesen Kampf auch ohne Blutvergießen zum Schluß zu bringen.

Dreizehntes Buch.
Die russische Note und Oesterreich.

Da der Kaiser von Rußland fast unmittelbar vor der französischen Kriegserklärung im Bade Ems verweilt hatte, wo der König von Preußen die Sommermonate zubrachte, war es natürlich, daß sie sich über die drohende Zukunft besprachen und auch demgemäß einige Verabredungen für mögliche Fälle trafen. Das geht auch aus dem Telegramm hervor, in welchem der neue deutsche Kaiser nach Abschluß des Friedens dem russischen Kaiser dankte, eine weitere Ausdehnung des Kriegsschauplatzes verhindert zu haben. Eine solche wäre erfolgt, wenn die Trippelallianz zwischen Oesterreich, Italien und Frankreich zu Stande gekommen wäre, worauf sich aber Oesterreich aus Furcht, von Rußland im Rücken angegriffen zu werden, nicht einlassen konnte. Es genügte, wenn Rußland mit Preußen sich zum Behuf einer Verhinderung der Trippelallianz verständigte, ohne daß sie deshalb einen förmlichen Vertrag abzuschließen brauchten. Die deutschfeindliche Presse log wieder einmal, es existire ein russisch-preußischer Vertrag; aber das englische Ministerium erklärte auf eine Interpellation, nichts von einem solchen zu wissen. Das beiderseitige Interesse entschied allein. Es nützte Deutschland, wenn ihm der Rücken durch Rußland frei gehalten wurde, und Rußland mußte Deutschland gegen die Trippelallianz zu schützen suchen, denn ein

Sieg der letztern über Deutschland würde das russische Interesse in Polen wie im Orient gefährdet haben. Diese Interessen entschieden. Wenn andererseits die altrussische und panslavistische Partei in ihrer Presse in wüthendem Deutschenhaß mit der französischen wetteiferte, so war darauf zunächst gar kein Gewicht zu legen.

Oesterreich hatte zwar bereits gerüstet und eine Partei am Wiener Hofe war äußerst kriegslustig. Preußen mußte im Anfang des Kriegs noch eine Armee in Schlesien parat halten, für den Fall, daß Oesterreich wirklich einen Angriff wagen würde. Allein sowohl Beust als Andrassy waren besonnen genug, in einem Doppelkampf gegen Preußen und Rußland keine Opfer bringen zu wollen. Nur auf diplomatischem Wege wollte Oesterreich dem Siegeswagen der Deutschen, der das schöne Frankreich unter seine Füße brachte, noch Hemmschuhe anlegen, indem es eine Liga der neutralen Mächte zu Stande zu bringen suchte, aber nicht brachte, welche die Erfolge der Deutschen hätte überwachen und wenigstens beim Friedensschluß Deutschland hätte übervortheilen sollen. Die Wiener Presse adoptirte Jules Favre's Programm: Frankreich dürfe keinen Fuß breit Landes und keinen Stein seiner Festungen abtreten.

Die Deutsch-Oesterreicher nahmen herzlich theil an den deutschen Erfolgen, feierten die deutschen Siege, sammelten für die deutschen Verwundeten und freuten sich, daß die wachsende Macht Deutschlands auch ihnen zum Schutz dienen werde gegen die Unterdrückung, mit der ihnen die nichtdeutschen Kronländer Oesterreichs drohten.

Die Ungarn handelten im Ganzen besonnen und klug. Sie waren gegen eine Theilnahme am Kriege, um sich die Kosten und Opfer desselben zu ersparen, und benutzten die Verlegenheit der Wiener Regierung fortwährend, um die Unabhängigkeit ihres Königreichs zu sichern. Ihr Pesth war eigentlich schon der Mittelpunkt der Monarchie geworden, der kaiserliche Kronprinz Rudolf wurde hier als Ungar erzogen.

Was die Slaven betrifft, so rechneten sowohl die Czechen als die Polen sehr auf den Krieg und hätten ihn gern provocirt. Zu diesem Zweck hatte Rieger im Namen der Czechen den Kaiser der Franzosen förmlich eingeladen, nach Böhmen zu kommen, wo man ihn aus allen Kräften gegen die Deutschen unterstützen würde, und Fürst Chartorisky hatte den Polen die Wiederherstellung ihres großen Reichs von Galizien aus verheißen, wenn die Franzosen siegreich in Deutschland vorrücken würden. Obgleich diese Hoffnungen zu schanden wurden, unterhielt doch Klaczko in Galizien immer noch das Feuer in den Herzen der Slaven und den fanatischen Deutschenhaß, bis die österreichische Regierung gerathen fand, ihn zu beseitigen, um nicht durch ihn compromittirt zu werden. Thiers, der im Lauf des Oktobers nach Wien kam, fand die Regierung unfähig, Frankreich zu helfen.

Diesen Zeitpunkt ersah sich der Kaiser von Rußland, um den durch die deutschen Siege consternirten neutralen Mächten zu erklären, er halte sich an den Artikel des Vertrags von 1856, welcher nach dem Krimkriege das Schwarze Meer neutralisirte, nicht mehr gebunden. Diese russische Note war vom 31. Oktober datirt und machte große Sensation in ganz Europa. Da jedoch Frankreich niedergeworfen und die neutralen Mächte nicht in der Verfassung waren, aus dem eigenmächtigen Vertragsbruche Rußlands einen Kriegsfall zu machen, so gelang es Preußen, dieselben einstweilen durch den Vorschlag einer Conferenz in London zu beruhigen. Die Conferenz trat zusammen, Rußland benahm sich friedfertig; was Rußland wollte, schien nicht so gefährlich, als man anfangs gemeint hatte, und weil Paris gerade damals belagert war und Favre, der als der Gesandte Frankreichs zur Conferenz hätte abgehen sollen, lieber zurückblieb, wurde die letzte Beschlußnahme der Conferenz bis nach dem Frieden verschoben.

Sie erfolgte wirklich am 13. März 1871 und war der russischen Forderung günstig. Sehr natürlich, denn welche Macht hätte damals Rußland mit einem casus belli drohen mögen? Die Pforte, die am meisten bedroht war, erklärte nachgeben zu wollen, „weil Rußland von Deutschland unterstützt werde". Nun erklärten sich auch die andern Mächte in demselben frieblichen Sinne und man decretirte den 11. Artikel des Pariser Vertrags von 1856 in Abgang. Es handelte sich schließlich um folgende Streitfrage. Rußland erklärte: „Die Unabhängigkeit der Staaten um das Schwarze Meer sey durch die Neutralisation des letzteren angegriffen; die Durchführung der Neutralisation auf ewige Zeiten sey unsinnig und unmöglich; die durch den Pariser Vertrag auferlegten Beschränkungen seyen — anstatt den Frieden im Orient zu befestigen — eine Quelle beständiger Gereiztheit und werde das Nationalgefühl Rußlands auf's Tiefste verletzt. Die Erwiderungen des türkischen Vertreters auf diese Gründe gingen dahin, daß sich zahlreiche Beispiele von Staaten anführen ließen, welche sich besondere Einschränkungen willig gefallen ließen, um die Eintracht aufrecht zu erhalten; daß der Vertrag zu neu sey, um den Einwendungen gegen die Dauer ‚auf ewige Zeiten' Kraft zu geben, und daß er bisher nicht wenig dazu beigetragen habe, die Aufrechterhaltung des Friedens im Orient zu fördern. Nichtsdestoweniger wurde die Ausmerzung des Paragraphen XI. beschlossen, und von jetzt ab drehten die Verhandlungen sich hauptsächlich um die Abfassung der dafür zu setzenden Klausel. Es wurde vorgeschlagen, die Schließung des Bosphorus und der Dardanellen zu Friedenszeiten im Grundsatz anzuerkennen, dem Sultan indeß deren Oeffnung in Ausnahmefällen zu gestatten, wenn er es Angesichts der Interessen oder der Sicherheit seines Reichs für nöthig erachte, Kriegsschiffe der ‚Nicht-Flußmächte' zuzulassen. Dem Vertreter der Pforte sagte diese Einschränkung nicht zu. Er schlug vor, die Worte ‚freundliche Mächte' zu substituiren, weil das Wort ‚Nicht-Flußmächte' die Souveränetät der Pforte einschränke und überdies zu offenbar gegen Rußland gerichtet sey, also später leicht zu Mißhelligkeiten Anlaß geben könnte. Da dieser Vorschlag der Türkei keine Unterstützung fand, wurden die Sitzungen zweimal vertagt, damit Musurus Pascha sich mit seiner Regierung in Verbindung setzte. Als dann schließlich am 13. März der türkische Vertreter erklärte, die Pforte könne die Beschränkung auf die ‚Nichtflußmächte' keinenfalls annehmen, wolle aber die Bestimmungen des 1856er Vertrags bezüglich der Dardanellen intakt halten, wurde auf Antrag des italienischen Bevollmächtigten ein Paragraph angenommen, dahin lautend, daß es dem Sultan freistehen solle, die Dardanellen den Flotten verbündeter oder freundschaftlicher Mächte zu öffnen, falls die Durchführung der Vertragsbestimmungen von 1856 dieses verlangen sollte. Sonach war jetzt die einzige ernstliche Schwierigkeit erledigt, welche sich bei der ganzen Conferenz ergeben hatte. Erst bei der letzten eigentlichen Sitzung der Conferenz, am 13. März, legte der Herzog v. Broglie seine Vollmachten als Vertreter Frankreichs vor, und erklärte, seine Regierung sehe keine hinreichenden Gründe für eine Revision des Vertrags von 1856, sondern würde im Gegentheil dessen vollständige Aufrechterhaltung gewünscht haben; da jedoch die hohe Pforte, welche zunächst interessirt sey, in ein für Rußland günstiges Abkommen gewilligt habe, wolle Frankreich sich diesem nicht widersetzen. Dann fand noch eine formelle Sitzung statt, und die Londoner Conferenz von 1871 löste sich auf. — Der Türkei blieb also wenigstens noch der Trost, wenn Rußland wieder Kriegsschiffe auf dem Schwarzen Meere rüstete, auch seinerseits Flotten der Westmächte zu Hülfe rufen und in's Schwarze Meer einlaufen lassen zu dürfen."

Oesterreich verhielt sich ruhig, ließ aber doch durch den Kriegsminister von den Delegationen die Bewilligung neuer Summen einholen, um sein Heer verstärken zu können. Die wundervolle Heerverfassung Preußens sollte wenigstens einigermaßen nachgeahmt werden. Indessen hatten die alten Schäden der Armeeverwaltung mit der Judenwirthschaft in Wien ungehindert fortgedauert und man erfuhr, daß unter der Hand nicht nur eine große Anzahl abgeschätzter

Sättel und Pferdegeschirre, sondern auch noch ganz brauchbare aus den Magazinen nach Frankreich verkauft worden seyen. Waren solche Gerüchte nur Verleumdung, so hätte man sie ernstlich dementiren und die Urheber streng bestrafen sollen.

Sofern der König von Preußen den vollständigsten Sieg über Frankreich errungen', durch den einstimmigen Anschluß der süddeutschen Staaten an den Norddeutschen Bund diesen zu einem neuen großen deutschen Reiche erweitert hatte, ohne daß es Oesterreich hatte verhindern können, entschloß er sich großmüthig, eben diesem Oesterreich jetzt die Hand zu reichen. Von jeher war es seine Ansicht gewesen, Preußen und Oesterreich sollten zusammenhalten; wenn Oesterreich die Oberleitung der deutschen Angelegenheiten Preußen überließe, so bliebe ihm noch ein großes Feld der Thätigkeit und Machtentfaltung an der untern Donau übrig und zu dieser Machtentfaltung würde ihm Niemand treuer behülflich seyn, als Preußen. Auch Bismarck hatte längst Oesterreich sein Programm gestellt, es müsse seinen Schwerpunkt nicht mehr in Wien, sondern in Pesth suchen. Da nun die Zeit gekommen war, in welcher Oesterreich wirklich seinen Schwerpunkt mehr in Pesth als in Wien gesucht zu haben schien, bot eine Note Bismarcks vom 14. Dezember an den Grafen Beust Oestetreich wieder Anknüpfungen freundschaftlicher Beziehungen dar. Diese Note wurde in Wien gut, ja mit Wärme aufgenommen und auf's freundschaftlichste beantwortet.

Allein allen denen, die bisher Oesterreich als ein Werkzeug hatten benutzen wollen, um die Einheit Deutschlands zu verhindern, kehrte sich gleichsam der Magen um, als sie noch einmal, wie unter dem Ministerium Rechberg, mit Preußen schön thun sollten. Auch wußten sie wohl, die Freundschaft zwischen Wien und Berlin werde diesmal von so kurzer Dauer seyn, wie früher. Sie arbeiteten also auf's eifervollste, das kaiserliche Kabinet wieder umzustimmen, und Beust, der eine Friedenspolitik für Oesterreich gerade jetzt mehr als je für nothwendig erachtete, sah sich in seiner Stellung auch mehr als je theils von der föderalistischen, theils von der chauvinistischen Hofpartei, theils von den Ultramontanen bedroht, während zugleich die vom Exkönig von Hannover bezahlte Presse, an der wohl ein Dutzend alter Vaterlandsverräther Antheil nahmen, ein neues Kreuzfeuer von Lügen und Schimpfwörtern gegen das wiedererstandene deutsche Reich und Kaiserthum eröffnete. Am zuversichtlichsten geberdeten sich die Czechen. Als ob gar nichts vorgefallen wäre, beharrten ihre sog. Deklaranten dabei, die Reichsverfassung und den cisleithanischen Reichstag nicht anzuerkennen und für Böhmen wenigstens eben soviel Selbständigkeit zu verlangen, wie sie Ungarn genoß. Die Siege der Deutschen in Frankreich hatten die Czechen nicht erschreckt, sondern bei ihnen nur die äußerste Frechheit provocirt und den Deutschenhaß bis zum Wahnsinn gesteigert.

Der Kaiser und Reichskanzler beharrten bei den neu angeknüpften guten Beziehungen zu Preußen, auch dann noch, als König Wilhelm die deutsche Kaiserkrone annahm. Die offizielle Anzeige davon, die aus Versailles anlangte, wurde in Wien durchaus wohlgeneigt aufgenommen und der Kaiser von Oesterreich ergriff diese Gelegenheit, um dem neuen deutschen Kaiser, so wie auch den kaiserlichen Kronprinzen zum Inhaber je eines österreichischen Regimentes zu ernennen. Um so auffallender war schon am 7. Februar 1871 die ganz unerwartete Ernennung eines neuen cisleithanischen Ministeriums von vorherrschend ultramontaner und czechischer Färbung, dem man ein Wohlwollen für Deutschland von vorn herein absprechen zu müssen glaubte. Der bisherige cisleithanische Ministerpräsident Graf Potocky hatte bisher leidlich die deutschen und slavischen Kronländer Cisleithaniens zusammengehalten und im Uebrigen dem Grafen Andrassy in Transleithanien ein gewisses Uebergewicht im kaiserlichen Rathe zugestanden. Als nun aber die Czechen mit ihren Forderungen immer rücksichtsloser herausrückten, wußte er sich keinen Rath mehr. Zwar trat der Reichskanzler der Gesammtmonarchie gleichsam schützend vor ihn und wies die Czechen in einem streng verweisenden Briefe an Rieger in die verfassungsmäßigen Schranken zurück. Aber die ganze Welt erstaunte, als auf einmal der arme Potocky entlassen und statt seiner der ultramontane Graf Hohenwart cisleithanischer Ministerpräsident wurde, der sich zwei bis dahin kaum bekannte Czechen Jirecek für den Cultus und Habietinek für die Justiz beigesellte. Wie stimmt das, frug man, zu den Hoffnungen, welche sich die Deutsch-Oesterreicher gemacht hatten, ihr Kaiser werde fortan mit dem deutschen Kaiser Hand in Hand gehen, und die deutsche Nationalität auch in Oesterreich fernerem Druck von Seite der nicht deutschen Kronländer entzogen werden? Da erfuhr man, Graf Beust habe gar nichts von dem Ministerwechsel gewußt und sey durch denselben ganz ebenso überrascht worden, wie das Publikum. Man erwartete nun, auch Beust werde entlassen werden, oder freiwillig zurücktreten. Es geschah aber nicht. Die Zeitungen meldeten, Hohenwart habe dem Reichskanzler im Namen des Kaisers erklärt, derselbe habe ihm sein Vertrauen keineswegs entzogen.

Noch war der Wiener Reichstag versammelt. Die Mehrheit desselben so wie auch die Mehrheit in der Tagespresse begrüßte das neue Ministerium mit einem tiefen Mißtrauen, ja mit Entrüstung. Giskra wollte in der ersten Hitze der neuen Regierung keinen Kredit geben und wirklich wurde ihr die Steuererhebung nur auf einen Monat bewilligt. Auch im Herrenhause gab Schmerling, der neue Präsident desselben, als Vater des österreichischen Liberalismus, dem neuen Ministerium einen Seitenhieb. Das Mißbehagen wurde dadurch vermehrt, daß das ministerielle Programm ganz farblos war und seine Tendenz verschleierte, denn nur wie zum Spott leierte es das von allen frühern Ministerien gegebene Versprechen, es werde die Quadratur des Zirkels erfinden, d. h. die Reichseinheit und die berechtigten Sonderthümlichkeiten der Kronländer ausgleichen, von neuem und noch einmal ab.

Am Ende des Februar erschienen in allen Blättern die beiden

Telegramme, welche der deutsche und russische Kaiser am 27. mit einander gewechselt hatten. In dem erstern dankte Kaiser Wilhelm dem Kaiser Alexander II., die weitere Ausdehnung des französischen Kriegsschauplatzes verhindert zu haben, und im zweiten Telegramm drückte Alexander seine Freude aus, daß er Deutschland seine Sympathien habe beweisen können, und schloß mit den Worten: „Möge unsere Freundschaft das Glück und den Ruhm unserer beiden Reiche segnen." Die Bekanntmachung dieser Telegramme wurde als eine Warnung für Oesterreich angesehen und schien das Mißtrauen zu bestätigen, dem das neue Ministerium in Wien begegnet war. Aber auf was wollte das neue Ministerium sich stützen, wenn es das neu entstandene deutsche Reich etwa zu bedrohen wagen wollte? Auf die Czechen? Diese Hand voll Fanatiker fürchtete in der That Niemand. Es fiel auf, daß Hohenwart den berüchtigten Rieger, den eben erst Beust so derb abgefertigt hatte, zu sich nach Wien berief und vertraulich mit ihm unterhandelte, ja, wie das Gerücht ging, ihm sogar ein Portefeuille angeboten haben soll. Aber auf die jedenfalls isolirten Czechen kam es nicht an. Ungleich wichtiger erschien die ultramontane Tendenz des neuen Ministeriums. Kaum war dasselbe einige Wochen ernannt, als der bekannte Jesuit Klinkowström vor einer illustren Gemeinde in der Wiener Universitätskirche und in Gegenwart der beiden Eltern des Kaisers eine Predigt hielt, worin er das deutsche Kaiserreich der Hohenzollern als ein unechtes kennzeichnete, da das echte römische Kaiserthum deutscher Nation nur in dem von Gott und seinem Stellvertreter dem Papste in legitimer Weise eingesetzten Hause Habsburg beruhe. Zwar sagte Niemand, das sey das Programm des neuen Ministeriums, allein man durfte doch einen Zusammenhang dieser Vorkommnisse am Wiener Hofe mit dem ultramontanen Eifer vermuthen, der sich gleichzeitig bei den deutschen Reichstagswahlen kund gab.

Das Ministerium hielt noch bis tief in's Frühjahr 1871 hinter dem Berge. Die äußern Beziehungen zu Preußen aber blieben freundliche. Graf Bellegarde wurde vom österreichischen Kaiser eigens nach Berlin geschickt, um am 22. März dem deutschen Kaiser zu seinem Geburtstage Glück zu wünschen.

Die Deutsch-Oesterreicher haben während der ganzen Dauer des deutschen Krieges ihre warme Theilnahme an der deutschen Sache nicht verleugnet. So der deutsche Nationalverein in Graz, so am 16. Oktober eine Versammlung deutscher Männer in Neumarkt bei Salzburg.

Unter den Studenten in Wien regte sich ganz der nämliche Geist, wie auf den preußischen Universitäten 1813. Die gebildete deutsche Jugend empfand tief den doppelten Schmerz, sich vom Uebermuth der Magyaren und Czechen verhöhnt und Deutsch-Oesterreich von dem so stolz bewaffneten und so herrlich siegenden Deutschland getrennt zu sehen. Bei einer Stiftungsfeier der „Silesia" pries man die unter Preußens Führung erfolgte Einigung Deutschlands, das aber leider noch nicht ganz Deutschland sey. „Aber All-Deutschland muß es werden, alle andern Rücksichten müssen den nationalen weichen. Die Wacht am Rhein hat sich trefflich bewährt, jetzt braucht es auch eine Wacht an der Donau." Am 1. Dezember gab die Studentenschaft in Wien (der akademische Leseverein) bei einem großen Fest ihren Sympathien für das deutsche Einigungswerk Ausdruck. Ein Magyar zerriß die deutsche Fahne im Festsaal, Czechen tobten, aber sie wurden hinausgeworfen, was zum Einschreiten der Polizei führte. Student Bürger hielt eine Rede in edler Entrüstung: „Wir Deutsche in Oesterreich waren gebannt in eisernen Schranken, man hatte sich nicht begnügt, den Arm zu fesseln, der so gerne für Deutschland gestritten, selbst die Schläge unserer Herzen wollte man controliren, als die Jubelbotschaft deutscher Siege uns erreichte. Als das gesammte Deutschland sich erhob, als erschütternd und hinreißend das deutsche Schlachtenlied aus Nord und West zu uns herüberdrang, als die Kinder Germania's allenthalben sich tobesmuthig den Fahnen steckten, da ward unser nationales Bewußtseyn zum Hochverrath gestempelt und heimlich wie Staatsverbrecher mußten wir uns verschwören, um eine Liebesgabe für unsere blutenden Brüder in Deutschland opfern zu können! (Bravo! Bravo!) Mit unwiderstehlicher Gewalt drang aber durch die wirren Stimmen der Gegner siegreich der Zauberruf: **Wir wollen Deutsche seyn und Deutsche bleiben.** (Begeisterter Beifall.) Und der Traum, um den man uns verlacht und verspottet, er ist der Erfüllung nahe; durch Blut und Eisen ist Deutschland gerächt an seinem Erbfeind, Elsaß und Lothringen sind unser (Bravo, Bravo!), das deutsche Volk, es steht fest und einig da, die deutsche Kaiserkrone, sie schwebt im leuchtenden Glanze nieder auf unser vielgeprüftes Vaterland, ein Wahrzeichen des einigen starken stolzen Deutschland. (Bravo!) Und diesem Deutschland sollen wir in des alten Reiches Ostmark uns entfremden, wir sollten vergessen des gleichen Blutes, das in unseren Adern rinnt, der Sprache, des Geistes, der uns innewohnt, der Bestimmung, die die Geschichte uns vorzeichnet? Wir waren der Kitt der Völkerschaften der berechtigten Eigenthümlichkeiten, wir waren die Vorrathskammer, in die man greift, um billige Ausgleiche und Compromisse zu schließen, wir waren der Einsatz des privilegirten Hazardspiels, denn wer sonst hat in Oesterreich etwas zu verlieren, außer der Deutsche? (Bravo, Bravo!) Fest und unerschütterlich müssen wir ausharren. Laut und offen wollen wir, die deutsche Jugend, es bekennen, daß es bis tief in die glücklich deutschen Lande bringe, daß unser Schlachtruf an der Donau an den Felsen des Rheins widerhalle, die Worte, die wir unseren siegreichen Brüdern in den Gefilden von Paris zurufen (mit gehobener Stimme): Fern im Osten, umringt von fremden Stämmen und Völkern bleiben wir Euch treu, wir jubeln bei Euren Siegen, wir weinen um Eure Todten, wir leben für Eure Verwundeten. Wir kämpfen hier für Euch, wie Ihr für uns, nichts soll uns trennen und scheiden aus Eurem Herzen, mit unserem größten Dichter sey es geschworen: „Wir wollen seyn ein einig Volk von Brüdern, in keiner Noth uns trennen und Gefahr.' (Langanhaltender Beifall und Hochrufe.)"

Die sonnenklare Wahrheit, daß die deutschen Oesterreicher Deutsche sind und daß sie um so fester an ihrer Nationalität halten müssen, als sie von andern Nationalitäten schwer angefochten werden, durfte gleichwohl aus Rücksicht auf eben jene andern in Wien nicht gesagt werden und somit wurde der akademische Verein aufgelöst.

Der in Versailles abgeschlossene Frieden und dessen frohe Feier im ganzen deutschen Reiche veranlaßten die Deutsch-Oesterreicher, eine Mitfeier zu veranstalten und dabei ihre nationalen Sympathien kundzugeben. Am 3. März wurde der Frieden durch einen glänzenden Fackelzug zu Innsbruck gefeiert. Desgleichen zu Bozen und Villach in Kärnthen. Auch in Wien und Prag fand wenigstens in deutschen Vereinslokalen eine Feier statt. Weil aber für den 6. März noch größere Feierlichkeiten in ganz Oesterreich, Steiermark und Kärnthen vorbereitet waren, trat die Regierung schon am 4. dazwischen und verbot jede fernere deutsche Sieges- und Friedensfeier. Das Grazer Amtsblatt fügte dem Verbot hinzu, eine deutsche Siegesfeier spotte Oesterreichs, „gehe aus dem Enthusiasmus für eine fremde Sache hervor, sey aufdringlich und gehe von Schmeißfliegen aus, welche hier ihre Brut unterbringen möchten." Eine in Baden bei Wien veranstaltete Feier wurde durch bestellten Pöbel gestört. Die Wiener „Tagespresse" schrieb: „Dieses sog. Fest feiert all die schmachvollen Thaten, welche die preußische Kriegführung kennzeichnen, es feiert die Verhöhnung aller Menschlichkeit, welche in diesem Kriege in so entsetzlicher Weise zu Tage getreten, es feiert die Verleugnung des heiligsten Volksrechts, die durch die gewaltsame Lostrennung französischer Provinzen bethätigt worden ist." In demselben Blatt, welches übrigens das Organ der Welfen und der französischen Gesandtschaft ist, affectirte man, einen österreichischen Invaliden seine Wunden vorzeigen und klagen zu lassen: „Unsere Wunden sind noch nicht vernarbt und nun sollen wir es mit ansehen, wie in Wien, Graz, Linz und Krems für die preußischen Erfolge und die Grausamkeiten, welche preußische Soldaten in Frankreich verübt haben, Freudenfeuer angezündet werden?"

Merkwürdigerweise war das Friedensfest in Ungarn nicht verboten und durften es die Deutschen in Pesth ungehindert feiern. Auch in Linz, der Hauptstadt Oberösterreichs, wurde das Fest öffentlich begangen und Turner und Sänger zogen mit klingendem Spiel durch die Straßen. Im Wiener Reichstag wurde das Ministerium interpellirt, wie sich das Verbot der Friedensfeier mit den Freundschaftsversicherungen gegenüber dem neuen deutschen Kaiser vertrage? Die Antwort gab Hohenwart erst am 14.: „Die öffentliche Meinung in der Presse sowie die Bevölkerung habe sich entschieden gegen die Feier ausgesprochen. Gegendemonstrationen seyen angesagt gewesen, und es liegen genügende Erfahrungen vor, wohin derlei nationale Demonstrationen in unserem von so verschiedenen Volksstämmen bewohnten Staate führen. Die Regierung erkläre es als ihre Hauptaufgabe, das österreichische Bewußtseyn der Bevölkerung zu kräftigen, und werde jedem Versuch entgegentreten, die öffentliche Meinung künstlich in entgegengesetzter Richtung zu leiten. Die Regierung sey überzeugt, die Regierung des deutschen Reichs lege höheren Werth auf die Freundschaft des Staats, der sich selbst zu achten wisse, als auf die Sympathien der Regierung, die dieser ersten Aufgabe gegenüber sich zu schwach erweise." Eine etwas sonderbare Logik, daß der Bund zwischen Deutschland und Oesterreich um so enger werden sollte, eine je schroffere Scheidewand das Ministerium zwischen beiden aufführte. Es klang wie Hohn.

Die deutsch gesinnten Oesterreicher verfehlten daher nicht, die Regierung daran zu erinnern, wie freudig sie selbst die Wiederannäherung Deutschlands an Oesterreich begrüßt haben. Man kam auf einen Artikel des Tiroler Boten vom 9. Januar, eines ultramontanen und mit dem Wiener Preßbureau vertrauten Blattes zurück. Derselbe macht die Depesche, welche Graf Beust unter dem 26. Dezember 1870 in der deutschen Frage nach Berlin richtete zum Gegenstand seiner Erörterung und sagt wörtlich: "Seine (des Grafen Beust) nach Berlin gerichtete Depesche beweist wohl zur Genüge, wie lebhaft die Sympathien sind, mit denen hier Kaiser wie Regierung die Neugestaltung Deutschlands begleiten; ... Aufrichtig, würdig und hochsinnig wird das deutsche Reorganisationswerk begrüßt, kein Mißton soll in dasselbe hineintönen, keine Diskussion der Rechtsfrage, keine — wenn auch noch so nahe liegende Erörterung des Prager Friedens soll das Selbstbestimmungsrecht des deutschen Volkes auch nur um ein Atom verkürzen. Das deutsche Volk findet an der Monarchie seinen wärmsten Freund, die deutsche Politik wird ihn finden, sobald sie ihn zu suchen sich bestrebt.... Das lebhafte Interesse, welches Oesterreich-Ungarn an der nationalen Entwicklung Deutschlands naturgemäß nehmen muß, bedarf des politischen Interesses Deutschlands an der staatlichen Erstarkung und Entwicklung unserer Monarchie; diese beiden Interessensphären ergänzen sich so vollkommen, daß auch die leiseste Alterirung der einen eine Erschütterung der andern im Gefolge hat. In Deutschland wird man sich dieser Erkenntniß nicht verschließen dürfen, und der Umstand, daß Preußen den Impuls zu der jetzigen Kundgebung des österreichisch-ungarischen Kabinets gab, beweist, daß man sich derselben bewußt ist. Oesterreich hat die ihm dargebotene Hand offen und rückhaltslos angenommen; an Deutschland ist es nun, die Formel zu finden, damit dieser vor Europa ausgetauschte Handschlag seine praktische Geltung finde....."

Mit dieser frühern Sprache stimmte das neue ministerielle Verbot allerdings nicht zusammen. Auch hatte kurz vorher eine hochadelige Deputation aus Wien, Altgraf von Salm, Fürst Egon Hohenlohe und noch viele andere Grafen und Herrn, am 5. März Audienz beim Papst in Rom gehabt, um ihm ihre Ergebenheit zu

Die russische Note und Oesterreich.

bezeigen und, wie die Zeitungen meldeten, hatte der Papst ihr geantwortet: „Ich weiß, daß Ihr Kaiser in seinem Herzen den Triumph der Religion und der Kirche wünscht." Im Wochenblatt von St. Pölten las man am 9. März, es stehe eine neue Adels- und Priesterherrschaft bevor. „Dieselbe will sich in den einzelnen Landtagen festsetzen, wo sie durch geschickte Ausbeutung der nationalen Leidenschaften, des Ehrgeizes und des religiösen Fanatismus ein leichteres Spiel zu haben glaubt. Hierin erblicken wir zugleich das Bestreben, den Einfluß der Deutschen in Oesterreich zu verdrängen und im Falle des Gelingens — den Anfang vom Ende des von uns Deutsch-Oesterreichern begründeten und geistig großgezogenen einigen und mächtigen Oesterreich."

Auch wurde in den Blättern das Schreiben wieder abgedruckt, welches der hochselige König Wilhelm von Württemberg am 23. März 1842 an einen hohen Verwandten gerichtet hat. Es lautet vollständig: „Aus Ihrem Briefe, der dem Bericht beilag, ersehe ich, daß Tettenborn dem Blittersdorf die nämlichen Nachrichten gegeben hat, welche mir Latour schon vor einiger Zeit mittheilte. Aus beiden geht das lebhafte Interesse hervor, uns mit Preußen zu entzweien, indem sie uns mißtrauisch machen. Es kann durchaus nicht in dem wohlverstandenen Interesse von Preußen liegen, Süddeutschland zu schwächen, denn es würde diejenigen Hülfsmittel verringern, auf welche es (Frankreich gegenüber) nothwendigerweise angewiesen ist. Dieß sind österreichische Insinuationen, die Blittersdorf durchschauen muß, wenn er sich nicht mit Wissen täuschen will. Preußen steht und fällt mit Süddeutschland; nicht so Oesterreich, dem Alles an der Schwäche von Deutschland liegt, um es desto bequemer für seine Privatzwecke benützen zu können. Ich bin nicht blind für die wirklichen Fehler der preußischen Politik; aber in Hauptsachen sind sie gezwungen, im deutschen Interesse zu handeln; nicht so Oesterreich, und wenn ich noch daran gezweifelt hätte, so würden mich die Unterredungen mit Fürst Metternich vorgen Herbst davon ganz überzeugt haben. Sein übel verdeckter Grimm gegen den König von Preußen, seine Verhöhnung jedes echt deutschen Nationalgefühls, seine römische Tendenz sind alles Schlagbäume zwischen ihm und uns, die wohl mit Höflichkeit übertüncht werden können, aber auch veranlassen müssen, ihn immer mehr in seinen römischen Jesuitismus versinken zu sehen. Und wenn die Welttrompete sich einst hören läßt, und sein Staat in seiner ganzen natürlichen Schwäche erscheint (1859 und 1866!), — wenn Deutschlands Wiedergeburt vor sich gehen soll, muß Oesterreich untergehen, ist mein Wahlspruch, so lang ich lebe! Ewiger Krieg mit diesen Jesuiten und allen ihren Werken! Doch das Alles unter uns! Hören muß man immer, was sie sagen, aber nichts glauben. Ihr ganz ergebener Wilhelm."

Auf Tirol übten die Zeitereignisse einen eigenthümlichen Einfluß aus. Das fromme Landvolk daselbst hatte sich trotz der seltenen fast übermenschlichen Geduld, mit der es seit so vielen Jahren die Mißregierung und Judenwirthschaft in Wien, die systematische Zurücksetzung, ökonomische Benachtheiligung, man darf wohl sagen Aussaugung ertrug und trotz seiner unverbrüchlichen Treue gegen das Kaiserhaus, doch denjenigen Wiener Verfügungen widersetzt, die in ihren religiösen Glauben eingriffen, und diesem Volksgefühl hatte der Tiroler Landtag in seinen Protesten beredte Worte geliehen. Aber der fromme Glaube des Volks und die berechtigte Entrüstung, womit sich das Tiroler Volk der alles Christliche verspottenden Judenherrschaft in Wien widersetzte, war von den Jesuiten und von der auswärtigen Politik, der die Jesuiten in die Hände arbeiteten, mißbraucht worden, um das kerndeutsche Bergvolk zu bethören, es gegen seine norddeutschen und protestantischen Stammgenossen zu fanatisiren, wie dasselbe im benachbarten Oberbayern geschah. Neben der klerikalen Partei in Tirol bildete sich nun aber auch eine liberale Partei aus, welche anfangs sehr in der Minderheit war, so lange sie nur den unklaren und oberflächlichen Rationalismus der Wiener adoptirte, die aber in dem Augenblick mehr Kraft gewann, in welchem sie sich zu einer national liberalen Partei steigerte. Was überall in Deutschland geschehen war, geschah nun allmälig auch hier. Das Bewußtseyn, man gehöre einer großen Nation an und dürfe nicht zurückbleiben, wenn dieselbe einer glänzenden Zukunft zuarbeite, fing auch hier aufzudämmern an und die deutsche Gesinnung brach sich zwischen der einseitig katholischen und einseitig liberalen endlich Bahn.

Wie in Wien, Steiermark und Kärnthen, so wurde auch in den Bergen von Tirol der Erfolg der deutschen Waffen im August 1870, trotz der grollenden Regierung in Wien und trotz dem klerikalen Fanatismus, mit Jubel begrüßt. In Meran sogar mit Victoriaschießen, in Bozen nach der siegreichen Schlacht bei Sedan mit einem Fackelzuge. Auch wurde öffentlich für die verwundeten deutschen Krieger gesammelt und das Geld den barmherzigen Schwestern in München übermittelt. Tiroler Blätter bemerkten, sogar die arme, auf den Bergen zerstreute Bevölkerung des obern Zillerthals habe nach Kräften beigesteuert und eine arme alte Frau dem einsammelnden Pfarrer freudig das Scherflein der Wittwe gebracht. Daß es in Tirol noch Priester gab, welche fromm katholisch und zugleich gut deutsch seyn wollten, geht aus folgender Nachricht des Innsbrucker Tagblatts vom 13. Dezember 1870 hervor.

(Hw. Herr Kooperator Welponer in Auer) hat uns heute neuerdings fünf Napoleond'or für die verwundeten deutschen Krieger persönlich übergeben mit nachstehendem Schreiben: „Ich übergebe hiemit neuerdings 5 Napoleond'or an die Redaktion des „Innsbrucker Tagblattes" für die verwundeten deutschen Krieger, da unsere katholischen Zeitungen für dieselben nicht sammeln, obwohl die französischen dies reichlich für die verwundeten Franzosen thun. Dabei bitte ich auch zu Gott, daß die deutschen Waffen in diesem gerechtesten Kriege vollständig siegen, daß die zu verlangende Entschädigung den gebrachten Opfern angemessen sey, und endlich der Nord=

bund mit den Südstaaten zu einem herrlichen deutschen Kaiserthum sich einigen mögen. Der Priester J. Welponer."

Dieser würdige Priester bewies, daß Religiosität und Patriotismus beim Volke Hand in Hand gehen sollen und daß es von den Ultramontanen in Bayern und Tirol sehr unrecht war, ihrem frommen und kerndeutschen Volke weißmachen zu wollen, wenn man Gott dienen wolle, dürfe man nicht deutsch gesinnt, sondern müsse französisch gesinnt seyn. Die ultramontane Partei griff den edlen Welponer auf's heftigste und boshafteste an. Er antwortete ihr aber im Junsbrucker Tagblatt Nr. 213 mit Flammen, aus der Sonne der Wahrheit geschöpft, vor denen die Eulen in ihren finstern Höhlen zurückschreckten. Nichts charakterisirt die Situation in Tirol besser, als die Antwort des deutschen Priesters an die französentollen Römlinge. Wir theilen sie daher ihrem wesentlichen Inhalte nach mit.

Auer, 17. September. In der letzten Nummer des „Tiroler Volksblattes" wird der Priester Josef Welponer, der es gewagt hatte, öffentlich für die Gerechtigkeit der deutschen Sache Zeugniß abzulegen, in den gemeinsten Ausdrücken ein „Verrückter" genannt. Nun gut, das „Tiroler Volksblatt" möge sich beruhigen; der Priester Josef Welponer ist sich bewußt, gegenwärtig in keiner andern Geistesverfassung zu seyn als damals, da er nicht wenige tausend Franken als Peterspfennig für den heiligen Vater an die Redaktion des „Tiroler Volksblattes" abgegeben hat; und er ist noch gegenwärtig gesonnen, dasselbe auch noch in der Zukunft zu thun, wenngleich nicht mehr durch das „Volksblatt".

Die Geschichte und alle Vernünftigen werden einmal „unsere Franzosen" richten, welche, aller Gerechtigkeit und Liebe zu ihrem deutschen Vaterlande in das Gesicht schlagend, jeden Sieg der Deutschen über den Erbfeind, jede größere Einigung der Südstaaten zum Nordbund als eine Niederlage ihrer mehr als Don Quixottschen, und deshalb wahrhaft spanischen Ideen ansehen.

Nun aber sollten unsere großen Theologen des „Tiroler Volksblattes" und der „Tiroler Stimmen" als Theologen doch wissen,
daß es nach der katholischen Moral und nach allen Grundsätzen
des Rechtes vollkommen unerlaubt sey, das Unrecht, in welcher Art
immer es sich darbiete, zu vertheidigen, zu loben, zu beschönigen,
zu bemänteln, zu demselben zu rathen und zu helfen; während die
Sache des Rechtes überall aufrechtzuerhalten ist, und jeder Christ,
ja jeder ehrliche Mann die Erringung des Rechtes gar bei seinem
Feinde wünschen muß; da jeder seinem Nebenmenschen wie sich
selber wünschen muß, gerecht behandelt, nicht ungerecht beeinträchtigt
zu werden. Wie werden also diese Blätter ihre ungerechtesten
Sympathien für Frankreich zu vertheidigen wissen, angenommen
auch, daß Preußen Oesterreich Schaden zugefügt und noch zu-
fügen wolle?

Ferner ist es keine Sklaverei, wie die genannten zwei Blätter
ihre Leser belehren möchten, wenn die Südstaaten mit dem Nordbund sich einigen wollen. Denn keine Sklaverei ist es, ein großes
geeinigtes Deutschland mit gerechten Mitteln bilden zu wollen; keine
Sklaverei ist es, unter der Hegemonie des edelsten deutschen Stammes zu seyn, der durch seine Großthaten beide Hemisphären in
Staunen setzt.

Ja „Volksblatt" und ihr undeutschen und deshalb untirolischen
„Tiroler Stimmen!" kein Hochverrath ist es, wie ihr uns beinahe
auf jedem eurer Blätter verleumdet, wenn wir Deutsch-Oesterreicher
zu den Siegen unserer Stammesgenossen jubeln, da wir sogar allen
Völkern Gutes wünschen müssen, mehr aber dem eigenen Volke,
mehr aber noch dem Heere der gerechtesten Sache; nicht Hochverrath
an Oesterreich ist es, da auch das deutsche Haus der Habsburger
wünschen muß, daß Recht und Deutschland siege; nicht Hochverrath
an der katholischen Sache ist es, da gerade die reine katholische
Moral jedes Unrecht verbietet.

Ihr aber seyd die Hochverräther der Wahrheit, des Rechtes

und der deutschen Sache, da ihr doch mehr als alle andern die Wahrheit vertheidigen solltet; ihr seyd die Hochverräther eures Stammes, und wahrlich nicht von euch hängt es ab, wenn bis jetzt die „treu gehorsamste staatsrechtliche Opposition", mit an der Spitze die Czechen und alle Deutschenfeinde, noch nicht gesiegt hat; ihr seyd die Hochverräther an der katholischen Sache, die ihr doch vertheidigen wollt; ihr bringt unsere allein wahre Religion, die niemals etwas Unrechtes wünschen und wollen kann, vor den Augen der deutschen Protestanten in die schiefste Stellung und setzt sie auch noch Verfolgungen aus.

Ihr werft allen gegenwärtig deutsch Gesinnten vor, daß sie alle zur „deutsch-liberalen Sippe und Klique" gehören; mädchenhafte Preußenschwärmer seyen es, alle sammt und sonders vom Golde Bismarcks bestochen. Die Ansicht des „Verrückten" aber ist es, daß die Hauptstadt eures Vaterlandes mehr Paris, Prag und Pesth, als Wien, Berlin und Rom zu seyn scheint; und daß ihr zwar keine preußischen Thaler, doch jedenfalls das Großkreuz der französischen „Ehrenlegion" verdient hättet, wenn Napoleon von seinem zerschellten Dreifuß dasselbe euch noch darreichen könnte.

Und nun zum Schlusse „Volksblatt" und ihr „Tiroler Stimmen" ärgert euch doch nicht über die Worte eines „Geistesverwirrten". Doch sage ich euch, ich habe dennoch noch Gefühl für Recht und Gerechtigkeit; und sobald ihr mir authentisch es beweist, daß der heil. Vater Pius der neunte, der oberste und unfehlbare Richter in Rechts- und Gewissenssachen, eurer politischen Meinung in diesem Punkte huldigt, unterwerfe ich meinen Verstand und lege noch 4000 Frank in Gold als Peterspfennig für ihn in eure Hände nieder. Der Priester Josef Welponer.

Sogar von Feldkirch in Vorarlberg, wo bekanntlich ein großes Jesuitenhaus Einfluß übt, schrieb die dortige Zeitung: „Die zehn Millionen Deutsche in Oesterreich wird man nicht zu Schmerzenskindern machen wollen. Diese zehn Millionen Deutsche darf eine österreichische Regierung nicht zu stark vor den Kopf stoßen, denn fangen erst die Deutschen an, in das separatistische Horn zu blasen, wo bleibt dann Oesterreich? Im deutschen Lager ist Oesterreich. Wir sollten uns nicht freuen über die deutschen Siege, welche in so glänzender Weise die Tugenden unseres Stammes dargethan? Wir sollten uns Dessen nicht freuen in Oesterreich, wo jedes lumpige Nationchen auf den Deutschen herabzusehen sich berechtigt glaubt, wo eine förmliche Verschwörung aller interessirten Nationalitäten gegen den Schwaben ihr Unwesen treibt? So weit die deutsche Zunge klingt, erschallt der Jubel, den keine Polizeimaßregel wegzudecretiren vermag. Als man seinerzeit in Lemberg wegen des Rückzugs v. d. Tanns von Orleans illuminirte, als man in Prag deswegen Feste feierte und unter dem Gesange der Marseillaise durch die Straßen zog, da hörte man nichts von Einstellungsverfügungen der Behörde; die Polen, die von Frankreich das Polenreich erwarteten, die Czechen, deren Führer Rieger Oesterreich dem Bonaparte ausliefern wollte, durften ihrer Sympathie mit Frankreich demonstrativen Ausdruck geben, während uns Deutschen in Oesterreich, deren Loyalität sich in allen ernsten Fällen glänzend bewährte, verwehrt werden soll, daß wir uns freuen über die Siege der Deutschen und über den Frieden? Man reize den Löwen nicht!"

In Innsbruck wurde der Bürgermeister Doktor Tschurtschenthaler, der erst kürzlich, während der letzten Tirolerreise des Kaisers, von dem Monarchen eine persönliche Anerkennung seines patriotischen und gemeinnützigen Wirkens, seines untadelig loyalen Strebens erhalten hatte, von den Ultramontanen wüthend angeklagt, weil er sich bei der deutschen Siegesfeier betheiligt hatte. Er wandte sich nun unmittelbar an den Kaiser und erklärte, seine Stelle als Bürgermeister der Landeshauptstadt und den vor dritthalb Monaten ihm verliehenen hohen Orden zu den Füßen Sr. Majestät niederlegen zu wollen, wenn sein Souverän und Landesherr in der werkthätigen Betheiligung an der Veranstaltung der Festfeier eine Handlung sehe, durch welche die Unterthanentreue verletzt worden. Der Kaiser ließ ihm antworten, er sehe darin keine Verletzung.

Am 2. Februar 1871 zu Lichtmeß stiegen bei Nacht zwei brave Männer aus Berchtesgaden, Jllsacker und Hölzl, bei grimmiger Winterkälte im tiefen Schnee den 8435 Fuß hohen Watzmann hinauf, den schönen Berg, der weithin über Bayern sichtbar ist, zündeten hier ein großes Feuer an und pflanzten die deutsche Fahne auf.

Vierzehntes Buch.

Verhalten der übrigen neutralen Staaten.

Frankreich kämpfte während des ganzen Krieges allein, von seinen alten Bundesgenossen verlassen. Wenn Oesterreich im Anfang des Krieges auch einen Anlauf nahm zu Rüstungen und zur Trippelallianz, so hielt es doch bald wieder inne. Wenn England erst etwas später Frankreich mit Waffen versah und auch Miene machte, bei den Friedensverhandlungen zu Gunsten Frankreichs interveniren zu wollen, so hielt es sich doch wieder in Schranken, weil Deutschland eine Intervention nicht zuließ.

Man hat England mit Recht vorgeworfen, es hätte den französischen Kaiser vom Kriege abhalten können, wenn es ihm Ernst damit gewesen wäre. Es hätte sich überhaupt etwas mehr auf die deutsche Seite stellen sollen; erstens, weil das Recht auf Deutschlands Seite war, das von Frankreich ohne Grund auf's übermüthigste angegriffen wurde; zweitens, weil England besorgen mußte, Frankreich würde, wenn es siege, außer dem linken Rheinufer auch Belgien annektiren und zur Eroberungspolitik des ersten Napoleon, d. h. schließlich zum Continentalsystem zurückkehren; drittens, weil es einen blutigen und erschöpfenden Krieg zwischen Frankreich und Deutschland ungern sehen mußte, sofern die Schwächung dieser beiden Reiche nur Rußland zur Stärkung dienen konnte, wie das auch bald genug die russische Note bewiesen hat. Aber es fehlte England an großen Staatsmännern, die eine geniale und consequente Politik unter neuen Verhältnissen durchzuführen verstanden hätten. Man merkte den Ministern Englands an, daß sie sich in die neue Machtentfaltung Deutschlands nicht zu schicken wußten und an die alte Diplomatie gewöhnt, mit greisenhaftem Eigensinn gern das bisherige Bevormundungssystem gegenüber von Deutschland fortgesetzt hätten, was sie doch nicht mehr vermochten. Daher die Halbheit ihrer Politik, das Zulassen und rasche Entschuldigen der Waffensendungen an Frankreich, die unberufenen und zugleich feigen Einmischungsversuche.

Die englische Bevölkerung, der deutschen so nahe verwandt, bezeigte auf widernatürliche Weise den Franzosen mehr Sympathie, als den Deutschen. Das hatte zweierlei Gründe, einmal die Verdorbenheit der englischen Aristokratie, die sich in der Nachahmung französischer Lüderlichkeit gefiel, und sodann die unter den englischen Arbeitern aufgekommene Agitation für die sociale Universalrepublik. Zumal seitdem in Paris eine neue Republik ausgerufen worden war, interessirten sich für diese die englischen Arbeitervereine auf das lebhafteste.

Die wenigen Stimmen, welche sich in England für das gute Recht der Deutschen erhoben, vermochten dem Unfug nicht zu steuern. Stuart Mill behauptete, daß die englische Regierung eigentlich mitschuldig an dem Kriege sey, „daß sie durch ein einziges entschiedenes Wort, durch eine einzige männliche Erklärung dem Ausbruch des Kriegs hätte vorbeugen können; und wir werden beifügen dürfen, daß auch die gegenwärtige französische Regierung ihren aussichtslosen Widerstand gegen einen von Deutschland annehmbaren Frieden schwerlich so lang fortgesetzt hätte, wenn sie nicht durch die thörichten Sympathieen, welche nach Sedan, dem französischen Volke von England aus entgegengebracht wurden, eine moralische, durch den ungehemmten Waffen- und Munitionsverkauf, eine materielle Unterstützung gefunden hätte, durch welche sie in ihren Täuschungen befestigt wurde." Samuel Smith in Liverpool bemerkte in einer Flugschrift, wie sehr England Unrecht habe, den Franzosen Waffen zu liefern und mit ihnen zu sympathisiren. Wenn in diesem Kriege Frankreich gesiegt hätte, so würde es unfehlbar Belgien haben annektiren wollen und England würde die schwersten Opfer haben bringen müssen, um Belgien wie bisher zu schützen. Diese Opfer würden ihm nur durch die Siege der Deutschen und durch die Loyalität, mit welcher dieselben Belgiens Unabhängigkeit achten, erspart.

Derselbe Smith kann nicht umhin, sehr zu bedauern, daß die Engländer, welche doch vorzugsweise Germanen sind, so viel von den schlechten Sitten Frankreichs nachahmen und sich nicht vielmehr die deutschen zum Muster nehmen. „In England treiben die höhern Stände einen großen, selbstsüchtigen Luxus auf französische Art, die unteren Klassen sind eine widrige Masse von Dummheit und Vernachlässigung. In Deutschland ist weniger Reichthum, aber auch weniger Armuth vorhanden. Die Heeresverfassung bewirkt dort keine Entartung, im Gegentheil, sie ist eine Schule physischer Kraft und guter Ordnung, zugleich aber auch eine Verschmelzung der Stände, welche die niederen emporhebt, indem sie den Stolz der höheren mindert. Diese Vortheile von großem Werthe könnte England auch erwerben, wenn es mit einigen Modificationen das preußische Wehrsystem annähme."

Eine Correspondenz aus London vom 19. Oktober in der Augsb. Allg. Ztg. beklagte, daß die zahlreichen Pariser und Pariserinnen, die nach der englischen Hauptstadt geflüchtet seyen, sich dort der glänzendsten Aufnahme erfreuen dürften und einen äußerst üblen Einfluß auf die Sitten übten. Stutzer und Koketten in der neuesten Pariser Mode stolziren auf den Straßen Londons. In zwei Theatern spielen französische Gesellschaften. Halbweltliche Damen, berüchtigte Courtisanen, mit denen sich bisher nur die Pariser Aristokratie encanaillirte, wurden jetzt auch in den aristokratischen Theilen des Westendes von London gern gesehen. In den Musikhallen und öffentlichen Vergnügungsorten herrschte die Pariser Mode. Die sog. Alhambra in Leicester-Square machte seit der neufranzösischen Emigration fabelhafte Geschäfte. Aber dieses Rendez-vous der vornehmen und gemeinen Prostitution gab den guten Bürgern von London doch so viel Anstoß, daß sich die Polizei veranlaßt sah, einzuschreiten der Alhambra wenigstens die Tanzlicenz zu entziehen und den schändlichen Tänzen der Französinnen hier ein Ende zu machen.

Der englische Geschichtschreiber Carlyle schrieb, „es gebe kein Naturgesetz, keine ‚himmlische Parlamentsakte', wodurch Frankreich ein Privilegium erhalten hätte, gestohlenes Gut dem Eigenthümer nicht zurückgeben zu müssen. Wie Elsaß und Straßburg sey schon früher Lothringen auf ganz niederträchtige Weise erworben worden. König Heinrich II. besetzte es im Jahre 1552, er rückte mit fliegenden Fahnen, unter Trommelschall in die Städte und rief Gott zum Zeugen an, daß er nur ‚zum Schutze der deutschen Freiheit' komme, that aber weder für den Protestantismus, noch für die deutsche Freiheit das Mindeste, sondern behielt einfach das besetzte Gebiet. Es sey vollkommen gerecht, klug und vernünftig, wenn die Deutschen nun zurückholten, was ihnen auf so freche und hinterlistige Weise geraubt worden. Die Franzosen klagen schrecklich über den angedrohten ‚Verlust der Ehre' und weinerliche Beistände verfechten ernsthaft den Grundsatz: ‚Entehrt Frankreich nicht, laßt des armen Frankreichs Ehre unversehrt'. Rettet es die Ehre Frankreichs, wenn es sich weigert, die in des Nachbars Fenstern muthwillig eingeschlagenen Scheiben zu bezahlen? Der Angriff auf die Fenster war seine Schande. . . . Die Ehre Frankreichs kann nur durch die tiefe Reue Frankreichs gerettet werden und durch den ernsten Entschluß, nie wieder so zu handeln, sondern von jetzt an das Gegentheil zu thun. . . Für den Augenblick, das muß ich gestehen, wird Frankreich mehr und mehr verrückt, erbärmlich, tadelns-, mitleids-, ja selbst verachtungswürdig. Es weigert sich, die Thatsachen zu sehen, die handgreiflich vor seinen Augen liegen, die Strafen, die es selbst verschuldet. Ein Frankreich, das von anarchischer Zerstörung verwüstet wird, ohne sichtbares Haupt; ein Haupt oder Häuptling, das man nicht von den Füßen, dem Pöbel, unterscheiden kann; Minister, die in Ballons auffliegen ohne anderen Ballast, als empörende Lügen und Proklamationen über Siege, die Erzeugnisse der Phantasie sind; eine Regierung, die sammt und sonders auf der Verlogenheit fußt und das schreckliche Blutvergießen lieber fortsetzen und vermehren will, als daß sie, die schönen republikanischen Geschöpfe, die Führung der Angelegenheiten verlieren: ich weiß nicht, wann oder wo man ein Volk sah, das sich selbst so mit Unehre bedeckte. Das traurigste Symptom in Frankreich ist für mich die Figur, welche seine Männer von Genie, seine ersten literarischen Sprecher machen. Sie glauben offenbar, daß von Frankreich himmlische Weisheit über alle Völker ausstrahlt, die im Dunkel liegen, daß Frankreich das Zion des Weltalls ist, daß all dieses traurige, schmutzige, halb verrückte und zum guten Theil halb höllische Zeug, das uns die französische Literatur in den letzten fünfzig Jahren brachte, ein neues Evangelium des Himmels ist, segenbringend für alle Menschensöhne."

Treffend ist folgende Vergleichung, welche Carlyle macht. „Die Franzosen glauben sich den Christus der Völker, ein schuldloses, gottähnliches Volk, das da leidet für die Sünden der Völker, das alle zu erlösen gedenkt. Sind sie nicht vielmehr ein Cartouche der Völker? Cartouche hatte manche brave Eigenschaft, war viel bewundert und viel bemitleidet und manche schöne Dame bettelte um eine Locke von ihm, während der unerbittliche, unvermeidliche Galgen aufgerichtet wurde. Aber schließlich war keine Rettung für Cartouche. Besser, er fügte sich dem schwerfaustigen deutschen Polizeimann, der ihn so schauerlich fest an der Kehle hat, er gäbe einen Theil seines gestohlenen Gutes heraus, er hörte auf ein Cartouche zu seyn und versuchte wieder ein Ritter Bayard zu werden."

Unbekümmert um die Vorwürfe des Grafen Bernstorff, dauerten

die Waffen- und Munitionssendungen aus England für Frankreich
fort. Schwärmerische Republikaner und Franzosenfreunde hielten
öffentliche Versammlungen. Ein Herr Olliver, der die internationale
demokratische Association vertrat, berichtete, seine Genossen von dieser
Gesellschaft hätten beschlossen, falls das angedrohte Bombardement
von Paris wirklich zur Ausführung käme, in einem Massenmeeting
bei Fackelschein dem Abscheu des englischen Volkes Ausdruck zu
geben. Es fand dieser Vorschlag allgemeinen Anklang und begeisterte
Annahme. Herr Merriman, ein kleiner Agitator aus dem niederen
Advocatenstande, der sich bei irischen Demonstrationen hervorgethan
hat und ein scharfes Auge auf einen Sitz im Parlament richtet,
trat darauf mit der folgenden Resolution hervor: „Im Falle eines
Bombardements von Paris verlangt das englische Volk, daß allen
bisher deutschen Fürsten, die unmittelbar oder mittelbar bei dem
Bombardement betheiligt sind, ausgeworfene Pensionen oder die
Pensionen für ihre Frauen und Kinder in Zukunft nicht mehr
ausgezahlt werden sollen."

Das Uebelwollen der englischen Regierung selbst bewies folgender Vorfall. Das Rostocker Handelsschiff „Frey", wurde innerhalb dreier Meilen von der englischen Küste, also innerhalb eines
englischen Gewässers, von den Franzosen gekapert. Graf v. Bernstorff forderte die englische Regierung auf, das Schiff zurückzuverlangen, aber diese suchte sich dadurch aus der Affaire zu
ziehen, daß sie behauptete, es stehe nicht fest, ob das Schiff wirklich
innerhalb dreier Meilen von der englischen Küste von den Franzosen genommen worden. Sie behauptete das, obgleich der englische
Lootse das Gegentheil mit der vollsten Bestimmtheit bezeugt hat.
Es fällt damit ein grelles Streiflicht auf die klägliche Zwitterstellung, die England mit der „wohlwollenden" Neutralität während
des deutsch-französischen Krieges einnahm. Dagegen erfrechten sich
die Engländer, die in Frankreich wohnten und hier deutsche Einquartierung erhalten hatten, dafür Entschädigung von Deutschland

Verhalten der übrigen neutralen Staaten.

zu verlangen. — England handelte auch rücksichtslos gegen Oesterreich. Eine Rede Gladstones konnte so verstanden werden, als habe sich England das Verdienst erworben, im Anfang des Krieges Oesterreich von einem Offensivbündniß mit Frankreich abzuhalten, eine Unterstellung, die sogleich von Oesterreich dementirt wurde.

Von der fortdauernden Unfreundlichkeit Englands gegen die Deutschen meldeten die Blätter: „Der König von Belgien hat dem Central-Comité zur Pflege im Felde erkrankter oder verwundeter deutscher Krieger 12,000 Thaler und das internationale Comité Belgiens 4000 Thaler übersendet. Es fällt dem gegenüber nicht wenig auf, daß das internationale Comité in London, dem für gleiche Zwecke aus den von ihm veranstalteten Sammlungen 242,000 Pfund Sterling zugegangen sind, dem erwähnten deutschen Centralcomité bis jetzt nicht die kleinste Summe überwiesen hat, während demselben selbst aus der transatlantischen Welt fortwährend reiche Gaben zufließen."

Spanien, welches wenigstens formell den Anlaß zur Kriegserklärung des französischen Kaisers an Deutschland gegeben hatte, nahm auffallender Weise von diesem Kriege gar keine Notiz. Das hatte seinen natürlichen Grund in der durch Jahrhundert lange Mißregierung verschuldeten Ohnmacht des Reichs nach Außen und in seinen Parteiungen im Innern. Dem elenden Regiment der Bourbons war durch die Revolution von 1868 ein Ende gemacht. Nun stritten sich aber die Monarchisten mit den Republikanern, welche Verfassung Spanien künftig haben solle. Die erstern hatten die Mehrheit in den Cortes, konnten aber über die Wahl eines neuen Königs nicht schlüssig werden. Der Prinz von Hohenzollern würde sich am besten zum König geeignet haben. Nach seiner Ablehnung war man wieder unschlüssig, bis Castelar, das Haupt der spanischen Republikaner, nach Tours ging und hier mit Gambetta und Garibaldi die Republikanisirung aller drei romanischen Reiche im Südwesten Europas verabredete. Da Frankreich bereits eine

Republik war, lag die Gefahr nahe, wenn dieselbe irgend einen Erfolg erringe oder auch nur nach dem Frieden noch fortbestehe, so könnten auch die spanischen Republikaner von dort Unterstützung erhalten. Die spanischen Monarchisten, General Prim an der Spitze, entschloßen sich daher, den Republikanern zuvorzukommen und so rasch als möglich einen König zu wählen, sey es auch nur der erste beste. Diesen nun fanden sie in dem Prinzen Amadeo, Herzog von Aosta, Sohn des König Victor Emanuel von Italien. Am 3. November schlug ihn Prim den Cortes vor und am 16. wurde er zum König von Spanien gewählt. Zu schwach, in offene Rebellion auszubrechen, nahmen die Republikaner eine feige Rache durch den Meuchelmord Prims am 28. Dezember. Derselbe starb an seinen Wunden und konnte den neuen König nicht mehr sehen, der am 2. Januar 1871 trauernd in Madrid einzog.

Man frug sich mit Recht, warum das auf seine Ehre sonst immer so eifersüchtige Spanien so ganz unempfindlich die Beleidigung hinnahm, die ihm Napoleon III. durch seine Einmischung in die spanischen Angelegenheiten, ja durch ein förmliches Verbot, den zum König zu wählen, den die Spanier haben wollten, zugefügt hatte. Allein man konnte dem innerlich so sehr geschwächten und zerrütteten Spanien in seiner auswärtigen Politik wohl keinerlei Energie mehr zutrauen.

Belgien war, wie die Enthüllungen dargelegt haben, schon lange von Frankreich bedroht. Napoleon III. wollte um jeden Preis, wenn nicht das linke Rheinufer, doch Belgien annectiren. Unter den Correspondenzen, die er in Paris zurückließ, fand sich auch ein Brief, den er seinem Cabinetschef dictirt hatte. Darin spricht er Belgien das Recht auf Unabhängigkeit, ja sogar auf seine vlämische Nationalität ab und behandelt es, als gehöre es nothwendig zu Frankreich. „Wenn Frankreich, dictirt der Kaiser, sich auf das Gebiet der Nationalitäten stellt, so ist es von jetzt an nothwendig, festzustellen, daß es keine belgische Nationalität gibt, und diesen wesentlichen Punkt mit Preußen abzumachen. Das zukünftige Loos Belgiens muß im Einverständniß mit Preußen geregelt werden, indem man in Berlin beweist, der Kaiser suche anderswo als am Rhein die Frankreich nothwendig gewordene Ausdehnung*)." Belgien wußte also, was ihm bevorstand, wenn Preußen auf die Anträge Frankreichs eingegangen wäre. Belgiens Unabhängigkeit wurde lediglich durch die Großmuth Preußens geschützt und gewahrt. Und dennoch herrschten in Brüssel immer noch warme Sympathien für Frankreich, welche durch die von Frankreich bestochene Presse und durch die große Menge von Franzosen, die nach Brüssel geflüchtet waren, nicht so stark hätten genährt werden können, wenn nicht die gebildeten Klassen in Belgien schon längst an französische Sprache und Bildung gewöhnt gewesen wären. Das gemeine Volk war zwar gut deutsch, kannte aber nur seine vlämische Mundart und nächste Umgebung und wußte vom großen Deutschland so wenig wie von Japan.

Noch vor kurzem hatte die französische Regierung gehofft, sich der belgischen Eisenbahnen bemeistern, ein französisches Heer nach Holland werfen und mit den Holländern und den Landungstruppen, welche die französische Flotte an die Nordsee bringen sollte, vereinigt, Hannover befreien zu können. Man kann sich denken, mit welchem verbissenen Ingrimm sie jetzt auf diesen Raubzug verzichtete. Ihre ohnmächtige Bosheit konnte sich nur Luft machen, indem sie den Durchzug von Sanitätswagen mit Verwundeten durch belgisches Gebiet für einen Neutralitätsbruch erklärte. Diese elende Regierung, die dem bewaffneten Feind nicht widerstehen konnte, rächte sich an wehrlosen Verwundeten.

In jenen verhängnißvollen Tagen des August erfuhr man, die Kaiserin Charlotte, die Wittwe des unglücklichen Maximilian, dessen Mord in Mexiko durch die Treulosigkeit Napoleons III. ver-

---

*) A. A. Zeitung 1870, Nr. 277.

schuldet worden war, sey bei der Nachricht von den Niederlagen Napoleons und vom nahen Ende seiner Herrschaft aus ihrem traurigen Seelenschlafe plötzlich erwacht, habe ihre Besinnung wieder gefunden und spreche von der alles richtenden Nemesis.

Nach der Schlacht bei Sedan ließ die belgische Regierung nicht nur den Kaiser Napoleon als Gefangenen, wie sie von ihm selbst und dem König von Preußen gemeinschaftlich ersucht worden war, durch Belgien nach Köln reisen, sondern erlaubte auch einer gleichen Anzahl verwundeter Preußen und Franzosen den Durchzug durch Belgien. Dieser Durchzug führte durch das wallonische oder wälsche Gebiet, wo das Volk den Franzosen mehr als den Deutschen zugeneigt ist. Die Deutschen hatten daher sehr über ungleiche Beobachtung der Neutralität zu klagen. Verwundete preußische Offiziere bekamen von dem verstockten Volke unterwegs weder eine Lagerstätte, noch etwas zu essen oder zu trinken. Man rief ihnen nur höhnisch zu: Rien pour les Prussiens! während die französischen Offiziere willkommen geheißen und reichlich gepflegt und bewirthet wurden. Nach der am 6. September zu Köln amtlich erhobenen Klage zweier preußischer Offiziere, Thieme und Winterberger, womit eine zweite Klage des Lieutenant Schubert übereinstimmt.

Auch den aus Frankreich ausgewiesenen deutschen Familien erging es in Belgien nicht besser. Nach einem Bericht der Frankfurter Zeitung wurden sie unterwegs beschimpft und mit Steinen geworfen. „Die Waggons wurden streng verschlossen gehalten und nicht einmal den Kindern erlaubte man, auf den Aborten ihre Nothdurft zu verrichten. Es war nicht gestattet, für die armen Kleinen nur einen Trunk Wasser sich geben zu lassen. So handelte Belgien, das es Deutschland verdankt, daß Napoleon es nicht verschlungen hat, gegen unglückliche Gäste, denen es nach dem Völkerrecht sogar den freien ungehinderten Aufenthalt nicht verwehren durfte. Geflüchtete französische Soldatenmassen werden aufgenommen und unentgeltlich verpflegt; arme vertriebene Deutsche werden wie

Feinde, wie Aussätzige behandelt. Daß die rohen Wallonen so gegen Deutsche verfahren, dafür mag der Regierung wohl keine Verantwortung auferlegt werden können, allein die mitleidlose Behandlung von Seiten der Staatseisenbahnverwaltung kann nur auf höheren Befehlen beruhen, und diese werden gewiß Veranlassung zu einer unangenehmen Abrechnung mit dem jetzt so frommen belgischen Ministerium geben."

Professor Ebel, der bayerische Abgeordnete, bezeugte in einem Schreiben aus Würzburg, daß am 11. September zu Bouillon in Belgien Wagen mit deutschen Verwundeten von den Einwohnern insultirt, daß zwei schwerverwundete bayrische Soldaten unter lautem Beifall der Umstehenden aus dem Wagen gerissen und mit Füßen getreten und daß auch an andern belgischen Orten unterwegs die Verwundeten vom Volk verlacht und verhöhnt worden seyen. Ein belgischer Professor schrieb dagegen, solche Rohheit theile das belgische Volk im Ganzen nicht, die deutschen Verwundeten hätten an andern belgischen Orten liebevolle Aufmerksamkeit und Pflege gefunden, was auch von deutschen Sanitätsbeamten bestätigt wurde. Die Rohheiten beschränkten sich also auf den wallonischen Theil des Landes und erklären sich zum Theil vielleicht auch aus dem klerikalen Fanatismus. Besonders wurde die Stadt Lüttich wegen ihrer Theilnahme für die Deutschen gerühmt. Auch in den Lazarethen hatten belgische Aerzte und Krankenwärter für die deutschen Verwundeten dieselbe Sorgfalt, wie für die französischen. Dagegen ergoß sich ein großer Theil der belgischen Presse in Wuthausbrüchen gegen die Deutschen, was nicht Wunder nehmen darf, da nicht weniger als 30,000 Franzosen und hauptsächlich Pariser nach Brüssel geflüchtet waren und auch dort ihre Parteiblätter organisirten wie in Paris. Am meisten Gift streute die Indépendance belge aus. Begreiflicherweise wurde auch vielen nach der Schlacht bei Sedan über die belgische Grenze geflüchteten französischen Soldaten die Desertion nach Frankreich erleichtert. Inzwischen wurde das neutrale Verhalten der belgischen Regierung in dem Maaße korrekter, in welchem die deutschen Heere Sieg auf Sieg erfochten.

Wir können nicht von Belgien reden, ohne auch des nordwestlichen Endes von Frankreich an der belgischen Grenze zu gedenken, welches man das vlämische Frankreich nennt. Es wurde in den Zeiten des französischen Uebermuths vom deutschen Reiche abgerissen und Frankreich einverleibt, obgleich es von einem kerndeutschen Volke bewohnt ist, welches noch die vlämische Mundart redet. Es ist ein seetüchtiges Ufervolk, der Hauptort Dünkerken ein berühmter Hafen. Hier war auch der berühmteste Seeheld zu Hause, den Frankreich gehabt hat, der eben so tapfere als treuherzige und ein wenig bäurische Hans Barth. Nun zeigte sich in neuester Zeit, daß die deutsche Gesinnung bei diesem Ufervolk wieder hervortritt. „Selbst die Indépendance mußte constatiren, daß Testelin, der Obercommissär der französischen Republik in den beiden Norddepartements, sich gezwungen sah, an die mobilisirten Nationalgarden einen strengen Tagesbefehl zu erlassen, in welchem gedroht wird, daß ‚fernere Desertions- und Fluchtversuche unnachsichtlich mit Ueberführung der Schuldigen nach Cherbourg geahndet werden sollen.' Der Drohung folgte die That bald auf dem Fuße, denn die Nationalgarden von Hazenbroek, dem Hauptherde der vlämischen Bewegung, wurden wegen vollständiger Meuterei entwaffnet und zur Strafabtheilung nach Cherbourg versetzt. Eine noch viel wichtigere Erscheinung trat aber vor einigen Wochen in Dünkirchen zu Tage. Dort äußerten nämlich die Mobilgarden eine so ausgelassene Freude über die Schläge, welche Frankreich betroffen, daß ihr Befehlshaber sie mit Gefängnißstrafe bedrohen mußte. Haß gegen Alles, was französisch heißt, das eigenartige Merkmal des vlämischen Charakters, lodert bei jeder Gelegenheit in hellen Flammen empor. ‚Het volksbelang' in Gent, ein Blatt, das in erster Linie die vlämischen Interessen vertritt, sagt, daß ihm tagtäglich derartige Berichte aus dem nördlichen Frankreich zugehen. Alle Männer von 19 bis 40 Jahren sind zwar auch dort unter die Waffen gerufen und werden gezwungen, ihr Blut für eine ihnen fremde Sache zu vergießen; die Furcht vor durchgreifenden Schreckensmaßregeln hält sie allein ab, ihren Antipathieen thatsächlichen Ausdruck zu geben. Dagegen ist eine Thatsache, daß viele junge Leute das Heer verlassen und sich nach Hause begeben, von wo sie dann allerdings mit Gewalt wieder der französischen Armee einverleibt werden; wer kann, flüchtet über die belgischen Grenzen. Diejenige Partei, welche eine vollständige Trennung dieses sog. Vlaamischen Westhoek von Frankreich und Vereinigung desselben mit Belgien wünscht, gewinnt zusehends an Boden."

Was das Königreich der Niederlande betrifft, so war man hier den Deutschen noch abgeneigter als in Belgien, mußte sich aber den Umständen bequemen. Holland war dem Kriegsschauplatz nicht unmittelbar nahe, wohl aber das durch Personalunion mit ihm verbundene Großherzogthum Luxemburg. Hier war die echt deutsche Bevölkerung von den gebildeten Klassen, Beamten und Liberalen, die sich zu Affen der Franzosen hergaben, daher nur französisch redeten und dachten, den sog. Franquillons, tyrannisirt und durch eine ganz französisch gesinnte Presse bevormundet. Der Klerus war früher mehr deutsch, d. h. österreichisch gesinnt, seit den großen Erfolgen des protestantischen Preußen in Deutschland spie er aber Gift und Galle gegen alles Deutsche und begünstigte nur noch das Franzosenthum. Zudem übten die französische Ostbahngesellschaft und der französische Viceconsul in Luxemburg großen Einfluß und sandten, unbekümmert um die Neutralität, ganze Transporte nach der französischen Festung Diedenhofen und verzögerten dadurch deren Uebergabe an die Deutschen. In gleicher Weise wollten sie auch die französische Festung Longwy verproviantiren, als Graf Bismarck energisch einschritt und mit der Besetzung Luxemburgs drohte, wenn von dieser Seite her die Neutralität ferner verletzt würde. Da bekamen die Schurken den gehörigen Respekt und vermieden von nun an alles, was Deutschland beleidigen konnte. Die Franquillons sammt dem Klerus erschöpften sich aber in Ergebenheitsadressen an den König der Niederlande als Großherzog von Luxemburg und affectirten, die vorher immer nur Frankreich gedient hatten, eine lächerliche Begeisterung für holländischen Particularismus.

Die Schweiz zog ihre Truppen, welche sie in unnöthig großer Zahl an die Grenzen geschickt hatte, wieder zurück, sobald der Kriegsschauplatz sich immer weiter von ihren Grenzen entfernte, und besetzte nur noch einmal die Westgrenze, als deutsche Truppen durch das obere Elsaß gegen Lyon zogen. Gegen die aus Frankreich ausgewiesenen Deutschen, welche die Schweiz passirten, war man wohlwollend, auch unterdrückten die Behörden die Agitation in Neuenburg, als von hier aus der internationale Arbeiterverein am 5. September, also unmittelbar nach Ausrufung der Republik in Paris, an alle internationale Arbeitervereine in Deutschland einen Aufruf drucken ließ, welcher verlangte, sie sollten die Waffen gegen Preußen ergreifen und Frankreich beistehen.

Im Uebrigen aber waltete in der Schweiz, wie in Belgien und Holland mehr Sympathie für die Franzosen als für die Deutschen*) vor und zwar aus derselben particularistischen Gewissensangst, welche bekennen mußte, man gehörte zwar der deutschen Nation an, aber man wolle ihr nicht angehören. Es kam aber noch ein sehr greifbares Geldinteresse hinzu. Wie die Holländer 800 Millionen Gulden in österreichischen Papieren stecken hatten, daher beständig für Oesterreich zitterten und aus diesem Grunde Preußen bitterlich haßten, so waren viele Schweizer mit ihrem Gelde für das Prestige Frank-

---

*) Sie hätten doch an ihren Waldmann denken sollen, einen ihrer größten Helden, der im Jahr 1477 zu den Eidgenossen sagte: „Lieber sönd uns Tütsche blieben, die welsch Zung ist untrüw."

reichs interessirt. Die St. Galler Zeitung erfrechte sich im Anfang des Oktober einen Artikel abdrucken zu lassen, dessen Verfasser die Schweiz bringend auffordert, zu Gunsten der „Schwesterrepublik" ihre Neutralität aufzugeben und Frankreich zu helfen. Sie spricht von den deutschen Führern als dem Gottesgnadengesindel. Der Umstand, daß die Franzosen in aller Geschwindigkeit eine Republik improvisirt hatten, wurde nur zum Vorwand genommen, um die Parteinahme für Frankreich als natürliche Sympathie unter Republikanern zu entschuldigen.

Die Kreuzzeitung berichtete aus dem Privatbrief eines Schweizers am 20. Oktober. „Wer nicht unbedingt mit der französischen Schwindel-Republik sympathisirt, gilt nachgerade als Vaterlandsverräther! Die Leidenschaft ist so weit gestiegen, daß vorgestern nicht weit von hier ein Deutscher im politischen Meinungskampfe von einem bernerischen Juristen in einem Wirthshause ermordet wurde. Auch das niedere Volk wird fanatisirt; dafür sorgen unsere zahlreichen Localblätter, die eine Sprache führen, welche nicht ärger seyn könnte, wenn sie in französischem Solde stünden." So weit der Brief, welcher beweist, daß viele Schweizer gegen Frankreich für die Vernichtung der sie sichernden Neutralisirung des Chablais eben so rührende Dankbarkeit bewahren, als die Belgier für die beharrlichen Annexionsgelüste.

Man erinnerte an das Unrecht, welches Napoleon III. der Schweiz zugefügt habe, indem er die Verträge von 1815 verletzte und Nordsavoyen Frankreich annectirte, ohne der Schweiz das ausschließliche Besatzungsrecht in diesem gebirgigen Nachbarlande zu wahren. Aus Hochsavoyen selbst kamen von Behörden und Einwohnern bringende Bitten, die Schweizer möchten von ihrem Recht, die neutralen Provinzen Chablais und Faucigny militärisch zu besetzen, wieder Gebrauch machen. Der Bundesrath aber erklärte sich: „Die französische Regierung habe allerdings die im Cessionsvertrage vom 24. März 1860, Art. 2 übernommene Verpflichtung, sich mit der Schweiz über Garantien zum Schutze ihrer Rechte zu verständigen, nicht erfüllt. Es sey daher erklärlich, daß einzelne schweizerische Preßorgane dieses Verhältniß besprochen. Da die Presse in der Schweiz ganz frei sey, so erwachse dem Lande aus solchen individuellen Aeußerungen keine Verantwortlichkeit. Was die Bundesbehörden anbelange, so haben sie sich damit begnügt, in ihrer Neutralitätserklärung die bezüglichen Rechte der Schweiz zu wahren und auf eine bezügliche Rückäußerung der frühern kaiserlichen Regierung die Geneigtheit zu erkennen zu geben, bei einem gegebenen Anlaß dieses Verhältniß in freundschaftlicher Weise neu zu ordnen. Dagegen habe der Bundesrath seither weder bei Frankreich noch bei einer andern Macht irgend welche bez. Reklamationen erhoben. So wünschenswerth auch eine Regulirung dieses Verhältnisses sey, wozu sich schon noch Gelegenheit finden werde, so beabsichtige der Bundesrath doch keineswegs aus der gegenwärtigen Nothlage Frankreichs für die Schweiz irgend welchen Nutzen zu ziehen." Eine achtungswürdige Noblesse, die nur überall besser angewendet wäre als gegenüber dem stets rücksichts- und treulosen Frankreich.

Die Stimmung in Savoyen war antifranzösisch, trotz des gefälschten Plebiscits. Auch gegen Italien war man in Savoyen erbittert, weil es von Italien preisgegeben worden war. „Die Savoyer möchten nun die jetzige günstige Gelegenheit benützen, um vollständig unabhängig zu werden, sich loszureißen von Frankreich und einen neutralen Staat in ähnlicher Weise wie die Schweiz zu bilden." Ein Comité in Bonneville stellte an die Eidgenossenschaft die dringende Bitte, ihrem Rechte gemäß die nordsavoyischen Bezirke zu besetzen, aber der Bundesrath weigerte sich. Wie nahe lag es da, einen Anschluß an die Schweiz zu beantragen, wenn diese selbst Muth genug gehabt hätte, darauf einzugehen. Aber sie fürchtete Italien ebensosehr wie Frankreich und bewährte wenig Energie gegenüber den italienischen Umtrieben in Tessin.

Im italienischen Schweizerkanton Tessin war schon lange ein

Gelüsten vorherrschend, sich von der Eidgenossenschaft freizumachen und an Italien anzuschließen. Man meinte damit freilich nicht das Königreich Italien, sondern eine italienische Republik, für welche Mazzini schon lange und zwar zumeist von der Stadt Lugano im Kanton Tessin aus agitirte. Nachdem Rom von italienischen Truppen besetzt worden war, aber gerade in Rom die republikanische Partei überwog, machten die südlichen Ortschaften des Kanton Tessin jenseit des Monte Cenere den Versuch, sich als besonderer Kanton zu constituiren, was nur der Anfang eines unmittelbaren Anschlusses an Italien gewesen wäre, und alle ihre Vertreter traten aus dem großen Rathe des Kantons aus. Die Bundesregierung sah sich genöthigt, einen eidgenössischen Commissär in den Kanton zu schicken, dem aber fortwährend italienische Agenten entgegenarbeiteten. Der Bund beschloß, die Trennung nicht zu gestatten.

Aber die Schweiz war im Ganzen zaghaft und viel zu rücksichtsvoll gegen die Franzosen und Italiener. Sie versäumte überdies, sich in gehörige wehrhafte Verfassung zu setzen. Was ihr schon vor vier Jahren Stämpfli vergebens zugerufen hatte, ihr Milizsystem tauge nichts, wurde ihr immer wiederholt. Man las im Oktober in den Zeitungen: „Den 17. September d. J. hat einer der tüchtigsten eidgenössischen Offiziere, Herr Oberst Trümppi, welcher vor drei Wochen auf dem Kriegsschauplatz die Kriegsmanöver der deutschen Truppen beobachtete, Bataillon 9 von der 5. Division ungefähr mit folgenden Worten verabschiedet: Soldaten! Offiziere und Unteroffiziere! Mit eurem Muthe und eurer Willigkeit bin ich zufrieden, jedoch fehlt es euch gänzlich an der rechten Führung, am Geiste streng militärischer Ordnung und Disciplin. Nehmet es mir nicht übel, wenn ich euch erkläre, daß ihr hinter der deutschen Armee, deren Kriegsmanöver ich in der letzten Zeit beigewohnt habe, weit zurücksteht. Bei euch geht es nicht so am Schnürchen, wie bei jenen. Dort war es nicht so, wie bei euch, wo das halbe Bataillon oft 10 Schritte voraus, das andere

10 Schritte hinterdrein marschirt. Auch sollte vom Obersten bis zum Untersten das Militärwesen besser organisirt seyn, sonst sind wir verloren, wenn wir mit Feinden zu kämpfen haben. Gott schütze unser Vaterland!"

Als Paris cernirt war, verlangte der schweizerische Bundesrath für seinen Gesandten, der in Paris zurückblieb, freien Verkehr nach außen. Die deutsche Presse tadelte dieses Ansinnen, weil es dem Kriegsrecht widerspreche, aus einer belagerten Stadt einen uncontrolirten Verkehr stattfinden zu lassen. Eine Antwort wurde nicht bekannt. Mittlerweile aber hatte Preußen die Erfahrung von unerlaubten Communicationen von Diplomaten gemacht. — Vormals Schweizer Offiziere in päpstlichen Diensten sind zahlreich nach Frankreich gegangen, um dort gegen die Deutschen zu kämpfen. „Die schweizerische Freimaurer-Großloge ‚Alpina' erließ ein verkehrtes Manifest, mit den schiefsten, gegen Deutschland gerichteten Anschauungen und ein Theil der schweizerischen Presse log und schmähte über Deutschland in empörendster Weise. Einer solchen Gemeinheit machte sich der durch seine Dresdener Schwindelbestrebungen bekannte Dr. Eduard Löwenthal schuldig. Er hat seiner herangirten Verhältnisse wegen Dresden verlassen und ist in die Schweiz gegangen, um sich dort durch die Gründung eines preußen-feindlichen Blattes bei den Preußenfeinden beliebt zu machen. Nachdem er in Basel vergeblich nach einem Verleger für ein solches Blatt gesucht hatte, hat er ihn endlich in Zürich gefunden. Das neue Blatt führt den pomphaften Titel: ‚Die Freiheitswacht' und beginnt mit der erwähnten Insinuation: Preußen habe den Krieg angefacht."

Im November zogen Elsäßer, die sich hatten bereden lassen, dem Aufruf Gambettas nachzukommen, truppweise durch die Schweiz, um über Genf zu einer republikanischen Armee zu stoßen. Der eidgenössische Bundesrath verbot es endlich, um aber die Herrn Franzosen nicht zu kränken, verbot er auch den badischen Reservisten durch die Schweiz zu passiren. Bei Ruffach wurden 30 junge

Elsäßer, die nach Frankreich wollten, von den Preußen abgefangen und gestanden ehrlich, ihr Maire und ihr Pfarrer hätten sie fortgeschickt. In Basel wurde die Neutralität so schlecht gehandhabt, daß französische Offiziere in Civil hier Rekruten für Frankreich warben, sie ganz offen sammelten und zum Appell riefen. Von hier wurden sie dann in Compagniestärke sogar durch die Bundesstadt Bern nach Genf geschafft, wo umgekehrt das Personal deutscher Ambulanzen kaum vor Insulten sicher war.

Schweizer gaben sich auch dazu her, aus Oesterreich über Graubündten Waffensendungen nach Frankreich zu vermitteln. „Vom 29. Oktober ab langten, von Aarau, Luzern und Chur kommend, im Bahnhof von Lausanne Eisenbahnwagen in beträchtlicher Zahl an, deren Inhalt außen an den Waggons als ‚Eisenbarren, Maschinenstücke, alte Eisenwaaren, Theer ꝛc.‘ deklarirt war. Sämmtliche Waaren waren an zwei Personen in Lausanne adressirt. Die Wagen enthielten in Wirklichkeit 4200 Gewehre, 112,500 Patronen und 630,000 Zündkapseln und wurden auf Befehl der Kantonspolizei bei der Ankunft im Bahnhofe mit Beschlag belegt und in's Arsenal nach Morges birigirt. Nationalrath Eytel, Namens Herrn Jules Mathey, verlangte im Rechtswege vom Bahnhofvorsteher die sofortige Herausgabe des Inhalts der Wagen. Als dies verweigert wurde, auch von Seiten des Vertreters des Staates, theilte Herr Eytel dem eidgenössischen Justiz- und Polizeidepartement mit, daß er eine Civilklage zur Wiedererlangung der Waaren anzustrengen beabsichtige. Der Bundesrath ertheilte sofort dem Staatsrath von Waadt die Weisung, einer solchen Klage keine Folge geben zu lassen, da der fragliche Sequester aus allgemein politischen Gründen und im Interesse der Eidgenossenschaft gelegt worden sey, die Maßregel daher einen rein abministrativen Charakter trage, und der Bundesrath bei ihr keine andere Autorität anerkennen könne, als die seinige. Daraufhin erklärte der Gerichtspräsident von Lausanne sich für incompetent, die Aufhebung der Beschlagnahme zu verfügen.

Der Bundesrath hat seine Pflicht gethan, aber ein Mitglied der obersten souveränen Behörde der Schweiz (Herr Eytel ist Advokat, politisch enragirt deutschfeindlich) sehen wir bemüht, dem Waffenschmuggel für Frankreich seinen advokatischen Vorschub zu leisten."
— Das internationale Comité zu Genf bestellte in Basel ein besonderes Comité zur Fürsorge für die französischen Gefangenen in Deutschland, ohne daß es ihm einfiel, auch für die deutschen Gefangenen in Frankreich zu sorgen. „Ist nicht neuerdings in Orleans von französischer Seite im grellen Widerspruch mit allen Vorschriften der Genfer Convention eine bayrische Ambulanz geplündert worden, während man deutsche Verwundete aus dortigen Lazarethen nach fernen Orten in Gefangenschaft schleppte? Bei solcher Handlungsweise eines der kämpfenden Theile dürfte es sich in der That lohnen, internationale Abhülfs-Delegirte lieber nach Frankreich zu entsenden."

Man schrieb am 8. Dezember aus Romanshorn am Bodensee: „Gestern Mittag glaubten sich die Bewohner von Romanshorn in einen französischen Ort versetzt, wo Auflauf von Remontepferden stattfindet. In aller Stille wurden vom Bataillonscommandanten Heinrich Guhl (Besitzer des Hotel Romanshorn), sowie Kantonsrath Pferdehändler Schöneberger von Rorschach die Pferdebesitzer in weiter Umgegend eingeladen, ihre Pferde hieher zu bringen. Standquartier in Romanshorn, in dem Wirthschaftszimmer waren die französischen Händler, Guhl und Schöneberger besichtigten die vorgeführten Pferde, kauften sie nach vorheriger Rücksprache mit den Franzosen und wurden in kurzer Zeit circa 150 Pferde gekauft, die heute früh 8 Uhr nach St. Gallen gebracht, dort ausbezahlt werden. In St. Gallen wurden gestern circa 200 Pferde gekauft, die sofort nach Frankreich eingeführt werden."

Am 5. Dezember trat der Bundesrath zusammen und Präsident Anderwerth betonte in der üblichen Anrede die Mangelhaftigkeit der eidgenössischen Wehrverfassung, ganz so wie das schon

Präsident Stämpfli vergeblich gethan hatte. Nach den letzten Erfahrungen des französischen Kriegs sey die Einführung der allgemeinen Wehrpflicht und eine tüchtigere Pflege des Heerwesens noch bringender geworden, als sie es schon nach dem böhmischen Kriege waren. Der Bundesrath wählte Weltli zu seinem Präsidenten. Gonzenbach von Bern tadelte, daß die Schweiz so voreilig die neue französische Republik anerkannt habe.

Am 23. Dezember sah sich die preußische Verwaltung im Elsaß genöthigt, die Eisenbahnverbindung zwischen Mühlhausen und Basel gänzlich aufzuheben, denn unter dem Aushängeschild der schweizerischen Centralbahn hantirten die bisherigen Angestellten der französischen Ostbahn. Zugführer, Heizer und das Bureaux-Personal waren sämmtlich französische Angestellte, die mit verbissenem Ingrimm auf ihren Plätzen ausharrten, einzig in der Hoffnung, den Deutschen schaden zu können. Nur der Postconducteur war ein Schweizer. Man gab sich nicht einmal die Mühe, die französischen Angestellten in Centralbahnuniform zu stecken.

Unter den Schweizer Blättern brachte unter anderm die neue Züricher Zeitung eine Correspondenz aus St. Gallen vom 26. Januar, worin es hieß: „Seit dem Tage von Sedan, seit der Proklamation der französischen Republik, noch mehr aber seit der großartigen und ruhmhaften Aufraffung des unglücklichen französischen Volkes und vor Allem seitdem die deutsche Kriegführung den ausgeprägten Charakter der Eroberung und der Schlächterei angenommen hat, finden Sie in unserer St. Gallischen Hauptstadt und in der Bevölkerung des ganzen Kantons von nahezu zweimalhunderttausend Seelen wohl kaum hundert Menschen, die nicht mit ihren innersten Sympathien auf der Seite Frankreichs und seines schwer geprüften Volkes stehen. Hindert das unser St. Gallisches Volk gleichwohl nicht, auch die großen Leiden des deutschen Volkes mit zu empfinden und schwer zu beklagen, so kann es doch die schwersten Vorwürfe über die Fortführung des mörderischen Krieges, die nach seiner redlichsten Auffassung Deutschland zur Last fällt, und über den Vandalismus desselben nicht unterdrücken. Es wird wohl für Jedermann selbstverständlich seyn, daß die Freundlichkeit des St. Gallisch-süddeutschen Grenzverkehrs am Bodensee bei solcher Stimmung hierseits, der jenseits am schwäbischen Ufer der deutsche Machtschwindel und der germanische Größenwahnsinn begegnet, sehr gelitten hat."

Wo die Presse in deutscher Sprache den deutschen Namen so frech lästerte, deutsches Recht so blind mißkannte, war es begreiflich, daß der Pöbel für erlaubt hielt, auf alles Deutsche zu schimpfen und sich gleich dem feigen französischen Pöbel an wehrlosen Deutschen zu vergreifen. Dazu wurden von Agenten Gambettas, Liebknechts und der internationalen Arbeitervereine auch die Fabrikarbeiter aufgereizt. Ueberdies war die jüngst gewählte Regierung im Kanton Zürich eine ultra-radikale, die der Pöbel nicht fürchten zu dürfen glaubte, und um so weniger, als gerade damals eine Menge Franzosen von der über die Schweizer Grenze geflüchteten Armee Bourbakis in Zürich internirt waren, auf deren Beistand der Pöbel rechnete. Als daher am 9. März etwa 900 Deutsche und deutschgesinnte Schweizer in der Tonhalle zu Zürich das deutsche Sieges- und Friedensfest feierten, wurde das Gebäude vom Pöbel umringt und vier Stunden lang mit Steinen bombardirt, ohne daß die herbeigerufene Miliz etwas anderes that, als zusehen. Zweimal commandirte ein Hauptmann die Mannschaft zum Laden, zweimal commandirte dagegen der Feldwebel: „Ladet nüt!" und das Laden unterblieb. Ein anderer Offizier bemerkte, nach bestimmten Zeugnissen, seinen Leuten: „Den Frauen lasset Ihr nüt geschehen; mit den Andern könnt Ihr machen, was Ihr wollt!" Alle Fenster wurden zertrümmert, Personen in der Halle verwundet. Plötzlich drangen 30 französische Offiziere mit gezogenem Säbel an der Spitze des Pöbels durch eine erbrochene Thür ein, wurden aber von den Gästen, unter denen sich viele Studenten und Turner be-

Verhalten der übrigen neutralen Staaten. 447

fanden, mit Stuhlbeinen und Notenpulten zurückgeschlagen, die
Degen ihnen entwunden, sie selbst furchtbar durchgeprügelt und 20
gefangen genommen. 12 Deutsche wurden dabei verwundet, noch
mehr Franzosen, und ein Franzose getödtet. Am folgenden Tage
stürmte der Pöbel die Tonhalle noch einmal und zerstörte alles
darin, bis Truppen erschienen und 30 Aufrührer, darunter 16 französische Mobiloffiziere verhafteten. In der Nacht des 11. wollte
der Pöbel die Gefangenen befreien, bestürmte das Gefängniß und
auch das Rathhaus. Die Truppen mußten feuern und es gab
2 Todte und 25 Verwundete. Endlich erschien ein eidgenössischer
Bundescommissär, Dr. Heer von Glarus, und wurden noch mehr
Truppen aufgeboten.

Der unfähige Polizeidirektor Forrer entließ die Gefangenen aus
Angst, der Bundesrath verlangte von der Züricher Regierung, sie
solle strenge untersuchen, schritt aber selbst nicht weiter ein und zog
die bereits aufgebotenen eidgenössischen Truppen wieder zurück. Eine
Anzahl französischer Offiziere in Zürich verwahrten sich, sie hätten
an dem Scandal keinen Theil, sondern ihn sehr mißbilligt. Eine
Adresse an den Regierungsrath, von zahlreichen Unterschriften edler
Züricher bedeckt, drückte ihre Entrüstung über den Vorfall aus. —
Auch zu Kreuzlingen im Thurgau brachte der Pöbel denen, die
das Friedensfest begingen, tumultuarisch eine Katzenmusik.

Der Schwäb. Merkur bemerkte sehr richtig: „Einige Erwägungen können wir, uns der freundlichsten Gesinnungen gegen die
Nachbarn von jeher bewußt, nicht zurückhalten. Einmal hat hier
die Schweiz selbst sehen können, wessen sie sich von den Franzosen
zu versehen hat, wenn schon internirte, gastfreundlich gepflegte, mit
Freundlichkeiten überschüttete französische Offiziere einen solchen geradezu nie dagewesenen Bruch des Gastrechts, eine solche furchtbare
Rohheit im Hause des Gastfreundes sich herausnehmen. Vielleicht
gewinnen unsere Nachbarn nunmehr richtigere Begriffe über französische Anmaßung und eine wahre Würdigung der Menschlichkeit,

mit welcher das deutsche Heer eben solchen Gegnern gegenüber handelte. Zum Andern wird man hoffentlich jetzt fühlen, welches Unrecht ein Theil der schweizerischen Presse, besonders der kleinen, verübte mit den ewigen Hetzereien gegen die Deutschen und der Liebäugelei mit den Franzosen. Zum Dritten sehen wir, wohin es führt, wenn unter dem angemaßten Namen der Freiheit die jedes staatsmännischen Elements entbehrende Zügellosigkeit Herrscherin wird. Ohne die gerade in Zürich großgezogene Straßendemagogie und die bereite Beihülfe der vaterlandslosen „Internationalen" hätten die französischen Abenteurer keine Bande gefunden, welche sich von ihnen zu solchen Schandthaten anführen ließ."

Man versprach sich übrigens von dem ärgerlichen Vorfall doch einen Nutzen, nämlich er werde nicht nur der Züricher Regierung, die durch Beschmeichelung des Pöbels emporgekommen war, sondern auch manchem der mißhandelten Deutschen selbst, die als Schwärmer für den vorgeblich republikanischen Musterstaat und für das Milizsystem nach der Schweiz gekommen waren, zu einer guten Lehre dienen.

Die A. A. Z. bemerkte: Das Schlimmste an den neuzürcherischen Zuständen ist nicht die Unfähigkeit der Regierung, deren baldigen Sturz man jetzt schon von allen Dächern predigt, sondern die betrübende Thatsache, daß das wirkliche Staatsbewußtseyn, der staatsrechtliche Gedanke an die Gewalt des Ganzen über die Einzelnen und die Achtung vor den Gesetzen in den beiden letzten Jahren immer mehr aus den Gemüthern des Volkes geschwunden sind und daß das Beispiel von Zürich auch viele andere Kantone angesteckt hat. Populäritätshascherei und Volksschmeichelei haben der Menge so viel von der erhabenen Volkssouverainetät vorgeschwindelt, daß Jeder sich zum Herrschen berufen glaubt und seinen eigenen Willen an Stelle des Gesammtwillens zum Gesetz erheben möchte. Man denkt nicht mehr an Lasten und Pflichten für das Ganze, sondern nur an Rechte und Freiheiten. Neid und

Mißgunst gegen den größeren Besitz, gegen die höhere Bildung, gegen überlegene Arbeitskraft und geschäftliche Tüchtigkeit werden zu bewegenden politischen Triebfedern, und der Ordnung liebende fleißige Bürger, der nicht in dieses Geschrei einstimmt, sieht sich von tausend Tyrannen umgeben, die jeden Augenblick seine persönliche Freiheit und Sicherheit bedrohen können, während sie über die Monarchie schimpfen, wo man solcher Massentyrannei noch keinen Geschmack abzugewinnen vermag.

Ungemein naiv war folgende Aeußerung des Präsidenten Sulzer, des eigentlichen Gründers der neuzüricher Verfassung, im Kantonsrath vom 14. März: „Wäre die Stellung der Deutschen noch dieselbe wie vor zehn Jahren gewesen, so wäre eine solche Spannung nicht eingetreten; seither aber sind die Forderungen und Ansichten der deutschen Nation ganz andere geworden. Sie war von der Ueberzeugung erfüllt, daß ihr nicht die Achtung gezollt werde, auf die sie Anspruch machen könne. Dies hat sie nun in glänzendem Siegeslauf erreicht. Was heißt aber das: eine Machtstellung ersten Ranges in Europa erringen? Das heißt, jedem Anderen, so bald es beliebt, Furcht einflößen. Wer diese Stellung einnimmt, muß sich nicht wundern, daß man ihm nicht mit Liebe entgegen kommt. Von der Furcht zum Haß ist aber nur ein kleiner Schritt. Wenn daher in unserer Bevölkerung Befürchtungen aufgetaucht sind, so ist dies nichts Unerklärliches. Es kommt zu diesem noch eine andere psychologische, nicht zur Unehre gereichende Regung — das Mitleid mit der zu Boden getretenen Nation. Es ist in einem großen Theil unserer Geschichte niedergelegt, daß das schweizerische Volk mit stärkeren Banden der Freundschaft mit jener Nation verbunden ist, die nicht unsere Sprache spricht und zu einem anderen Stamme gehört."

Inzwischen wurden die vielen französischen Gefangenen aus der Schweiz heimtransportirt, sobald die Wege auf französischem Gebiet wieder fahrbar geworden waren. Nur vier Offiziere blieben als Theilnehmer an den Excessen gefangen in Zürich zurück. Mitte April erfuhr man, das Bundeskriegsgericht habe die Angeklagten Didier, Raimond, Poirel und Peyvre zu drei Monaten Gefängniß, Tragung der Kosten-, sowie zur Entschädigung des verwundeten Riedel mit 3000, der Tonhalle mit 700 und des Wirthschaftseigenthümers zu 100 Franken verurtheilt. Die übrigen Angeklagten wurden freigesprochen.

In gewohnter Großmuth erwiderte damals das deutsche Reich die Züricher Unverschämtheit damit, daß sie im Ausland den Schutz der Schweizer überall da übernahm, wo es keine Schweizer Consuln gab.

In den Vereinigten Staaten von Nordamerika war die Stimmung zu Anfang des Krieges der gerechten Sache der Deutschen günstig. Erst als Frankreich sich zur Republik erklärte, traten auch bei den Yankees die republikanischen Sympathien mächtiger hervor. Im Allgemeinen war die demokratische Partei am meisten für Frankreich eingenommen und nur in der republikanischen behielt Deutschland noch seine Freunde.

Präsident Grant hielt in seiner gewohnten Rechtlichkeit die Neutralität aufrecht. Den bewaffneten Auszug den Franzosen zu Hülfe verbot er in einer Proklamation vom 13. Oktober: „Da gewisse übelwollende Unionsstaaten Truppenkörper organisiren unter dem Vorwande, sie besäßen die Vollmacht der Regierung hierzu, und militärische Expeditionen gegen Gebiete von Mächten, mit denen die Union in Frieden lebt, in's Leben gerufen, sowie zu dem angegebenen Zwecke Gelder gesammelt, Leute angeworben und Schiffe ausgerüstet haben, so wird verkündet, daß alle Betheiligten Seitens der Regierung keine Schonung hinsichtlich der Folgen ihrer Schuld zu erwarten haben. Die Regierungsbeamten sollen jede Anstrengung machen, um die Uebertreter des Gesetzes festzunehmen und vor Gericht zu bringen."

Auch wurde gerühmt, daß der amerikanische Kriegsdampfer

„Mohican" sich des deutschen Handels in Mexiko angenommen habe. Gegen Ende Mai wurde in San Blas, wo ein früherer Straßenräuber als „General" nach Belieben schaltete, eine Piraten-Expedition per Dampfer nach Guaymas unternommen, welcher Hafen überrumpelt und 2¹/₂ Tag geplündert wurde, bis endlich die Bürgerschaft die Räuber verjagte. Mit der Beute, die zum großen Theil einem deutschen Handlungshause geraubt war, kehrten die Helden wohlbehalten zurück. Die Reklamationen des norddeutschen Bundesconsuls in Tepic an die mexikanischen Behörden, denen der „General" nur, so weit ihm gut dünkte, Folge leistete, bewirkten endlich, daß ein Theil des deutschen Gutes, theilweise durchnäßt und beschädigt, den Räubern wieder abgenommen wurde. Den wirksamsten Dienst aber leistete der besagte Kriegsdampfer, welcher das Piratenschiff in den Grund schoß und so unsere, in dortiger Gegend so zahlreichen Landsleute von ferneren Besuchen desselben bewahrte.

Allein, wie wir schon bei Besprechung der englischen Neutralität bemerkt haben, war nach den Gesetzen der Union unbeschränkte Ausfuhr von Waffen an jede der kriegführenden Parteien erlaubt, und die speculativen Yankees, zu denen sich leider auch ein deutsches Haus gesellt haben soll, verfehlten nicht, von der Noth der besiegten und doch noch kampflustigen Franzosen Nutzen zu ziehen, und schickten eine ungeheure Menge Waffen und Munition in die französischen Häfen, wobei auch, seit Frankreich zu einer Republik erklärt war, republikanische Sympathien mitwirkten. Die Hamburger Börsenhalle schrieb im Dezember, bis dahin seyen aus Nordamerika nach Frankreich ausgeführt 378,500 Gewehre und Carabiner, 45,000,000 Stück und 11,000 Dosen Patronen, 55 Kanonen, 5 Gatlingbatterien und 2000 Pistolen. Wahrscheinlich haben noch andere Verladungen stattgefunden, welche nicht gemeldet worden sind. Seitdem sind noch viel mehr Waffen aus Nordamerika für Frankreich eingeschifft und namentlich in Bordeaux gelandet worden, wodurch allein es möglich wurde, Gambetta's Massenaufgebote mit Gewehren zu versehen. Aus Baltimore wurde am 15. Januar 1871 geschrieben: Sogar entbehrliche Regierungswaffen seyen von der Administration in Washington an die Franzosen verkauft worden. Präsident Grant konnte diesen Handel freilich nicht verhindern, erklärte aber am 7. Februar 1871 seine warmen Sympathien für Deutschland in einer Botschaft an den Senat und das Repräsentantenhaus. Darin hieß es: „Die Einigung der deutschen Staaten unter einer Regierungsform, die in vielen Punkten derjenigen der nordamerikanischen Union gleicht, ist ein Ereigniß, welches nicht verfehlen kann, die Sympathien des Volkes der Vereinigten Staaten zu erwecken. Diese Einigung hat sich in Folge der stetigen und ausharrenden Anstrengungen der Bevölkerung von 24 deutschen Staaten im Verein mit ihren rechtmäßigen Regierungen vollzogen. Das amerikanische Volk muß dieses Resultat als einen in Europa unternommenen Versuch der Nachahmung einiger der besten Bestimmungen seiner eigenen Verfassung betrachten, abgesehen von den Modificationen, welche die Geschichte und der sociale Zustand Deutschlands zu erfordern scheinen. Eine jede der Localregierungen der verschiedenen Glieder des Bundes ist durch die Macht selbst geschützt, welche dem Oberhaupte übertragen ist. Dieses erhält im Falle eines Defensivkrieges die nothwendige Gewalt, aber nicht die Autorität, welche ihm einen Eroberungskrieg zu beginnen gestatten würde. Die Wünsche nach nationaler Einheit, welche stets die vielen Millionen gleichsprachiger und benachbarter, aber durch dynastische Eifersüchteleien und den Ehrgeiz kurzsichtiger Führer getrennter und getheilter Menschen erfüllt haben, sie sind endlich befriedigt. Deutschland umfaßt heute eine Bevölkerung von ungefähr 34 Millionen (nach der Zählung vom 3. Dezember 1867 hatten die Staaten des jetzigen Deutschen Reiches 38,581,522 Einwohner), welche, wie die unserige, für ihre Beziehungen nach auswärts unter Einer Regierung geeinigt ist, während ein jeder der Staaten das Recht und die Macht der Controle über seine Localinteressen, seine

Eigenthümlichkeiten und besonderen Einrichtungen behält. Die Vereinigung großer Mengen freier und gebildeter Menschen unter einer einzigen Regierung muß aus den Regierungen das machen, was sie in Wirklichkeit seyn sollten: der Ausdruck des Volkswillens und die Organisation der Macht des Volkes. Die Annahme des amerikanischen Systems durch ein freies Volk in Europa, welches gewohnt ist, sich selbst zu leiten, wird schließlich zur Folge haben, demokratische Einrichtungen zu verbreiten und den friedlichen Einfluß amerikanischer Ideen zu erhöhen.

Die Beziehungen der Vereinigten Staaten zu Deutschland sind freundschaftlich und herzlich. Die Handelsverbindungen der beiden Länder nehmen von Jahr zu Jahr zu. Die große Zahl der Bewohner und Bürger deutschen Ursprungs, der fortwährende Zug der Auswanderung, welcher Bewohner dieses Landes in das unserige führt, haben in den socialen und politischen Beziehungen der beiden Völker eine Intimität herbeigeführt, welche derjenigen ähnelt, falls sie ihr nicht gleichkommt, die einst die Nationen verband, von denen unsere Gründer abstammten. Die Ausdehnung unserer Beziehungen, ebenso wie die Größe der deutschen Union, scheint es zu erfordern, daß die Stellung unserer Vertreter bei dieser Regierung nicht länger der Wichtigkeit ihrer Mission nachsteht und daß die Gleichheit zwischen unseren Gesandten in Deutschland und denen, die wir in Großbritannien und Frankreich haben, hergestellt werde. Es wird ihnen gerecht erscheinen, unseren Gesandten in Berlin auf denselben Fuß zu setzen, wie die zu London und Paris. Die Vereinigung der verschiedenen deutschen Staaten unter Einer Regierung und die Zunahme der Handelsbeziehungen werden auch die Verantwortlichkeit des Gesandten vermehren. Aus diesem Grunde wünsche ich, daß die Besoldungen des Gesandten und des Gesandtschaftssecretärs zu Berlin auf die respective Höhe der gleichen Posten zu London und Paris gebracht werden." Die französische Presse war über diese Kundgebung ganz wüthend.

Die Deutschen in Amerika aber jubelten um so mehr. Ueberall feierten sie die Siege ihrer Landsleute in der alten Welt. Am glänzendsten in Newyork, wo überhaupt bei dieser Gelegenheit die Zahl und das Ansehen der Deutschen sehr bemerklich wurde. Auch im fernen S. Franzisko wurden unsere Siege durch einen großen Umzug gefeiert. Der Zug erstreckte sich über 2½ Meilen und entwickelte eine nie gesehene Pracht in Dekorationen und Flaggen. Reiter vertraten die deutschen Soldatentrachten aus allen Zeiten der deutschen Geschichte. Viele Beamten schloßen sich dem Zuge an und einige Kompagnien amerikanischen Militärs bildeten Spaliere oder nahmen die Ordnung wahr. Kein Geschäft der Stadt war an diesem Tage offen, die Stadt war festlich geschmückt und die ganze Bevölkerung zollte dem Feste ihr volles Interesse. — Besonders charakteristisch war die Feier der deutschen Siege in Cincinnati: Ein imposanter Festzug mit Tausenden von Fackeln, glänzenden Transparentbildern und reich an Ausstattungen aller Art setzte sich am Abend des 4. Februar in Bewegung. In drei Abtheilungen waren die ungeheuren Massen geordnet, und zwar in folgender Reihenfolge. Voran marschirte eine Polizeiabtheilung, an welche sich der Groß-Marschall, Kap. A. G. Abae, begleitet von zwei Fackelträgern und gefolgt von seinem Stabe, anschloß. Alsdann folgte der Verein Orpheus mit einem Musikchor an der Spitze. Auch die patriotisch gesinnten Damen des Vereins hatten es sich nicht nehmen lassen, in dem Zuge zu erscheinen. In einem sechsspännigen, offenen Wagen kamen sie wie ein wandelnder Blumengarten daher gefahren, nach beiden Seiten zum Jubelgruße mit den Taschentüchern wehend. Der nächstfolgende Verein war der Cincinnati Liederkranz, der ein schönes sinnreiches Transparent, das eiserne Kreuz darstellend, dessen Mitte das Bild Moltke's zierte, mit sich trug. Dieser Schaar schloßen sich dann der Harugari Männerchor, St. Cäcilien Männerchor und der Mendelssohn Klub an. Jetzt folgte der Cincinnati Männerchor mit fliegender Fahne und einem herrlichen Musikcorps an der Spitze. Die Anzahl seiner Fackelträger mochte wohl etwa 300 seyn. An den Männerchor schloß sich der „Junge Männerchor" an, der den Bundespräsidenten Steinkamp als Moltke verkleidet in seiner Mitte führte. Dann kamen die Bierbrauer, welche in reich decorirten Wagen folgten und wahrscheinlich zur Stärkung „etwas Gutes aus ihren Kellern" mitgenommen hatten. Damit der herrliche Zug, welcher einen ächt friedlichen Charakter trug, auch eine kleine Abwechslung habe, erschienen jetzt einige Schwadronen „Ulanen", mit „Lanzen und Schwertern", von denen Viele recht martialisch aussahen. Diese tapferen Reiter wurden überall mit lautem Jubel begrüßt, wozu namentlich auch ihre humoristischen Transparente viel beitrugen. In größter Anzahl waren sodann die Turner ausgerückt, deren Reihen gar kein Ende nehmen wollten. Ihnen folgten die Veteranen des 9. Ohio Regiments, das Mac Cook Encampment und das Schimmelpfennig Encampment. Hierauf kam der Jahn Turnverein. Imposant, wie auch an Zahl sehr bedeutend, war der Zug der Buchdrucker, die eine sehr bedeutende Auswahl von Transparenten hatten. Ihnen folgten jetzt viele katholische Vereine, wie auch noch Hunderte von Bürgern zu Pferde und diesen reihte sich eine unabsehbare Wagenreihe an. Unter den Transparenten las man:

> Ob Katholik, ob Protestant, —
> Es gilt dem deutschen Vaterland!
> Was kraucht in Frankreich jetzt herum?
> Eine neue Konstitutium.
> Ein einig Volk von Brüdern laßt uns sein,
> Und halten am Ohio fest „die Wacht am Rhein".

Jenseits des Kanals gab es fast kein Haus, das nicht reichlich mit Flaggen verziert und vom Dunkelwerden an illuminirt war. Die Orpheushalle, Sängerhalle, Turnhalle und andere große Vereinslokale strotzten von Lichtern. Dem Programme gemäß hatte sich der Festzug nach der Sängerfesthalle begeben, wo eine in musitalischen Vorträgen und Reden bestehende Feier gehalten wurde. Das Riesenlokal war Kopf an Kopf gedrängt voll und es mochten wohl 8000 Menschen in demselben anwesend gewesen seyn.

Auch in Mexiko wollten die Deutschen ein Sieges- und Friedensfest feiern, wurden von den dort anwesenden Franzosen überfallen, schlugen sie aber tapfer zurück. Die mexikanische Regierung zeigte keinen rechten Ernst gegen die Ruhestörer und ließ sogar die neue deutsche Reichsfahne vom deutschen Klub entfernen.

Dagegen haben die Deutschen in Australien durch ihren Consul v. Treuer in Adelaide schon im Oktober 1870 dem König von Preußen in folgenden schönen Worten Glück gewünscht: „Genehmigen Sie, hoher Herr und König, unseren wärmsten Dank für Ihre Wahrung der heiligen deutschen Ehre, die sich ja auch auf uns, auf alle Deutschen erstreckt, wie weit sie auch von dem theuren Vaterlande getrennt seyn mögen. Freudig thun wir, was uns allein zu thun vergönnt ist: Gaben auf dem Altare des Vaterlandes niederzulegen für diejenigen, welche durch diesen entsetzlichen Krieg gelitten haben, und mit diesem übersenden wir dem Herrn Bundeskanzler unseren ersten Beitrag für diesen Zweck. Wir flehen zu dem Allmächtigen, daß er Ew. Majestät noch lange zum Ruhm und Segen Deutschlands erhalten möge."

www.ingramcontent.com/pod-product-compliance
Lightning Source LLC
Chambersburg PA
CBHW022114300426
44117CB00007B/711